일본군 위안부
인사이드아웃

일러두기

1. 일제하(1910~1945년)의 한국과 한국인은 각기 조선과 조선인이라 표기하였다.
2. 조선의 화폐는 원(圓), 일본과 동남아 일본 점령지의 화폐는 엔(円), 중국 점령지 화폐는 원(元)으로 표기하였다.
   1원(圓)=1엔(円)이었다.
3. 원칙적으로 일본과 중국의 지명, 인명은 현지 발음대로 한글로 표기하고 한자명을 병기하였다.
4. 지명은 현 지명이 아니라 제2차세계대전 때의 지명을 사용하였다. 예, 버마, 랑군.
5. 산해관(山海關) 이서(以西) 지역부터 중국이라 하고, 그 동쪽의 현 중국 동북지역은 만주, 만주국으로 표기하였다.

이 연구는 서울대학교 한국경제사연구센터가 지원하는 연구비에 의하여 수행되었음.

일본군 위안부
인사이드 아웃

| 주익종 지음 |

COMFORT
WOMEN
INSIDE
OUT

이승만북스

두 대학교수가 있다. 한국 최고의 국립대, 그것도 최고 인기 학과의 교수인 한 사람은 배우자와 함께 여러 차례에 걸쳐 딸과 아들의 대학과 의전원, 대학원 입시 서류를 위조했으며, 심지어 아들의 대학 수강과목 시험에서도 부정행위에 가담했다. 한편, 서울에서 멀리 떨어진 지방 국립대 교수인 다른 한 사람은 수업에서 학생들에게 "[위안부] 할머니들이 사실은 상당히 알고 갔어. 끼가 있으니까 따라다닌 거야"라고 말했다 한다.[1] 전자는 대통령 민정수석과 법무부 장관을 역임한 전 서울대 로스쿨 조국 교수다. 후자는 전 순천대 송 모 교수다. 21세기 초의 한국에서는 누가 더 큰 잘못을 한

●●●

1 노컷뉴스 https://www.nocutnews.co.kr/news/5061588(2023년 9월 29일 검색).

것일까.

지금까지 나온 결과만 보면, 송 교수의 죄가 더 크다. 조국 교수는 2019년 여름 관련 혐의가 보도된 후 검찰 수사를 거쳐 2019년 12월 말 기소되었으나 3년이 지난 2023년 2월 초에야 1심 판결로 징역 2년형을 선고받았다. 하지만 그는 징역형 선고에도 불구하고 구속되지 않았고 대학교수직에서도 기소 3년 6개월만이자 1심판결 4개월 후인 2023년 6월에야 파면 처분을 받았다. 그는 대학 강의를 제외하곤 책 저술과 출판기념회, 유튜브 방송 출연 등 자유롭게 활동해 왔다. 반면 송 교수는 2017년 4월 문제의 발언을 한 후 기소되지도 않은 상태에서 6개월 만인 10월에 교수직에서 파면되었고, 2018년 1월 기소되어 8개월 만인 2018년 9월 1심에서 6개월 징역형을 받고 바로 법정구속되었으며 그 후 항소심에서도 같은 판결이 나왔다.

대학입시가 일생의 매우 중요한 이벤트인 나라에서 대학입시제도의 근간을 뒤흔든 조국 교수의 범죄행위에 대한 사법적 단죄는 마치 달팽이 기어가는 듯하다. 반면, 일본군 위안부에 관해 단지 통념과 다른 말을 했다는 이유로 송 교수는 어떤 사법 처분도 없이 국립대 교수직에서 파면되었고 사법적 단죄도 초스피드로 진행되었다. 조국 교수에 대해선 '정의'가 한없이 지연되었으나, 송 교수에 대해선 곧바로 '정의'가 구현되었다.

송 교수는 위안부가 강제동원된 게 아니라 위안부 일임을 알고서 자원해서 간 것이라는 말을 했다. 한국에서 이 정도의 말을 하려면 자신의 목을 걸어야 한다. 그만큼 한국에서 일본군 위안부에 관해 위안부 운동 그룹과 다른 발언을 하는 것은 위험하다. 발언 내용 여하에 따라 밥줄이 끊기고 감옥에 갈 수도 있다. 그러니 한국에서 위안부 운동 그룹 외에 일본군 위안부 연구자는 거의 없다. 불과 4년 전인 2019년까지는 이영훈 교수와 박유하 교수 단 2명뿐이었다. 필자 역시 그 무렵에는 위안부 자체를 연구할 생각이 없었다. 그것은 필자에게는 섶을 지고 불로 뛰어드는 것으로 보였다. 필자는 이영훈 교수가 2019년 7월 편저한 『반일 종족주의』 책에서도 정대협의 위안부 운동을 다루었을 뿐이다.

그러나 세상일이 계획한 대로 흘러가지는 않는다. 2021년 1월 하버드대 로스쿨의 램지어^{Mark Ramseyer} 교수가 위안부 계약에 관한 논문을 발표하였다. 이에 대해 한국의 공중파 방송이 연일 비방 보도를 쏟아내고 한국과 미국의 수많은 학계 인사들이 그를 비판하고 나섰다. 하지만 그 비판은 엉터리였고 인신공격에 불과하였다. 한 사람의 역사가로서 필자는 그 엉터리 비판을 그냥 지나칠 수 없었다. 필자는 위안부의 실상이 램지어 교수의 설명대로 밝혀질 수 있음을 보인 유튜브 강의 영상을 이승만TV에 올렸다. 2년이 넘는 시간 동안 스무 편쯤 되는 강의를 하느라 필자는 일본군 위안부에 관한 각종 자료와 연구를 두루 섭렵하였다.

그 강의 내용을 손보고 정리한 것이 이번에 내놓는 『일본군 위안부 인사이드 아웃』이다. 일찍이 이승만 박사가 제국주의 일본의 팽창이 미국과의 전면 충돌로 귀결될 수밖에 없음을 보인 책이 *Japan*

Inside Out(1941년 8월 출간)이다. 이 박사가 일본의 내막을 미국인들에게 알린 것처럼, 필자 역시 일본군 위안부제의 내막을 알리고자 한다.

이 책이 나온 것이 필자의 역사가로서의 양심과 오기 때문만은 아니다. 그것은 여러 연구자들이 각고의 노력으로 이 책이 나올 수 있는 공간을 만든 덕분이다. 우선은 이영훈 교수를 언급하지 않을 수 없다. 한국경제사 분야, 아니 역사학을 넘어서 한국의 인문사회과학 분야에서 질과 양 모두에서 최고 수준의 연구업적을 낸 이영훈 교수는 앞서 언급한 살벌한 상황에서도 용감하게 일본군 위안부의 실상에 관한 발언과 연구를 해왔다. 그가 『반일 종족주의』의 위안부 편에서 일본군 위안부제의 진실을 알림으로써 비로소 일본군 위안부제를 진지하게 논의할 수 있는 공간이 생겼다. 그 공간에서 필자와 낙성대경제연구소의 이우연 박사, 국사교과서연구소의 김병헌 소장이 유튜브 방송과 기고, 저술을 통해 일본군 위안부제의 진상을 논하였고, 특히 이 박사와 김 소장은 위안부 수요집회에 맞서서 반수요집회 및 위안부 소녀상 철폐 시위를 개시하였다. 또 『반일 종족주의』를 대학 수업에서 다루었다가 위안부 명예훼손으로 기소된 연세대 사회학과의 류석춘 전 교수는 언론의 공격과 검찰 수사에 굳건히 맞섰다.

그래서 필자는 이 책을 낼 수 있었다. 필자는 오래 동안 이영훈 교수를 사사師事하면서 한국경제사, 한국사의 역사상을 형성하게 되었는바, 필자가 이 책에 담은 일본군 위안부제에 관한 기본 시각은 이영훈 교수로부터 배운 것이다. 또 이영훈 교수가 만든 이승만학당은 필자가 이 주제를 탐구할 최적의 환경을 제공해 주었다. 이승만학당이 없었다면 이 책도 없다.

이우연 박사는 필자의 초고를 읽고, 여러 가지 중요한 이론적 쟁점을 지적해 주었다. 필자가 그 모든 것을 소화할 수는 없었지만, 그 덕분에 위안부제에 관한 인식이 더 분명해지고 이 책도 상당 부분 개선되었다. 김병헌 소장은 조선 내 작부 계약서와 미군의 위안부 영상 등 결정적인 자료를 알려주었고, 한국 전역에 깔린 위안부 소녀상 사진도 제공해 주었다.

이미 20여 년 전 일본의 하타 이쿠히코秦 郁彦 교수가 낸 연구서는 필자에게 기본 길잡이가 되었다. 일본의 연구자 니시오카 쓰토무西岡 力 선생은 초고를 꼼꼼히 읽고 상세한 논평을 해주었다. 니시오카 선생은 지난 30여 년의 위안부 운동사 및 연구사에 관해 필자가 잘못 알고 있던 부분을 일일이 지적해 주었다. 그 덕분에 초고의 많은 오류가 바로잡혔다. 낙성대경제연구소의 김낙년 이사장 역시 초고를 읽고 수정 보완점을 지적해 주었다. 일본 산케이신문産経新聞의 구보타 루리코久保田るり子 위원도 필자를 격려하고 이 책의 저술을 응원하였다.

이 모든 도움에 감사한다. 그 덕분에 이 책이 나올 수 있었다는 점에서 이 책은 필자를 포함한 이 반反 위안부 운동 그룹의 공동 저작이라고 할 수 있다. 이 책이 기여한 점이 있다면 그것은 공동의 성과라는 뜻이다. 물론 이 책에 담겼을 여러 오류와 미진하고 모호한 주장은 오로지 필자의 책임이다.

　이 책은 필자가 맡은 이승만북스의 첫 책으로 낸다. 출판의 길잡이 역할을 해준 허현준 전 청와대 행정관님께 감사드린다. 출판 실무를 맡아준 이승만학당의 최현선 실장과 김이진 간사에게도 감사한다.

2023년 10월 하순

이승만학당 연구실에서 저자 씀

차 례

제3부

위안소에서의 생활은 어떠하였나

허물어지는 거짓의 바벨탑

2019년 광복절을 하루 앞둔 8월 14일 수요일 서울의 수은주는 섭씨 35도까지 올랐다. 그날 정오 서울 종로구 일본대사관 앞에서 열린 제1400회 수요집회 현장은 더 뜨거웠다. 집회 측 추산 2만 명 넘는 참가자들이 4차로 도로를 가득 메웠다. 그들은 "일본 정부는 일본군 위안부가 국가의 정책에 따라 집행된 전쟁 범죄임을 인정하라", "일본 정부는 피해자들에게 사죄하라"는 구호를 열띠게 외쳤다. 그 한 달여 전부터 이른바 징용 배상 판결을 둘러싼 한일 갈등이 벌어졌다. 대통령 민정수석비서관직에서 막 물러난 조국 법무부 장관 후보자가 일본에 맞서 죽창을 들라고 선동하였다. "가지 않습니다. 사지 않습니다" 하며 일본상품 불매운동이 벌어져 상점 판매대에서 일본 맥주가 사라지는 등 가히 반일의 광풍이 온 나라를 휩쓸었다.

그로부터 3년 7개월이 지난 2023년 3월 15일 수요집회에는 20여 명이 원래의 집회 장소에서 떨어진 곳에서 모였다. 반면 그들을 비판하는 반일동상 철폐 및 위안부법 폐지 운동가들의 집회에는 훨씬 더 많은 90여 명이 모였다. 반反 수요집회가 수요집회를 압도하였다. 그 사이 무슨 일이 있었던가.

2019년 여름 일단의 양심적 지식인들이 도서 『반일 종족주의』를 내서 반일의 광풍에 맞섰다. 편자 이영훈 교수는 평생에 걸친 경제사 연구를 통해서 조선 후기 자본주의맹아론이나 일제 식민지수탈론 등 한국사학계의 허구의 역사 인식을 허물고, 조선왕조의 쇠락, 식민지화와 근대문명 도입, 독립 대한민국의 놀라운 발전을 철저히 사실에 입각해 구명하였다. 그는 후학들과 함께 당대 한국인들 사이에 널리 퍼진 반일 종족주의를 타파하고자 하였다.

필자도 집필에 참여한 그 책은 한국인의 식민지기 역사 인식이 지어낸 이야기, 허구虛構fiction임을 통렬히 폭로하였다. 오늘날 많은 한국인들은 일본제국주의가 구한말 혼란기에 조선의 영토인 독도를 탈취하였고 토지조사사업 과정에서 조선인을 학살하고 토지를 빼앗았으며 쌀을 수탈하였고, 조선인 수백만 명을 노무자로 강제동원하였으며, 아프리카 노예 사냥하듯 조선의 소녀들을 총칼로 연행하여 일본군의 성노예로 만들었다고 믿는다. 이 책은 이러한 한국인의 근현대사 인식은 사실적 근거가 없는, 지어낸 것이며, 이 거짓 이야기에 오도된 한국인들이 한일관계, 나아가 한미관계를 파탄내는 것이 대한민국 위기의 근원이라 진단하였다.

이 책에 대하여 반일 종족주의에 찌든 학계와 언론계 종사자들이 모진 비난을 퍼부었지만, 이 책에 공감하는 사람들도 많았다. 이 책은 학술교양서로는 이례적으로 11만 부 넘게 팔리는 초 베스트셀러가 되었다.

이듬해 2020년 5월에는 위안부 운동을 이끌어온 정의기억연대(이하 정의연) 전 이사장 윤미향의 후원금 횡령 의혹이 폭로되었다. 놀랍게도 폭로자는 윤미향과 손잡고 위안부 운동의 얼굴마담 역할을 한 위안부 신고자 이용수였다. 그녀는 윤미향이 전 위안부들을 이용해서 국민성금을 거둬서는 사적으로 유용했으며 더 큰 사욕에 국회의원까지 되었다고 비판하였다. 이는 곧 서울시와 정부로부터 지원금을 받는 위안부 운동조직 정의연과 그 전신인 한국정신대문제대책협의회(이하 정대협)의 회계부정 및 후원금 횡령 의혹으로 번졌다.

경찰 수사가 진행되던 6월, 이 횡령 의혹의 내막을 알았을 서울 마포구 소재 위안부 쉼터의 관리소장이 의문의 자살을 하였다. 문재인 정부의 검찰은 2020년 9월 윤미향을 업무상 배임과 사기 혐의 등으로 기소하였다. 그러나 문재인 대통령이 임명한 김명수 대법원장 휘하의 1심 법원은 거의 2년 반이나 걸린 늑장 재판 끝에 2023년 2월 1,700만 원 횡령만 사실로 인정하여 1,500만 원 벌금형을 선고하였다. 윤미향은 이 판결로 면죄부를 받은 양 의기양양하였으나, 8월의 2심 판결에서는 징역 1년 6개월에 집행유예 3년을 선고받았다.

여기에 문재인 정부는 오락가락하는 대일정책으로 그 진정성을 스스로 부정하였다. 문재인 정부는 집권 후 전 위안부에게 위로금을 지급하던 화해치유재단을 해산하여 한일 위안부 합의를 사실상 폐기하였다. 또 문재인 정부는 2019년 7월 일본이 한국의 징용 배상 판결에 대한 항의로서 수출규제 조치를 내자 "일본에 결코 지지 않을 것"이라며 마치 전쟁도 불사하겠다는 결의를 보였다.

그러나 문재인 대통령은 2020년 가을부터 일본 아베 수상과의 정상회담을 바란다는 메시지를 냈고, 2021년 1월 연두 기자회견에선 2015년의 한일 위안부 합의는 유효하며 징용 배상 판결에 따른 일본 기업 자산의 강제 현금화는 바람직하지 않다고 발언하였다. 대일 화해로의 표변에 사람들은 깜짝 놀랐다. 그 이유는 곧 드러났다. 2021년 7월의 도쿄올림픽에서 그는 북한 김정은과의 또 한 번의 평화 쇼를 하고자 했다. 이를 위해선 일본 아베 수상의 협력이 필요하였다. 이미 일본제철이나 미쓰비시중공업 등 일본 기업 자산의 현금화 작업도 중단된 상태였다. 이 때문에 문재인 정권의 반일 정책에 대한 신뢰가 무너지고, 반일주의에는 또 한 번의 제동이 걸렸다.

반면, 2019년 12월부터 이우연 박사와 김병헌 소장이 수요집회를 반대하는 1인 시위를 시작하였다. 처음에는 위안부 운동 지지자들로부터 폭행을 당하는 등 어려움도 있었으나, 이 1인 시위는 곧 여러 그룹의 반'반일' 집회로 발전하였다. 이들은 밤샘 대기를 마다않고 집회 선신고를 할 정도로 열정적이었다. 이들이 위안부 소녀상이 있는 일본 대사관 앞 도로를 선점한 결과 정의연은 그 오랜 집회 장소에서 밀려났고, 참가자도 형편없이 쪼그라들었다.

위안부 운동 단체가 수요집회 장소를 놓쳤다든가 그 참가 인원이 줄어든 것은 표면상의 현상이다. 그 밑바닥에서 이용수와 윤미향 등 위안부 운동을 이끌어온 이들의 신뢰성이 송두리째 무너졌다. 그들이 주장해 온, 그리고 그간 대다수 한국인이 믿어온 위안부 이야기가 사실인지에 대한 회의가 널리 퍼지기 시작하였다. 정말, 조선인 소녀가 일본 관헌에게 강제로 연행된 것인지, 그들이 위안소에서 보수도 못 받고 일본군에게 집단 강간당하고 일본 군인과 업주에게 폭행 고문당한 것인지, 그리고 마침내 그들이 일본군이 패배한 전장에서 버려지고 학살된 것인지에 대한 의문이 퍼져나갔다.

실상 위안부 운동 계열의 한일 위안부 연구자들이 해 온 연구 자체가 그 운동의 진실성에 의문을 품게 만들었다. 1990년 11월 정대협의 결성, 또 1991년 8월 전 위안부 김학순의 최초 고백, 1992년 1월 수요집회 개시 이래 30여년이 지나는 동안 위안부 관계의 수많은 자료가 발굴되고 그를 분석한 연구가 다수 나왔다. 그 대다수 연구자는 결론으로서 한결같이 '강제연행 성노예'를 주장하였으나, 그들이 자료의 분석을 통해 실제로 보여준 사실은 그와 달랐다.

강제연행, 강제동원의 객관적 증거는 없었다. 일본군이나 관헌에 의해 강제로 연행되었음이 객관적 자료로 밝혀진 조선인 위안부는 1명도 없었다. 성노예는 사실로 입증되지 않았으며, "우리가 왜 성노예냐"며 반발하는 전 위안부도 있었다. 위안부 운동가들은 "피해자가 설마 거짓말을 하겠느냐", "피해자의 눈물이 증거다"라면서 전 위안부들의 증언을 두둔할 뿐이었다.

정대협 계통의 위안부 증언집 중 2003년에 나온 중국편 제2권에 수록된 '위안부' 김의경의 증언을 간추려 보자.

1918년 경성 태평통 출생인데 가정 형편은 어려웠다…. 스무 살 되던 1938년 봄인지 가을인지 일본 군인 둘이 혼자 있는 집에 왔다. 이들은 거짓말로 '군인 나가자'고 하며 자신을 데리고 나와 기차역으로 갔다. 기차의 말 싣는 화물칸에 8명의 여성과 함께 실렸다. 경성 여자, 전라도 여자, 경상도 여자 등 전부 잡혀온 것이었다….

갑자기 기차가 멈춰서더니 한 떼거리 일본군이 기차로 몰려와 억지로 문을 열었다. 기차에 모두 30여 명의 여자가 타고 있었는데, 일본군은 우리를 모두 들판으로 끌어내 윤간을 했다. 우리 여자들이 죽어라고 반항하자 일본군은 칼로 위협하고 총대로 마구 때리기 시작하였다. 나는 맞아서 온몸에 상처가 나고 온통 피투성이가 되었다. 몇몇 여자들은 도망치려다가 아무렇게나 쏜 총에 맞아 죽었다….

기차는 난징의 강 북쪽 어느 곳에 도착하였다. 우리는 마구간에서 지냈는데, 며칠 동안 먹을 것도 없이 굶어야 했다. 우리는 낮에는 일본군의 옷을 빨고 밤에는 일본군에게 유린당하였다. 이 부대는 때로 수백 명이나 되었다….

난징에서 1년쯤 있었다… 나중에 부대를 따라 구루마를 타고 의창(2년), 창사(4년)를 돌아다녔다…. 일본 군인들이 돈을 주어서 모았으나 일본이 망하자 아무 가치가 없었다(한국정신대연구소 2003:319-322).

도무지 이해할 수 없는 증언이다. 일본 군인이 백주에 서울의 한

민가에 들어와서 "군인 나가자"라면서 여성을 끌고 갔다 한다. 일본 군인이 그런 여인들을 기차에 태워서 멀리 중국에 데리고 갔는데, 어느 곳에서인가 기차가 서더니 또 다른 일본군이 떼로 몰려와 여인들을 강간하였고 도망치는 여인들을 총으로 쏴서 죽였다 한다. 여성들이 도망가도 일본 군인이 얼마든지 붙잡을 수 있었을 텐데 먼 곳까지 데려온 여인들을 그냥 쏴 죽였다고 하니, 도무지 이해되지 않는다. 힘들여 이 여인들을 인솔해 온 일본 군인은 다른 일본 군인이 여인들을 총 쏴 죽여도 상관하지 않았다는 말인가. 연로한 전 위안부가 횡설수설할 수는 있으나, 증언 채록자가 아무런 검증, 사실 확인 작업을 안 한 것은 이해할 수 없다.

이해할 수 없기는 유명한 위안부 운동가 이용수의 증언도 마찬가지다. 1993년 발간된 위안부 첫 증언집에서 이용수는 친구 엄마가 친구와 함께 좋은 곳에 일하러 가라고 제안해서 자신이 몰래 집을 가출했다고 증언하였다. 일본 남자로부터 빨간 원피스와 가죽구두를 받고 너무 좋아서 그를 따라갔다는 말이었다. 이용수는 1992년 8월 15일 방영된 KBS TV「생방송 여성, 나는 여자정신대」라는 프로그램에서도 "저는 그때 나이 16살인데, 헐벗고 입지도 못하고 먹지도 못하고 있는데 어떤 사람인가 원피스 한 벌하고 구두 한 켤레를 갖다 줍디다. 그걸 주면서 가자고 그래가지고 그걸 받아가지고 그때는 뭐 그런 줄도 모르고 좋다고 따라갔습니다."라고 증언하였다.

하지만 훗날 이용수는 일본 관헌에 의해 강제로 끌려갔다고 자신의 증언을 바꾸었다. 특히 2007년 2월 16일 미 의회 청문회에서 이용수는 "군인하고 그 여자아이하고 들어와서 어깨를 이렇게 둘러

싸고 한 손으로 입을 막고 군인은 뒤에서 등에 뭔가를 콱 찌르면서 그냥 끌려갔습니다. 밤에"라고 증언하였다. 미 의회 청문회라는 중요한 자리에서 그제야 진실을 말한 것인가, 아니면 너무도 중요한 자리이니 음충맞게 거짓말을 한 것인가. 이 문제에 관해 위안부 운동가들은 아무 언급도 안 한다.

실상 한국과 일본의 위안부 운동그룹은 객관적 자료가 말하는 바와 다른 이야기를 수십 년간 해왔다. 그들은 객관적으로 불가능한 것을 사실인 양 강조하였다. 일례로 그들은 수십만의 위안부가 전장에 동원되어 각기 하루에 수십 명의 일본군에게 강간당하였다고 말한다. 수십만의 위안부가 하루에도 수십 명의 일본군에게 강간당하려면, 전장의 모든 일본 군인이 매일같이 위안소를 들락거려 위안소에서 살다시피 해야 한다. 사실일 수 없는 것을 사실인 양 선전했다는 점에서 그들의 지적 불량성을 지적하지 않을 수 없다.

지적 불량성이 특히 두드러진 것은 한국의 운동가, 연구자들이었다. 자신이 일본군 위안부였다고 신고한 한국인 여성은 240여 명에 달하지만, 한국의 연구자들은 그 어느 한 명에 대해서도 제대로 된 일대기 하나 내놓지 않았다. 배봉기, 문옥주, 강덕경 등의 일대기는 모두 일본인 연구자가 내놓았다. 지난 30여년 간 일본군 위안부제에 관해 한국의 위안부 운동 그룹은 전 위안부들을 앞세워 대중의 분노를 일으키고 반일감정을 조장한 것 외에 일본군 위안부의 실태를 제대로 밝힌 게 별로 없다.

그들은 자신들을 비판하는 연구를 혐오 스피치라 하여 그 연구자를 형법으로 처벌해야 한다고까지 선동하였다. "반인도 범죄 등 매우 중요한 인권침해에 대해 진실을 부인하고 왜곡하는 것은 진실, 피해자, 인간 존엄, 차별의 논거를 바탕으로 처벌해야 한다... 역사 부정죄 입법을... 고려할 수 있어야 한다"(강성현 2020:248). 대학에 몸담은 연구자가 견해가 다르다는 이유로 다른 연구자를 감옥에 보내라고 주장하는 데는 어안이 벙벙할 뿐이다.

일본군 위안부제라는 역사 사건에 대해선 어떤 사료를 어떻게 활용하느냐에 따라 다른 해석, 다른 설명이 가능하다. 그런데도 그들은 자신과 다른, 자신을 비판하는 견해는 혐오 발언이며 역사 부정이라 하여 처벌해야 한다고 하였다. 이것은 역사학 연구자가 할 소리는 아니다. 위안부의 상처를 치유하고 그 피해 회복을 돕는다는 자들의 심중에는 이견을 용납하지 않는 파시스트의 잔인함이 도사리고 있다.

일본군 위안부와 사실상 같은 집단에 속하며 그보다 더 열악한 처지에 있었던 사람들이 있었다. 바로 식민지 조선 내 작부, 창기, 예기였다. 위안부 운동 그룹은 이들에 전혀 관심을 보이지 않았다. 그들은 오직 일본군 위안부에만 관심을 집중하고 그에 궁극적 책임이 있는 일본 정부만 공격하였다. 이것은 그들이 실상 정치적 기획에서 위안부 운동을 벌였음을 시사한다. 반일을 통해 한일 관계를 파탄 내고 그를 통해 한미동맹까지도 깨려는 의도였다.

지식인과 대중의 위선 또한 지적하지 않을 수 없다. 한국의 지식인과 대중은 위안부들이 자신들 곁에 있었던 수십 년의 세월 동안 그들에게 완전히 무관심하였다. 최근(2023년 6월) 작고한 한국사학계의 원로 강만길 교수는 1993년 12월 이에 대해 다음과 같이 설명하였다.

"식민지 지배로부터 해방된 민족의 역사학에 주어진 가장 시급한 과제는 민족해방운동사의 근간을 세워 가르침으로써 식민지 피지배 기간에 추락한 민족적 자존심을 회복하는 것이라 할 수 있다. 그러나 한국의 경우 불행히도 [그 작업은] 새로운 세대의 역사학자가 양성되기까지 기다려야 했다.... 1980년대가 되어서야 비로소 좌익전선운동이 공산주의운동사로서가 아니라 민족해방운동사의 일환으로서 연구되기 시작하였다. 즉 1960년대부터 민족해방운동사의 연구와 체계 수립에 총력을 기울이느라 '피해의 역사'에 대한 연구는 뒤로 미루어졌다"(西野留美子 1995:55-56).

한국사학자들이 '자랑할만한 역사', 독립운동사를 먼저 연구하느라 '피해의 역사'를 연구하는 일이 미뤄졌다는 말이다. 민족독립운동사 연구와 더불어 일제의 수탈사 연구가 이미 1960년대 이후 한국근대사학의 양대 연구 과제였음에 비추어 보면, 이는 참으로 궁색한 변명이 아닐 수 없다. 실은 일본군 위안부가 어떤 존재인지 아는 사람들이 대부분 사라진 다음에야 그들이 위안부 이야기를 시작한 데 비밀이 있었다.

위안부가 어떤 존재인지를 알았던 그 동시대 사람들은 위안부를 일본 식민지배의 피해자로 보지 않았다. 한일 청구권 협상에서도 위안부는 한국 측의 피해 사례로 제기되지 않았다. 일본군 위안부가 있었던 때로부터 40여 년이 흘러 그 기억을 가진 사람이 없어지자 새로 위안부 서사가 만들어졌다.

거리에서, 마을 우물가에서 혹은 집에서 일본 관헌에 붙잡힌 조선인 소녀가 일본 침략 전장에 끌려가 위안부가 된다. 조선인 소녀는 일본군의 성 노리개로서 혹사당할 뿐 아니라 일본 군인에게 학대와 폭행을 당한다. 끝내 그 소녀는 고국 고향에 돌아오지 못하고 일본군 패전 때 학살당한다. 운 좋게 살아 돌아온 소녀는 훗날 할머니가 되어서야 위안부 실태를 고발하여 일본을 규탄한다.

이 위안부 서사는 강제징용공 서사와 함께 한국인에게 강력한 반일감정, 반일주의를 불러일으켰다. 자신의 누이가, 딸이 일본군에게 끌려가 성 노리개가 되었다면, 어찌 분노하지 않겠는가. 이 서사를 만들어내고 위안부 운동을 주도한 정대협, 정의연은 마침내 정부의 대일 외교까지도 좌지우지하였다. 결국 2010년대 말 위안부 운동과 징용공 운동은 한일관계를 파탄 상태로 몰아넣었다.

역사의 진실을 밝히려는 몇몇 용기 있는 역사가들이 위안부의 진실을 말하기 시작하였다. 그리고 위안부 운동가들 간의 자중지란으로 그 검은 장막도 일부 걷혔다. 이제 진실의 시간이 왔다. 위안부 관련 자료는 그동안 엄청나게 축적되었다. 반일의 색안경을 벗고 맑은 눈으로 이 자료들을 읽기만 해도 우리는 일본군 위안부제가 무엇인지를 제대로 파악할 수 있다. 일본군 위안부제의 내막을 들여다 보는 inside out 여정을 함께 떠나자.

제1부

일본군 위안소는
어떻게 설치되었나

1

일본군 위안소의 설치

일본군 위안소란?

일본군 위안소는 일본군이 해외 전장에서 자국 군인의 성병 감염을 막고 현지 주민에 대한 강간 행위로 인한 민심 악화를 방지하며 병사의 사기를 진작하기 위해 군인에게 성적 위안을 제공하는 곳으로 설치한 것이다. 위안소는 전투가 일단락된 점령지와 주둔지의 군부대 인근에 주로 설치되었으며 때로는 부대 내에 설치되기도 하였다.

대표적 연구자 요시미 요시아키는 위안소를 ① 군 직영의 위안소, ② 군이 감독 통제하는 군(군인, 군속) 전용 위안소, ③ 일정한 시기 군이 병사용으로 지정한 군민 공용의 민간 매춘업소, ④ 군의 지정 없이 군인도 이용한 민간 매춘업소로 구분하였다(吉見義明 1993:56). 이중 ①의 군 직영 위안소는 중일전쟁 초기에 나타난 예외적인 경우였고, ④는 군이 지정한 것도, 감독 통제한 것도 아니라는 점에서 실상 위안소가 아니었다. ②는 군의 요청에 따라 설치되어 군의 감독 통제를 받은 본연의 위안소로서 특정 부대의 전속 위안소(그 부대를 따라 이동하는 위안소)와 도시에 소재한 위안소(여러 주둔 부대나 이동 부대가 이용하는 위안소)가 있었다. ③은 군 지정의 민간 업소로서 군의 감독 통제를 받는 광의의 위안소였다. 그런데 성병 검사 외 위안소 운영에 대한 군의 감독 통제의 범위와 정도는 일률적이지 않아서 제한적이고 느슨한 것부터 전면적이고 강력한 것까지 다양하였다.

위안소에는 그를 경영하는 업주와, 이용 군인에게 성적 위안을 제공하는 부녀자로서 위안부가 있었다. 업주는 일본인, 조선인, 대만인 등이었고 때로는 중국인 등 현지인이기도 했다. 위안부로는 당시 일본 국민인 일본인, 조선인, 대만인 여성이 우선 동원되었으나, 그들만으로는 부족하였으므로 점령 현지인 여성, 즉 중국에서는 중국인, 버마에서는 버마인, 필리핀에서는 필리핀인 등도 위안부로 쓰였다.

업주는 일본 군인에게서 요금을 받고 위안부 여성으로 하여금 일본 군인에게 성적 위안을 제공하게 하였다. 업주는 위안부에게 위안소 생활에 필요한 식사와 주거, 침구 등도 제공하였다. 군은 위안부 여성에 대해선 성병과 기타 건강을 관리하였으며, 업주에 대한 감독을 통하여 위안소 경영 전반을 통제 관리하였다. 이를 위해 일본군은 업주와 이용 군인이 준수해야 할 위안소 이용규칙을 제정, 실시하였다.

이 업주와 여성의 관계에 관해서는 크게 두 가지 견해가 있다. 하나는 업주가 일본군과 함께 권력, 금력, 폭력 등의 강제로 여성을 동원하여 위안소에서 그 여성을 노예처럼 부렸다는 것이고, 다른 하나는 업주가 위안부와 계약을 맺어 위안부가 성적 위안을 제공토록 하고 그 수입을 나누어 가졌다는 것이다. 이것은 이 책에서 그 실상을 밝혀야 할 가장 기본적인 쟁점이다.

일본군 위안소의 유래

위안소 명칭을 최초로 쓴 일본군의 위안시설은 1931년 말 상하이에 등장하였다. 1931년 9월 만주사변이 일어난 후 상하이에 주둔한 일본 해군특별육전대의 1932년 1월의 도발(상하이사변)로 일본군과 중국군 사이에 치열한 전투가 벌어졌다. 일본군은 2월 육군을 증파하여 3월 초 중국군을 상하이 주변에서 철퇴시키고 전투를 종료하였다. 일본 해군육전대는 1931년 말 위안소 3곳을 설치하였는데, 이는 기존의 공창(가시자시키貸座敷²) 중 세 곳을 위안소로 지정한 것이었다. 이미 상하이에는 조계 밖 지나가支那街에 창기 수가 모두 33명에 달하는 일본인 경영의 유곽 세 곳이 있었는데, 해군이 이 업소들을 먼저 위안소로 지정하자, 1932년에 이를 본떠서 다른 위안소 17개가 차례로 개설되었다.

●●●

2 가시자시키貸座敷는 당국의 허가를 받아 매춘을 하는 창기에게 장소(다다미방疊敷)를 빌려주는(貸) 업소라는 뜻인데, 실제는 포주가 창기를 고용하여 매춘업을 영위하는 업소를 말한다.

그 후 상하이를 점령한 일본 육군 군인에 의한 강간 사건이 발생하자 육군도 '사병의 성문제 해결책'으로서 해군 위안소를 본떠서 위안소를 설치하였다. 상하이 파견군 참모가 나가사키현 지사에게 요청하여 나가사키로부터 위안부단을 불러들였다. 그러나 이 육군 위안소는 얼마 후 육군의 철수와 함께 문을 닫았다. 상하이 총영사관 경찰서의 보고에 의하면, 중일전쟁 발발 전 1936년에 상하이에는 작부를 둔 요리점이 10개 있었는데, 그중 3개는 상하이사변 전에도 있었던 업소로서 일본 해군과 민간인 공용의 요리점이었고 7개가 해군 전용 위안소였다. 그 작부 131명 중 일본인이 102명이고 조선인은 29명이었다(尹明淑 1994:105; 요시미 요시아키 1998:26-28; 후지나가 다케시 2006:333-334; 쑤즈량 외 2019:32).

상하이 총영사관은 주둔 일본군 헌병과 함께 군 이용 요리점 및 유곽에 대하여 보안 풍속 위생상의 단속을 하였다. 작부에 대하여 매주 2회 매독 검사를 실시하였고, 또 신입 작부에 대하여 전차금前借金을 인정하지 않고 매춘 수입의 절반을 받는 계약을 하도록 명령했으나, 이 명령은 실행되지 않았다(吉見義明 1993:125). 이는 작부에 대한 인신매매를 막고 작부의 수입을 보장하려는 의도였으나, 창기업의 특성상 신규 참입자가 전차금을 받는 일을 피할 수는 없었다.[3]

이처럼 중일전쟁 전 상하이에는 군과 민간이 병행 이용하거나 군이 전용하는 위안소가 생겼다. 위안소의 설치와 경영은 민간 업주가 맡았고 군은 그것을 군 이용 시설로 지정하고 통제하였다. 상하이사변 발발 전부터 영업하던 일본식 유곽 및 접객업소가 군 위안소로 지정되었고 다른 새 위안소는 그를 본떠서 만들어졌다. 다만,

이 위안소에 대한 관리·감독은 성병 검사에서 크게 더 나아가지 못하였으며, 관리·감독 권한도 영사관과 군에 분산되었다.

한편, 1933년경 중국 동북에서도 군 위안소와 비슷한 것이 있었음이 확인된다. 3월 관동군의 혼성 제14여단이 만리장성 인근 핑취안平泉에 주둔하자 조선인, 일본인 창기 38명이 따라 들어와 개업하였다. 군은 4월 16일부터 성병 예방을 위해 군의관이 주 1회 이 창기들의 성병 검사를 하게 하였다. 군은 예창기가 건강진단표를 소지하여 손님에게 보이도록 하였다.[4] 「혼성 제14여단 예창기 작부 건강진단실시 요령(1933.4.28.)」을 보면, 여단의 경비구역 내에서 영업하는 모든 예창기 작부에 대하여 월 1회 일반 검사하며, 매주 1회 국부 검사(검미檢黴)를 하고 결과에 따라 조치를 취한다는 것이었다(하종문 2023:46-47).

요시미 요시아키는 이것이 사실상 군 위안소라고 보았고, 강정숙 역시 이를 관동군의 군 위안소 설치로 파악하였다. 그러나 이는 부대 인근 유곽의 창기들에게 정기 성병 검사만 의무화한 것일 뿐, 군이 그 운영까지 통제하는 일본군 위안소는 아니었다. 검진에 강제력이 없었으며, 군이 병사의 업소 이용시간, 이용요금을 정한다든가 콘돔 사용, 창기별 매출과 전차금 현황 보고와 업소의 영업 상황 보고 등을 강제한 것이 아니기 때문이다. 중국인 창기는 유독 자가 많았는데도 치료 요구에 응하지 않고 예방 시술도 하지 않는

●●●

3 여성이 창기가 될 때 업주에게서 받는 전차금에 대하여는 제4장과 9장에서 자세히 다룬다.
4 「衛生業務旬報 (混成第14旅団司令部) (1933.4.11.-20)」, (財)女性のためのアジア平和国民基金編, 『從軍慰安婦關係資料集成④』(이하 『자료집성』 표기), 170쪽.

상황이었다(하종문 2023:48-50). 그것은 일본군이 군 위안소를 설치하기 전 단계의 유곽 통제라 할 것이다.

중일전쟁 초기 상하이·난징의 위안소 설치

일본군 위안소가 대거 설치된 것은 일본이 1937년 7월 중일전쟁을 일으키면서부터다. 우선 1937년 9월 일본 육군은 전투지역이나 사변지역에서 군인에게 일용품, 음식물 등을 염가에 파는 시설인 야전주보野戰酒保에 위안시설을 둘 수 있다고 야전주보규정을 개정하였다. 이는 일본 육군이 위안시설의 하나로서 위안소를 둘 수 있음을 명기한 최초의 규정이었다. 이때 주보는 군의 자영自營이지만 청부請負할 수 있다고 규정함으로써, 군이 위안소 업주에게 위안소 운영을 위임할 근거를 마련하였다.[5]

일본은 그 한 달 전인 8월 2개 사단 병력을 상하이에 파견했는데, 이 상하이 파견군은 위안소 설치를 위해 서일본 각지의 유곽에 협력을 요청하였다. 이에 서일본 최대 유곽인 오사카 마쓰시마松島 유곽의 스기모토杉本 일족, 니시무라西村 등 업자들이 9월에 위안부들을 데리고 상하이에 왔다. 같은 요청을 받은 오사카 남쪽의 토비타飛田 유곽의 업자들은 이에 응하지 않았다. 이중 스기모토는 5만 엔을 투자하여 제겐女衒(일본의 모집인)을 통해 위안부를 모집하였다.

---

5 陸軍省「野戰酒保規程改正ニ関スル件」(1937.9.18.), アジア歴史資料センター 레퍼런스 코드: C01001469500.

스기모토는 일본군 병참부의 명령에 따라 10월에 항저우 교외에 장교클럽을 개설했고, 12월 난징 함락 후에는 상하이와 난징 사이의 육상교통요지인 리양溧陽으로 이동해서 위안소 영업을 시작하였다(長沢健一 1983:51-52).

특히 1937년 말부터 일본 육군성과 중국 파견군 모두 위안소 설치에 나섰다. 우선, 일본 육군성이 상하이 전투가 일단락된 11월 20일 도쿄의 타마노이玉の井, 가메이도龜戶 사창가의 조합장들을 불러 상하이에 접대부를 갖춘 위안시설을 열 것을 요청하였다. 회의를 소집한 육군성의 소좌는 다음과 같이 말하였다.

> "여러분께 바라는 것은 군의 위안을 위해 접대부를 이후 급히 모아 전지戰地로 보내달라는 것입니다. 군을 대신해 위안시설을 열어 달라는 것입니다. 전선이 넓게 펼쳐져 있어서 일본 내지는 물론 대만·조선으로서도 자주적으로 혹은 군의 요청으로 이미 많은 낭자군이 대륙에 건너가고 있지만, 오늘 모이라고 한 다마노이·가메이도 지구의 여러분께 협력을 부탁드립니다."

그러나 전쟁 경기로 번창하던 타마노이에서는 아무 희망자가 나오지 않았다. 이에 조합장 쿠니이国井가 1938년 1월 53명의 창기를 데리고 상하이로 가서 우쑹嗚淞, 난샹南翔, 난시南市 등지에 위안소를 열었다(大林淸 1993:198: 秦郁彦 1999:76).

그리고 난징 공격이 본격화한 12월 11일에 중부 중국 방면군이 예하 각 부대에 위안소 설치를 지시하였다. 이 지시를 받은 상하이 파견군은 후방 담당 참모 2과의 기획으로 난징에 군 위안소 설치에 착수하였고, 제10군도 후저우湖州에서 위안소를 설치하였다(요시미 요시아키 1998:34-35). 처음에는 현지의 일본인, 조선인, 중국인 여성을 위안부로 썼다가 12월 하순부터 중부 중국 방면군은 일본과 조선에서 대거 여성을 모집하도록 업자를 파견하였다. 이들이 일본과 조선에서 여성을 모아 돌아오기 시작한 1938년 초부터 일본군 위안소가 본격적으로 설치되었다.

상하이 파견군의 의뢰를 받은 모집업자들이 1938년 초 일본에서 위안부 모집 활동을 하자, 아직 그 정보를 몰랐던 일본 각 현의 경찰이 부녀자 인신매매 사건으로 잘못 알고 수사하는 일까지 벌어졌다. 1월 초 오사카의 유곽업자 등이 오사카 남쪽의 와카야마和歌山현 다나베田辺시의 요리점에서 작부에게 상하이행을 권유하는 등 위안부 모집 활동을 하자, 그것을 부녀자 유괴 납치로 의심한 다나베시 경찰이 조사한 일이 있었다. 이 오사카의 유곽업자는 상하이의 육군 어용상인[6]으로부터 먼저 의뢰를 받은 또 다른 오사카의 유곽업자로부터 의뢰를 받고 다나베에 온 것이었다. 또 상하이 일본군의 의뢰를 받은 고베의 유곽업자가 1월 초 일본의 효고兵庫현과 군마群馬현 등지에서 상하이로 갈 작부를 모집했는데, 군마현 지사가 이를 공서양속公序良俗에 반反하며 황군의 위신을 실추시키는 일로 보고, 내무대신과 육군대신과 각 현에 단속을 청하며 현내 각 경찰서에 엄중 단속을 요구한 일이 있었다. 또 이 고베 유곽업자로부터 의뢰

• • •

6 군에 쌀, 보리, 야채, 돈육을 징발 공급하는 일을 맡은 상인을 말한다. 군속이 아닌 민간인 신분이었다.

를 받은 인물이 일본 동북부의 야마가타^{山形}현에서도 작부를 모집했
는데, 역시 그를 수상히 여긴 야마가타현 경찰이 1월 하순 이 모집
업자를 취조하여 모집을 중지시킨 일도 있었다. 고치^{高知}현 지사도
추업^{醜業}을 목적으로 중국에 도항할 부녀를 모집하려는 자들이 속출
하니 그를 단속해야 한다는 내용의 공문을 1월 25일 내무대신과 각
현 지사에게 보내기도 했다.[7]

특히 상하이 파견군은 군 직영의 위안소로서 육군오락소를 설치
하였다. 그 일본군은 11월부터 양자자이^{楊家宅}에 병영 아파트 형식
의 위안소 건물 건축 공사를 시작하였다. 일본군은 한 동마다 10
개의 방이 있는 목조 바라크 단층 건물 10동과 관리동을 지었다(사
진 1-1). 그중 제124연대의 제11병참사령부는 1937년 12월 23일 연
대의 군납 상인 12~13인에게 직영 위안소에 들어갈 여성을 모집해
오도록 명령하였다(千田夏光 1995:58).

이들이 일본과 조선에서 어떻게 여성을 모집했는가를 제8장에서
다루겠거니와, 이들을 포함한 모집업자들이 일본에서 부녀자를 유
괴하려던 것으로 의심받아 경찰의 제재를 받았음은 이미 언급한 바
다. 1937년 12월 하순과 1938년 1월 군납 상인들을 포함한 모집업
자들이 일본과 조선에서 여성을 구해 속속 상하이에 귀환하였다.
상하이 파견군 병참병원의 군의관 아소 데쓰오^{麻生徹男}(부인과 전공)는
다른 군의, 위생병, 간호부 등과 함께 이 여성들에 대한 성병 검사

• • •

7 「時局利用婦女誘拐被疑事件ニ関スル件(和歌山県知事, 1938.2.7.)」; 「上海派遣軍内陸軍慰安所ニ於ケル 酌婦募
集ニ関スル件(群馬県知事, 1938.1.19.)」; 「北支派遣軍慰安婦募集ニ関スル件(山形県知事, 1938.1.25.)」; 「支那渡
航婦女募集取締ニ関スル件(高知県知事, 1938.1.25.)」, 『자료집성①』, 11~46쪽.

사진 1-1 상하이 양자자이의 군 직영 위안소

자료 : 高崎隆治(1990:116).
주 : 각실 출입문 위에 번호와 기녀妓女의 이름을 적은 표찰이 붙어 있었다.

를 담당하였다. 일례로 그는 1938년 1월 1일 20명쯤의 일본인과 80명쯤의 조선인으로 이루어진 100여명 부녀자의 성병 검사를 하였다. 아소 데쓰오는 일본인 여성은 이전에 수년간 창기업에 종사한 이들로서 성병 의심자가 많았으나 조선인 여성 중에는 젊은 초심자가 많았다고 하였다(후지나가 다케시 2006:376-377).

이렇게 하여 1938년 2월 상하이에서는 '이상적인 설비'를 갖춘 군 직영 위안소가 출범하였다. 이 위안소는 엄격한 이용수칙을 달았다.

- 육군 군인, 군속 이외의 입장을 허가하지 않는다. 입장자는 위안소 외출증을 소지할 것.

- 입장자는 접수부에서 요금을 지불하고 입장권과 콘돔 1개를 받을 것.

- 입장권 요금은 다음과 같음. 하사관, 병사, 군속 2엔.

- 입장권의 효력은 당일에 한함.

- 입장권을 받은 자는 지정된 번호의 방에 들어갈 것. 시간은 30분.

- 입실과 동시에 입장권을 작부에게 건넬 것.

- 실내에서는 음주를 금함.

- 용무를 마치면 바로 퇴실할 것.

- 규정을 지키지 않는 자 및 군기풍기를 어지럽히는 자는 퇴장시킴.

- 콘돔을 사용하지 않는 자는 접부接婦를 금함.

(千田夏光 1995:137-138)

그러나 입구에 헌병이 배치되는 등 지나치게 엄격한 위안소 분위기 때문에 병사들은 이 직영 위안소에 가기를 꺼렸다. 또 일본군은 황군 자신이 위안부를 데리고 전장에 가는 것은 군의 명예를 손상시킨다는 점도 자각하였다. 그래서 군 직영은 곧 민간업자의 경영으로 바뀌었다. 일본군은 곧 지양완전江灣鎭에도 민영 위안소를 개설했는데, 이 위안소는 보통 민가를 이용한 건물로서 위생 관리나 소독 시설 등에서 열악했으나, 다음 사진 1-2에서 보는 바처럼 "성전 대승의 용사 대환영. 몸도 마음도 바치는 일본 여성의 서비스"라는

사진 1-2 상하이 지앙완전의 일본군 위안소

자료: 高崎隆治(1990:122).
주: 중앙의 인물들은 성병 검진을 맡은 군의와 위생병, 간호부이다.

지도 1-1 상하이 위안소 관계 지도

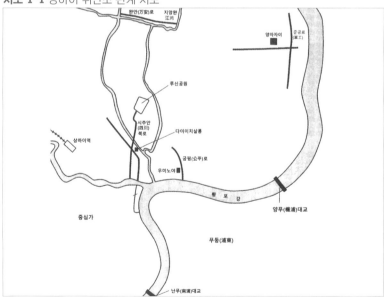

자료: 尹明淑(2000:29).

현수막을 내걸고 적극 영업하였고 병사들에게 인기를 끌어 대성황을 이루었다(西野留美子 2000a:4-6, 10; 후지나가 다케시 2006:376-380).

상하이 일본군의 위안소 설치 계획을 알게 된 매춘업자들이 상하이에 여성들을 데리고 몰려들기도 하였다. 난징공략전을 취재한 후 상하이의 병참사령부에 간 한 일본 통신사 특파원은 "쑤저우蘇州와 항저우와 기타 마을, 그리고 난징에 점포를 열려고 하는, 일확천금을 바라는 사람들이 몰려들고 있었다... 점령지에서의 막벌이가 목적"이라고 관찰하고 그들을 '하이에나 무리'로 묘사했다(秦郁彦 1999:75).

이처럼 1937년 말부터 상하이와 난징 등 화중 방면의 일본군 및 일본 육군성의 요청에 따라, 또 돈벌이 기회를 포착한 매춘업자들의 자발적 행동에 의해 일본군 위안소가 본격 설치되었다. 특히 1938년에 일본군 위안소의 원형이 확립되었다. 일본군 위안소는 군이 업주를 선정한 군 지정의 업소로서 군이 그 운영 전반을 관리 감독하며 필요 물자도 제공하는 곳이었다. 군은 이용요금을 정하고 상세한 이용규칙도 제정하였으며, 위안소 건물도 제공하였다.

북부 중국, 이른바 화북에서의 위안소 설치는 중부 중국의 그것보다 다소 늦은 듯하다. 1938년 3~4월경 북부 중국에서도 위안소가 대거 설치되었다. 지난濟南에서는 1938년 1월 일본군이 점령한지 불과 이틀 후에 조선인 매춘업자가 조선인 위안부 3~4명을 데리고 들어왔다. 군의 요청이나 허가가 없었는데도 업자는 부대 근처에 거적을 둘둘 만 판잣집을 짓고 영업을 시작했다. 인근의 병사들이 하루에 2~3백 명씩 밀어닥치자 곧 군의가 검진을 시작하였다. 그 후 일본군 위안소가 속속 설치되었다(千田夏光 1978:183-184).

한커우와 광둥의 위안소 설치

중부 중국의 내륙, 양쯔揚子강 중류지역의 한커우漢口에서는 1938년 10월 일본군의 우한武漢 점령 후 11월 하순에 위안소가 대거 설치되었다. 일본군은 1938년 5월 우한 공략 작전을 구상하고 6월 우한 공략을 결정하였다. 8월 하순에는 육군 대본영이 중부 중국 파견군에 우한 공략 작전을 명령하였고 총 40만의 대군을 작전에 투입하였다. 일본군은 10월 말까지 우한, 한양, 한커우 등 우한3진을 완전 점령하였고, 11월부터는 총 7개 사단의 제11군이 우한지역을 포함한 양쯔강 중류 유역에 주둔하게 되었다.

우한 공략 작전이 전개되던 9월 말 주 상하이 일본 총영사관은 「한커우 공략 후 일본인 진출에 대한 응급처리 요강」(1938.9.28.)이란 문서에서 한커우 공략 후 일본인의 한커우 진출을 통제하되 군 위안소 개설을 위해 진출하는 자는 예외로 하겠다고 외무대신에게 보고하였다. 한커우의 제11군 참모도 예하 각 부대에 위안소 설치를 지시하였다. 제11군 사령부는 난징 점령 때와 같이 살인, 방화, 강간 등이 재발하지 않도록 우한3진 진입요령을 하달하여, 병사들의 약탈, 방화와 강간을 엄금하고 동시에 그 방파제로서 위안소 설치를 지시하였다(吉見義明 1993:139; 金富子 2000:242-243).

그런데 일본군의 위안소 개설 움직임에 앞서서, 우한 점령 일본군 부대를 뒤따라 이미 4~5개의 조선인 이동 위안소가 우한에 들어왔다. 한 위안소 당 10명 정도의 위안부가 있었다. 그 조선인 업주들은 일본군 병참부의 요청이 없는데도 일본군 전투부대를 바로 뒤따라와서는, 일본군이 우한을 점령하자마자 곧바로 트럭에 가림막을 친 이동 위안소 영업을 시작하였다.

1938년 10월 우한 함락이 가까워지자 난징의 병참감부는 오사카 출신의 일본인 업주 스기모토에게 위안부들을 데리고 난징에 오게 한 후, 11월 중순 양쯔강을 거슬러 한커우로 보냈다. 스기모토 일행은 11월 17일 한커우에 도착하였다. 이어서 같은 오사카 마쓰시마 유곽 출신의 니시무라, 고베 후쿠와라 유곽의 하세가와長谷川, 아라이新井, 이와자키岩崎 등도 한커우에 들어왔다. 11월 하순 일본군 한커우병참사령부는 먼저 들어온 조선인 이동위안소와 이 일본인 위안소들을 한커우 지칭리偕慶里로 집결시켰다. 병참은 업소당 민가 2곳을 배정 대여하고 그 벽을 허물어 한 업소로 만들었다. 바닥에 암페라[8]를 깔고 방의 벽도 암페라로 했다. 이불과 식기는 중국인 빈집을 털어서 가져왔다. 이렇게 해서 30개 소의 위안소와 약 300명의 위안부로 이루어진 한커우 위안소가 11월 하순 영업을 개시했다(長沢健一 1983:52-54). 한커우는 점령지역의 교통 요지로서 제11군 사령부가 있고, 병력이 이동할 때 거쳐가는 곳이어서 이렇게 30개나 되는 위안소가 한곳에 모여 있었다.

지칭리는 한커우의 일본군 병참시설이 집중된 중산로의 끝쪽이

●●●
8 인도네시아 산 식물로 짠 거적.

었다. 그림 1-1의 왼편에서 보는 것처럼 지칭리에서는 좀 떨어진 강한로에 위안소를 관할하는 병참사령부와 제1부대숙사와 하사관 숙사, 헌병대 본부가 있었다. 지칭리는 중산로의 그 반대편 끝쪽에 있었는데, 그 인근에 장교클럽이 있었고, 사창가인 육합리六合里도 있었다. 그림의 오른편에서 보는 것처럼 중산로에서 지칭리로 접어 들면 위안부 검진을 하는 진료소와 병실이 있고 반대편에 창고와 취사장이 있었고, 이어서 각 위안소가 길 양편에 줄지어 있었다. 위안소를 지나면 공원이 있었다.

그리고 1938년 10월 일본군이 중국 남부의 광둥을 침략하여 점령지를 확대한 후에는 남부 중국 일대에도 위안소가 설치되었다. 이 지역에서의 위안소 설치에 있어서는 현지 군의 요청에 따라 일본 본국 정부나 대만총독부가 위안소 업주를 선정하였다. 먼저, 광둥을 점령한 일본군 제21군 참모와 육군성 징모과장이 1938년 11월 초 남중국 파견군의 위안소 설치를 위하여 '추업을 목적으로 하는 부녀' 약 400명을 도항시켜 달라고 내무성에 요청하였다. 이에 일본 내무성 경보국警保局이 각 부현에 통첩하여 적당한 포주를 선정케 하고 그로 하여금 부녀를 모집해서 남중국으로 출발하게 할 것을 기획하였다. 내무성 경보국은 오사카 100명, 교토 50명, 효고 100명, 후쿠오카 100명, 야마구치 50명 등 일본 내 5개 부현에 400명 부녀를 할당하였다. 다른 한편으로 제21군은 대만총독부에도 부녀 300명의 모집을 의뢰하였다. 대만총독부 역시 주청州廳에 위안부 수를 재할당하고 각 주청이 업자를 선정하도록 하였다.[9]

5개월 정도 후인 1939년 4월 광둥의 제21군 관할지 내에는 추

그림 1-1 한커우 위안소

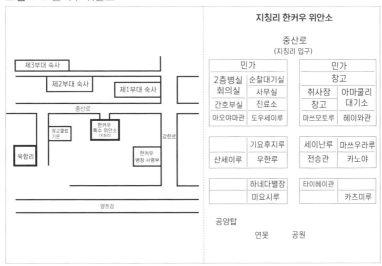

지칭리 한커우 위안소

중산로
(지칭리 입구)

민가		민가	
2층병실	순찰대기실	창고	
회의실	사무실	취사장	아마쿨리
간호부실	진료소	창고	대기소
아오야마관	도우세이루	마쓰모토루	헤이와관

	기요후지루	세이난루	마쓰우라루
산세이루	우한루	전승관	카노야

하네다별장	타이헤이관	
미요시루		카츠미루

공양탑

연못   공원

도면 왼쪽:

제3부대 숙사
제2부대 숙사
제1부대 숙사
중산로
장교클럽 기온
한커우 특수 위안소 (지칭리)
강한로
육합리
한커우 병참 사령부
양쯔강

자료 : 山田清吉(1978 : 76, 148).

사진 1-3 한커우 헤이와(平和)위안소 모습

자료 : 長沢健一(1983 : 54).

9 「支那渡航婦女ニ関スル件」(內務省警保局警務課長, 1937.11.4.), 『자료집성①』, 77-86쪽.

업의 종업부가 약 1천 명이 있었고, 그중 21군 병참의 통제를 받는 인원이 약 850명이었다. 앞서 21군 사령부가 일본 내무성과 대만 총독부에 모집을 의뢰한 위안부 약 700명이 그 주축을 이룬 것으로 추정된다.

그 후, 대만에서 1939년 11월-1940년 1월의 3개월간 위안소 관계로 남중국으로 도항한 대만인 수가 260명이었다. 같은 기간 중 위안소 관계로 대만에서 남중국으로 도항한 일본인 수가 807명, 조선인 수가 523명으로 오히려 대만인의 수보다 훨씬 더 많았다. 이 3개월간 대만에서 남중국으로 건너간 위안소 관계자 총수는 1,590명에 달하였다. 대만에서 그 전부터 작부 창기업에 종사하던 여성들이 남부 중국으로 이동한 것도 있고, 업주가 일본과 조선에서 여성을 모아 대만을 경유해서 남중국으로 이동한 것도 있었다고 하겠다(駒込 武 2000:133-139).[10] 이미 1939년 4월에 광둥 일대에 약 1천 명가량의 위안부가 있었으므로, 그중 일부가 1940년 초까지 일본이나 대만에 귀환했다고 해도 1940년 초에는 남중국 일대에 1,500명 넘는 위안부가 있었다고 하겠다.

일본군은 1939년 2월에 광둥 남서쪽의 하이난섬海南島을 점령하였는데, 이곳의 위안소 설치는 대만의 국책회사인 대만척식台灣拓植 주식회사가 담당하였다. 하이난의 일본 해군이 대만총독부에 위안소 설치를 의뢰하자, 대만총독부는 그를 산하의 대만척식에 맡겼다. 대만척식은 4월 말에 자회사 복대공사福大公司로 하여금 업자를

---

10 원자료는 『자료집성①』, 77-86, 175~428쪽; 『자료집성②』, 40쪽.

선정하여 위안부 모집 자금을 빌려주도록 하였다. 복대공사가 대만 타이베이台北 교외의 온천가로서 유흥지인 베이터우北投의 유곽 업주 오쿠다娛田萬三郞를 위안소 업주로 선정하였고, 그 업주는 자신의 작부 예기 8명에 새로 3명을 더하여 하이난 북부의 하이커우海口로 이동하였다. 이 업주는 복대공사로부터 3만 엔을 도항비로서 융자받고 대만척식이 하이커우에 지은 건물에 위안소를 차렸다.

그리고 하이난 남부 싼야三亞에서도 5월에 대만척식이 대만총독부로부터 전달받은 일본 해군의 요청에 따라 역시 베이터우의 유곽 업주를 위안소 업주로 선정하고 업주로 하여금 조바 1명, 요리인 2명, 작부 10명 등과 함께 이주하여 위안소를 설치하게 하였다. 요리인 2명은 대만인, 작부 중 1명은 조선인, 그밖은 일본인이었다. 작부의 주소가 위안소 업주와 같았는데, 역시 유곽 업주가 자신의 창기들과 함께 이주한 것이었다. 이 위안소에도 역시 대만척식이 복대공사를 통하여 필요 자금 1만 8천 엔을 융자하였다. 1940년 4월 군의 이동에 따라 이 위안소는 영업을 중지하였고 그 차입금의 상환이 곤란해졌다 하니, 이 위안소는 군을 따라 이동하지 않았음을 알 수 있다(駒込 武 2000:142-144).

해군 출신으로서 상하이에서 두부가게를 운영하고 있던 사카시타 쿠마조오坂下熊藏는 1940년 해군 복무 시절의 동료인 해군 장교의 제안에 따라 꿍핑로公平路의 기존 위안소 우미노야海乃家를 인수하였다. 이 위안소는 해군특별육전대의 군속 전용 위안소로서, 해군이 위안소 건물 및 식량 등 기타 필요 물자를 제공하고 사카시타가 위안소 경영을 맡았다. 사카시타로서는 위안부의 보충 및 관리가 주

업무인 일종의 경영 위탁 위안소였다. 한동안은 이용자가 적어서 사카시타가 속아서 인수한 셈이었고 금전적으로 손해를 봤다. 초기에는 본관 하나로 운영했으나, 1944년에 이용객이 늘자 1km 떨어진 곳에 별관까지 마련해서 확장했으며, 총 45명 정도의 위안부가 있었다. 일본인 10명 전후, 조선인 10명 전후, 중국인 20명 전후의 위안부가 섞여 있었다. 가게에는 낮에도 연일 사람이 들락거리고 주간에도 연회가 열리곤 했다(華公平 1992).

일본군이 중국 해안 전역과 내륙 일부 요지를 점령한 1940년 5월 일본 정부는 일본인의 중국 도항을 제한하는 방침을 발표하였다. 기생, 작부, 여급, 위안부 등 특수부녀는 원칙적으로 신규 도항을 인정하지 않되 5월 하순의 고용자 수를 기준으로 결원이 생기면 그를 보충하는 차원에서 중국 도항을 허가한다고 하였다[11]. 이는 1940년 5월이면 중국 전선에서 군 위안소 설치가 일단락되었음을 뜻한다.

초기 조선총독부의 관여는?

이상과 같이 1937년 7월 중일전쟁 발발 이후 1941년 12월 태평양전쟁 발발 전까지 일본군이 중국 전선에서 위안소를 개설함에 있어서는, 중국 주둔군이 직접 업자를 선정하여 일본과 조선, 대만 등지에 파견하여 위안부를 모집하게 하거나, 중국 주둔군이 일본

●●●

11 「渡支邦人暫定処理取扱方針中領事館警察署の証明書発給範囲ニ関スル件」(警務部第3号, 1940.5), 『자료집성 ①』, 138쪽.

육군성을 통하여 일본 내무성과 대만총독부에 위안부 모집을 의뢰하고 일본 내무성과 대만총독부가 행정 계통을 통하여 위안소 업자를 선정하고 그 업자로 하여금 위안부를 모집하도록 하였다. 요컨대 일본군이나 행정당국은 위안소 업자를 선정한 것이고, 위안부를 모집한 것은 그 업자였다.

이 중국 전선에서의 위안소 개설과 관련하여, 일본군이 조선총독부나 조선군 사령부에 위안부 모집을 의뢰하고 조선총독부나 조선군이 행정계통(경찰 포함)이나 군 계통을 통해 업자를 선정한 것은 확인되지 않는다. 중일전쟁 발발 직후 일본의 중국 도항 통제방침에 따라 조선총독부도 조선에서 중국으로의 도항(위안부의 도항 포함)을 통제한 것만 확인된다.

조선총독부 경무국 보안과가 1937년 8월 25일부 「북중국에 무직 불량분자 유입 단속에 관한 건」 및 동 9월 3일부 「불량분자의 중국 도항 단속에 관한 건」 등의 통첩으로, 조선에서 중국에 도항할 때 관할 경찰서가 발행하는 신분증명서를 소지하도록 했으며, 1938년 1월 31일부 「중국 도항 신분증명서 발급상황에 관한 건」, 「중국도항 단속에 관한 건」 통첩으로 각도 경찰부장이 신분증명서 발급상황을 매월 보고하도록 하였다. 또 1938년 12월에 한커우 위안소가 포화 상태에 달하자 한커우 총영사의 요청에 따라 일본 외무성과 척무성이 조선총독부에도 위안부 송출을 제한하도록 통첩을 보냈다. 이에 조선총독부 경무국 보안과는 이듬해 1939년 3월까지 각 경찰서가 한커우와 광둥으로의 위안부 이송을 중국 현지의 영사관, 일본 외무성, 척무성의 의향에 맞게 통제 조절하라는 통첩을 내렸다.

그리고 1940년 3월 중국의 왕징웨이汪兆銘 정권 성립 후에는 조선총독부도 본국 정부의 방침에 맞추어 중국으로의 도항을 한층 더 단속하였다. 1940년 5월부터 위안부 송출은 여성의 거주지 경찰서가 발급한 도항증명서만으로는 안 되고, 목적지인 중국 현지의 관할 영사관 경찰서와 주둔군의 송출 요청 증명서도 필요하였다. 이에 조선총독부도 「중국도항 국민의 잠정처리방침」을 작성하여 일본과 완전히 같이 도항증명서 발급을 취급하도록 하여, 중국으로의 '특수 부녀'(예기, 작부, 여급, 군 위안부 등)의 신규 도항증명서는 5월 20일의 중국 내 고용자 수를 기준으로 한 결원을 보충하는 한에서만 발급하도록 하였다(吉見義明 1993:147; 金富子 2000:238-242).

이처럼 중일전쟁기에 조선총독부가 조선에서의 위안부 모집에 관여한 것은 중국 도항용 신분증명서 발급에 관한 본국의 방침을 각급 경찰서에 하달하는 것이었지, 행정계통을 통해서 지방 관리나 경찰이 업주를 선정하도록 한 게 아니었다. 하물며 면 직원이나 경찰이 위안부를 직접 모집, 연행하도록 지시한 것은 더욱 아니었다. 흔히 '관헌에 의한 위안부 강제연행' 운운하지만, 중일전쟁기에 조선총독부는 위안소 업주 선정조차도 하지 않았다. 이 점은 대만총독부나 대만군이 휘하 행정조직이나 국책회사에 위안소 업주를 선정하게 한 것과는 확연히 달랐다.

태평양전쟁기의 위안소 설치

1941년 12월 8일 일본은 미국의 진주만을 기습 공격하여 미국의 태평양 전력에 타격을 가함과 동시에 동남아에 대한 침략을 전면화하였다. 이미 1940년에 비시정권 휘하 프랑스의 식민지인 베트남에 진출했던 일본군은 1941년 12월 8일 새벽 말레이반도의 북동부 코타발루에 대한 상륙작전을 개시한 이래 이듬해 2월 싱가포르를 함락시켰으며 3월에는 인도네시아 자바섬도 침략하였다. 다른 한편 일본군은 1942년 1월 버마를 침략했으며, 1942년 5월에는 필리핀에서 미군을 축출하고 루손섬을 점령하기까지 하였다.

일본군이 동남아 각지를 침략함에 따라 일본군 위안소도 동남아 각지에 속속 설치되었다. 동남아 각지에서의 위안소 설치 방식은 크게 두 가지로 나누어진다. 하나는 중국 전선의 일본군 부대가 동남아로 이동할 때 부대 소속 위안소가 같이 이동하는 것이다. 센다 가코의 『종군위안부 게이코從軍慰安婦·慶子』에 소개된 게이코 일행 위안부들은 광둥의 보병 제124연대 소속이었는데, 태평양전쟁의 발발과 함께 제124연대가 보르네오로 이동하자 게이코 일행도 부대를 따라 보르네오로 이동하였다. 게이코 일행은 이후 부대와 함께 필리핀과 버마 등 남태평양과 동남아 일대를 전전하였다.

다른 하나는 위안소 자체가 새로 설치되는 것이다. 태평양전쟁 전에 중국 전선에 투입된 일본군은 80만 명이었지만, 태평양전쟁 발발 후 5개월이 된 1942년 4월에는 중국 전선의 일본군은 63만 명이 되었고, 동남아 전선에 42만 명의 일본군이 있었다. 중국 전선에서 이동한 17만 명의 일본군을 제외하더라도 25만 명의 일본군이 해외의 전장에 새로 투입되었다(후지와라 아키라 2013:296; 林博史 1993:13). 그만큼 새로 위안소가 설치되어야 했다.

남방에서 신규 위안소 설치는 주로 남방 파견군의 요청에 따라 중국 파견군이나 조선군, 대만군이 위안소 업주를 모집하고 위안부 송출을 지원하는 식으로 이루어졌다.

우선, 중국 파견군이 기존의 위안소 업주, 군납업자 등에게 위안소 경영 차 남방행을 권유하거나 명령한 몇 가지 예가 있다(西野留美子 1993:33-108). 첫째로 광둥에서 남편이 군납업을 하고 시모가 군용식당을 운영하던 사카이 유키에西井幸江(1918년생)는 1942년 초 군의 참모로부터 버마에 가서 30명 정도의 위안부를 둔 위안소를 경영하라는 권유를 받았는데, 이를 군의 명령으로 받아들인 남편과 시모가 그에 따르기로 결정하였다. 사카이와 그 남편은 30명의 중국인 여성을 모아서 그해 초봄 광둥에서 버마행 군용선에 올랐다.

둘째로 카츠키 히사하루香月久治는 만주사변에도 참전하고 1934년 제대 후에는 만주국에서 경찰관을 하다가 1938년부터 만주전업電業회사에서 4년간 근무하였다. 난징 번화가 태평로에서 잇가쿠루一角樓라는 요리옥 겸 위안소를 운영하던 그의 장인에게 군이 남방에서 위안소를 경영할 것을 명령하자, 잇가쿠루를 폐점할 수 없었던 장인은 카츠키에게 자신을 대신해서 남방에서 위안소를 경영해 달라고 요청하였다. 이에 카츠키는 난징에서 27명의 일본인 여성을 모아 1942년 7월 상하이로 갔다. 상하이에는 같이 출발할 여성이 1,300명이나 모였고, 군이 준비한 마트래스 호에 타서 출발하였다.

마트래스 호는 1달 뒤 싱가포르에 도착했는데, 카츠키는 싱가포르에서 버마행을 명령받았다. 카츠키는 랑군에서 버마 북부의 라시오행을 명령받고 거기서 위안소를 열었다.

셋째로, 이노우에 키쿠오井上菊夫는 상하이에서 여관을 맡아서 운영하던 중 1942년 5월 평소 친하게 지내던 후루사토故鄕루 위안소의 업주로부터 남방에서 함께 위안소를 하자는 권유를 받고 돈을 벌 수 있겠다는 생각에서 상하이 주둔군의 위안소 경영자 모집에 응모하였다. "당시 상하이의 경기가 시들해지는 반면, 남방의 열기가 새롭게 부상하고 있었"기 때문이었다. 상하이 일본군의 허가를 받은 그는 조선인 위안부들을 모아서 위의 카츠키와 같은 마트래스호를 타고 출발하였다. 후루사토 업주와 이노우에는 일본 남방군에게서 버마행을 명받았고, 버마 도착 후 후루사토 업주가 2곳의 위안소를 열었는데, 이노우에는 타운기에서 제2후루사토루라는 위안소를 맡았다.

이렇게 중국 파견군이 남방으로 갈 위안소 업주를 선택하고 위안부를 송출한 것은 남방 파견군의 요청 때문이었다. 이노우에가 남방으로의 출항을 위해 상하이항에 갔을 때 일본군 참모대좌는 함께 모인 업주들을 앞에 두고 "남방 파견군 총사령부의 요청에 의해 중국 파견군 총사령부가 이것을 알선하"였다고 말하였다.

두 번째로 조선군이 업주를 선정하고 위안부 송출을 지원하였다. 중일전쟁기와 달리 남방 파견군의 요청을 받은 조선군 사령부가 위안소 업주를 선발하고 위안부 송출에 편의를 제공한 것이 확인된다. 1944년 버마의 미치나Myitkyina에서 포로가 된 일본인 위안소 업주의 심문기록[12]에 의하면, 조선군사령부가 경성의 일본인 요리점 업주 등에게 버마에서 위안소를 경영할 것을 제의하였고, 마침 요리점 경영이 어렵던 그는 더 많은 돈을 벌 기회를 찾아서 그에 응모하였다. 그는 22명의 조선인 위안부를 모았고, 조선군사령부는 그들이 버마에 도착하기까지 일본군이 교통, 음식, 의료 등 모든 지원을 하도록 조치하였다.

그 업주 일행을 포함해 총 703명의 조선인 위안부 및 약 90명의 일본인 남녀 업주들이 1942년 7월 10일 부산에서 4천 톤급의 여객선을 타고 출발해서 대만을 거쳐 싱가포르로 갔다가, 싱가포르에서 배를 바꿔 타고 8월 20일 버마의 랑군에 도착하였다. 이들은 그 후 20~30명의 그룹으로 나누어져 버마 각지의 연대, 부대에 배속되었다. 그 일본인 업주는 제18사단의 제114연대에 배속되었고, 부대를 따라 버마 내 여러 곳을 전전하다가 1943년 1월에 버마 북부의 미치나에 도착하여 위안소를 열었다. 미치나에는 이미 두 곳의 위안소가 있었는데, 이로써 모두 세 곳의 위안소에 위안부 수가 63명에 이르게 되었다.

한편, 남방의 일본군이 직접 업자를 조선에 보내 위안부 여성을 모은 경우도 있었다. 버마의 미치나에서 포로가 된 상기의 일본인 업주와 조선인 위안부에 대한 심문 기록에 의하면, "1942년 5월 초순 일본군의 의뢰인들이 일본군에 의해서 새로이 정복된 동남아시아 제지역에서의 '위안 서비스'를 할 조선인 여성을 동원하기 위해

●●●

12 연합국최고사령부연합번역통역국 조사보고, 「일본군위안시설 제2절 위안시설 9 위안소 b 버마(1)」(1944.11.30.) (안병직 2013 : 417~423).

52

조선에 도착했다... 이들의 설명을 믿고 많은 여성이 해외 근무에 응모하"였고, "거의 800명에 이르는 여성들이 모집되어 위안소 업주들과 더불어 1942년 8월 20일 랑군에 상륙했다"(안병직 2013:407-408). 1942년 7월 10일 부산을 출발한 위안단에는 남방의 일본군의 의뢰를 받고 위안부 모집차 조선에 온 업자들도 있었다.

그러나 남방의 일본군이 직접 의뢰인들을 보내기는 쉽지 않았을 것이다. 그것보다는 남방의 일본군이 중국 주둔군 사령부나 대만총독부 및 대만군 사령부, 또 조선총독부 및 조선군 사령부 등에 업주 모집을 의뢰한 것이 더 일반적이었을 것이다. 이렇게 태평양전쟁기 동남아에서의 위안소 설치에 있어서는 중일전쟁기의 위안소 설치 때에는 직접 확인되지 않았던 조선총독부와 조선군의 적극적 역할이 있었다.

이 1942년 7월 10일 부산을 출발한 위안단에 앞서 조선을 떠난 남방행 위안단이 있었음도 확인된다. 1937년에 군의관으로서 입대하여 관동군 731부대에서 근무했던 토미하라富原는 1942년 1월 자바 공격 작전을 위해 이동중 대만의 카오슝에서 말라리아에 감염되어 사이공 야전병원에서 치료받다가 1942년 3월 가우룽九龍의 육군병원으로 옮겨서 완치된 후, 6월 중순 가오룽 항에서 뒤늦게 남방행 선박에 승선했는데, 토미하라 등 소수를 뺀 승객 대다수는 여성이었다. 그 여성들은 일본인, 중국인, 조선인 위안부였는데, 일본인은 나이가 좀 들었고 중국인과 조선인은 젊었다. 그 배는 싱가포르에 기항했을 때 토미하라를 내려주고는 바로 버마로 향하였다. 그 배는 조선에서는 아마도 6월 초쯤에 조선인 위안부들을 태우고 출발했을 것이다(西野留美子 1993 : 151-164).

　이렇게 위안소 업주와 위안부가 버마에 도착하면, 군 참모부의 후방 담당이 부대의 병사 수에 맞추어 위안부를 배치하였다. 한 업주의 위안부 일행 전체를 보내거나, 일본인, 조선인, 중국인 그룹으로 나눠서 보냈다. 일례로 사단사령부 소재지의 장교용 클럽에는 일본인 위안부들을 배치하고, 전선 지역에는 조선인이나 중국인을 배치하는 것이다(西野留美子 1993 : 102-108).

　세 번째로 대만군에 의한 업주 모집도 있었다. 필리핀 진출을 꾀한 대만의 업주가 대만군 사령부의 알선으로 마닐라에서 위안소를 차린 것도 확인된다. 타이난台南의 한 업주는 "마닐라가 떨어지자 바로 타이베이의 해군 무관부에 계속 찾아가서 현지에서 영업 희망을 바라며... 허가가 내려와.... 내 집에 살던 여자를 중심으로 13명의 게이샤를 모아 거기에 요리사, 이발사, 목수, 미장이까지 전원 30명으로... 해군의 특무선에 편승해서... 샌 마르셀리노 프리메이슨 사원을 할당받아 개장하고 요정으로 만들었다"(秦郁彦 1999 : 134). 이것은 사병 상대의 위안소가 아니라 장교가 주고객인 요정인데, 업자가 대만군 사령부를 통해 끈질기게 청탁해서 위안소를 개설했다는 점이 특징적이다.

　싱가포르와 같은 도시 지역에서는 초기에 일본군이 현지에서 직접 여성을 모집해서 위안소를 설치하기도 하였다. 싱가포르에서는 1942년 2월 15일의 일본군 점령 직후 군 사령부의 후방계가 직접 주민을 수소문해서 찾아낸 창기를 각 부대에 배치함으로써 위안소를 만들었다. 그 전까지 영국군을 상대했던 여성들이 속속 응모하여 금방 예정된 위안부 수를 채울 수 있었고, 점령 12일 만인 2월 27일에 첫 위안소가 만들어졌다. 그 후 3월 5~8일에 일본군 선전 반이 만든 중국어 신문 『소남일보_{昭南日報}』에 월 보수 최저 150싱가포 르달러에 연령 17~28세의 접대부 수백 명을 모집한다는 광고가 실 렸다. 4월 7일 자 같은 신문에는 가톤_{加東}유영구락부가 여성 사무원 10명과 여성 접대원 20명을 모집한다는 광고가 실렸다. 그러나 광 고를 보고 응모한 이는 거의 없었다(林博史 1994).

센토사섬에는 1942년 11월 조선인 위안부 12~13명이 도착하여 군 위안소가 개설되었다. 그리고 독립자동차 제42대 대원의 증언 에 의하면, 켄힐 위안소의 위안부는 조선인이 많았고 말레이인도

지도 1-2 싱가포르 위안소 지도

자료 : 林博史(1994:35)

있었다. 조선에서 온 업주와 대만인 여성이 그 위안소를 경영하였다. 그리고 싱가포르 북부의 셀레타 군항의 위안소에는 중국인, 조선인 위안부가 대부분이었다.

패전 위기 속의 위안소 설치

태평양전쟁 말기에 중국에서도 추가로 군 위안소가 설치되었다. 톈진의 일본군은 700km 이상 떨어진 허난성河南省 정저우鄭州나 인근 산둥성의 일본군을 위한 1~3개월의 한시적 위안소나 톈진 내 일본군 장교를 위한 클럽 형태의 위안소를 만들기도 하였다. 북중국 지역에는 일본의 괴뢰정권으로서 화북정무위원회가 조직되었는데, 1944년 6월 그 휘하의 톈진시 정부와 그 경찰국은 일본군의 요청에 따라 허난성의 일본군 부대에 톈진 시내 기녀妓女를 모아 파견키로 결정하였다. 톈진 경찰국은 시내 접객업소 단체인 낙호樂戶연합회로 하여금 기녀 86명을 선발하여 협회 관계자의 인솔과 경찰의 호송 하에 1개월 기한으로 정저우에 파견하게 하였다. 그중 50명이 병에 걸리거나 도망하여 이탈하고 36명이 1개월간 군 위안부 생활을 하였다.

또 1945년 4월에 일본군은 낙호연합회로 하여금 20명의 기녀를 선발해 톈진시내의 군인클럽에 위안부로 파견하도록 하였다. 그리고 일본의 항복 직전인 1945년 7월 말에도 일본군 톈진방위사령부는 낙호연합회로 하여금 톈진의 사령부 직할 위안소 동역회관東驛會

節에 3주간 20~30명의 기녀를 위안부로 보내거나 산둥의 일본군에게 기녀 25명을 파견해서 3개월간 위안부 일을 하도록 하였다. 이상은 일본군이 톈진시 경찰 행정계통을 통하여 톈진의 중국인 접객업소 단체로 하여금 그 중국인 기녀들을 한시적인 위안부로 동원하게 한 케이스였다(林伯耀·張友棟 2000).

텐진 인근의 산둥성 지난濟南 주둔 일본군도 현지 중국인 접객업소 단체를 통해 위안시설을 만들었으며 다른 일본군 부대에 위안부를 공급하였다. 1944년 상순 지난의 일본군은 지난 중국기관妓館 조합에 위안소를 만들어 운영토록 하고, 종업원의 식량, 일용품을 일본군 병참부가 염가로 공급하고 의료도 일본군이 부담하였다. 지난의 일본군은 1944년 6월 톈진의 일본군과 마찬가지로 허난河南 작전 때 기녀를 전선에 보낼 것을 요구했던 바, 일본인요리조합은 일본인 기녀가 부족해 응할 수 없었고 이에 조선인요리조합이 조선인 기녀 약 30명을 허난성 정저우에 3개월간 파견하였다. 이 기녀들은 모두 무사히 귀환하였다(西野留美子 2000b:170-172).

그런데 일본군은 본토 결전을 앞둔 최후의 결전장 오키나와에서도 위안소를 새로 설치하는 기이한 행태를 보였다. 중부 태평양에서 과달카날과 사이판을 거쳐 북상하는 미군을 저지하기 위해 일본군 대본영은 1944년 3월 남서제도 수비군으로서 제32군을 신설하고 4월에는 오키나와에 비행장 설영 부대를 배치하였다. 그리고 그해 여름에는 32군의 예하 부대로서 중국 전선 등의 일본군 3개 사단이 오키나와로 전용되었다. 8월 초 제24사단이 중국 단둥으로부터, 8월 하순 제62사단이 중국 산시성과 산둥성으로부터, 8월 말

제28사단이 만주 치치하얼로부터 이동하였다. 제32군은 오키나와에서도 장병의 강간 방지, 병사의 위안, 성병 예방 등을 위하여 위안소를 설치하였다.

중국 등지로부터 이동한 부대 중 일부(제50비행장 대대 등)는 소속 위안소를 대동하였고, 32군 사령부는 오키나와 나하 경찰의 도움을 받아 츠지辻 유곽의 포주와 창기들이나 조선에서 새로 모집한 여성들로 위안소를 만들었다. 특히 1944년 10월 10일 미군의 나하시 대공습으로 츠지 유곽을 포함해서 나하 시가지의 90%가 잿더미가 되었는데, 일본군은 오갈 데 없어진 창기들을 새로 위안소로 편성하고 그 건물을 지었다. 일본군은 츠지 유곽으로부터 위안소 1곳당 15명씩, 총 500명의 위안부를 차출하였다. 오키나와 본섬 및 그 부속 섬에 설치된 위안소 수는 최근 130개로 확인되는데, 부속 섬에 설치된 소규모 위안소가 많아 위안소 당 인원은 10명을 좀 넘는 정도로서 전체 위안부는 1,500명 내외로 추정된다(浦崎成子 2000; 古賀德子 2008).

1979년 '오키나와의 할머니'로 처음 세상에 알려진 위안부 배봉기 일행의 분산을 통해 오키나와의 위안소 설치에 관해 살펴보자. 배봉기 일행은 1944년 11월 오키나와에 배치되었다. 1944년 11월이라면 오키나와 남쪽의 사이판에서 일본군이 전멸당하고(7월), 필리핀은 아직 내주지 않았을 때다. 미군은 그 4개월 뒤인 1945년 3월 대대적인 오키나와 상륙작전을 벌여 3개월 후인 6월에 오키나와를 점령할 터였다. 배봉기 일행은 모두 조선인 51명이었는데, 20명은 오키나와 본섬에 남고, 21명이 오키나와 나하항에서 서쪽으로

지도 1-3 오키나와 게라마제도와 다이토제도

오키나와

게라마제도

북다이토

남다이토

라사

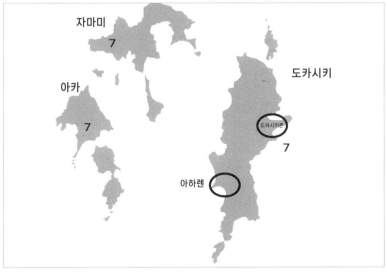

자마미

7

아카

7

도카시키

도카시키촌

7

아하렌

30km 떨어진 게라마제도慶良間諸島로 가서 도카시키섬渡嘉敷島, 자마미섬座間味島, 아카섬阿嘉島에 각기 7명씩 배치되었으며, 나머지 10명은 오키나와 동쪽으로 370km나 떨어진 외딴섬 다이토제도大東諸島에 배치되었다.

배봉기 등과 헤어져 다이토제도로 간 부녀자들은 일단 미나미(남) 다이토 섬에 갔지만, 이곳에는 이미 여러 명의 위안부들이 있었기 때문에 11월 하순에 남쪽으로 150km나 떨어진 작은 섬 라사(현 오키 다이토)로 다시 이동하였다. 라사에는 제85병참경비대의 4중대인 라사 수비대 320명이 있었다. 이 중대의 진중일지에는 11월 23일 관리자 1명과 조선인 위안부 7명이 도착하였다고 하여, 일행 10명 중 3명은 미나미 다이토에 남았음을 말해준다(가와타 후미코 2014; 강정숙 2010:193-197).

심지어는 독일 항복 후 일본 패전 직전인 1945년 6월에도 내몽고 장가구張家口 주둔 일본군이 새 위안소를 만들려 하였음이 확인된다. 미군의 통신감청 자료에 의하면, 내몽고의 일본군 부대는 위안소 설치를 위해 배정된 위안부 모집 자금을 위안소 업주의 경성 소재 은행 계좌에 입금해 달라고 조선총독부 재무국에 요청하기도 하였다(방선주 1997:232-234).

전장의 일본군이 속속 전멸하고 위안부들도 같은 운명을 맞을 가능성이 큰, 최후의 결전을 앞둔 상황에서도 일본군이 새로 배치된 곳마다 하나도 빠짐없이 위안소를 설치한 것은 가히 엽기적이기까지 하다. 이처럼 일본군 위안소는 일본군이 파견된 전장에는 거의 빠짐없이 설치된 것이 특징이었다.

일본군 위안소는 전장에 설치된 것

일본군 위안소의 분포는 어떨까. 통설은 전장은 물론이고 일본 본토와 조선, 대만 등 일본제국 전역에 군 위안소가 있었다는 것이다. 일본의 위안부 운동 단체인 wam(액티브 뮤지엄 여성들의 전쟁과 평화 자료관)이 만든 일본군 위안소 지도를 보면, 일본군이 있던 곳에는 모두 일본군 위안소가 있던 것으로 표시되어 있다. 일본군 위안소는 중국에 가장 많지만, 동남아, 중부 태평양, 남태평양 제도에도 많고 만주국과 대만, 조선, 일본에도 있었다 한다(https://wam-peace.org/ianjo.).

그러나 일본군이 직영하거나 그 운영 전반을 감독 통제하는 일본군 위안소는 본디 전장에 설치되는 것이었다. 일본군 전투지역이 아닌 곳에는 위안소가 없었다(從軍慰安婦110番 1992:117). 일본군 전투지역이 아닌 조선이나 일본 본토, 대만 등은 병사가 민간인을 함부로 강간할 수 있는 곳이 아니고 병사가 외출 외박 시 민간 유곽을 이용할 수 있었기에 군 위안소를 설치할 필요가 없었다. 경찰의 관리 감독을 전혀 받지 않는 사창이라면 성병 감염의 위험이 높지만, 정기 검진을 받아야 하는 공창에서는 성병 감염의 위험도 상당히 억제되었다.

일본의 '여성을 위한 아시아평화국민기금' 재단이 발간한 5권의 『종군위안부관계자료집성』 중 미군 등 연합군의 일본군 포로 심문 기록을 담은 제5권을 뺀 4권에 도합 184건의 일본 정부와 일본군 문서 자료가 수록되어 있다. 그중 179건의 자료가 중국, 동남아,

중남 태평양 도서에 설치된 위안소에 관한 것이고, 나머지 5건이 중일전쟁 이전 만주 지역에서의 일본 관동군의 유곽 관리에 관한 것이다. 즉 중일전쟁 이후 일본 본토, 조선, 대만, 만주에 설치된 위안소에 관한 자료는 한 건도 없다. 이것은 일본군 위안소가 본디 중국, 동남아, 남태평양의 전장에 설치된 것임을 시사한다.

또 일본의 육군성이 파악한 위안소 역시 그러하였다. 1942년 9월 3일 일본 육군성 과장회보에서 구라모토 케이지로倉本敬次郎 은 상과장은 설치된 군 위안소가 화북 100, 화중 140, 화남 40, 남방 100, 남해 10, 사할린 10, 합계 400개라 보고하였다(요시미 요시아키 1998:82). 중국 전선의 위안소가 280개로 전체의 70%를 차지하였다. 육군성은 조선과 대만, 일본은 물론이고 만주에서도 군 위안소의 존재를 언급하지 않았다.

일본, 조선과 대만은 전장도 아니고 그 국경에서 일본군이 적군과 직접 대치하지도 않았다. 이 지역에서는 중국에서 위안소를 설치할 때처럼 현지의 일본군이 업자를 선정하고 그 업자가 위안부를 모아 위안소를 여는 일은 없었다. 그 대신 일본군 부대 주변에 외출하거나 휴가 나오는 군인을 손님으로 맞는 매춘업소가 자연발생적으로 생기자, 그 일본군 부대가 전장의 일본군 위안소의 관리 방식을 모방하여 그 업소를 군이 이용하는 시설로 지정하여 통제 관리한 경우가 일부 있었다.

조선 북부의 경우를 보자. 북한 회령시 관계자는 식민지 조선의 함경북도 회령에 위안소가 6곳 있었다고 말하였다. 그러나 그곳이 일본군 위안소였다는 증거는 없으며 군인이 이용한 술집, 카페, 유곽이라 할 것이었다.

회령에는 러일전쟁 중 1905년 9월에 일본군이 처음 진주하였고, 1920년에는 보병 제75연대가 창설되어 주둔하였으며, 그밖에도 공병대와 비행대, 헌병분대 등이 있었다. 회령에는 일찍부터 10명 정도의 조선인 창기를 거느린 요정 겸 유곽으로서 덕천루德川樓가 있었다. 덕천루는 1938년 이래 전시총동원 체제 아래서 유흥업 규제를 받아 게이샤와 기생을 부른 연회를 열 수 없게 되고 민간인 이용자가 줄어든 대신, 회령 주둔 일본군이 늘어난 덕분에 일요일과 군대 휴일에 군인 이용객이 대폭 늘어났다. 군인을 한 사람이라도 더 받기 위해 덕천루에서는 1인당 이용 시간을 단축하고 요금을 내린 군인용 특별시스템을 만들었다. 수익 극대화를 위하여 민간인과 군인에 대하여 가격차별을 한 것이다. 당시 일본군 병사로 징집되어 회령에 배치된 이는 자신이 장교의 심부름으로 창기에게 선물을 전하러 덕천루를 드나들었으며, 일요일에는 외출 허가를 받은 많은 병사들이 유곽에 가서 줄지어 자기 순서를 기다렸다고 증언하였다(金富子·金栄 2018:159-174).

덕천루가 중일전쟁 후 민간인 출입이 금지된 군 전용 위안소로 바뀌었다는 해석도 있으나(이영훈 2019:282), 민간인 출입이 금지된 것은 확인되지 않는다. 군인과 민간인이 함께 이용하던 군사도시의 한 요리점 겸 유곽에서 전시통제기에 민간인 손님은 줄고 군인 이용객이 늘어난 것이었다. 군인 이용객이 늘어난 후 일본군 부대가 덕천루를 위안소로 지정했는지는 알 수 없다. 회령의 보병 제75연대는 1944년 루손섬으로 이동, 최후의 결전에 참여하였으며, 그 이후는 회령에 주둔한 일본군 수가 얼마 되지 않았다.

함경북도 경흥에는 국경수비대 1개 중대와 헌병분견대 등이 있었는데, 그곳에도 위안소가 있었다는 증언이 있다. 1926년 함북 웅기 태생의 일본인 여성과 1925년생 북한 여성의 목격담이 그것이다. 1938년에 아버지를 따라 경흥에 이주한 이 일본인 여성은 1939~1942년에 일본에서 여학교를 다닌 후 1943년 봄에 경흥에 돌아와 우체국 직원이 되었다. 그녀는 어느 날 한 "매음하는 민가" 앞에 일본군 병사들이 줄을 서 있던 것을 보았고, 다른 어느 날에는 인근 나남의 일본군 군의관이 매독 검사를 위해 경흥에 출장 왔다가 자신의 집을 방문한 적이 있었다. 한편 한 북한 여성은 초등학교 졸업 후 일본인 상점 점원으로 일하였는데, 그는 1938년 경 자신 집 앞의 위안소에 여성 3~4명이 있었다고 증언하였다(金富子·金栄 2018:204-212).

그렇지만 이 목격담이 일본군 위안소의 존재를 입증하지는 않는다. 경흥의 일본인 여성은 위안소란 말은 그때는 들어보지 못했다고 말하였다. 경흥 읍내의 "매음하는 민가"에 군인이 드나들었다고 해서 그곳이 꼭 위안소는 아니다. 일반 매춘업소를 군인이 드나든 것일 수 있다. 더욱이 이 일본인 여성이 1943년 봄 경흥에 돌아왔을 때에는 수비대 대부분이 남방의 트럭섬으로 이동하고 통신대 등 약간의 유수부대만 남아 있었다. 일본 유학 전 귀에 익었던 군대 나팔소리는 끊겼다 한다. 군인 수가 얼마 되지 않던 곳의 일본군 위안소란 가당치 않다.

또 함경북도 경흥군 풍해면 대유동의 방진이라는 작은 마을의 긴

게츠루銀月楼와 호우카이루豊海楼가 한반도 내에서 최초로 확인된 일본군 위안소라는 주장도 있다. 민간인 인구가 적은 마을에 20명 정도의 여성을 데리고 있는 업소가 둘이나 있었고, 그로부터 1km 정도 떨어진 곳에 일본 해군의 나진특별근거지대의 병사들이 그를 이용하였다고 한다(김영·안자코 유카 2012:81-92). 그러나 역시 그것이 일본 군인이 이용한 민간 매춘업소가 아니라 일본군이 관리하는 위안소였다는 증거는 없다. 군 위안소라면 굳이 부대에서 1km나 떨어진 곳에 설치했을 리가 없다.

한편, 조선 북부 청진 신암동의 위안소에서 군 위안부 생활을 했다는 조윤옥의 증언에 의하면, 그 위안소는 3년간 민간인이 출입한 적이 없고 일본 군인만 이용하였다. 그런데 업주가 조윤옥에게 보여준 신분증명서 같은 것(창기등록증)에는 경찰서의 직인이 찍혀 있었고 동일한 신분증명서가 경찰서에도 1장 더 있다고 하였다. 또 위안부 중 1명이 도망가자 경찰이 수색하여 도로 잡아왔으며, 1주일에 한 번씩 하는 성병 검사도 경찰이 하였다(안이정선 2007:214-217). 이를 보면, 이 업소는 경찰이 관리하는 공창이었다. 군인이 그것을 이용했을 뿐이다.

대만의 경우에도 위안부의 증언 외에 위안소의 존재를 입증하는 객관적 자료는 없다. 일본군 창고 부대에서 일하던 2명의 대만 원주민(다로크족) 소녀들(각기 13세, 15세)이 1년 넘게 동굴에 갇혀서 강간당했다고 증언한 것이 있다. 이 증언이 사실이더라도 그것은 위안소라기보다는 강간 사건으로 봐야 할 것이다. 또 요코하마 유곽의 한 일본인 창기가 빚이 계속 불어나자 1938년 큰 전차금을 받아

그를 갚고 대만 펑후섬 마궁馬公시의 유곽으로 간 경우도 있었다. 그곳에는 해군어용海軍御用이란 간판을 내건 업소 20곳이 모여 있었다. 이 일본인 여성은 마궁시청에 호적등본 등 서류를 제출하고 창기 등록증을 받았으며, 군의가 성병 검진을 한 반면 외출시에는 경찰의 감독을 받았다. 이는 공창을 군인도 이용한 것이 아닐까 한다. 그리고 한국의 박두리, 이용수 등도 대만에서 위안부 생활을 했다고 증언하였으나, 그것이 군이 감독 통제하는 위안소였는지는 의문이다(동북아역사재단 2009:67-71; 中村ふじゑ 2000; 城田すず子 1971:33-34; 정대협 외 1997:35-40).

만주국 내의 관동군도 본디 중국 전선의 일본군처럼 위안소를 설치하지는 않았다. 관동군은 오래전부터 만철연선지역과 관동주 등에 주둔하였고, 1931년 만주사변 이후는 만주 곳곳에 주둔하였다. 중일전쟁 전 만주의 관동군은 20만 명 정도였지만, 일본군 전용의 위안소는 설치된 바 없고 민간인 경영의 유곽을 군민 공용으로 이용하였다(秦郁彦 1999:94). 일본군이 위안소 업자를 선정하고 그 업자가 위안부를 동원해서 위안소를 연 것이 아니라, 군 주둔지에 접객업소가 생기자 관동군이 접객업소에 대한 성병 검진을 하였다. 앞서 소개한 것처럼 1933년 3월 만리장성 인근 펑취안平泉에서 관동군의 혼성 제14여단을 따라와 개업한 조선인, 일본인 창기 업소에 대하여 군의관이 주 1회 이 창기들의 성병 검사를 한 것이 그것이다.

중일전쟁 발발 후에도 이는 달라지지 않았다. 1940년대 초까지도 위안소 관계의 일은 일본 본토와 마찬가지로 민간 업자가 행하였고 관동군은 관여하지 않았다. 한 관동군 헌병교육대 출신자는 계간『헌우^{憲友}』60호(1992년 4월 1일 발행)에 다음과 같이 썼다(加藤正夫 1993:56-57)

> 많은 군대가 만주 각지에 주둔하자 그에 주목한 조선인이 일본
> 군인을 상대로 하는 요리옥(매춘업)을 경영하였다. 그 당시 일본인
> 이었던 그들은 영업에 즈음하여 일본영사관의 허가가 필요하였고
> 창기는 성병 검진을 받아야 했다. 영사관 경찰이 없는 지역에서
> 는 헌병대가 군의의 협력을 얻어 영사관의 대행을 하였고 1938
> 년부터는 만주국 경찰이 그를 담당하였다. 일본 정부와 군이 관
> 여한 것은 거기까지였다.

앞서 언급한 청진의 위안부 조윤옥은 불어난 빚 때문에 청진에
서 만주 훈춘 성북가의 위안소로 옮겼다고 증언하였는데, 이곳 역
시 군이 관리하는 위안소는 아니었다. 이 위안소에서 위안부의 모
든 생활비는 위안부 자신의 부담이었고 그 때문에 빚이 계속 늘었
다. 후술(제9장)하지만 이는 일본군이 설치하고 관리한 위안소에서
라면 있을 수 없는 일이었다. 조윤옥을 도왔던 대구의 위안부 활동
가가 훈춘을 방문했을 때도 현지인들은 모두 일본군 위안소나 위안
부는 모르겠고, 일본 군인이 드나든 유곽은 있었다고 답하였다(안이
정선 2007:218-229).

그러나 관동군에서 복무한 군인과 군속 등의 증언을 채록한 자
료에 의하면, 관동군이 매춘업소를 위안소로 지정한 것도 확인된
다. 32명의 증언자 중 7명이 만주의 위안소에 관해 증언하였는데,

1941년부터 펑톈과 진저우錦州 등에서 군 복무를 한 사람은 곳곳에 군이 지정한 위안소(조선인, 일본인 경영)가 있었고 병사들이 그곳에 군 발행의 면세표免稅票라는 할인권을 갖고 갔으며 군 사령부가 매월 위안소의 영업 상황을 보고 받았으며 지정 위안소를 제외한 다른 업소에 가는 것이 금지되었다고 하였다. 관동군이 매춘업소를 위안소로 지정하고 관리하였음이 확인된다. 또 동부 국경지역 둥닝東寧 인근의 무린 주둔의 한 포병대원은 무린 시내에 조선인 업주의 군 위안소가 있었는데 20명 정도의 조선인 위안부가 있었고 다른 부대에 각기 다른 요일이 지정되어 있어 위안소가 매일 영업했다고 하였다(從軍慰安婦110番 1992:46-48, 51-53). 모두 군 지정의 위안소로서 군이 관리했음을 알 수 있다.

특히, 만주의 접경지역에서는 중국 전선의 위안소를 본떠서 관동군이 위안소를 설치하기도 하였다. 이 접경지역에서 일본군은 소련군과 대치하였으며, 특히 노몬한이나 장고봉張鼓峰 등지에서는 일본군과 소련군 간에 국지적 전투가 벌어지기도 했다. 대부분의 소만 접경지역에는 민간인이 없거나 매우 적었다. 더욱이 1941년 5월부터는 민간인은 여행증명서를 받아야만 그곳에 갈 수 있었다(강정숙 1997:157-158). 이에 오지의 관동군 부대는 중국 전선의 일본군처럼 위안소를 설치하기도 하였다.

소만국경지역인 무단장牡丹江성 쑤이양현綏陽県 쑤이양綏陽국경경비대 쑤이펀허綏芬河 부대가 1941년 12월 9일 린커우구東寧河区 제2632 부대 관사 내에 일본군 전용 요리점을 열었다. 본적이 마산 수정인 이와무라岩村가 조선인 위안부 13명을 데려와 요리점을 맡았다. 또

1942년 6월 둥안 헌병분대의 보고에 의하면, 군사경찰이 특수위안 시설의 관련 업자를 결정하였다(박정애 2016:16-17). 그러나 쑤이양 에서도 군의 요청에도 불구하고 위안소가 개설되지 않은 경우도 있 었다. "쑤이난綏南 지구에서는 1942년부터 패전 때까지 위안소 개설 신청이 모두 각하되었다." 한편 토치카(콘크리트로 만든 진지)를 건설하 는 관동군의 축성부대가 위안소 건물을 지었고 그 위안소에 관동군 군납업자가 위안부를 모아온 일도 있었다(從軍慰安婦110番 1992:39-40, 117).

한편, 일본에서도 전투가 벌어질 수 있는 최전선에서는 부대 주 변의 기존 업소를 군 위안소로 지정하거나 새로 위안소를 설치하였 다. 일본 홋카이도 동북부 구시로釧路의 해군 제3어뢰정대의 전시일 지에 의하면, 이 부대는 1944년 7월 유곽 시설을 점검하여 세척실 을 완비하고 기타 위생 상태가 양호한 6곳을 군대 위안소로 지정하 였다. 또 도쿄 남쪽으로 태평양상 1천 km 떨어진 절해의 고도 오 가사와라 제도에 주둔한 부대의 진중일지에 의하면, 1942년 5월 만든 오락장에 일본의 유곽 스사키洲崎, 요시와라吉原에서 각기 여자 10명씩과 부속 인원 10명, 합계 30명이 도착할 것이라 하였다. 그 리고 도쿄 남쪽으로 150km 정도 떨어진 니이지마新島에도 1944년 9월 일본군 부대가 상륙한 후 비행장을 건설하였고 1945년 4월에 위안소를 열었다(吉見義明 1993:294-297; 從軍慰安婦110番 1992:74). 이 것들은 모두 일본군이 본토 결전을 앞두고 그 최전선 예정지에 설 치한 것이었다.

한편, 오키나와 주둔 제9사단이 1944년 12월 대만으로 이동할 때 그 소속 위안소는 오키나와에 남았다. 대만이 전투지역이 아니기 때문으로 추정되는데, 이 위안소를 포함한 부속 시설은 다른 사단(제62사단)이 인수하였다. 62사단 사령부는 9사단의 위안소 관리법, 경영방법과 영업성적, 경영자와 위안부의 관계 등을 보고하라고 예하 부대에 지시하였다(하종문 2023:629). 이는 위안소가 전쟁터에 설치되는 것임을 다시 한번 보여준다.

요컨대 일본군이 업자를 선정하고 건물을 제공하며 그 경영 전반을 관리·감독한 본연의 군 위안소는 중국, 동남아, 남양 등의 전장에 설치되었으며, 적(소련)과 대치하는 만주의 접경 지역이나 곧 전투가 벌어질 일본 본토의 몇몇 최전선 지역에도 군이 위안소를 설치하였다. 그 밖의 만주에서는 관동군이 민간업소를 위안소로 지정하여 군인이 이용토록 하고 감독 통제하였으며, 반면 그 밖의 일본, 대만, 조선 등에서는 민간이 만든 접객업소를 군인도 이용하는 정도였다. 이렇게 보면 군 위안소는 해외 전장과 만주 일부 지역에 있었고, 일본, 대만, 조선에는 없었다고 하겠다.

그렇다면 만주와 일본, 대만, 조선 등지에서 위안부 생활을 했다고 신고한 한국의 여인들을 어떻게 보아야 하느냐는 문제가 생긴다. 우선, 한국 위안부 신고자 중 그들의 비중은 얼마나 될까. 정대협 및 그 산하 기관이 펴낸 위안부 증언록 총 8권[13]에는 103명의 증언이 들어있는데, 그에 의하면 그들이 위안부 생활을 시작한 지역은 다음 표 1-1과 같다.

●●●
13 이에 관해서는 제6장에서 자세히 소개한다.

표 1-1 정대협 증언록 수록 위안부 103명의 첫 위안부 생활 지역

전장戰場			전장외戰場外		계
중국	동남아	남양	만주	일본/대만/조선	
32	11	6	37	17	103

　여러 지역 중 만주의 비율이 35.9%로서 가장 높은데, 이는 지금까지 집계된 조선인 위안부 294명 중 만주로 간 이가 97명으로서 33%를 차지한 것과 비슷하다. 이것은 만주가 조선과 국경을 접하고 철도로 바로 연결된 데다 조선에서 자유로이 오갈 수 있었기 때문일 것이다. 본연의 위안부라 할 사람은 중국, 동남아, 남양으로 간 49명으로 절반이 좀 안 된다. 절반이 넘는 54명이 만주, 일본, 대만, 조선에서 위안부 생활을 시작했다고 증언하였다. 만주행 37명 중에서 소만 접경지역으로 간 것으로 추정되는 이는 18명으로 절반 정도다. 이 18명을 군이 설치한 본연의 위안소에 속한 위안부로 보고 이들과 앞서 전장으로 간 49명을 합하면 67명으로 전체의 2/3가량이 된다. 그렇다면 나머지 1/3은 군인도 이용한 민간 접객업소의 종업부라 할 것이다.

　본연의 군 위안부가 일본군이 선정한 업자가 일본군과 행정당국의 편의를 받아 동원한 여성이라면, 민간 업소의 접객부는 일본군의 계획 및 요청과 관계없이 민간 업자가 데려간 경우였다. 만주의 일부 후방 지역이나 일본, 대만, 조선에서 위안부 생활을 했다는 이에 대해선 그녀가 군인을 상대했다고 해서 그녀를 일본군 위안부라고 단정할 수는 없다.

물론 위의 표는 첫 위안부 생활 지역을 분류한 것이다. 여성이 다른 지역(혹은 국가)으로 여러 번 이동하기도 했다. 예를 들어 처음에 만주 후방의 일반 접객업소로 간 여성이 그 후 중국 전장의 일본군 위안소로 옮겨간 경우도 있고, 또 일본군 위안소에 있던 여성이 민간 유곽, 공창의 접객부로 옮겨간 경우도 있다. 일본군이 설치한 위안소의 위안부와 민간 업자가 만든 업소의 접객부는 전혀 별개의 분단된 두 범주가 아니었다. 흔히 도시지역에서는 위안소와 성매매업은 중첩구조를 이루어 여성이 군 위안소와 민간 매춘업소를 오갔다.

관동군 특별연습 때 조선인 위안부를 대거 동원?

또 1941년 7월 7일 관동군 특별연습(이하 관특연) 때 조선인 위안부를 대거 동원해 위안소를 설치했다는 주장도 재검토할 필요가 있다. 센다 가코는 관동군 사령부 제3과 병참반의 하라 젠시로原善四郎 소좌의 증언이라고 하면서, 일본이 소련을 침략하려고 관동군을 85만 명으로 늘리면서 조선총독부를 통하여 2만 명의 조선인 위안부를 동원할 계획이었으나 실제로는 8천 명을 북만주에 동원했다고 하였다(千田夏光 1978: 102-104). 정대협 계열 연구자들은 이를 사실이라 보고, 관동군의 의뢰를 받은 조선총독부가 도-군-면의 행정계통을 통해 위안부를 '징모'하였으며, 이는 관헌에 의한 위안부 강제 동원의 사례라고 주장한다(정진성 2016: 47).

이 관특연 위안부 동원설이 사실이라면 중일전쟁 개전 후에는 만주국에서도 일본군이 대규모로 군 위안소를 설치하고 위안부를 동원하였다는 말이 된다. 하지만 이 관특연 동원설은 사실이라 할 수 없다.

우선, 일본군의 관특연 자체는 사실이다. 일본군은 소련을 침략하기 위한 관특연을 기획하여 시행하였으나 관동군 병력을 증강하던 중 계획을 폐기하였다. 일본 육군은 1941년 6월 독일의 소련 침공에 호응하여 소련을 공격하려고 7월 초 당시 35만의 관동군 병력을 85만 명으로 늘리는 대동원령을 내렸다. 대소 공격은 극비리에 준비되어야 했으므로, 동원령의 전달도 전보電報가 아니라 편지로 하였고 '동원'을 '임시편제'로, 소집영장에서도 '충원보충'을 '임시소집'이라 하였다.

그러나 제한된 수송 능력 때문에 관동군 병력의 증강이 지체된 데다, 유럽의 전황이 기대만큼 진전되지 않고 전선이 교착 상태에 빠졌다. 그래서 관특연은 8월 9일 관동군 병력 70만 명 선에서 중지되었다(加藤正夫 1993:37; 秦郁彦 1999:96-97, 101). 무엇보다도 일본은 미국과의 마찰 때문에 석유 등 자원 확보를 위해 동남아로 진공해야 했다. 그리고 그전에 미 태평양함대를 무력화시켜서 미국이 동남아의 일본군을 공격하지 못하도록 해야 했다. 일본에게는 남방 침략이, 또 그에 앞서 미 진주만 기습이 우선이었다.

과연 관특연 계획에 과연 조선인 위안부 동원이 계획이 들어 있었던가? 그렇지 않았다. 위안부 2만 명 동원 계획이라는 센다 가코의 주장은 허위라고 볼 수밖에 없다. 센다는 관특연 동원설의 근거로 하라 젠시로 소좌의 증언을 들었다. 하라는 관특연 당시 관동군 사령부의 '작전' 담당 제1과 참모였고 그 세부 업무에 병참이 있었지만, 하라의 직속 상급자였던 이마오카 유타카今岡豊 중좌는 이 병참 업무는 막대한 군수물자를 준비하는 것이었지, 조선총독부에 의뢰해서 위안부를 동원하는 일은 없었고 '위안부 2만 명 동원계획'도 들은 바 없다고 증언하였다. 또 관특연 자체가 대소 전쟁 개전을 앞두고 극비리에 추진되었는데, 관동군이 조선총독부에 위안부 2만 명을 동원해 달라고 요청하면서 스스로 작전계획을 누설하는 일도 있을 수 없었다. 또 당시 육군성의 관특연 예산 담당자도 "당시 만주에는 위안부 관계 일은 업자가 알아서 했고 군은 관여하지 않았다"라고 훗날 증언하였다. 이는 관특연에 위안소 설치 예산 같은 것은 없었다는 말이다. 무엇보다도 센다는 하라 소좌를 인터뷰한 적이 없고, 단지 1965년 발간된 『관동군関東軍』(시마타 도시히코島田俊彦 저)이란 책에 나온 위안부 동원 계획 이야기에 총독부 행정조직을 통한 위안부 동원 이야기를 갖다 붙였을 뿐이었다(加藤正夫 1993). 관특연 위안부 동원설은 센다 가코가 지어낸 이야기였다(니시오카 쓰토무 2021:83-89).

둘째로 관특연이 1달 동안 진행될 때 위안부 동원은 없었던가? 하라 소좌는 1만 명을 동원했다고 하였고, 그 보좌역인 무라카미 사다오村上貞夫 조장은 총독부의 소개로 매춘업자 보스를 만나 조선인 위안부 3천 명 정도를 실제로 동원하여 관동군 각 부대에 배치했다고 훗날 증언하였다. 관특연 계획이 중단되었음에도 신징新京역에 도착한 조선인 위안부들을 각 부대에 배치했다는 것이다(秦郁彦

1999:99-100).

그러나 조선에서 위안부를 3천 명이나 끌어내려면 조선 내 작부 창기 시장에 엄청난 영향을 주고 조선 사회에도 큰 논란거리를 만들었을 것이다. 다음 장에서 살펴보겠지만, 1941년을 전후해서 조선 내 예기, 작부, 창기 수는 도합 1만 명이 채 안 되었다. 이런 상태에서 관특연으로 조선에서 3천 명의 여성을 끌어냈다면 조선 내 작부, 창기 수도 대폭 줄어드는 게 정상이다. 그렇지만 1941년에 전시 유흥업 통제로 예기 수가 전년의 6천여 명에서 4,800여 명으로 감소했을 뿐, 작부와 창기 수는 전년의 3,500여 명에서 3,400여 명으로 거의 변함없었다.

아울러 관동군이 조선총독부-도-군-면의 행정계통을 통해 3천 명이나 되는 위안부를 동원했다면, 총독부 문서와 관계자의 증언에, 그리고 위안부 여성의 증언에 이 관특연 동원 기록이 남아 있게 마련이다. 그러나 총독부 문서와 관계자의 증언, 그리고 위안부 여성의 증언 어디에서도 이 관특연 동원 사실은 확인되지 않는다. 결국 이는 관특연으로 조선에서 위안부를 대거 끌어낸 일이 없음을 뜻한다.

관특연 때 위안소 설치 및 위안부 동원 계획은 사실이었을 것이다. 독소전에 이어 일소전이 발발했다면 일소전선의 일본군에게도 위안소가 대거 설치되고 그를 위해 인접한 중국과 조선이 위안부 동원 무대가 되었을 것이다. 이 점에서 관특연 위안부 동원설이 아무 근거 없는 거짓말은 아니다. 그러나 계획과 실제에 대한 기억이 뒤섞인 가운데 조선인 위안부 3천 명 동원설이 나왔고, 총독부 행정기구를 통한 대규모 동원 사실을 찾던 정대협의 위안부 운동가들은 그를 사실로 믿음으로써 또 하나의 신화가 만들어졌다.

요약

일본군 위안소는 1932년 상하이사변 후 처음 생겨났고, 중일전쟁 발발 후 중국 전선에 전면적으로 설치되었다. 처음에는 일본군이 상하이의 기존 유곽을 군 위안소로 지정하였고, 중일전쟁기에는 현지의 일본군이 업자를 선정하거나 현지 일본군의 요청에 따라 일본의 경찰이나 대만총독부가 업자를 선정하였으며, 중국에서는 현지 매춘업소를 위안소로 지정하기도 하였다. 군이 위안소를 설치했다고는 하나 군은 어디까지나 업주를 선정하였고, 이 업주가 위안부를 모집하였다. 위안소는 해외 전장과 만주국 일부에 설치되었으며, 조선, 대만, 일본에는 기본적으로 위안소가 없었다. 자신이 일본군 위안부였다고 신고, 증언한 사람들 중에는 실상 위안부가 아닌 사람도 포함되어 있다.

2

위안부 수는?

불량 복제로 태어난 '위안부 수십만' 설

일본군 위안부 문제가 한일 외교 현안으로 등장한 무렵인 1990년대 초에 이미 일본군 위안부가 수십만 명이었다는 이야기가 자주 등장하였다. 1992년 1월 12일 일본의 영자지 재팬 타임즈*Japan Times*는 일본 정부 책임자가 수십만 명이나 되는 아시아인 강제 매춘을 인정했다고 보도하였다(秦郁彦 1999:13). 한국 측에서는 1990년대 초 정대협의 위안부 운동에 처음부터 참여한 사회학자 정진성이 일본군 위안부가 8~20만 명이었고 그중 조선인이 절대 다수였다고 주장하였다(정대협 1993:17). 또 2003년부터 2010년까지 고등학교 근현대사 교과서로서 40%가 넘는 최고의 채택률을 기록한 금성출판사판 『한국근현대사 교과서』에는 "일제 말기에 (일제에 의해) 군 위안부로 동원된 조선 여성들의 수는 수십만 명으로 추산될 뿐 정확한 인원은 파악되고 있지 않다"라고 하여(163쪽), 조선인 위안부만 수십만 명이라고 주장하였다. 2010년대 이후의 고등학교 한국사 교과서에서는 위안부 수에 관한 언급이 사라졌지만, 지금도 많은 한국인이 적어도 수만 명, 많게는 수십만 명의 조선인 위안부가 동원된 것으로 알고 있다.

그런데 이 조선인 위안부 20만 설에 어떤 객관적 근거가 있는 건 아니다. 막연한 짐작으로 둘러댄 수치가 여러 사람의 입을 거치면서 정설처럼 된 것에 불과하다. 조선인 위안부 20만 설의 형성 과정은 다음 표 2-1과 같다.

표 2-1 조선인 위안부 20만 설의 형성 과정

연도	문헌	내용
1970	『서울신문』(8월 14일자)	1943~1945년 조선·일본 여성 정신대 20만, 그중 조선 여성 5~7만. 정신대 중 한 무리가 위안부
1973	千田夏光, 『從軍慰安婦』	1943~1945년 조선인 정신대 20만, 그중 5~7만 위안부. 그전 위안부 2만. 총 조선인 위안부 7~9만
1976	金一勉, 『天皇の軍隊と朝鮮人慰安婦』	위안부 20만. 그중 조선인 위안부 8~9할
1979	송건호, 『한국현대사』	조선인 위안부 1938년 3~4만
		1943~45년 조선인 정신대 20만, 그중 위안부 5~7만 (『서울신문』 1974.11.1)
1993	정대협, 『강제로끌려간…』 1	위안부 8~20만, 그중 조선인이 절대다수
1995	George Hicks, The Comfort Women	위안부 14만 (일본군 700만, 50명당 위안부 1명)
1995	吉見義明, 『從軍慰安婦』	위안부 5~20만

자료 : 秦郁彦(1999:405)

위안부 20만 설의 기원은 1970년 8월 14일 자 『서울신문』의 광복 25주년 특집 기획 중 정신대 기사다. 이 기사에는 1943~1945년 한국과 일본에서 정신대로 20만 명의 여성이 동원되었고, 그중 조선 여성이 5~7만 명이었다고 나와 있다. 정신대 여성 중 한 무리는 공장이나 건설 현장 등에서 근로 작업을 했고, 다른 한 무리는 일본군 위안부로서 성 노리개가 되었다고 했다. 일본군 위안부 수를 언급하지는 않았다.

이 기사의 수치가 어떤 자료적 근거 위에서 언급된 것은 아니었다. 게다가 1943~1945년에 동원된 정신대 여성 수가 20만 명이라고 했으니, 그 전에도 일제가 여성을 동원했을 텐데 그를 합하면 수십만 명을 동원했다는 말이 된다. 그럼에도 이 20만이라는 수치가 그 후 여러 논자들에 의해 약간씩 변형되어 반복 언급되었다.

이 수치를 가장 먼저 넘겨받은 것은 일본의 위안부 저술가 센다 가코「田夏光」다. 그는 1973년에 낸 『종군위안부從軍慰安婦』 책에서 1943~1945년에 정신대로 동원된 조선인 여성이 20만 명이었고 그중 5~7만이 위안부였다고 썼다(106쪽). 20만, 5~7만이라는 수치는 서울신문 기사와 똑같으나, 센다는 서울신문 기자와 달리 '조선인' 정신대 20만 명, 그중 '조선인' 위안부 5~7만 명이라고 했다. 그는 1937~1942년에 조선인 위안부 2만 명이 동원되었다고 하여, 조선인 위안부 수는 모두 7~9만 명이라 하였다.

그 후 재일조선인 김일면金一勉은 여기서 더 나아가 1976년 낸 책에서 위안부 20만 명, 그중 조선인 위안부 80~90%를 주장하였다(金一勉 1976). 1979년에는 해직 언론인 송건호가 『한국현대사』라는 책에서 조선인 위안부가 1938년에만 3~4만 명 동원되었다고 썼다. 그는 서울신문 기사를 근거로 해서, 1943~1945년에 조선인 여자 정신대로 20만 명이 동원되었고, 그중 위안부가 5~7만 명이었다고 서술하였다(274쪽). 그는 1943~1945년 위안부 수에 관해서 서울신문 기사를 근거로 제시했지만, 실은 센다 가코를 따른 것이었다. 그는 1938년에만 3~4만 명의 조선인 위안부가 동원되었다고 썼으므로, 그의 계산법대로라면 전시기(1937~1945년)에 동원된 조선인 위안부 수는 10만 명이 훌쩍 넘을 수밖에 없다.

이처럼 아무런 근거가 없는 20만과 5~7만이란 수치가 반복 인용되다 보니, 그게 위안부 수에 관한 어떤 기준치로 자리 잡았다. 정진성이 1993년 위안부 수를 8~20만 명이라 했고, 조지 힉스George

그림 2-1 위안부 20만 명 설의 형성

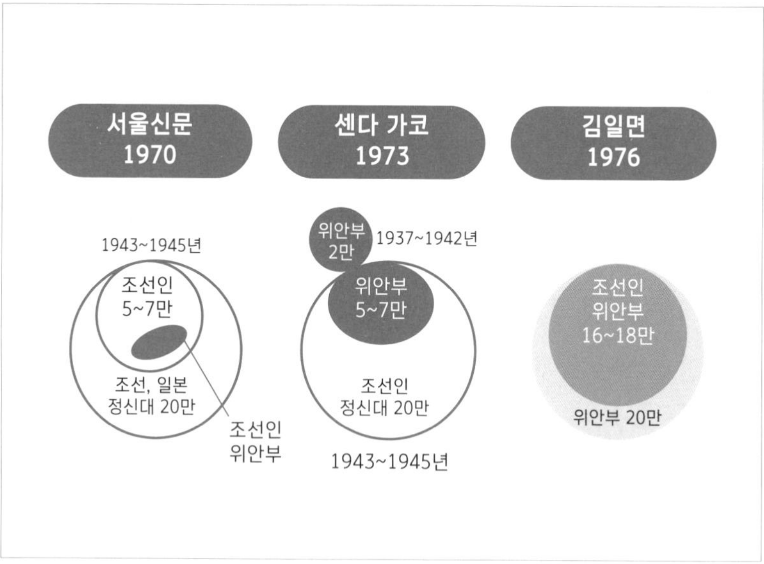

Hicks는 1995년 *The Comfort Women*이란 책에서 위안부 14만 명 설을 주장했으며, 요시미 요시아키는 1995년 『종군위안부従軍慰安婦』란 책에서 5만 명을 하한, 20만 명을 상한으로 제시했다. 그것이 2000년대에 들어와서는 한국의 역사 교과서에까지 버젓이 들어갔다.

한국 인터넷 포털에서 '정신대', '위안부'를 검색하면 2020년대에도 정신대 20만, 혹은 위안부 20만에 관한 기사를 쉽게 찾을 수 있다. 예를 들어 대구·경북지역의 일간지 『매일신문』은 2022년 8월 22일 「오늘의 역사」란에 여전히 정신대와 위안부를 혼동한 가운데, 일제가 정신대로 징발해간 한국 여성이 20만여 명이며, 그중 다수가 종군위안부로서 일본군 성노예가 되었다고 썼다.[14]

여러 논자들이 같은 숫자를 되풀이 인용했지만, 실상 그들은 전혀 다른 이야기를 했다. 『서울신문』 기사에서는 20만 명은 조선인 및 일본인 정신대원 수였고 조선인 위안부는 5~7만의 조선인 정신대원 중 일부였다. 하지만 센다 가코는 1943~1945년에 5~7만 명의 조선인 위안부가 전선에 송출되었으며 그전에 송출된 조선인 위안부를 더하면 그 총수는 7~9만 명이라 하였다. 반면 김일면은 전체 위안부 수가 20만 명인데, 그중 조선인 위안부가 80~90%로서 16~18만 명이라 하였다. 일본군 위안부 20만 명 및 그중 조선인 위안부 절대다수라는 주장은 이런 식으로 만들어졌다. 정상세포가 불량 복제되어 암세포가 생기듯이 『서울신문』 기사가 불량 복제되어 위안부 20만 설이 나왔다.

●●●

14 https://news.imaeil.com/page/view/20220819152315073511(2023년 1월 19일 검색).

이 불량 복제는 일제하 한국인의 피해를 과장하고 그를 근거로 일본 정부를 공격하려는 의도의 산물이었다. 일본의 좌파 지식인 및 한국의 위안부 운동그룹은 일본 정부를 공격할 좋은 재료로서 위안부 문제를 키웠고, 그를 위해 위안부 피해를 과장할 목적으로 조선인 위안부 20만 설을 채택하였다.

사실일 수 없는 위안부 20만 설

이처럼 한국과 일본의 위안부 운동가들이 위안부 5만~20만 명설을 만들어냈지만, 그들은 그것이 과연 가능한 수치인지, 객관적 사정에 얼마나 부합하는지는 전혀 따져보지 않았다.

우선, 센다 가코와 같은 위안부 문제의 초기 연구자가 1943~1945년 위안부 집중동원설을 주장했으나, 그때는 일본군이 제해권을 상실해서 물자든 인력이든 대규모 해외 이송이 불가능하였기에 그런 주장은 성립할 수 없다. 센다 가코 자신부터 책의 다른 부분에서는, 1943년 이래 일본군의 제해권 상실을 지적하고, 그 때문에 남방의 일본군이 일본인 및 조선인 위안부를 귀환시켰다는 모순된 서술을 하였다. 예를 들어 파푸아뉴기니 라바울의 일본군은 1943년 8월부터 일본인 간호부를 본국 귀환시켰고 10월부터는 위안부를 귀환시켰으며, 남 보르네오의 일본군은 1945년 1월에 미군의 폭격을 받지 않을 병원선을 이용해 수십 명의 위안부를 일본에 송환하였다는 것이다(千田夏光 1973:174-178, 187).

또 위안부가 5~20만 명이라는 것은 전시기의 일본군 수와도 들어맞지 않는다. 위안소가 전장의 일본군에 설치된 것이므로, 위안소와 위안부의 수는 전장의 일본군 수가 얼마냐에 달렸다. 전장의 일본군이 많을수록 위안소와 위안부가 많았다. 태평양전쟁기에 전장의 일본군 수는 아래의 표 2-2에서 보는 것처럼, 1943년 말까지 200만 명 정도였다가 1944년에 280만 명 정도로 늘었다.

그런데 1944년에 전체 위안부가 20만 명이라면, 일본군 14명 당 위안부 1명이 된다. 위안부가 1일 평균 5명의 일본군인을 상대했을 때 1일 총 위안행위 횟수는 100만 회가 된다. 그러면 전체 일본군이 3일에 1회씩 위안소를 이용한 것이 되는데, 이는 사실일 수 없다. 전장의 일본군이 전투나 훈련은 안 하고 위안소만 들락거린 것이 되기 때문이다. 또 3일에 1회씩, 곧 1달에 10회 위안소를 이용했다면 비용이 최소 20엔 이상 드는데, 1943년 전지戰地 수당을 더한 병사의 봉급이 상등병의 경우에도 월 20엔을 좀 넘어서 봉급 전액을 위안소에 써야 하였다(從軍慰安婦110番 1992:100).

이번에는 가정을 좀 더 현실적으로 바꿔서 일본군이 1주일에 1회 위안소를 이용한 것으로 해 보자. 이 경우 위안소 이용회수는 1주일에 280만 회가 되고, 위안부 1인당 1주일에 14명, 하루 2명의 일본군을 상대한 것이 된다. 이래서는 위안소 수지가 맞지 않아서 위안소가 존립할 수 없다. 더욱이 위안부 운동가들이 말하는 것처럼 위안부가 1일 일본군 60~70명을 상대해야 했다면, 1일 총 위안소 이용 군인 총수는 1,200~1,400만 명에 달한다. 이렇게 되려면 전선의 모든 일본군이 하루 4~5회 위안소를 들락거려야 한다. 이래저래 위안부 20만 명 설은 성립하지 않는다.

게다가 중일전쟁기에는 최대 80만의 일본군이 투입되었을 뿐이다. 그때는 위안부 수가 5만 명만 되어도, 위안부 1인당 1일 평균 일본군 5명을 상대할 경우 1일 위안 행위 수는 25만 회가 된다. 중일 전장의 모든 일본군이 역시 3일에 한 번씩 위안소를 이용하는 것이 되므로, 위안부 5만 명설조차도 현설성이 없다. 전체 위안부 20만 명 설은 터무니없이 과장된 것이며, 그보다 적게 잡은 5~7만 명 설도 정도만 덜할 뿐 과장되기는 마찬가지다.

조선인 위안부 수만 명 동원설은 1937~1942년 조선 내 예기, 작부, 창기 수의 추이와도 들어맞지 않는다. 그림 2-2에서 보는 것처럼, 전시기에 조선 내 예기, 작부, 창기 수는 1937년 이래 1940년까지 증가했으나 가장 많았을 때에도 1만 명이 안 되었다. 그런데도 3~4만 명의 일본군 위안부를 조선 내에서 동원하는 것이 가능했을까. 조선 내에서 위안부 수만 명을 끌어갔다면 조선 내 예기, 작부, 창기 수가 곧바로 영향을 받아서 격감했을 것이다.

실제 조선 내 예기 작부 창기 수는 1938~39년에는 예기 수가 늘어서, 또 1940년에는 창기 수가 늘어서 9,580명으로 피크에 달했으나, 1941년에 1,400명 넘게 감소한 후 1942년에도 약간 더 줄었다. 이는 바로 예기 수가 1940년 6,023명으로부터 1941년 4,828명, 1942년 4,490명으로 감소하였기 때문이었다.

하타는 이 감소가 1941년 관특연에서의 조선인 위안부 동원 때문이 아니었을까 라고 추측했으나(秦郁彦 1999:100) 이는 잘못 추론한 것이다. 예기 수 감소는 1940년 유흥업에 대해 증세와 영업 단속 등 전시통제가 강화되었기 때문이었다. 1940년 3~4월에 음식세가 음식가의 10%에서 15%로, 유흥세는 예기 화대의 14%에서 30%로 인상되었다. 또 8월에는 댄스홀 금지, 여급 수 1/3로 감축, 요리옥 요리 수 제한, 예기여급의 손님과의 외출 금지 등의 조치가 내려졌다. 이로 인해 요리옥, 카페, 바의 이용객이 줄고 그 수입도 줄었다. 기생이 가장 큰 타격을 입었으나 유곽은 큰 영향을 받지 않았다(윤명숙 2015:462-470).

그림 2-2 일제말 식민지 조선에서의 조선인 예기, 작부, 창기 수 (단위:명)

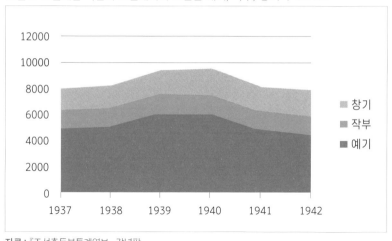

자료:『조선총독부통계연보』각년판.

만약 1937년 이후 조선에서 몇만 명의 위안부를 동원했다면, 예기, 작부, 창기 수는 곧바로 줄어야 마땅하다. 그러나 실제로는 그렇지 않았다. 이는 조선 내 위안부 동원 규모가 예기, 작부, 창기 수에 영향을 미칠 정도로 크지 않았음을 시사한다.

대량동원론자들은 일제가 접객업 종사 경험이 없는 농촌 처녀들을 새로 일본군 위안부로 끌어갔기 때문이라고 설명할 것이다. 일례로 1937년 말 한 일본군 군속이 북 큐슈 일대에서 위안부로 모집한 여성 18명 중 일본인 여성 7명은 모두 창기 경력자였지만, 조선인 여성 11명은 모두 접객업 경험이 없었다(千田夏光 1995:107). 또 1942년 7월 부산에서 싱가포르로 출발한 조선인 위안단 703명 중 일부는 창기 경력자였지만, 대부분은 매춘 경험이 없었다(안병직 2013:408). 이를, 일본군은 성병 감염도가 낮은 조선인 여성을 위안부로서 더 선호했기 때문이라고 설명하기도 한다(千田夏光 1973:55-58).

그러나 여성을 위안부로 동원할 때는 기존의 작부·창기 등 접객 여성 조달 네트워크를 활용하는 게 일반적이었다. 즉 동원하는 입장에서 보면, 그 네트워크 안에 들어와 있는 작부, 예기, 창기 중에서 위안부를 모집하는 게 훨씬 더 쉽다. 앞의 제1장에서 본 바, 위안부 모집업자들은 일본과 조선의 주선 소개업자와 접촉해서 그를 통해 위안부를 모집했거나, 아니면 국내의 유곽 포주, 요리옥 주인이 작부 창기를 모아 해외 전장으로 이동하였다. 그러므로 조선에서 모집업자가 기존의 작부, 창기는 배제하고 농촌의 접객업 무경험자들, 처녀들 위주로 여성을 모아서 위안소로 데려갔다고 보기는 어렵다. 조선에서도 모집업자가 기존의 작부, 창기 중에서 위안부를 모집하였으나, 그것으로 모자랐기 때문에 모집업자가 농촌의 여성들을 위안부로 동원하였다고 보는 게 더 타당할 것이다.

위안부 수의 합리적 추계

그렇다면 일본군 위안부 수는 실제 얼마쯤이었을까. 이것을 보여주는 자료는 없으며, 향후에도 발굴될 가능성은 없다. 우선은 위안부가 신분상 군인이나 군속, 피용인 등 군의 구성원이 아니라 군의 보급품 같은 것이었기에 그 명부 같은 것이 일본 육군성 등에 보고된 바가 없었다(秦郁彥 1999:397). 위안부 명부는 개개 위안소를 관할하는 부대 병참부에서 갖고 있었고 부대별로 위안부 수가 상급 병참사령부에 보고되기도 했으나, 그 자료들은 지극히 산발적으로만 남아 있다. 그것을 합계해서 전체 위안부 수를 구할 수는 없다. 제1장에서 언급한바, 10만여 명의 예하 병력을 가진 광둥의 제21군 사령부가 1939년 4월 관리한 추업의 종업부가 850명이라는 것이 부대별 집계치로서는 가장 큰 것이었다.

또 일본 외무성이 중국의 영사관을 통해 중국 내 일본 국적자를 직업별로 조사했을 때 접객업소의 예기, 작부, 창기 수가 파악되기도 했으나, 일본군 위안부만 별도로 집계되지는 않았다. 게다가 위안소 중에는 군 전용의 업소 외에 군과 민간이 모두 이용하는 군 지정 업소도 있었기 때문에, 위안소 범주 자체를 확정하기도 쉽지 않다. 이 때문에 일본군 위안부 수는 일정한 가정 아래서 추계할 수밖에 없다.

그래도 전체 일본군 위안부 수에 관해선 합리적 추계치가 이미 나와 있다. 일본의 위안부 연구자 하타 이쿠히코와 한국의 이영훈이 낸 추계치다. 먼저 추계치를 낸 이는 하타다. 그는 위안소를 이용한 일본군 수는 250만 명이 최대였다고 본다. 그는 자료상 병사와 위안부의 비율이 30:1에서 600:1로 그 진폭이 크지만, 평시의 일본 공창 통계로부터 창기 1인당 유객 수 150인의 비율을 적용해, 위안부 수는 최대 1만 6천 명(≒250만 명÷150)이며, 위안부의 교대를 고려하면 2만 명 정도였을 것으로 추정하였다(秦郁彦 1999:404-406).

이영훈 역시 하타를 따라 병사 150명 당 위안부 1명의 비율을 적용해, 전장의 일본군 최대치인 280만 명에 대해서 위안부 수가 1만 8천 명이라 보았다. 그리고 이 수치는 1942년 외지 일본군에 교부된 콘돔 총수로부터 추정한 위안부 수와 일치한다고 하였다. 1942년에 일본 육군성이 해외파견군에게 진중陣中 용품으로 3,210만 개의 콘돔을 교부했는데, 위안부가 1일 평균 5명의 병사를 상대했다고 하면 위안부 1인이 1년에 1,800개 정도를 썼을 것이므로, 위안부 총수가 1만 7,600명으로 계산된다는 것이다(林博史 1993:16; 이영훈 2019:311).

당연히 위안부 수는 전장의 일본군 수에 연동하였다. 즉 전선이 확대되어 전장의 일본군 수가 늘면 위안소와 위안부가 늘어났다. 일본군은 1937년 중일전쟁 발발 이래 1938년 말에는 광둥 등 중국 남부로까지 전선을 확대하였으나 1941년 말까지 전장은 중국만이었다. 일본군은 1941년 12월 초 미 하와이 진주만 기습과 더불어 동남아 각지와 남태평양 섬으로 전선을 크게 확대하였다. 이에 따라 전장의 일본군 수가 대폭 늘었다.

하타와 이영훈이 제시한 위안부 총수는 위안부 수의 역대 최대치이기 때문에, 중일전쟁 발발 이래 태평양전쟁 발발을 거쳐 일본의 패전에 이른 과정에서 위안부 수가 어떻게 늘었는지를 추론할 필요가 있다.

그런데 하타와 이영훈의 계산법에도 문제가 있다. 우선, 하타는 일본의 평시 공창에서 총 창기 수가 20만 명, 연간 총 유객 수 3천만 명이라는 것에서 150이라는 수치(3천만을 20만으로 나눈 것)를 끌어내고, 이로부터 위안부 1인당 일본군 150명이라고 가정하였다. 하지만 이는 스톡stock과 플로우flow를 뒤섞은 잘못된 계산법이다. 일본 내 공창의 창기 수는 일정 시점의 수(스톡)이지만, 유객 수는 연간 이용객 수(플로우)다. 150은 일본 공창에서 창기당 연간 이용객 수(플로우)인데, 그를 전장의 일본군 수와 위안부 수(둘 다 스톡)에 적용할 근거는 없다.

또한, 전장의 일본군 수가 280만 명이라는 최대치에 달한 것은 1944년과 1945년 패전 때인데, 그때는 전황 악화 때문에, 늘어난 일본군에 대하여 병사 150명 당 위안부 1명의 기준으로 위안소가 추가 설치되지는 못하였다. 따라서 이영훈이 제시한 1만 8천 명도 과장된 수치라 할 것이다. 더욱이 그가 1942년의 콘돔 교부 수로부터 도출한 1만 8천 명가량의 위안부 수는 이 콘돔을 모두 사용했고 위안부 1인당 1일 평균 5인의 일본군을 상대했으리라는 가정에서 나온 것일 뿐이다.

일본군 위안부 수는 결국은 일본군 몇 명 당 위안부 1명이라는 설치 기준에 입각해서 추계할 수밖에 없다. 그리고 전장의 일본군 수가 달라짐에 따라 그 수가 어떻게 달라졌는지를 밝히는 것이 될 수밖에 없다. 우선, 위안소 설치 기준으로는 일본군 150명당 위안부 1명이 가장 타당하다. 한커우 병참사령부의 위안계장은 위안부 1명당 병사 150명이라는 비율을 들은 적이 있었고, 그 병참 관할의 위안부 수가 280명이었는데, 한커우에 상시 5만 명 정도의 병력이 있었으므로 150:1의 기준이 대략 들어맞는다(山田淸吉 1978:82). 또 1944년 오키나와 위안소 설치를 지켜본 나하 경찰의 증언에 의하면, 1개 연대 당 위안부 15명의 위안소 2곳이 설치되었는데(위안부 수 30명), 연대의 병력이 4,000명이 넘었으므로 역시 150:1의 비율이 들어맞았다(古賀德子 2008:47). 한편, 제1장에서 본 것처럼 1939년 광둥에서는 제21군 10만 명에 대하여 약 1천 명의 위안부가 있어서, 병사 대 위안부 비율이 100:1 정도였다.

그리고 표 2-2에서 보는 것처럼 일본 본토를 제외한 외지 전장의 일본군 수는 1941년 태평양전쟁 발발 때 200만 명 정도였다. 이 수는 1943년 말까지 큰 변동이 없었다. 1944~1945년에도 300만 명을 넘지 않았다. 1945년 8월 일본의 항복 당시 일본군은 총 547만 명에 달했으나, 본격적으로 전투가 벌어지지 않은 일본 본토 등에 293만여 명이 있었다. 즉, 일본 본토에 237만 명, 오가사와라제도 등 일본 부속 섬에 5만 6천 명, 대만에 12만 8천 명, 조선에 29만 4천 명, 사할린과 지시마에 8만 8천명 등이었다. 반면 미군 등 연합군과 본격적으로 전투를 벌인 중국, 동남아, 남태평양 제도 등

표 2-2 외지 소재 일본군 육·해군인·군속 수 (단위: 만 명)

		1941.12	1942.4	1943.11	1944.11	1945.8 종전
육군	만주	65	66	61	40	66
	중국	62	63	61	76	105
	남방	39	42	30	109	78
	기타 계	166	170	170	280	284
해군		32	–	–	–	40

자료: 秦郁彦(1999:401). 1942년 수치는 林博史(1993:13-14).

에 187만 명(중국에 105만 6천 명, 동남아와 남태평양에 81만 4천 명), 그리고 만주국에 66만 명이 있었다(강정숙 1997:154). 만주를 전투지역에 포함하더라도, 일본의 항복 당시에도 전체 일본군 중 절반 이하만 전선에 있었는데, 이 전선의 일본군도 1941년 12월 태평양 전쟁 발발 이후 수가 크게 늘어난 것이었다.

1942~1943년에 전장의 일본군 수는 200만 명을 넘지 않았다. 일본군 150명 당 위안부 1명꼴로 위안부를 동원했다고 하면, 1942~1943년에는 위안부 총수가 1만 3천 명 정도였다고 하겠다. 그 후 1944년부터 전장의 일본군이 100만 명 넘게 늘어나서 위안소가 더 설치되고 위안부도 더 늘어야 했으나, 전황 악화에 따른 수송력 저하로 인해 기존의 150:1의 비율로 위안부를 늘리지는 못했다. 일본군 위안부 수는 1만 8천 명에는 훨씬 못 미쳤을 것이다.

그리고 중일전쟁기 중국 전장의 일본군 수는 1940년 73만 명, 1939년에는 85만 명이었다(秦郁彦 1999:89; 후지와라 아키라 2013:296). 제1장에서 언급한 바 1942년 9월 일본군 위안소는 북중국 100개, 중부 중국 140개, 남중국 40개 등 중국에 280개였다. 이 무렵 중국 내 일본군 수는 63만 명 정도였다. 이는 태평양전쟁 발발 전인 1940년 6월 중국 전선의 일본군 수 73만 명보다 10만 명 정도 줄어든 것이다. 위안소 수가 일본군 수에 비례하는 것이라면, 1940년 6월의 중국 전선의 위안소 수는 약 320개인 것이 된다(73÷63×280=324). 중국 전선의 위안소 1곳의 위안부 수가 평균 15명이라 하면 중국 전선의 총 위안부 수는 4,800명이 된다. 일본군 152명당 위안부 1명꼴이 된다. 1940년 중국 전선에서의 위안부 총수는 5,000명 정도라고 할 수 있다. 그 전에 일본군이 더 많았을 때를 고려해도 위안부 수는 5,000명대였다고 하겠다.

만주의 일본군 위안부 수도 고려해야 하지만 그 수는 크지 않았다. 만주는 전장이 아니었으므로 일본군 위안소가 본격 설치되지 않았고 1942년 9월 일본 육군성 은상과장의 보고에서도 만주의 위안소는 언급되지 않았다. 소만국경의 오지에서는 중국 전장의 위안소를 본뜬 군 전용 혹은 군민 공동 이용의 접객업소가 있었고, 이 오지 부대는 제1장에서 본 것처럼 업자를 선정해서 위안소를 설치하기도 하였다. 만주국 내에는 표 2-3에서 보는 것처럼 1938년 10월 일본인과 조선인 접객업 여자 종사자가 18,613명이었고 그중 약 절반인 9,000명 정도가 예기, 작부였다. 이들은 중국인 예기, 창기와 함께 만주국 내 일본인과 조선인 민간인, 그리고 관동군에 대한 접객 서비스를 담당하였다. 관동군 내 일본군 위안소가 매우 드물게 언급된 것은 만주국에 일본군 위안소라 할 만한 것이 많지 않았음을 말해준다.

결국 일본군 위안부 수는 1937년 중일전쟁 발발 이래 5,000명대였던 것이 1942~1943년에 13,000명 정도가 되었고, 1944년 이후 15,000명 정도였다고 추론하는 것이 합리적이다.

조선인 위안부 수는?

그렇다면 이 위안부 중 조선인 위안부는 얼마나 되었을까. 앞서 본 위안부 20만 설의 주장자들은 전체 위안부 중 조선인 위안부가 다수였다고 본다. 메이지시대 이래 해외로 나간 일본인 창기 가라유키唐行き상 연구자인 구라하시 마사나오倉橋正直도 조선인 압도적 다수설을 주장하였다. 그는 만주와 대만 등의 여성을 중국 점령지에 위안부로 데려가는 것은 중국인들의 반발을 사는 일이었고 또 일본인 작부, 창기는 굳이 위험한 해외 전장으로 나가지 않았으므로, 결국 필요한 위안부는 조선인으로 채워졌다고 설명하였다倉橋正直 1994:39-46, 62). 그러나 이것은 사료의 근거를 갖고 한 이야기는 아니고, 그럴 것이라는 짐작에 불과하다.

1940년 일본의 예기, 작부, 창기 수는 175,280명이었으나, 조선의 예기, 작부, 창기 수는 9,580명이었다. 약 18:1의 격차다. 인구 규모의 차이 3:1(일본 약 7,300만 명, 조선 2,430만 명)을 감안해도 6:1의 격차가 있다. 그만큼 일본의 유흥업, 풍속업이 조선보다 더 발달하였다. 앞장에서 본 것처럼 일본군 위안부는 기존의 포주나 모집업자가 일본과 조선, 대만의 예기, 작부, 창기의 조달 네트워크를 통해서 모집하였다. 훨씬 더 큰 네트워크가 있는 일본을 제쳐두고 굳이 그 네트워크의 발달도가 낮은 조선에서 집중적으로 위안부를 모았다는 주장은 신빙성이 없다. 특별히 조선에서 집중적으로 위안부를 동원하겠다는 일본 정부나 일본군의 정책도 없었다. 당시 대만의 인구 643만에 대하여 예기, 작부, 창기 수 6,916명으로서, 조선과 대만 간 인구비 3.8:1를 감안하면, 대만의 예기, 작부, 창기 수가 조선의 2.7배였다. 조선의 유흥업, 풍속업 발달은 대만보다도 더뎠다고 할 것이다. 이를 고려하면 조선인 위안부 다수설은 매우 의심스럽다.

위안부의 민족별 구성과 관련해서 하타는 일본인 40%, 현지인(중국인, 만주인, 필리핀인, 버마인 등) 30%, 조선인 20%, 기타 10%로 추정하였다. 이영훈도 이 설을 지지하여, 조선인 위안부 수를 전체 위안부 1만 8천 명의 20%인 3,600명으로 보았다. 평균 1회 교대했다고 보면, 조선인 위안부 경험자는 모두 7,200명 정도가 된다.

일본인과 조선인의 비율이 2:1 정도라는 하타의 추계는 중국에 관한 한 타당하다고 할 수 있다. 당시의 중국 출입국 통계자료에서 중국 내 접객업 종사자 통계나 중국 도항 예기, 작부, 창기 통계를 분석해보면 2:1에 가까운 수치를 얻을 수 있다. 일본 외무성이 1940년 10월 중국 및 만주의 일본인, 조선인, 대만인 접객업 종사자 수를 조사한 자료(표 2-3)에 의하면, 중국에서 접객업에 종사한 일본인은 21,537명, 조선인은 9,564명, 대만인은 299명이었다. 그중 일본인 여성 대 조선인 여성의 비율은 2.25:1이다. 일본군 위안부는 접객업 종사 여성 중의 한 범주이므로, 중국에서 일본인 위안부가 조선인 위안부의 2배가 좀 넘었다고 보는 게 합리적이다. 위안부의 민족별 구성에서 일본인 대 조선인 비율을 2:1로 본 하타의 견해가 합리적임을 알 수 있다.

표 2-3 중국 및 만주에서의 접객업 종사자 수 (단위:명)

	일본인		조선인		대만인		계	
	여	남	여	남	여	남	여	남
북중국	9,197		3,874				13,071	
중부 중국	5,734		2,662				8,396	
남중국	1,134		605				1,739	
중국 계	16,065	5,472	7,141	2,423	299		23,206	7,895
만주	14,743		3,870				18,613	

자료 : 秦郁彦(1999:399).
주 : 중국은 1940년 10월 조사, 만주는 1938년 10월 조사.

그런데 접객업 종사자에는 요리옥과 음식점의 업주, 관리인, 홀서빙 여급까지 들어 있는데, 그중 위안부를 포함한 예기, 작부, 창기가 얼마나 되었는지는 다른 자료, 1937년 9월부터 1938년 12월까지 중국에 건너간 조선인 통계로부터 추론해 볼 수 있다.

이 책의 제5장에서 자세히 보겠지만, 중일전쟁 발발 이후 일본·조선 및 대만에서 중국으로 도항할 때는 거주지 경찰서장이 발행한 신분증명서를 구비해야 했다. 조선총독부는 조선에서 중국으로 도항한 사람들의 수를 도항 목적별(직업별이기도 하다)로 집계하였다. 1937년 9월부터 1938년 12월까지 1년 4개월간 조선에서 중국에 건너가기 위해 신분증명서를 발급받은 조선인은 총 18,486명이었다. 이는 조선에서 직접 중국으로 도항한 경우였다. 조선인이 만주에서 산해관을 거쳐 중국으로 들어가거나 일본, 대만에 건너갔다가 중국으로 다시 건너간 경우는 여기에 포함되지 않았다. 그중 요리옥 및 음식점 업주가 964명, 대좌부(포주)가 110명, 여급 중거(요리점 하녀) 625명, 예창기가 1,150명 등 접객업 종사자가 도합 2,849명이었다(강정숙 1997:155). 위안부를 포함한 예창기 도항자는 전체 접객업 종사 도항자의 40% 정도였다.

이 비율을 접객업 종사자 중 예·창기의 비율로 봐도 큰 무리는 없다. 이를 표 2-3에 적용하면, 접객업 조선인 종사자 9,564명의 40%, 약 3,800명이 위안부를 포함한 중국 내의 조선인 예·창기라 하겠다. 마찬가지 방식으로 중국 내 일본인 예창기를 계산하면 8,600명이 된다. 합하면 약 1만 3,000명이다.

1940년 3,800명의 조선인 예기창기 중 일본군 위안부는 얼마나 되었을까. 이를 직접 보여주는 자료는 없다. 일본군 위안부 총수를 계산하고 거기서 중국인 위안부 수를 뺀 다음에 일본인 대 조선인의 비율 2:1을 적용함으로써 조선인 위안부 수를 구할 수 있다. 중국 내 일본군 위안소 수에서부터 출발하여 그 대략적 수치를 추정해 보자.

앞서 추론한바, 중일전쟁기 일본군 위안부 수는 5,000명대였다. 그중 중국인 위안부 수는 얼마나 되었을까. 역시 이를 직접 보여주는 자료는 없으므로 관련 기술로부터 추론할 수밖에 없다. 이와 관련해 요시미 요시아키는 "대도시에는 일본인 위안부가 많고 중간 규모의 도시에는 상당수 있는데, 지방으로 가면 거의 없어지는 것과 반대로 조선인은 지방으로도 연행되고 있으며, 중국인은 어느 곳이나 위안부로 만들어지고 있다"라고 하였다(吉見義明 1993:82). 이는 중국인 위안부 수가 일본인 위안부 수와 맞먹거나 더 많다는 말이다.

그런데 전쟁 말기에 들어선 1943년 초 난징 일대 4개 도시의 위안부에 대해 제15사단 군의부가 성병 검진을 한 자료로부터 민족별 위안부를 구할 수 있다. 1943년 1월과 2월의 각 월 검사 총인원을 월간 검사 횟수로 나누면 각 월의 위안부 수를 구할 수 있는바, 그 2개월 평균치를 민족별 위안부 수로 볼 수 있다. 추정 결과는 표 2-4에서 보는 바처럼, 일본인이 전체의 50%, 조선인이 10%, 중국인이 40%라는 것이다. 조선인의 비율이 의외로 매우 낮다.

표 2-4 난징 지역의 민족별 위안부 수 추정 (1943년 1-2월)

	일본인	조선인	중국인
난징	244	25	148
우후蕪湖	31	25	41
진탄金壇	0	4	12
전장鎭江	0	0	33
계	275	54	234
(비중)	(49%)	(10%)	(41%)

자료 : 第15師団軍医部, 「衛生業務要報」, 1943.1.18, 『자료집성③』, 215-221쪽.
주 : 검사연인원을 검사 횟수로 나누어 각 월 위안부 수를 계산하고, 2개월 평균치를 구함.

1942년에 동남아 전선으로 위안부가, 그것도 조선인 위안부가 대거 송출됨에 따라 중국 내에서 조선인 위안부가 줄어들었을 것이다. 그리고 일본군 당국은 본디 방첩상의 이유와 언어의 불통, 높은 성병 감염률 때문에 중국인 여성을 위안부로 쓰기를 꺼렸는데(秦郁彥 1999:88), 일본인과 조선인 위안부가 빠져나감에 따라 1942년 이후 불가피하게 중국인 위안부를 점점 더 많이 쓰게 되었을 것이다. 따라서 1941년까지는 중국인 위안부 수가 일본인 위안부 수보다는 적고 조선인 위안부 수보다는 많았다고 보는 게 합리적이다. 여기서 전체 위안부 중 일본인, 중국인, 조선인 비율을 4:3:2라고 보면, 전체 중국 내 위안부 중 일본인은 44%, 중국인 33%, 조선인 22%가 된다.

따라서 1940년 중국 전선의 위안부 수 추정치 5,000명에 대하여 22%의 비율을 적용하면, 조선인 위안부 수는 1,100명이 된다. 이는 앞서 본 1940년 중국 내 조선인 예기·창기 3,800명의 1/3이 좀 안 된다. 중국 내 조선인 예기·창기 중 1/3 이하가 일본군 위안부, 나머지 2/3 이상이 민간인 상대의 예기·창기였다는 것이다.

태평양전쟁이 발발한 후 조선인 위안부 동원이 늘어났다. 제1장에서 본 바와 같이 1942년 7월 초에 조선에서 싱가포르와 버마 등으로 약 1천여 명의 여성이 새로 떠났다. 앞서 1942~1943년 간 일본군 위안부 총수를 1만 3,000명 정도로 추계했던바, 하타의 설에 따라 그 20%가 조선인이라고 보면 조선인 위안부 수는 2,600명 정도가 된다. 이는 중일전쟁기 조선인 위안부 수의 2배가 좀 넘는다고 할 것이다.

1944년부터 1945년 일본의 항복까지 해외전장의 일본군 수가 100만 명 가까이 늘었지만, 악화된 전황을 고려하면 일본군이 위안소와 위안부를 그다지 늘리지는 못했을 것이다. 따라서 조선인 위안부 수는 중일전쟁기에 1,000명을 좀 넘는 정도였다가 태평양 전쟁기에 2배가 좀 넘게 증가해 2,600명 정도가 된 것으로 추정할 수 있다. 1937~1945년간의 평균은 2,000명 정도라 하겠다.

그런데 조선인으로서 위안부로 동원된 총수를 구하려면, 계약기간을 마친 위안부가 돌아가고 새로 위안부가 동원되어 결원을 보충하는 위안부 교체율을 고려해야 한다. 이와 관련해서는 다음 표 2-5에서 보는 바와 같이, 조선총독부 경무국이 조사한 1941년 하반기와 1942년 상반기의 1년간 조선에서 중국으로 도항한 조선인 접객업 종사자 통계가 유용한 참고가 된다. 이 1년간 예기·창기 667인, 업주 기타 종사자 501명 등 총 1,168명의 접객업 종사자가 조선에서 중국으로 건너갔다. 접객업 종사 도항자 중 예기·창기 도항자의 비율은 57%로 앞서 본 1938년의 40%보다 더 높은데, 이 무렵(1941년 하반기, 1942년 상반기)은 이미 중국 내 위안소 등 접객업소의 설치가 완료된 상태에서 그만두거나 다른 곳으로 이동한 예기·창기를 보충하는 차원의 도항이기 때문에 도항인원 중 예기·창기의 비율이 크게 높아진 것으로 해석할 수 있다.

표 2-5 접객업 종사 차 중국에 도항한 조선인 (단위:명, ( )안은 %)

			도항 조선인			1940.10 현재 조선인 예기 창기 수	(1년간 교체율 %)
			예기창기	업주, 기타 종사자	총계		
1937.9~1938.12			1,150 (40.4)	1,699 (59.6)	2,849 (100.0)		
1941.7~1942.6			667	501	1,168		
지역별	1937.9 ~1938.12	북중국	853				
		중중국	293				
		남중국	4				
	1941.7 ~1942.6	북중국	489	384		2,060	(23.7)
		중중국	96	67		1,417	(6.8)
		남중국	82	48		323	(25.4)

자료 : 강정숙(1997:155); 吉見義明(1993:165~166).

이 667명은 표 2-3으로부터 추정한 1940년 10월 중국내 조선인 예기창기 수 3,800명의 17.6%에 해당한다. 이는 중국 내 조선인 예기창기의 1/6 정도가 해마다 교체되고, 6년이면 전원 교체된 것을 시사한다. 그런데 이 667명 중국 도항자를 지역별로 나눠 보면 전혀 다른 모습이 나타난다. 이 중국 도항 조선인 예기·창기 667명 중 489명이 북중국으로 갔고 96명이 중부 중국, 82명이 남중국으로 갔다. 1940년 10월의 중국 내 조선인 예기·창기 수가 그 1년 뒤에도 크게 달라지진 않았을 것이므로, 이 667명 도항자는 기존 예기·창기를 대체한 것이라 할 수 있다. 1941.7~1942.6의 1년간 이동률은 북중국에서는 23.7%이며 남중국에서는 25.4%인데, 중부 중국에서만 6.8%로 유독 낮다. 중부 중국에서만 유독 낮을 이유는 없으며, 이는 통계 집계가 제대로 안 된 결과로 보인다. 바로 이 때문에 전체 조선인 예기·창기의 교체율이 17.6%로 나온 것이므로, 북중국과 남중국의 예기·창기 1년 교체율 25% 정도를 실제 예기·창기 교체율로 볼 수 있다. 그렇다면 중국 내 조선인 예기창기는 4년에 1회 전부 교체되었으며, 1937~1945년의 8년간 2회 교체된 것이라 할 수 있다.

제10장에서 자세히 보겠지만 일본군 위안부는 민간 예기·창기에 비해 노동강도가 훨씬 더 셌고 그만큼 수입이 더 많았다. 그 덕분에 전차금 상환 기간도 짧아서 더 일찍 귀환할 수 있었다. 표준적 계약 기간인 2년에 1회 교체되는 것으로 보는 게 합리적이다. 1937~1945년간 중국 내 위안소를 경험한 조선인 여성은 1,100명의 4배인 4,400명가량이라 하겠다. 1942년부터 설치된 동남아 위안소에서는 위안부가 1945년까지 1회 교체되었다고 할 수 있으나, 전황 악화로 수송이 여의치 않았으므로 그보다 적게, 예를 들어 0.5회 교체된 것으로 보는 게 적절하다. 동남아 위안소의 위안부 경험 조선인 여성은 총 2,200명 정도(=1,500×1.5)라 하겠다. 이 둘을 합하면 6,600명이므로, 결국 조선인으로서 위안부 경험자는 약 7,000명 정도라 할 수 있다. 이 추정치는 중일전쟁기(1937~1941년)에 만주국의 소만국경 지대에 일부 설치된 위안소의 조선인 위안부를 포함하지 않은 것인바, 그 수를 더하더라도 조선인 위안부 수는 크게 달라지지 않는다. 따라서 위안부로 동원된 조선인이 수만, 혹은 수십만이었다는 대량동원론 주장이 얼마나 터무니없는 것인지를 여기서 다시 한번 확인할 수 있다.

위안부 운동 그룹 관계자들이 흔히 주장하는 위안부 20만 명 설은 물론이고 5만 명 설도 사실일 수가 없다. 전장의 일본군 수와 위안부 1인당 병사 수라는 설치 기준에 입각해 추계하면, 위안부 수는 중일전쟁기 5,000명대, 1942~1943년 1만 3천 명, 1944년 이후 1만 5천 명 정도였다. 위안부 교체를 고려한 총 위안부 경험자 수는 중일전쟁기 11,000명, 태평양전쟁기 24,000명 등 35,000명이었고, 조선인 위안부 경험자는 총 7,000명 정도였다.

제2부

그녀들은 어떻게
일본군 위안부가 되었나

3

위안부 강제연행설의
형성과 득세

오래 동안 잊힌 존재

조선인 위안부 강제연행설은 좁은 의미로는 조선 여성이 일본 관헌에 의해 강제로 끌려가 일본군 위안부가 되었다는 것이고, 넓은 의미로는 협박, 폭력 등으로 인해 여성 본인의 의사에 반해서 위안부가 되었다는 말이다. 이렇게 강제로 끌려온 위안부가 위안소에서 자유롭게 생활했을 리는 없고, 성적 위안을 강요당하는 노예 생활을 했어야 말이 된다. 이렇게 강제연행설은 성노예설로 이어진다. 위안부 운동가들은 일본 정부에 위안부 피해에 대한 사과와 배상을 계속 요구하였고, 이 문제는 시간이 가도 해결되기는커녕 악화 일로를 걸어 근래 한일관계를 파탄 지경으로까지 몰고 갔다.

그런데 이 강제연행설은 1990년대에 처음 형성되어 이후 득세한 것이고, 위안부 동원이 실제 이루어진 일제말 시점에서는 없었던 주장이다. 또 해방 후 40년 가까운 세월이 가는 동안에도 위안부 강제연행 인식은 없었다. 아니, 일본군 위안부의 존재 자체가 거의 인지되지 않았다. 1950~1970년대에 쓰인 고등학교 국사 교과서에서는 위안부를 전혀 언급하지 않았다. 1982~1996년에 쓰인 국정 교과서가 처음으로 "여자들까지 침략전쟁의 희생물로 삼기도 하였다"고 해서 아주 짤막하게 위안부의 존재를 암시했을 뿐이다.

그림 3-1 1946~1990년간 『동아일보』와 『경향신문』에서의 위안부 기사 수 (단위: 건)

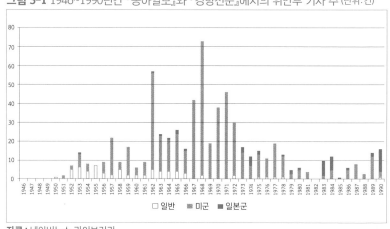

자료 : 네이버뉴스 라이브러리.

역사 교육이 잘못되었다고 비판할 일은 아니었다. 신문에서도 일본군 위안부가 거의 언급되지 않았다. 신문기사 원문을 제공해주는 네이버 뉴스라이브러리에서 검색해 보면, 『동아일보』와 『경향신문』에서 1946~1960년의 15년간 일본군 위안부를 언급한 기사가 단한 건뿐이다. 그 후 1960년대와 1970년대의 20년간에도 평균해서

1년에 일본군 위안부 기사가 1번도 채 안 나왔다. 1970년대까지는 위안부라 하면 미군 위안부를 뜻했다. 당시의 한국인들이 일본군 위안부의 존재를 몰랐던 것은 아니고 그 위안부를 일본 식민통치의 피해자로 보지 않은 것이었다.

기억 속의 위안부는
단지 불행하고 불쌍한 여성

1960년대 이후 한국의 영화나 소설과 같은 대중문화 작품에선 드물게 위안부를 다루었는데, 그 방식이 역시 특이했다. 1965년에 〈사르빈강에 노을이 진다〉라는 영화가 개봉되었다. 이 사르빈강은 버마 동부에서 북에서 남으로 흐르는 살윈강Salween River을 말한다. 일본군 장교로 참전한 조선인이 버마인 여자 항일 게릴라를 만나서 사랑을 하지만, 결국 둘 다 죽는 비극적 이야기다. 이 영화에 일본군 위안부가 조연 격으로 등장한다. 이 위안부는 당시 미군 위안부의 이미지를 차용, 빌려왔다.

주인공 부대에 위안부가 처음 배치되는 장면의 영상을 보면, 서양식 원피스, 파마를 한 머리, 일본군 장교의 훈시를 비웃고 깔깔대는 거친 태도, 그리고 굉장히 섹스 어필하는 모습 등 완연히 미군 위안부, 이른바 양공주를 연상케 한다. 1960년대에는 미군 위안부를 양색시, 양갈보라 부르며 천시했는데, 그 이미지를 일본군 위안부에 그대로 투사한 것이다. 요즘 한국 TV 드라마나 영화에서 일

사진 3-1 영화 〈사르빈강에 노을이 진다〉 포스터

본군 위안부를 이렇게 묘사했다간, 엄청난 비난을 받고 작품이 방영·상영되지도 못할 것이다. 1974년에는 일본군 위안부를 주인공으로 한 〈여자정신대〉라는 영화가 개봉되었다. 정신대는 일본의 군수공장에 동원되어 노동한 소녀들을 말하는데, 위안부와 전혀 다른 것임에도 한국인들은 1960년대부터 양자를 혼동했다.

사진 3-2에서 보는 것처럼 영화 광고에는 부제로 '보상받지 못할

사진 3-2 영화 <여자정신대> 신문광고

자료: 『동아일보』 1974.10.21.

여인, 수만의 통곡'이라 쓰였다. 마치 위안부 생활을 하던 사람들의 아픔을 표현한 것처럼 보이지만, 실상 이 영화는 그 무렵 빅히트했던 〈별들의 고향〉과 같은 호스티스 영화의 일종이었다. 그것은 남성 관객의 쾌락을 위해 여성을 성적으로 대상화하였다. 〈별들의 고향〉의 술집 호스티스 경아가 순수한 사랑을 하는 인물이었던 것처럼, 이미 톈진에서 여러 일본군을 상대하던 조선인 위안부가 만주

소만 국경의 최전선 위안소로 가서 한 조선인 병사와 만나 순수하고 뜨거운 사랑을 나눈다는 이야기였다. 특히 포스터는 반라의 여성이 남성을 올려다보는 전형적인 포르노그래피적 사진 구도를 담았다(김청강 2017:171-173). 이 위안부는 식민지배 피해자로서 위안부는 아니다.

일제하의 젊은 날 위안부 생활을 했던 여인들의 슬픈 사연이 1970년대 말, 1980년대 초에 다큐 영화 등을 통해서 소개되었다. 1970년대 말에 한 일본인이 〈오키나와의 할머니〉라는 다큐멘터리 영화를 만들어서 1979년에 공개했다. 오키나와에 살고 있던 위안부 출신의 배봉기를 인터뷰한 것이다. 그녀는 1914년생 충남 출신인데, 가난한 집에서 7살 때 가족과 헤어져서 남의 집 더부살이, 식모 생활을 했고 결혼생활도 순탄치가 않아서 전국을 떠돌다가, 29살이던 1943년 가을에 쉽게 돈 벌 수 있다는 말을 듣고 오키나와로 가게 되었다. 배봉기는 전쟁이 끝난 후에도 오키나와에 남았는데, 전쟁터에서 한 일, 곧 위안부 생활이 부끄러워서 고국으로 돌아갈 수 없었다고 하였다.

1984년에 태국의 노수복 할머니가 KBS TV 이산가족 상봉 프로그램을 통해서 알려지게 됐다. 그녀는 1921년 경상북도 예천 태생인데, 21세 때인 1942년도부터 2년간 싱가포르에서 위안부 생활을 했고, 1944년 태국으로 옮겼지만 전쟁이 끝난 후 고국으로 돌아갈 면목이 없어서 태국에 남았다고 했다.

역시 1980년대 초 위안부 소재의 소설이 발표되고, 영화로도 제작되었다. 1982년에 윤정모라는 작가가 임종국의『실록 정신대』라는 책을 참고해서『에미 이름은 조센삐였다』라는 소설을 냈다. '조센삐'란 조선인 창녀란 뜻으로 당시 쓰였던 낮춤말이다. 이 책은 굉장히 인기를 끌어서 인문당이라는 데서 처음 나왔다가 1988년에는 고려원에서 다시 한번 나왔고, 그다음에 1997년에는 당대 출판사에서 또 한 번 출간되었다.

소설 주인공의 어머니가 위안부 출신이다. 이 어머니는 원래 경상남도 진주 출신으로 오빠가 징용을 갈 위기에 처하자 그걸 막기 위해서 본인이 정신대를 자원해서 가게 됐고, 그래서 필리핀에서 위안부 생활을 했다. 거기서 한 조선인 병사를 만났고 전쟁이 끝나서 같이 돌아왔다. 하지만 부산에서 정착해서 살다가 소설의 주인공을 낳고 헤어지게 되는데, 아버지가 어머니의 과거 위안부 생활을 갖고 계속 아픈 상처를 건드려서 가정이 깨지게 되었다는 이야기다.

오키나와의 배봉기, 태국의 노수복, 그리고 윤정모 소설의 조센삐에는 한 가지 공통점이 있다. 위안부 생활이 부끄러워서, 면목이 없어서 고국, 고향에 돌아가지 못한 것이다. 심지어 윤정모 소설에서는 위안부가 오빠의 징용을 대신해서 희생했는데도 부모 형제들에게 부끄러워서 고향에 못 돌아가는 것으로 그려졌다. 그 과거를 알고 결혼한 남편도 결국 그녀를 버렸다. 아울러 실존 인물인 오키나와의 배봉기나 태국의 노수복이 관심사가 된 것은 위안부 생활 자체라기보다는 위안부 경력 때문에 40년이 되도록 고국에도 못 돌아온 그 기구한 인생살이 때문이라 할 수 있다.

그러니까 대중문화 작품에서도 1980년대 초까지는 위안부는 불행하고 불쌍하며, 스스로 또는 남들에게 부끄럽고, 면목 없는 사람들이었다. 일본의 식민지배의 피해자가 아니었다. 미군 위안부를 피해자로 간주하지 않는 것처럼 말이다. 그래서 일본군 위안부는 국사 교과서에서도 전시 강제동원의 하나로 서술되지 않았다.

이건 지금 위안부를 보는 시각과 전혀 다르다. 옛날 사람들이 위안부가 뭔지 몰라서 그랬던 것은 아니다. 당대 사람들이니 위안부가 어떤 건지 지금 사람들보다도 훨씬 더 잘 알았다. 그래서 위안부를 일본 식민 지배의 피해자로 보지 않았고, 따라서 일본에 배상을 요구하지도 않았던 것이다.

강제연행설은 일본에서 태동

일제 관헌이 조선인 일본군 위안부를 강제연행하였다고 처음 주장한 것은 1970년대 일본의 작가, 연구자들이었다. 신문기자 출신의 일본인 작가 센다 가코, 재일조선인 역사평론가 김일면이 바로 그들이었다.

센다는 일본군 위안소에 관여했던 군의관, 장교와 병사, 위안부 등을 폭넓게 인터뷰하고 그 증언, 회고록 등을 분석함으로써 일본군 위안소의 기본적 사실을 밝히는 성과를 거두었다. 특히 그는 1973년 발간한 저서에서 그 부제 '목소리 없는 여성 8만 명의 고발과 같이 조선인을 위주로 한 위안부 대규모 동원과 일본 관헌에 의한 조선인 위안부의 강제연행 등을 주장하였다.

그는 전 관동군 참모, 당시 조선 내 면장의 아들, 농촌에서의 여러 목격자 등을 인터뷰해서 위안부 동원의 구체적 양상을 소개하였다. 그는, 1941년 관동군 특별연습 때 관동군의 의뢰를 받은 조선총독부가 도－군－면의 행정조직을 통해 조선 부녀자를 위안부로 동원하였고, 위안부 모집업자가 모집시 대동한 관헌과 경찰의 위력 때문에 조선 농촌 부녀자가 어쩔 수 없이 사실상 강제로 응모하였고, 모집업자의 부탁을 받은 경찰이 면장을 통해 농촌 처녀에게 일본에 좋은 일자리가 있다고 권유해서 위안부로 가게 되었으며, 1943년부터는 조선총독부가 대대적으로 '여자사냥'에 나섰으니, 개개 부녀자에게 정신대 통지서를 발급해서 부녀자를 끌어모았고 강원도에서는 경관이 트럭을 끌고 부녀자 사냥도 했다고 썼다(千田夏光 1973:96-116).

센다의 주장은 총독부 경찰이나 일본군 헌병이 직접 물리력을 행사하지 않아도 그 위력만으로도, 그리고 총독부가 발급한 정신대 통지서만으로도 조선 부녀자를 위안부로 데려갈 수 있었다는 말이었다. 이는 최초의 그럴듯한 위안부 강제동원설이었다. 센다의 책은 일본에서 전장의 매춘부에 관한 참전 군인들의 추억을 자극해 30만 부 넘게 팔리는 베스트셀러가 되었으나, 1970년대 전반의 한국에서는 별로 관심을 끌지 못하였다.

김일면은 일본군 위안부 중 조선인 위안부가 8~9할로 압도적이라고 하여 센다보다도 더 나아갔으며, 이는 '조선 민족 멸망을 위한 일제의 방책'이었다고까지 하여 강렬한 반일의 색채를 드러냈다. 하지만 센다가 관헌에 의한 조선인 위안부 강제연행을 주장한 것과 달리 김일면은 노예사냥 식의 조선인 위안부 강제연행은 없었고, 대신 경찰과 관리가 '여자애국봉사단'과 같은 그럴듯한 전쟁 협력 명목으로 조선인 부녀자를 유인해서 전선의 위안소로 보냈다고 하였다(金一勉 1976:93-95). 김일면의 책은 임종국에 의해 한국 내에서 번역되고, 이는 다시 앞서 언급한 윤정모 소설의 저본이 되었으나 그 자체로는 역시 일제 전시동원의 책임을 추궁하는 운동으로 연결되지는 않았다.

불과 수년 뒤인 1979년 한국의 반정부 언론인 송건호가 낸 『한국현대사』에서도 조선인 알선업자에 의한 취업사기가 부각되었을 뿐, 관헌에 의한 강제연행 주장은 등장하지 않았다(秦郁彦 2022:30).

> 일군 당국은 1937년 말 난징 공략 후 서주작전이 개시될 무렵 조선 내의 어용 뚜장이들에게 지시하여 본국에서 집안이 가난해 매춘 생활을 하는 조선 여성들을 다수 중국대륙으로 데려가 '위안소', '간이위안소', '육군오락소' 등의 명칭을 가진 일군 시설에 배치해 그들의 노리개로 삼았다.....여기서 주목할 점은 중국 전선에 동원된 조선의 위안소는 직업적인 매춘부만 있었던 것이 아니고 농촌의 가난한 처녀들이 많았다는 사실이다.....일군에 출입하는 어용 뚜장이들이 조선에 와서 경찰지서나 면장을 앞장세워 "힘들지 않고 돈벌이가 좋은 일자리가 있다"라고 꾀어 데려간 것이다(송건호 1979:273-274).

송건호에 의하면, 일본군의 어용 뚜장이들이 농촌 빈농가를 찾아갈 때 경찰지서나 면장을 앞장세웠지만, 경찰의 위력보다는 '편하고 돈벌이 좋은 일자리'로 꾀어서 빈농가 처녀를 데려간 것이었다.

그런데 센다의 '관헌의 위력에 의한 조선인 위안부 강제연행'론, 특히 일제말 정신대 강제연행론은 다시금 일본에서 불량 복제되었다. 관헌이 직접 물리력을 휘둘러 조선인 부녀자를 강제연행했다는 주장이 등장한 것이다. 바로 야마구치현山口縣의 노무보국회 동원부장을 했다는 요시다 세이지吉田淸治의 증언이었다.

그는 위안부 동원에 관한 그의 두 번째 증언록으로 1983년에 일본에서 『나의 전쟁범죄 : 조선인 강제연행』을 냈다. 이 책의 제3장이 「제주도의 위안부 사냥」인데, 제목 그대로 1943년 5월 하순 자신이 제주도 성산포 등지에서 민가나 공장에 여자들이 모여 작업하고 있는 걸 둘러싸고 마구잡이로 모두 205명을 잡아갔다고 했다. 남편이나 가족이 막으면 총 개머리판으로 때리고 칼로 위협해서 물리쳤다고 썼다. 본인이 했다고 고백하니 사람들이 진짜라고 믿었다. 이게 1984년에 MBC TV 다큐로도 방영되었고, 1989년에 『나는 조선 사람을 이렇게 잡아갔다』는 제목으로 한국에서도 번역 출간되었다.

그런데 제주도 현지에선 이 사건을 기억하는 사람이 아무도 없었다. 『제주신문』은 얼마 후 이 증언을 뒷받침할만한 다른 현지인의 증언이 없다고 보도하였다. 일본에서도 그 진위 논란이 벌어졌다. 1992년 3월 중 그와의 두 차례 통화 문답에서도 의구심을 해소하지 못한 연구자 하타는 1992년 3월 말 제주도로 가서 성산포 조개단추 공장의 전 관계자들과 『제주신문』의 담당 기자를 만났다. 하

그림 3-2 1997년 출판 『에미 이름은 조센삐였다』 표지 이미지

자료 : 책 표지를 모사(최현선).

타는 제주도에서 위안부 사냥 이야기는 들을 수 없었고, 오히려 요시다가 무슨 목적으로 이런 이야기를 지어냈냐는 질문을 받았을 뿐이다. 하타 외에도 여러 매체가 취재했으나 증거를 확인할 수 없었고, 1993년 이후 언론사들은 더 이상 그의 이야기를 다루지 않게 되었다. 그의 인생사 자체가 거짓말로 점철되었다는 것도 드러났다. 한마디로, 지어낸 이야기였다.[15]

하지만 그가 지어낸 이야기 때문에 한국에서는 일본군이 여자들

• • •

15 秦郁彦(1999 : 229-247). 한편, 요시다 이야기에 푹 빠져 위안부 사냥 이야기를 집중 보도했던 『아사히신문』은 2014년 8월 요시다 증언을 보도한 기사가 오보임을 인정하고 관련 기사를 모두 취소하기에 이르렀다. 일본내 2위의 구독자를 갖고 있던 아사히신문은 신뢰성에 큰 타격을 입고 구독자가 격감하였다.

을 동물 사냥하듯이 강제로 잡아서 위안부로 끌고 갔다는 이미지
가 널리 퍼졌다. 앞서 본 윤정모의 소설이 1982~1997년에 출판사
를 바꿔 가며 세 번 출간되는데, 세 번째 출간되던 1997년부터는
자원해서 위안부로 갔다는 소설의 내용과도 맞지 않게도 총칼을 맨
일본 관헌에게 양팔을 붙잡혀 끌려가는 나이 어린 소녀의 모습이
표지에 실렸다(그림 3-2). 어느새 1990년대 말에는 '일본 관헌에 의
한 강제연행'설이 자리 잡은 것이다.

위안부 문제의 폭발

이렇게 1990년대에 위안부 강제연행 인식이 확립되는 것은 곧
한국에서의 위안부 운동과 일본에서의 위안부 연구 때문이었다.
1990년 11월 여성단체들 중심으로 한국정신대문제대책협의회, 곧
정대협이 만들어졌다. 그 대표 멤버는 1970년대 이래 기생관광을
고발 비판해 온 한국교회여성연합회와 위안부 문제를 조사해 온 이
화여대 교수 윤정옥尹貞玉이었다. 이들은 기생관광의 원조가 위안부
라는 인식 아래 위안부의 발자취를 찾겠다고 1988년 2월과 8월,
그리고 이듬해 1989년 2월에 오키나와, 큐슈, 홋카이도, 도쿄, 사
이타마현埼玉縣, 타이, 파푸아뉴기니 등을 답사했다. 이 조사 결과는
세미나에서 발표된 데 이어 1990년 1월 『한겨레신문』에 '정신대 원
혼 서린 발자취 취재기'란 제목으로 4회에 걸쳐 연재되었다. '원혼'
이란 표현은 "조선 여성들이 일본군에 의해 전쟁 중에 위안부로 사

역되었다가 패전 때 학살되었다"라는 의미다. 이들은 일본군 위안부와 근로정신대를 혼동할 정도로 사실 관계를 잘 모르면서도 일본이 위안부를 학살했다는 선입견을 갖고 출발했다.

이들은 정대협 조직 전부터 일본 정부를 상대로 위안부 강제연행에 대한 사실 인정과 사죄를 요구하는 서한을 냈다. 그해 6월 일본 참의원 예산위원회 회의에서 사회당 의원이 정부에 일본군 위안부에 대한 조사를 요청한 데 대해, 노동성 국장이 "징용 대상 업무는 국가총동원법에 기초한 총동원 업무이며 법률상 열거되어 있는 업무와 종군위안부 업무는 관계가 없다"라고 답변한 바 있었다. 한국교회여성단체연합 등 47개 한국 여성단체는 10월 17일 기자회견을 통해 조선인 여성을 종군위안부로서 강제연행한 사실을 인정하고 그에 대해 공식 사죄하며 생존자와 유족들에게 보상할 것 등을 요구하였다(정대협20년사편찬위원회 2014:45-47). 곧 정대협을 조직할 위안부 운동 그룹은 위안부의 실태를 파악하기도 전에 이미 일본군 위안부의 강제연행론을 제창하였다.

일본 정부는 1991년 4월 "일본 정부가 정신대를 강제연행한 사실이 없고 한일청구권협정 체결로 양국 간 보상의 권리와 의무가 끝났다"라고 답변하였다. 정대협은 대대적인 여론화의 필요성을 절감하고 위안부 피해자의 증언을 기획했다. 마침 일본으로부터 보상을 받을까 하여 전 위안부 김학순金學順이 정대협을 찾아왔고, 정대협은 1991년 8월 14일 위안부 피해자의 첫 증언을 성사시켰다. 정대협은 이어 12월에는 문옥주文玉珠, 김복선金福善의 증언도 성사시켰다.

한편 한국의 태평양전쟁희생자유족회는 일본의 다카키 겐이치

高木健二 등 좌익 변호사들과 「일본의 전후책임을 분명히 하는 모임」(대표 우스키 게이코臼杵敬子)과 함께 조선인 위안부, 전시 노동자, 군인군속을 원고로 하여 전후 보상을 일본 정부에 요구하는 재판을 준비하였다. 또 아사히신문朝日新聞은 위안부 강제연행론 캠페인을 전사적으로 수행하였다. 아사히신문은 1991년에 150편의 위안부 기사를 게재하였는데, 특히 요시다 세이지와 김학순 인터뷰를 각기 2회에 걸쳐 대서특필하였다. 다카키 등은 그해 말 김학순을 일본에 초빙하여 도쿄지방재판소에 소송을 제기하고 대대적으로 기자회견과 강연회를 열어 일본의 여론에 큰 충격을 주었다(니시오카 쓰토무 2021a:25-50; 2021b:27-34, 124-135).

이에 일본의 좌익 연구자도 보조를 맞추었다. 1992년 1월 중순 일본 주오대 요시미 요시아키 교수가 일본군 문서를 토대로 해서, 일본군이 위안부 모집과 위안소 운영에 관여했음을 폭로하였다. 그는 일본 육군성과 중국 파견 부대 사이에 교환된 공문서 6점에 의거해, 1937년 7월 육군성이 중국 전선의 각 부대에 신속히 성적 위안 설비, 즉 위안소를 설치토록 지시하였으며, 1938년 3월 4일자로 육군성이 중국 전선의 부대에 사회문제를 일으키지 않을 인물로 위안부 모집 업자를 선정하라고 지시했다는 것 등을 보였다. 이로써 일본군이 위안소의 조직과 위안소 운영에 깊게 관여했다는 것이 널리 알려졌다.

한국과 일본에서의 이런 일련의 움직임은 제주도에서의 위안부 사냥 운운한 요시다 세이지의 거짓말이 만든 불씨에 기름을 부었다. 언론은 연일 관련 내용을 보도하고 정대협은 각종 성명서를 발표하였다. 그림 3-3은 한국에서 1991년 이후 위안부 관련 기사의 폭발적 증가를 보여준다. 상황이 완전히 달라져서, 위안부 피해에 대한 관심이 폭발하고, 일본은 사죄하고 위안부 피해를 배상해야 한다는 인식이 널리 확산되었다.

그림 3-3 1980~1994년 위안부 관련 기사 수 (단위:건)

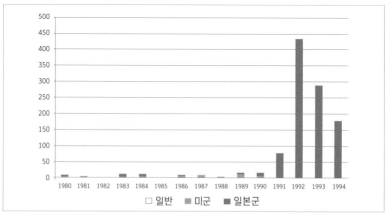

자료 : 그림 3-1과 같음.

일본 정부가 광의의 강제성을 인정

한국과 일본의 위안부 운동가들과 일본 연구자들의 공세를 맞아 일본 정부는 전향적 대응을 했다. 1992년 1월 말 방한한 일본 미야자와 기이치富沢喜一 수상은 한국 국회에서 위안부 문제에 대해 사과했다. 이후 일본 정부는 조사 작업을 진행해 1993년 8월 보고서를 발표했다. 고노河野 담화라 불리는 이 보고서에서 일본 정부는 위안소가 군 당국의 요청으로 설치된 것이며, 위안소의 설치·관리 및 위안부 이송에 구 일본군이 깊이 관여하였으며 위안부는 감언, 강압 등 본인의 의사에 반해서 모집한 사례가 많았으며 관헌이 직접 모집에 가담하기도 했다고 시인하였다. 그리고 일본 정부는 일본군 위안부들에게 사죄와 반성의 뜻을 표하며, 구체적 방안은 추후 제시하겠다고 했다.

위안부관계 조사결과 발표에 관한 내각 관방장관 담화
(河野談話, 1993.8.4.)

이번 조사 결과 장기간 광범한 지역에 걸쳐 위안소가 설치되어 수많은 위안부가 존재했다는 것이 인정되었다. 위안소는 당시 군 당국의 요청에 의해 설치 운영되었고, 위안소의 설치, 관리 및 위안부의 이송에는 일본군이 직접 혹은 간접으로 관여하였다. 위안부의 모집에 있어서는 군의 요청을 받은 업자가 주로 그를 담당했지만, 이 경우도 감언, 강압에 의하는 등 본인들의 의사에 반해서 모집한 사례가 많이 있었으며, 더욱이 관헌 등이 직접 모집에 가담한 경우도 있었다. 또 위안소 생활은 강요당한 상황 아래서 이루어진 비참한 것이었다...

결국 본 건은 당시 군의 관여 아래서 다수의 여성의 명예와 존엄에 깊은 상처를 입힌 문제다. 정부는 이 기회에… 종군위안부로서 수많은 고통을 경험하여 몸과 마음에 치유되기 어려운 상처를 받은 모든 분들께 진심으로 사죄와 반성의 뜻을 전한다. 또한 이러한 뜻을 우리나라로서 어떻게 나타낼 것인가에 관한 것은 전문가의 의견도 구하면서 앞으로도 진지하게 검토해야 할 사안이라고 생각한다...

(자료 : https://www.kr.emb-japan.go.jp/relation/history_issues_QnA_5-1.html)

이 고노 담화는 1991년 8월 위안부 문제의 발생 이래 2년간의 한일 외교교섭의 결과물이었다. 한국 정부는 국내의 들끓는 반일 여론을 잠재우고 한일 간 위안부 문제를 타결하려면 일본 정부가 위안부 관계 단체가 납득할만한 내용으로 위안부 문제의 진상을 규명하고 위안부 동원의 강제성을 인정할 것을 요구하였다. 반면 일본 정부는 사실로 확인되지 않는 위안부 강제연행은 인정할 수 없다는 입장이었다. 고노 담화에 이르기 전 한일 양국 외교 당국은 긴밀히 협의하여 상호 합의에 이르렀다. 일본 측은 "본인 의사에 반해서"라는 표현을 수차례 넣어서 넓은 의미의 강제를 인정하였다. 위안부의 모집은 업자가 맡았으나 "감언, 강압에 의하"여 모집한 사례가 많이 있었고, 때로는 "관헌 등이 직접 모집에 가담한 경우도 있었다." 이는 모두 "(여성) 본인 의사에 반하는" 것이었다(니시오카 쓰토무 2021b:165-181).

수년 뒤 일본 외무성의 담당자는 이중 "관헌 등이 위안부 모집에 직접 가담한" 경우란 조선에서 여성을 권력으로 강제연행했다는 것이 아니라 인도네시아 자바섬에서 발생한 일본 군인들에 의한 전쟁범죄, 즉 1944년 일본군이 네덜란드 여성들을 강제연행해 위안부로 만들었다가 패전 후 전범 유죄판결을 받은 스마랑Semarang 사건을 가리킨 것임을 밝혔다(니시오카 쓰토무 2021:127). 하지만 이 점은 고노 담화에서 명시되지 않았고, 조선에서 관헌이 위안부 모집에 가담하기도 한 것으로 해석되었다. 또 군이 업자에게 감언, 강압 등의 수단을 쓰라고 지시하지는 않았지만, 위안소 설치와 위안부 모집 자체는 군의 요청에 따른 것이었고 그래서 "본인의 의사에 반한" 위안부 모집에 일본의 책임이 있다는 것이 공인되었다. 앞서 언급한 요시미 요시아키의 강제성 정의, 즉 "본인의 의사에 반한" 위안부 모집 주장도 이 고노 담화에서 비롯하였다. 결국 고노 담화는 그 전까지의 일본 정부의 입장과 달리 위안부 동원의 강제성, 관권에 의한 강제연행을 부분적으로라도 인정한 것이 되고 말았다.

전시 성폭력, 전쟁범죄 프레임 씌우기

한국 정부는 고노 담화를 긍정적으로 평가하고, 위안부 피해에 대하여 일본에 새로 보상을 요구하지 않는다고 발표하였다. 반면 정대협은 고노 담화에 대해선 일본 정부가 위안부 모집의 강제성을 애매하게 인정했을 뿐이라고 반발했다. 위안부가 '공권력에 의해 폭력으로 강요된 성노예'이며 위안소 운영은 전쟁범죄임을 일본 정부가 인정하지 않았다고 하였다. 정대협은 위안부 문제의 국제 이슈화에 나섰다. 정대협은 뜻을 같이하는 좌익 일본인 그룹과 협력하면서 일본 연구자들과 함께 한일합동연구회를 만들어 조사 활동을 펼쳤다.

일본의 좌익 연구자들은 강제연행 성노예설을 확립하였다. 그 좌장 격인 요시미는 1992년 일본 정부·일본군 문서들을 모아 『종군위안부자료집從軍慰安婦資料集』을 낸 데 이어, 간토가쿠인대關東学院大 교수인 하야시 히로부미林博史, 히토츠바시대 유학생 윤명숙, 위안부 배봉기의 일대기를 쓴 작가 가와타 후미코川田文子, 재야 연구자이자

운동가인 니시노 루미코西野留美子, 여성사 연구자 스즈키 유코鈴木裕子 등과 함께 일본군 위안부 연구를 시작하였다. 그들은 1993년에 전쟁책임자료센터를 설립하고 가을부터『전쟁책임연구戦争責任研究』라는 계간 학술지도 발간하였다. 요시미는 1995년 자신의 첫 위안부 연구서로『종군위안부従軍慰安婦』(이와나미岩波서점 간)을 냈으며, 이어서 다른 연구자들과 함께『공동연구 종군위안부共同研究従軍慰安婦』(오오츠키大月서점 간)도 냈다.

요시미는『종군위안부』책에서 조선인 위안부의 형성 경로로 사기, 인신매매, 폭력적 연행의 세 가지를 들었고, 이는 자발적으로 위안부가 된 여성은 거의 없었음을 의미하였다. 그는 여성 본인의 의사에 반하여 위안부가 만들어지고 그 위안부가 위안소에서 성적 위안을 강요당하였다는 내용의 강제연행 성노예설을 학계에 내놓았다. 다른 연구자들도 그에 동조하는 연구와 저서를 속속 내놓은 결과, 위안부 강제연행 성노예설은 어느덧 지배적 학설로 자리잡았다.

한편, 메이지시대 이래 해외로 나간 일본인 창기 가라유키상 연구자인 구라하시 마사나오도 강제연행설 그룹에 가세하였다. 1994년에 그는 중일전쟁 초기인 1937~1938년에는 일본과 특히 조선의 기존 작부, 창기가 위안부가 되는 '매춘부형' 위안부가 많았지만, 전선이 확대된 1940년부터는 전장의 일본군이 크게 늘어나고 위안부가 대거 더 조달되어야 했으므로 일본 관헌이 조선의 도시와 농촌의 평화로운 가정에 들이닥쳐서 노예사냥 식으로 딸을 끌어가 위안부로 만들었고, 그래서 '성노예형' 위안부가 다수가 되었다는 설명을 내놓았다(倉橋正直 1994:39-74). 하지만 이것은 사료에 입각한 주장이 아니라 몇 가지 가정에서 출발한 논리 추론에 불과하였다. 그의 설명은 당시 거세게 일었던 위안부 강제연행설의 영향을 크게 받은 절충적 설명이라 하겠다.

한편, 정대협은 유엔에 위안부 문제를 가져갔다. 정대협은 1992년 8월 유엔 인권위 소위원회에서 일본군 위안부가 '현대형 노예제'라고 소위원회 위원들에게 선전 로비를 했다. 소위원회는 위안부 문제를 연구 주제로 삼아 1996~1998년에 「전쟁 중 조직적 강간, 성노예제 및 유사 노예제」에 관한 연구 보고서를 냈다. 일본군 위안소가 '강간소'였으며 이는 강간 금지 등 국제법 위반이라는 내용이었다. 또 정대협의 선전 결과, 유엔 인권위원회가 쿠마라스와미Radhika Coomaraswamy를 대여성 폭력 문제에 관한 특별조사보고관으로 임명했고, 이 보고관이 1996년 「전쟁 중 군대 성노예문제에 관한 조사보고서」(일명 쿠마라스와미 보고서)를 냈다.

쿠마라스와미는 예일, 콜롬비아, 하버드대를 졸업한 미국 변호사로서 스리랑카인권위원회 의장을 한 인권변호사였다. 그녀는 1994년부터 유엔 여성폭력문제 특별보고관을 맡았는데, 1995년 7월 일본군 위안부 문제와 관련해 한국과 일본을 방문해 관계자들을 만나 이야기를 듣고 북한에 대해선 북한을 대신 방문한 인권센터 관계자로부터 정보를 얻었으며 관련 논저를 검토해서 이 보고서를 썼다. 그녀는 일본군 위안부가 자원自願 외에 사기와 폭력 등의 수단으로 군에 징집되어 자유를 상실한 채 위안소에서 성적 위안을 제공해야 했으며 보수도 제대로 받지 못하고 일본의 패전 때 태반이 일본군에 살해되든가 버려졌다는 의미에서 일본군 위안부제를 전시 군 성노예제military sexual slavery in wartime라 규정하였다.

그러나 이 보고서는 일본군 위안부에 관해 오스트레일리아의 저널리스트가 그 무렵 출간한 영어책 1권으로부터 인용하고 한국과 일본의 위안부 운동가들의 설명과 몇몇 전 위안부의 증언을 그대로 받아 적은 것에 불과하였다. 영어책이란 1995년 출간된 조지 힉스 George Hicks의 *The Comfort Women*(일본 Yenbooks, 1995)인데, 이 책은 다음 사진 3-3에서 보는 것처럼 선정적 표지의 통속서였다. 책 제목이 '일본군 위안부'인데, 표지와 같은 여인의 사진을 올려놓으면 누구나 사진 속 여인을 일본군 위안부로 여길 것이다. 그러나 그 여인의 복장은 1940년대 아시아 여인의 복장이 아니었다. 그것은 20세기 후반 매춘부 복장의 여인이었다. 힉스의 책은 역사서로는 책 표지부터 실격이었다.

무엇보다도 힉스는 일본어를 읽을 줄 몰랐다. 그래서 그는 일본의 한 교수를 통해서 재일 한국인 여성을 소개받고 그 여성이 일본의 위안부 운동가로부터 받은 자료를 영어 번역하여 보내주면 그를 짜깁기하는 식으로 책을 썼던 것으로 추정된다. 그로 인해 힉스의 책은 기본적 사실 관계부터 틀렸고, 그를 집중 인용한 쿠마라스와미의 보고서 역시 사실 관계에서부터 잘못되었다(秦郁彦 1999:265-268).

예를 들어 쿠마라스와미는 미크로네시아에서 일본군이 하룻밤에 70명의 위안부를 살해했다거나, 1937년 말과 1938년 초 난징과 상하이에서 위안소를 개설할 때 군의 요리사와 세탁부로서 급료가 좋다는 제안으로 소녀들을 꾀었다든가, 요시다 세이지가 다른 조선인과 함께 1천 명의 여성을 위안부로 연행한 노예사냥에 참가

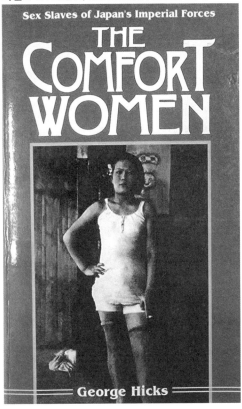

사진 3-3 Hicks 저 *The Comfort Women* 표지

했다고 썼다. 하지만 미크로네시아에서의 위안부 살해 이야기는 제 13장에서 소개하겠지만 1956년 발표된 일본의 소설에 나오는 이야기일 뿐이며, 제1장에서 본 것처럼 1937년 말과 1938년 초 난징과 상하이에서 위안소를 개설할 때 모집업자는 일본에서 기존의 창기들에 중국에서의 작부 일에 대하여 거액의 전차금으로 꾀었다. 요시다 세이지의 여자사냥 증언은 지어낸 이야기에 불과하였다. 또 쿠마라스와미는 위안소에서 성병이 퍼지지 않도록 살균 소독을 한

다면서 군의가 여성의 그곳에 뜨거운 철봉을 밀어 넣었다거나 일본 군이 위안부의 태반을 죽였다는, 전혀 말이 안 되는 전 위안부(북한 거주)의 증언을 사실인 양 보고서에 수록하기도 하였다.

어떤 사안의 전문가가 아닌 사람도 그 사안에 관해 글을 쓸 수는 있다. 그 경우 2차 자료(연구논저)를 충실히 섭렵하여, 확정적인 사실을 집약 정리해야 한다. 하지만 쿠마라스와미의 이 보고서는 엉터리 텍스트와 허위 증언을 짜깁기한 엉터리 리포트였다.

하타의 표현처럼 대학생의 보고서였다면 낙제점이었을 이 보고서는 미국 명문대 출신의 세계적 인권변호사가 유엔 인권위원회 특별보고관의 자격으로 썼다는 이유로 일본군 위안부에 관한 정설로 받아들여졌다. 여기에는 그 무렵 전쟁 중 여성에 대한 성폭력, 강간이 일대 국제문제화한 것이 크게 작용하였다. 그 직전인 1990년대 전반에 유고 연방의 해체 재편 과정에서 보스니아−헤르체고비나 내전 등이 일어나고 '인종 청소'라 불릴 정도의 살상과 강간, 강제 임신 사건이 벌어졌다. 세르비아계 병사들이 보스니아계 여성들을 집단 강간한 것인데, 전쟁 중 여성에 대한 성폭력, 강간이 일대 국제 문제가 되었다. 한국의 정대협과 일본의 위안부 운동가들은 일본군 위안소도 세르비아 병사들의 보스니아 여성에 대한 강간과 묶어서 여성에 대한 전쟁 중 성폭력, 전쟁범죄로 끼워 넣었다. 위안부 문제를 구미 각국 정부, 국제 여성운동 그룹에 홍보하고 일본 정부에 압박을 가하기 위해서였다.

아울러 1998년 8월에는 유엔 인권위원회의 차별 방지·소수자 보호 소위원회가 전시 성노예제 관련 특별보고자 게이 맥두걸Gay J.

McDougall이 작성한「무력분쟁 하의 조직적인 강간·성노예제 및 노예제 유사 관행에 관한 최종 보고서」를 채택하였다.[16] 보고서 '본문'의 주요 대상은 구 유고슬라비아에서의 전쟁과 르완다 학살인데, 일본의 위안부 문제를 '부속 문서'에서 다루었다. 이 보고서는 1998년 8월 유엔 인권위원회에서 '환영welcome' 형태로 결의가 이루어졌으며, 이후 2000년 8월 최종보고서가 유엔 인권 소위원회에서 환영 결의되었다.

이 보고서(부속문서)에서는 앞서 발표된 유엔「쿠마라스와미 보고서」의 연장선상에서 일본군 위안소 제도를 성노예 제도로, 또 이를 여성에 대한 전쟁범죄로 규정했다. 특히 이 보고서에서는 위안소를 '강간소強姦所rape centres'라고 부르고 일본이 20만 명 이상의 아시아 여성을 강제로 성노예로 만들었다고 기술하였다. 위안부의 과반이 조선인이었고 연령별로는 대부분이 11~20세였으며, 이들은 매일매일 수 회의 강간을 당하고, 혹독하게 육체적 학대를 받았음은 물론 성병에 시달리는 등의 고통을 겪었고, 학대 속에서 살아남은 이는 단지 25%였다고 기술하였다.

쿠마라스와미 보고서와 마찬가지로 맥두걸 보고서도 일본군 위안부의 실태와 관련해서는 전혀 신빙성이 없는 자료에 입각한 부실한 보고서였다. 예를 들어 제2차세계대전 중에 14만 5천 명의 조선인 성노예(위안부)가 죽었다는 일본의 한 자민당 국회의원의 발언을 근거로 하여, 위안부 20만 명 중 25%만 살아남았다고 쓴 것이

●●●
16 이 보고서는 일본의 '위안부 문제와 아시아여성기금 디지털기념관' 사이트에서 열람하고 다운받을 수 있다. https://www.awf.or.jp/pdf/0199.pdf (2023년 1월 21일 검색).

나, 위안부의 과반이 조선인이고 대부분이 20세 이하였다고 쓴 것이다. 이는 사실적 근거 없이 작성된 다른 보고서의 서술[17]을 그대로 옮긴 것에 불과하였다.

하지만 유엔의 두 특별보고관이 연이어 낸 보고서를 통해서 한국과 일본의 위안부 운동가들은 일본군 위안부제에 전시 성폭력, 전쟁범죄 프레임을 씌우는 데 성공하였다. 국제적으로 일본군 위안부제는 전시 여성에 대한 성폭력이요, 전시에 여성을 성노예로 삼은 반인도적 전쟁범죄로 간주되기 시작하였다.

이후에도 그들은 위안부 문제의 국제 이슈화를 계속 밀어붙였다. 정대협은 일본의 위안부 연구자, 지원단체, 중국의 위안부 연구자 등과 함께 2000년 도쿄 모의법정에서 여성 국제전범재판을 열었다. 그 표면상의 목적은, 제2차 대전기의 동아시아의 전쟁범죄에 대한 1946~1948년의 극동국제군사재판(일명 도쿄 전범재판)이 일본군의 '만행' 중 일본군 성노예제(위안부제)를 다루지 않았으므로 민간재판에서 전범재판을 마무리 짓는다는 것이었으나, 실은 일본군 위안부 문제를 전쟁 중 여성에 대한 폭력 문제로, 반인도적 전쟁범죄로 규정하고 일본 정부에 그 법적 책임을 추궁하기 위한 것이었다(정대협 2014:192). 이 법정은 히로히토昭和 천황 등에게 강간과 성노예 범죄의 유죄 판결을 내렸다.

• • •

17 샌프란시스코 소재의 University of California College of the Law에서 발간되는 학술지 *Hastings International and Comparative Law Review* 제17권 3호(1994년 봄 발간)에 실린 논문 "Compensation for Japan's World War II War-Rape Victims"의 499쪽 본문 및 각주 6의 서술을 말한다. 이 논문의 필자인 Karen Parker와 Jennifer Chew는 일본 자민당 국회의원의 근거 없는 발언을 확인된 사실인양 그대로 논문에 옮겼다.

그림 3-4 영화 〈귀향〉에서 일본군에게 끌려가는 조선인 소녀 이미지

자료 : 영화 〈귀향〉 티저 이미지를 필자가 모사.

　일본, 중국, 한국의 위안부 연구자들은 이 모의 법정을 앞두고 공동 연구를 조직해서 일본에서『일본군 성노예제를 재판한다 - 2000년 여성국제전범법정의 기록 日本軍性奴隷制を裁く-2000年女性国際戦犯法廷の記録』(綠風出版)라는 제목의 5권의 연구서를 출간하였다. 그중 '위안부 전시성폭력의 실태'라는 제목의 2권의 책은 일본군 각지 전장에서의 위안소 실태를 다루었는데, 특히 중국 산시성과 난징에서의 강간에서와 같이 일본군의 성폭력 가해와 위안부 및 현지인의 성폭력 피해에 초점을 두었다.

　또 정대협은 2007년에는 미 하원과 유럽의회가 일본 정부에 위안부 문제 해결을 촉구하는 결의안을 내게 하는 데도 성공했다. 미 하원은, 일본군이 위안부에게 성노예를 강제한 사실을 일본 정부가 공식 인정하고 사과할 것과 관련 사실을 일본 내외에서 교육하라고

권고했다. 정대협이 국제 사회의 여론몰이에서 승리한 것이다.

이렇게 하여 2000년 이후 한국인은 일본군 위안부 하면 일본 경찰이나 헌병에게 조선 소녀가 강제로 끌려가는 이미지를 떠올리게 되었다. 이 이미지는 2016년 개봉된 위안부 영화 〈귀향〉과 2017년 개봉된 영화 〈눈길〉에도 그대로 사용되었다.

강제연행설의 내부 균열

이렇게 강제연행론자들은 위안부 연구를 선도하고 거의 전담해 왔지만, 조선에서 위안부 강제연행을 입증하지 못하였다. 강제연행을 입증하는 자료는 전 위안부들의 증언뿐이다. 문서자료조차도 그 생성된 맥락을 검토하는 사료 비판을 거쳐야 한다. 증언은 더욱 그러하다. 그럼에도 그들은 아무런 관련 사실의 검토 없이 증언 자료에 입각해 위안부 강제연행을 주장하였다.

요시미 요시아키는 첫 연구서에서 조선 여성이 폭력적 연행, 사기, 유괴 등의 불법적 수법에 의해 위안부가 되었고 주장하였다. 하지만 그는 그것이 사실인지는 제대로 밝히지 않고, 각 경우에 관한 전 위안부의 증언을 소개하였을 뿐이다. 더욱이 그는 그 책의 한국어판 서문에서 관헌에 의한 폭력적 연행이 있었느냐를 묻는 것은 문제를 축소하는 것이라 강변함으로써, 강제연행설의 핵심 쟁점에 관한 논의를 회피하였다(요시미 요시아키 1998:9. 105-111).

나중에 그는 위안부 강제연행의 사례로서 일본군이 인도네시아에서 네덜란드 여성을 강제로 위안부로 끌어간 스마랑사건[18] 등 전쟁 중 동남아와 중국의 일본군 점령지에서 일어난 일을 들었고, 조선과 대만에서는 민간 업자가 유괴, 인신매매한 것을 강제연행이라 주장하기도 하였다(요시미 요시아키 2014:32-39). 조선에서 업자가 유괴와 인신매매 수법으로 여성을 위안부로 만들었다는 요시미의 주장 자체도 검증되어야 하지만, 그것이 사실이라 해도 그것을 강제 '연행'이라 할 수는 없다. 연행이란 경찰관이 피의자를 체포하여 경찰서로 데리고 가는 일처럼 강제로 데리고 가는 것을 가리키는데, 유괴, 인신매매는 일단 강제력을 쓰지 않고 여성을 데려가는 것이기 때문이다. 이처럼 그는 이후에도 강제연행을 입증 못한 채 계속 우기는 것으로 시종하였다. 따라서 그가 제창한 강제연행설에서는 여성 '본인 의사에 반해서' 위안부가 된 것만 남았다.

하지만 강제연행론자들이 위안부에 관한 실증 연구를 하면 할수록 분명해지는 것은 조선에서 군과 경찰, 총독부 등 공권력이 아니라 업자가 위안부를 모았다는 것이다(니시오카 쓰토무 2021a:146). 요시미 등이 1995년 낸 『공동연구 종군위안부共同研究從軍慰安婦』가 대표적으로 그러하다.

이 책의 제3장이 일본, 대만, 조선에서 위안부가 어떻게 만들어졌는지를 다룬 것이다. 제목은 '군위안부의 징집'이라 되어 있으나, 내용은 공권력이 위안부를 징집한 게 아니라 업자가 위안부를 모집했다는 것이다. 우선, 일본에서는 군이 선정한 업자에게 위안부 모집을 위탁하였으며, 업자가 빈민층 딸들을 전차금으로 유혹하여 위안부로 모집하였다. 대만에서는 위안부 증언자 48명 중 33명이 브로커, 즉 소개업자를 통해서 위안부가 되었고 8명이 관리에 의해서 위안부가 되었다. 그리고 조선에서는 빈곤층이 퇴적된 결과로 그 여성이 접객업에 취업하게 되었으며(push 요인), 업자가 여성을 감언이설로 꾀거나(취업사기) 인신매매하거나 유인 납치하여 위안부로 만들었다(pull 요인)(吉見義明 外 1995:33-69). 대만에서 48명 중 8명이 관리에 의해서 위안부가 되었다고 한 것도 전 위안부의 증언일 뿐, 다른 증거로 뒷받침되지 않았다.

이렇게 제목은 '징집'이지만 내용은 '모집'이었다. 조선편을 쓴 윤명숙은 조선에서는 업자에 의한 모집 외에 강제연행이 있었다고 언급하기는 했으나, 어떻게 강제연행되었는지를 전혀 설명하지 않았다. 그리곤 그 모집 과정에서 불법적인 취업사기, 인신매매, 유인납치가 횡행하였다고 설명하였다. 하지만 위안부를 모집하는 이 방식은 조선 내에서 소개업자가 공창에 여성을 조달하는 방식과 똑 같았다. 조선내 공창의 작부 창기가 공권력에 의해 징집되지 않은 것처럼 조선인 위안부도 공권력에 의해 징집된 게 아니었다. 물론, 윤명숙은 모집과정의 취업사기, 인신매매, 유인납치가 사실임을 입증하지도 않았다.

결국, 이 책을 정직하게 읽으면 조선인 위안부의 형성 경로는 권력에 의한 강제연행이 아니라 빈곤으로 인한 인신매매 쪽에 더 가깝다는 것을 알게 된다. 한 상품의 겉포장과 내용물이 전혀 다른 경우처럼, 위안부 강제연행설도 그 겉 포장(=강제연행)과 내용물(=빈곤으로 인한 인신매매)이 전혀 달랐다. 열심히 사료를 본 요시미 등 연구자들이 이 점을 모를 리 없는데, 그런데도 그들이 '위안부는 강제 연행된 성노예'라는 말을 되풀이한다는 점에서 그들의 연구자로서의 정직성에 의문을 품지 않을 수 없다.

요약

일본의 식민통치로 인한 피해자로서의 한국인이라는 서사가 완성됨에 따라 1980년대부터 일본군 위안부가 그 주요 사례로 관심의 대상이 되었다. 일본에서 성립한 위안부 강제연행설이 한국에 들어오고 1991년부터 전 위안부들의 공개 증언이 잇따르자 위안부 문제가 폭발하였다. 한일 외교 교섭을 거쳐 일본 정부가 "본인 의사에 반해서"라는 위안부 동원의 강제성을 인정한 결과, 강제연행은 공인되었고 위안부제에는 전시 성폭력, 전쟁범죄 프레임까지 씌어졌다. 하지만 실제 연구에서 강제연행은 입증되지 않았다.

4

위안부 계약론의 전개

위안부 계약론의 제기

1990년대에 일본에서 요시미 등이 위안부 강제연행설을 만들어 갈 때 일본의 저명한 현대사가이자 군사사가인 하타 이쿠히코 교수도 위안부 연구를 시작해 1999년『위안부와 전쟁터의 성慰安婦と戦場の性』(新潮新書)을 냈다.[19] 그는 당시 막 공개된 일본군 위안부 관계 일본 정부 및 일본군의 문서, 전 일본군인의 전장 회고록, 일본 정부 통계서 등을 면밀히 분석했을 뿐 아니라 자료 조사차 한국을 방문하는 등의 작업을 통해 일본군 위안부제의 전모를 밝혔다. "성노예는 아니었다"와 "강제연행은 있을 수 없었다", 그리고 "(일본군 위안부제에 관해) 모든 것을 알 수 있다"라는 선전 문구가 붙은 이 책은 가히

• • •

19 이 책은 23년 뒤인 2022년 말 한국에서 번역 출간되었다.

위안부제의 전모를 담은 '백과사전'이라 할 만하다.

하타는 이 책에서 요시미를 중심으로 한 일본 좌파 연구자들의 강제연행 성노예설이 잘못된 것임을 보였다. 일본이나 조선 국내의 공창에서 빈민가 출신의 여성이 업주에게서 전차금을 받고 창기가 된 것과 마찬가지로 전직 창기나 빈민가 여성이 전차금을 받고 그 대가로 위안소 일을 하게 되었다는 것이다. 그는 일본군 위안소를 일본 공창의 전시 재편성이라 보았다. 이것은 강제연행설 입장의 여러 일본인 연구자가 쏟아낸 수많은 연구서, 조사서에 대한 일대 반격이었다.

그 전부터 산케이신문, 언론인 사쿠라이 요시코櫻井よしこ, 한국문제연구자 니시오카 쓰토무西岡力 등이 신문, 잡지 등에의 기고를 통해서 강제연행 성노예설을 비판하였다. 여기에 아베 신조安倍晋三 등의 정치인, 새로운 역사교과서를 만드는 모임 등의 교과서 개선운동단체도 힘을 보탰다.

한국에서 위안부 강제연행설에 대한 첫 반론은 전 서울대 경제학과 교수 안병직이 제기하였다. 한국경제사 연구자인 그는 정대협이 막 결성된 1990년대 초에 정대협 산하의 정신대연구회 관계자들과 함께 조사·연구활동을 한 바 있었다. 당시 정대협의 운동가들이 근로정신대와 일본군 위안부를 혼동해서 단체명을 한국 '정신대' 대책협의회와 정신대연구회로 정한 바 있는데, 안병직은 관련 제도의 연구를 통해 1992년, 정신대는 공장이나 건설 현장 등에 동원되어 제조나 건설 노동에 종사하는 사람들을 지칭하며, 따라서 정신대와 위안부는 전혀 다르다는 것, 그리고 일본 정부가 1944년 8월 22

일 칙령으로 공포한 「여자정신근로령」은 국가의 명령에 따른 의무 복무를 규정하였지만, 조선에서는 그 전이나 후에도 자원의 형식을 취해 정신대가 운영되었음을 밝혔다.

안병직은 2006년 12월 6일 한국의 MBC TV 「뉴스현장」에 출연하여, 위안부 강제연행설을 다음과 같이 부정하였다.

> 일부 위안부 경험자의 증언은 있으나 한국이고 일본이고 객관적인 자료는 하나도 없다... 현재 한국에도 위안부가 많지 않느냐. 소위 사창굴이라는. 그런 일이 왜 발생하는가 하는 원인에 대해 정확하게 연구가 돼야 한다. '무조건 강제에 의해 그런 현상이 일어난다' 이러면 강제만 없으면 그런 현상이 없어져야 되지 않느냐.... 위안부를 동원을 해서 영업을 한 사람이 있다. 종군위안부 중에서 그럼 저는 '종군위안부'라고 안 그러고 군위안부라고 얘기하지만, 위안소 영업자 중에서 조선인이 절반을 넘는다. 그래서 조선인이 무슨 권력을 가지고 자기가 강제력을 동원했겠냐.... '군위안부'니까 강제로 동원했을 가능성은 있다. 그렇기 때문에 우리가 거기에 관해서 집중적으로 연구해야 되는데, 실제로 제가 정대협하고 초기 3년간 조사한 것이다. 3년간 정대협에서 활동하다가 그만둔 이유는 이 사람들은 위안부 문제의 본질을 갖다 파악을 해서 오늘날의 비참한 위안부 현상을 방지하기 위한 연구가 아니고, 일본과 싸움하기 위한 연구다. 그렇기 때문에 그런 반일운동이 오늘날 무슨 의미가 있을까. 거기에 대해서 회의가 들었기 때문에 저는 그 활동으로부터 빠졌다.[20]

그는 2007년 3월 한 일본인 교수와의 인터뷰에서 "(과거 정신대연구회 활동 시절에) 면접 조사도 포함하여 자세하게 조사한 일이 있지만, 내가 아는 한 일본군이 여성을 강제동원하여 위안부로 삼는 등과 관련된 자료는 없다. 가난 때문에 인신매매가 얼마든지 있었던 시대에 강제동원할 필요가 있겠는가? 합리적으로 생각해 보면 이상하다"고 정곡을 찔렀다(니시오카 쓰토무 2021:112-123).

안병직의 제자 이영훈 역시 일찍부터 위안부 강제연행설에 부정적이었다. 그는 2004년 9월 2일 과거사 청산을 주제로 한 MBC TV 「100분 토론」에 출연했을 때, 조선총독부가 정신대(위안부)를 강제징발했다는 상대 패널의 발언에 대하여 "정신대 관련 일본 자료를 보면 (정신대) 범죄행위는 권력만으로 이뤄진 것이 아니고 참여하는 많은 민간인들이 있었"으며 "한국 여성들을 관리한 것은 한국 업소 주인들이고 그 명단이 있다"고 반박하였다. 그는 위안부란 업주가 모집하여 동원한 것임을 시사하였다. 또 그는 과거사 청산에서는 위안소 업주와 관리자뿐 아니라 위안부를 소개한 팸프 등의 민간인과 위안소를 이용한 조선인 병사 등의 자기 성찰과 반성이 필수이며 이는 해방후의 미군 위안부의 경우에도 해당한다고 지적하였다. 하지만 당시 상대측 토론자와 사회자는 정신대가 공창이나 성매매라는 말이냐고 공격하였고, 다음날 여러 언론이 엉뚱하게 그가 "위안부는 공창"이라는 발언을 했다고 보도하여 큰 곤욕을 치르게 했다.

• • •

20 https://news.mt.co.kr/mtview.php?no=2014012714205776924(2023년 3월 30일 검색).

그 3년 뒤 낸 책에서 그는 관권을 이용한 위안부 강제연행 여부에 대하여 "조선 농촌이 가난이 너무 심하여 여자들을 밀어내는 힘도 강력했고, 밖에서 모집책의 끌어당기는 힘도 강력하여 관에서는 굳이 강제력을 발동하지 않아도 좋을 상황이었다. 방관만 해도 저절로 돌아갈 정도로 활발히 작동하는 인신매매시장이 성립해 있었"다고 지적하였다. 굳이 관헌이 강제력을 쓸 필요도 없이 그 시장에서 수요·공급의 작용으로 위안부가 전장으로 송출되었다는 말이었다(이영훈 2007 : 157).

이영훈은 2019년에 출간한 『반일 종족주의』에서 더 명확해진 입장을 드러냈다. 그는 하타와 마찬가지로 일본군 위안부제는 공창제의 군사적 재편성, 군대에 연장된 공창제라 보았다. 공창제에서 여성의 부모가 전차금을 받고 딸을 업주에게 넘겨줌으로써 그 딸이 창기 일을 시작하는 것과 마찬가지로, 위안소의 여성 역시 그 부모가 전차금을 받고 그 여성을 넘겨줌으로써 위안부 일을 하게 되었다. 기본적으로 부모, 친권자와 업주 간에 거래가 이루어진 것이지, 관헌에 의한 위안부 강제연행은 없었다. 부모 친권자에게서 업주에게 넘겨진 딸은 어쩔 수 없이, 때로는 울면서 업주를 따라갔다. 이 일이 여성 본인의 의사에 반하는 것일 수 있지만, 그것이 위안부 동원의 강제성을 뜻하지는 않는다는 것이다.

또 그는 일본의 공창을 가리키는 가시자시키貸座敷에서 창기가 유객을 대상으로 영업을 하고 업주는 시설 등을 제공한다는 형식을 취한 것처럼, 일본군 위안부는 일본 군인을 상대로 하는 개개 영업자이며 그 수익을 업주와 나누는 존재임도 지적하였다.

그리고 그는 위안부가 공창제 하의 창기에 비해 고위험의 고강도 노동을 하는 대신 고수익을 올렸다는 것도 지적하였다. 위안소는 전장에 설치되는 것으로 위안부는 전황 여하에 따라서 생명에 위협을 받을 수도 있었다. 또 국내의 평시 공창에서 1일 평균 이용객 수가 0.5명 정도밖에 안 된 것과 달리, 위안소에서는 휴일이나 전투 전후에 하루 수십 명을 상대해야 했다. 대신 단기간에 높은 수익을 올려 전차금을 갚거나 거액을 저축할 수도 있었다. 이렇게 이영훈이 제시한 위안부상은 '강제연행된 성노예'가 아니라 '위험을 감수하고 고강도 노동을 통해 높은 수익을 얻으려 한 영업자'였다.

이영훈의 이 주장에 대해 정대협 측 위안부 운동가들은 강하게 반발하였다. 정대협 대표를 역임한 사회학자 정진성은 2019년 8월 12일 『반일 종족주의』 책자에 대한 SBS 저녁 8시 뉴스의 비방 보도에서 인용된 것처럼, "한국에서만 자발적으로 갔다는 게 말이 되느냐

사진 4-1 『반일 종족주의』에 대한 정대협 측 연구자의 반응

자료 : 2019년 8월 12일 SBS 저녁8시 뉴스 (https://www.youtube.com/watch?v=zdLrz_kOI0Y-2023년 10월 23일 검색).

고요. 지금 전 세계 할머니들, 피해자들이 증언을 똑같이 하는데."
라고 비난하였다.

위안부 연구자 윤명숙은 2019년 9월 5일 자『한겨레신문』기고문
에서 위안소 운영자나 위안부 중 큰돈을 번 사람들이 있었다는 데
대하여, 버마 등 동남아 전장의 엄청난 인플레 때문에 위안부 문
옥주의 2만 엔이 넘는 저금도 실 가치는 20엔 정도밖에 안 되었고
일본 정부가 그 저금액을 일본 엔으로 교환해 주지도 않았다고 반
박하였다.[21] 윤명숙은 일본 군인이 총검을 앞세워 조선인 처녀들을
끌고 가는 모습이 보편적이었던 것처럼 인식하는 것은 지나치다고
말하여 이영훈의 강제연행설 비판에 일부 수긍하였다. 하지만 그녀
는 당시 조선에서 공창제와 소개업이 실시되고 있었고 일본 정부가
이 산업 체제를 위안부 강제동원에 이용하였다고 주장하였다. 그녀
역시 강제란 '본인 의사에 반하는 것'이라는 강제동원론을 되풀이하
였다.[22]

자발성/강제성 문제에 대한 이 두 사람의 반박은 무지의 소산이
거나 악의적 왜곡이다. 이영훈의 주장은 여성의 부모 친권자가 전
차금을 받고 딸을 넘겨주었고 그 과정에 관헌의 폭력적 개입은 없
었다는 것이다. 이영훈이 말하는 자발성은 모집업자와 여성의 부모
친권자 간의 거래를 설명한 것이지, 모집업자와 위안부 여성 간의
거래를 가리킨 게 아니다. 간혹 여성 자신이 모집업자와 거래하는
경우도 있었다. 부모도 남편도 없이 완전히 홀로된 성년 여자가 자

• • •

21 https://news.mt.co.kr/mtview.php?no=2014012714205776924(2023년 3월 30일 검색).
22 https://www.hani.co.kr/arti/culture/religion/908518.html(2023년 2월 15일 검색).

기 의사로 위안부가 된 여성도 있었다. 하지만 나이 어린 10대 말, 20대 초의 여성이 위안부 될 때는 대개 그 여성의 부모 친권자가 모집업자와 교섭해서 여성을 넘겨준 것이다.

작부 창기 출신 여성이라도 위안부로서 이역만리 전쟁터로 가는 것을 기뻐했을 리는 없을 것이다. 그런 접객업 경험이 없는 여성이라면 더욱 그러했을 것이다. 여성은 원해서가 아니라, 자기의 본인의 의사가 아니라 타인에 의해 비자발적으로 위안부가 되었다. 그러나 이것은 그 여성을 위안소로 보낼 권한이 있는 부모 친권자가 한 일이었다. 이영훈은 위안부 여성이 본인의 의사로 자발적으로 위안소로 갔다고 말하지도 않았는데, 정진성 등이 이것을 구별 못하고 "자발적으로 위안부로 갔다는 게 말이 되느냐고요"라고 항변하는 것은 실로 무지의 소치이다.

혹은 정진성이나 윤명숙이 모집업자와 여성, 그 부모 친권자 간에 이루어진 거래의 실상을 알면서도 저렇게 항변했다면, 그것은 악의적 왜곡이 아닐 수 없다. 윤명숙은 위안부 동원 때 일본 정부가 조선의 공창제와 소개업 체제를 활용했다고 보는데, 조선 내 공창제의 작부 창기도 강제동원되었다고 보는 것인지, 그렇다면 왜 일본군 위안부의 동원만 문제 삼는 것인지 궁금할 따름이다. 이처럼 이영훈의 비판에 대해 위안부 운동 그룹은 제대로 된 반론을 내놓지 못하였다.

정진성은 이 자발성 문제에 대한 전세계의 위안부 피해자들의 증언이 똑같다고 하는데, 이것이야말로 거짓말이다. 일본인 위안부들은 거의 대부분 창기 출신이었고, 그들은 국내 유곽보다 더 높은 전차금과 더 짧은 계약기간을 보고 모집에 응하였다. 식민지 조선의 위안부들은 대부분 창기 출신은 아니었다 해도 어디까지나 모집을 통해 위안소로 갔다. 전세계의 위안부 피해자들이 강제로 끌려갔다고 똑같이 증언하지는 않았다.

하지만 이영훈과 위안부 강제동원론자들 간의 건설적인 토론은 이루어지지 못하였다. 위안부 강제동원론자들은 매스컴과의 회견에서 이영훈에 대해 비하와 분노를 표하거나 그들만의 토론회에서 일방적으로 이영훈을 비난했을 뿐이었다.

이런 상황에서 2019년 12월부터 이우연, 김병헌 등 강제동원론 비판자들은 정의연(정대협의 후신)에 맞서서 서울 종로 일본대사관 앞 위안부 소녀상의 철거를 요구하는 시위를 정의연 측 수요시위에 맞추어 시작하였다. 이는 수요집회에 대한 맞불 집회로 확대되었다. 그 주도자 중 한 사람인 국사교과서연구소장 김병헌은 2021년 8월 그간의 위안부운동의 허위성과 일본군 위안부제에 대한 한국 사회 전반의 잘못된 인식을 비판한 책 『빨간 수요일』(미래사 간)을 냈다.

김병헌은 대표적인 생존 위안부 증언자 이용수의 증언 내용이 수시로 바뀌어 어느 것이 진실인지 알 수 없으며, 위안부에 관한 유엔 보고서나 위안부 소송에서의 한국 법원의 판결문 내용이 역사적 사실과 전혀 맞지 않다는 것을 지적하였다. 그는 위안부 동원의 진짜 원인은 빈곤이고 위안부는 위안소에 강제동원된 것이 아니라 포주와 매춘계약을 체결한 것이었으며, 지난 30년의 위안부 운동은 국민과 세계를 속인 사기극이라고 주장하였다(김병헌 2021).

램지어 교수, 위안부 계약의 구조를 해명

이렇게 위안부 강제동원설에 대해 강력한 반론이 제기된 상태에서 강제동원설을 다시 한번 강타하는 사건이 2021년 초에 벌어졌다. 바로 하버드대 로스쿨 교수 마크 램지어J. M. Ramseyer가 『국제법경제학저널』*International Journal of Law and Economics*이란 학술지에 "Contracting for sex in the Pacific War", 「태평양전쟁에서의 성계약」이란 논문(Ramseyer 2021)을 발표한 것이다.

그는 일찍이 1991년 일본의 공창제에 관해 논문을 냈는데, 이 논문에서 그는 창기가 포주에게서 거액의 전차금을 받고 일정 기간을 정해서 매춘 행위를 통해 그 채무를 갚는 방식의 연계봉공계약年季奉公契約indentured servitude contract[23]이 왜 생겼는지, 그 합리적 이유가 무엇인지를 밝혔다.

우선 그는 매춘업소에서는 포주가 창기를 착취하여 창기는 언제까지나 유곽의 채무노예를 벗어나지 못한다는 통념이 널리 퍼져 있지만, 실상 대부분의 창기는 돈을 잘 벌어 계약 연한 전에 전차금을 갚고 창기업을 떠났음을 지적하였다. 이는 포주–창기 간 계약 조건이 창기에게 불리하지 않았고 또 포주가 전차금에 대해 높은 이자를 물린다거나 생활물자를 비싸게 파는 식으로 계약 조건을 조작할 수도 없기 때문이었다. 창기가 됨으로써 그 자신과 가족의

• • •

23 연계봉공indentured servitude이란 1600년대 신대륙 북아메리카로 간 유럽 출신 이민자들이 그 이주 비용을 일정 기간 북아메리카 농장에서의 노동(숙식 제공 외 무보수)으로 갚는 것을 가리킨다. 창기와 위안부가 각기 일본의 공창과 군 위안소에서 미리 선불받은 전차금 채무를 공창과 위안소에서의 성 서비스로 갚은 것은 이와 유사하다.

평판에 큰 손상을 입는 여성은 다른 일반적 직업의 보수보다 훨씬 더 큰 금액을 보장받기를 요구하였고, 이에 포주는 '신뢰할 만한 서약'credible commitment으로서 창기에게 거액의 전차금을 주고 일정 연한 동안 창기 일을 하게 했다고 한다.

램지어는 거액의 전차금을 받고 취업한 1920년대 일본 공창의 창기가 다른 업종 취업자보다 훨씬 더 큰 보수를 받고 그것으로 전차금을 빨리 갚고 일찍 창기업을 그만두기 때문에 공창은 신구 창기의 교체가 매우 활발하였으며, 이는 창기업에 특유한 연계봉공계약 때문에 일어난 일이고, 이 연계봉공계약에는 합리적 이유가 있음을 보였다(Ramseyer 1991).

그로부터 30년 후인 2021년에 그는 같은 시각을 일본군 위안소제에 적용한 논문을 발표하였다. 위안부에 관한 다른 논문들 제목에 '성착취'니 '성노예'니 하는 단어가 들어간 것과 달리, 이 논문은 제목에 contracting, 계약이란 단어를 넣었다. 위안부는 매춘계약으로 생긴 것이라 본 것이다.

저자는 성노예설이 위안소의 계약 관계를 그동안 은폐해 왔는바, 위안소와 위안부의 여러 특징 역시 계약 관계의 틀로 설명되어야 한다고 주장하였다. 저자는 이 논문의 앞부분에서 매춘계약에 관한 과거의 지론을 다시 소개하였다.

매춘은 매우 힘들고 여성의 평판을 떨어트리는 일이 되기 때문에, 그 반대급부로서 소득을 확실하게 보장해 주어야 했고, 그래서 전차금 제도가 생겨났다. 일반적인 후불제 노동처럼 매춘 여성도 매춘행위를 하고 보수를 나중에 받는 게 아니라, 매춘 계약 시 장래 보수를 미리 당겨서 전차금으로 받고 기간에도 상한을 두게 되었다는 것이다. 또 포주가 창기의 노동과정을 감시할 수 없기 때문에 정액 월급을 지급할 수는 없고, 대신 정률 분익제로서 포주와 매춘 여성이 매춘 수입을 정률로 나누게 된다. 물론 매춘 여성은 자신 수입 중 일부로써 전차금을 상환한다.

이어서 램지어는 일본군 위안소의 매춘 계약의 특성을 설명한다. 그는 일본군 위안소 자체가 일본과 조선에 있던 공창제를 연장한 것이고, 따라서 전차금과 계약 연한 등 공창 계약의 특성이 위안소 계약에도 나타난다고 본다. 이는 일본 학계에서 확립되고, 한국에서는 이영훈에 의해 받아들여진 견해다.

그런데 일본군 위안소가 일본과 조선 내의 공창과 다른 점은 전쟁터가 목숨을 잃을 수도 있는 매우 위험한 곳이라는 것이다. 또 국내의 공창제에서는 업주의 부당행위에 대해서 호소할 수 있는 경찰이 있지만, 전쟁터에서는 그러한 경찰이 없다. 그렇기 때문에 그를 상쇄하는 조치로서, 위안부에 대한 보수로서의 전차금은 더 증액되고, 계약기간은 짧아진다.

조선 내 공창제에서의 전차금이 보통 몇백 원, 많아도 1천 원 정도였는데, 군 위안소의 경우 몇천 원 단위로 금액이 커졌고, 계약기간도 최장 2년으로 단축되었다. 전차금을 예정보다 빨리 상환하면 조기에 계약 관계를 끝내고 위안소를 떠날 수 있는 것은 국내 공창제와 마찬가지다.

요컨대, 군 위안소는 국내 공창에 비해 훨씬 더 위험한 곳이었기 때문에, 위안소는 국내 공창의 경우보다 더 유리한 계약 조건을 여성에게 제공하게 되었다는 것이다.

이 논문의 핵심은 공창제와 위안소제의 특징적 양상을 게임이론의 '신뢰할 만한 서약' 개념으로 분석한 것이다. 논문에는 계약 이행의 안전장치로서 공창과 위안소에 독특한 여러 계약 조항이 생겨났다고 하였다. 이 논문은 일본군 위안부는 성노예가 아님을 입증하려고 한 것은 아니다. 업주와 여성 간의 관계를 계약 관계라고 보면 공창제와 위안소제의 여러 특징들이 훨씬 더 잘 설명된다는 것을 주장한 것이다.

램지어에 대한 융단폭격

이 논문은 국내외적으로 큰 논란을 불러왔다. 우선, 한국의 주요 방송사가 저녁 메인 뉴스 방송에서 2월 한 달 동안 거의 매일같이 비방 뉴스를 퍼부었다. SBS는 2021년 2월 1일부터 3월 3일까지의 31일 중 21일 동안 램지어 비판 뉴스를 쏟아냈고, MBC는 같은 기간 중 14일 동안 비판 보도를 했다. 어떤 한 사건에 대해, 그것도 외국의 한 교수가 쓴 논문에 대해 이렇게 연일 보도한 것은 아마도 전무후무할 것이다. 이 보도에 앞장선 SBS는 가히 램지어 죽이기 융단폭격을 했다고 하겠다.

표 4-1 램지어의 논문에 대한 국내 SBS와 MBC의 저녁 메인뉴스 보도

월일	SBS	MBC
2.1		
2.2		하버드 교수 알고보니… "공식 직함이 미쓰비시 교수"
2.3		
2.5	성노예는 사실과 달라…또 억지 부린 일본	
2.6		
2.7		
2.8	'위안부는 매춘부' 비참한 결함…하버드 반격	"'매춘부 망발' 논문은 F학점"…미국 학계도 비판 봇물
2.9	'위안부 매춘부 주장' 학술지 실려선 안 될 논문…항의 빗발	
2.10.		
2.11	日 학자들 "'위안부 매춘부 주장' 논문은 위대한 성취"	
2.12	'위안부 매춘부 주장' 출간하되 비판 싣겠다… "역겹다"	
2.13	강제동원도 전면 부정…교과서 수록 추진	정계로 불붙은 '위안부 논문'…너도나도 "역겹다"
2.14		"'위안부' 개입 말라"…극우 인사들 미국에 메일 공세
2.15		"이용수는 가짜 위안부"…하버드 강연 방해까지
2.16	"우려 입증되면 재심사"… "자발적 계약은 소설"	"위안부는 매춘부" 망언 배후는 일본 정부
2.17		하버드를 향한 외침… "분해서 열심히 해야겠다"
2.17	조선인 범죄 많아서…간토 학살도 부정	3·1절 하버드에서 규탄 집회… 총장은 "문제없다"
2.18	계약서 · 증언 없다 논문 사기로 비화하나. 하버드 역사학 교수들의 반박문 입수	"하버드대 총장은 위선자"… '안창호 자료' 기증 철회
2.19		램지어 비판 전 세계로…중국 외교부도 가세
2.20	미 "위안부는 지독한 인권침해"…중국도 "심각한 범죄"	

날짜		
2.21	출간 중단, 윤리위 검토…위안부 논문 '유령 블로그' 인용	
2.22	램지어, 논문마다 '제이슨 모건에 감사'… 뿌리는 극우학자	
2.23	10살 소녀도 계약 매춘부…연판장 돌린 경제학자	
2.24	한일 극우 서로 '복붙'…램지어 교수는 인용	조선인은 하등 노동자?…램지어 논문 조사 착수
2.25	노벨상 수상자도 연판장 서명… "램지어 용납 못 해"	
2.26	위안부 매춘 계약서 없다 램지어, 오류 시인	궁지 몰린 램지어 "내가 실수했다… 비판에 괴롭다"
2.27	학술지가 가짜뉴스 통로?…'항의 표시' 사임	
2.28	홀로코스트 부정 상기…노벨상 수상자들 동참	
3.1	중국 생존 위안부 피해자 12명… "피해자 목소리 남겨야"	'노미쓰비시' 불매운동까지… "연방의회 차원 규탄 추진"
3.2	매춘 계약서 어딨나…램지어에게 소명 요구한 학술지	하버드 학생회도 나섰다…만장일치로 램지어 사과 요구
3.3	'램지어 논문' 학술지, 3월호 이번 달 출간 안 하기로	
횟수	21/31	14/31

하버드대 교내 신문이라 할 크림슨의 홈페이지에는 2월 6일 "제국 일본의 위안부가 자발적 노동자라는 하버드 교수의 논문이 국제 논쟁을 촉발했다"는 기사가 게재되었다. 한국의 대표 통신사인 연합뉴스는 2월 7일 "하버드대 안팎서 램지어 비판 봇물 터졌다"는 헤드라인으로 마치 램지어가 일방적으로 몰리는 것처럼 기사를 썼다. 이에 대하여, 위안부 문제의 진실을 구명하고자 하는 이영훈 등 국내 여러 연구자들이 2월 9일 "램지어에 대한 마녀사냥을 중단하고 램지어의 논문을 위안부 문제에 관한 진지한 학술적인 토론의

계기로 삼자"는 성명서를 발표하였다. 이에 대하여 MBC는 2월 14일 소수 극우인사들의 친일 망동이라고 비난하기까지 했다.

국내 방송사들은 뉴스에서 미국 전체 학계가 램지어를 비판했다고 보도하였다. 그에 의하면 첫째로, 하버드대 역사학과의 일본사 담당 고든A. Gordon과 동아시아학과의 한국사 담당 에커트C. Eckert, 하버드대 로스쿨의 석지영J. Suk Gersen, 코네티컷대 역사학과의 더든A. Dudden 등의 비판문 기고와 인터뷰가 있었다. 둘째로, 미국, 오스트레일리아, 영국, 홍콩, 한국, 일본 등의 여러 학문 분야의 교수, 대학원생 등 3,000여명이 논문 게재 철회를 요구하는 연판장에 서명하였다. 셋째 노벨 경제학상 수상 게임이론가 폴 밀그럼Paul R. Milgrom, 앨빈 로스Alvin Roth가 비판 성명을 냈으며, 넷째『미국 정치학 평론』American Political Science Review 편집위원들도 램지어 비판에 동참한다고 발표하였다.

그 밖에도 하버드대 학부의 한국인 유학생회, 약칭 KISA라는 단체가 램지어 교수의 사과를 요구하는 진정서를 대학 본부에 제출하였다. 그리고 한국의 사이버 외교사절단을 자처하는 반크라는 단체도 해당 학술지 발간 학회에 램지어 논문의 철회를 요구하는 이메일을 보냈다.

논문 철회는 어떤 심각한 연구부정행위가 있을 때 요구하는 것임에 비추어 이는 도를 넘어선 행위다. 단지 견해가 다르다고, 자신의 견해와 다르다고 해서 사과하라거나 논문을 철회하라고 요구하는 것은 매우 야만적이다. 그런 행위가 학문과 사상의 자유를 근본적으로 부정하기 때문이다. 하버드 한인 유학생회에 속한 한국인

학생들이라면 톱 클래스의 수재라 하겠는데, 그런 이들이 학문세계에서는 있을 수 없는 야만적 처사를 버젓이 저질렀다.

심지어는 램지어의 교수직명이 '일본법 연구 미쓰비시 석좌교수'임을 들면서, 그가 일본 돈 받고 친일 연구를 한 것이라 비난하기도 했다. 이건 정말 무식한 소치다. 일본 미쓰비시사가 하버드 로스쿨에 일본 법을 연구해달라고 기금을 내서 교수직을 만든 것이긴 하지만, 친일 연구를 해달라고 돈을 낸 건 아니다. 한국 언론은 일본법 연구 미쓰비시 석좌교수 자리를 무슨 시정잡배들이 뒷돈 받고 해달라는 일을 해주는 관계로 표현했다.

그렇지만 학문의 진리는 단순히 그에 대한 지지자의 숫자 여하로 판별할 건 아니다. 지동설이 처음 나왔을 때만 해도 다수가 그를 부정하지 않았던가. 학문적 주장의 진위 여부는 그 논리가 얼마나 합리적이고, 일관성을 갖고 있는가, 또 그것이 객관적인 사실, 객관적 증거로 뒷받침되느냐에 의해서 판별되어야 할 것이다.

램지어에 대한 비판은 크게 두 가지로 요약된다. 하나는 램지어가 자신의 주장을 뒷받침하는 실증적 근거를 제시하지 못했다는 것이다. 단적인 예로, 램지어가 위안부 계약설을 주장하면서도 위안부 계약서를 제시하지 못했다고 한다. 하버드대의 카터 에커트와 앤드류 고든은 2월 17일 램지어의 논문에 "비참할 정도로 경험·역사·도덕적 결함"이 있다고 비판했다. "(램지어가) 단 하나의 위안부 계약도 제시하지 못했다. 계약이 있었다면 사기 계약이었다… 학문적 진실성scholarly integrity의 문제다."(Gordon & Eckert 2021). 코네티컷대의 알렉시스 더든도 "(램지어가) 증거가 없기 때문에 증명할 수 없는 것을 증명했다고 주장하였다"고 비난하였다. 위안부 계약이란 본래 존재할 수 없으므로 계약의 증거가 있을 수 없고 계약의 존재를 증명할 수도 없다는 말이었다.

하지만 이런 비판은 매우 엉뚱하다. 램지어가 위안부 계약서를 제시하지 않은 것이 논문의 결격 사유는 아니다. 램지어의 논문은 역사학 논문으로서 위안부 계약의 존재를 실증한 것이 아니다. 그게 역사학 논문이라면 사료를 근거로 하여 위안부 계약의 실례를 들어서 그 존재를 입증했어야 한다. 램지어는 그런 작업을 하지 않았다. 대신 램지어는 전차금이나 연한제, 정률 수익 배분제 등과 같은 공창제나 일본군 위안부제의 공통된 특징이 왜 나타나게 되었는지를 경제학의 게임이론으로 설명했을 뿐이다.

램지어의 논문은 일본군 위안부제의 핵심 특징이 게임 이론으로 잘 설명됨을 보인 것만으로도 하나의 학술 논문으로 성립한다. 램지어는 위안부 건을 계약으로 보면 관련 현상들이 다 수미일관하게 잘 설명된다는 것을 보였다. 왜 전차금이 있는가, 그 금액이 국내 공창에 비해 일본군 위안소에서 왜 더 커졌나, 계약기간은 왜 있으며, 공창제에서 6년 혹은 3년이던 계약기간이 위안소에서는 왜 2년 이하로 단축되었나 등의 문제가 위안부 동원을 계약으로 보면 잘 설명된다는 것이다. 바로 이것을 밝혔다는 점에서 램지어의 논문은 학술적으로 큰 의의를 갖는다.

두 번째로, 더 근본적으로 위안소 업주와 위안부 여성 사이에 계약이 성립할 수 없었다는 비판이다. 미네소타대 로스쿨의 리처드 페인터와 하버드대 로스쿨의 석지영, 경북대의 김창록은 각기 다음과 같이 말하였다.

> 일제가 운영하던 위안소에서는 계약 당사자들 사이에 힘의 불균형
> 이 존재했습니다. 그런데도 자발적인 매춘 계약을 맺었다고 생각
> 하는 건 완전한 소설입니다(2021년 2월 16일 자 SBS 저녁 8시 뉴스).

> 계약 분석은 자유로운 주체들에 의한 자발적 교섭을 전제로 하는
> 데, 섹스를 거부할 수도, 떠날 수도 없는데 무슨 계약이란 말인가
> (Suk Gersen 2021).

> 식민지의 가난하고 그 다수가 충분히 교육받지 못한 어린 여성들
> 이 매춘업자와 대등한 입장에서 그 의미와 내용을 이해한 상태에
> 서 계약을 체결한다는 것은 경험법칙에 비추어 불가능한 일이다(
> 김창록 2021:178).

석지영은 위안소에서 위안부의 자유의사는 행사될 수 없었다는
점을 지적하였다. 하지만 위안부가 위안소에서 싫더라도 성적 위안
을 제공해야 하는 것은 당초 맺은 위안부 계약을 이행하는 차원의
일이다. 석지영은 위안부가 된 이후 위안소에서의 생활이 자유롭지
못하니까 계약이 아니라고 지적한 것인바, 계약을 이행해야 했으므
로 계약이 아니라는 궤변을 한 셈이다.

대등한 관계가 아닌데 어떻게 계약을 맺을 수 있느냐고 한 리처
드 페인터와 김창록의 지적 역시 성립하지 않는다. 예를 들어, 어

떤 청년이 세계 톱 클래스 기업인 삼성전자㈜의 입사시험에 합격해서 삼성전자와 고용계약을 맺는 경우를 고려해 보자. 삼성전자와 그 신입사원 간에는 심한 힘의 불균형이 있지만, 양자는 계약을 맺을 수 있다. 이는 계약이 법의 보호를 받기 때문이다. 리처드 페인터나 김창록의 주장이 성립하려면, 일제시대가 완전한 무법천지이어야 한다. 일제하 조선이 법이 없어서 계약이 언제든지 무시되고 불이행되는, 그래서 계약 자체가 존재하지 않는 사회여야 한다. 그러나 그렇지 않았다. 식민지에서도 법의 지배가 이루어졌고, 특히 경제적 계약관계는 법에 의해서 보호, 보장을 받았다.

요시미 등 일본의 위안부 성노예론자들도 제대로 된 비판을 내놓지는 못하였다. 요시미가 대표를 맡고 있는 일본 시민단체 Fight for Justice는 2021년 3월 10일 역사학연구회 등 학술단체와 함께 발표한 성명서에서, "여성이 계약서도 없이 사기와 폭력, 인신매매로 위안부로 되었고 이것이 방대한 연구로 밝혀졌다"고 지적하였다. 하지만 이는 그의 지론을 되풀이한 것일 뿐, 램지어에 의해 새로 제기된 위안부 계약론을 제대로 논박한 것이 아니다.

또 일본 공창제와 군 위안부제 연구자인 오노자와 아카네小野沢あかね도 일본의 공창 계약이 사실상 인신매매였으며, 더욱이 일본과 달리 조선과 대만에서는 매춘 경험이 없는 여성들이 폭력, 사기, 인신매매로 계약 없이 위안부가 되었다고 지적하였다(Onozawa 2022). 하지만 이러한 그녀의 위안부 계약 부정은 만약 위안부 계약의 존재가 입증된다면 단번에 무너질 취약한 반론이다.

그리고 2022년 12월에 『국제여성학저널』*Journal of International Women's Studies*

의 램지어 비판 특집호가 나왔는데, 그 수록 논문은 더욱 수준 이하다. 그중 뉴욕시립대 교수인 사회학자 민병갑은 위안부 강제동원의 증거라면서 정대협의 위안부 증언록 제2권에 실린 김복동의 증언을 들거나 1960-1980년대 한국의 신문이나 잡지에 실린 위안부 동원 기사를 제시하는 등 강제연행설을 그대로 반복하였다(Min 2022).

민병갑은 위안부에 관한 전문연구자가 아니니 그럴 수 있다 하더라도, 국내의 전문연구자라는 성공회대 교수 강성현도 기존의 강제연행설을 반복하였다. 그는 1938년 초 일본 각지에서의 상하이행 위안부 모집을 일본 경찰이 부녀 유괴로 의심했던 것을 근거로 들면서, 램지어가 말하는 위안부 계약이 실은 인신매매와 유괴였으며, 그밖에 강제에 의해서도 위안부가 만들어졌다고 지적하였다(Kang 2022). 그러나 1938년 초 일본에서의 그 일은 경찰이 부녀 유괴로 의심한 것이지, 실제로는 유괴사건이 아니었다. 그것은 이 책의 제1장과 8장에서 서술한 것처럼 일본에서 모집업자가 기존의 일본인 작부, 창기를 자유의사로 모집해서 상하이로 보낸 것이었다. 전문연구자라는 이가 그것을 인신매매와 유괴라고 단정하여, 명백한 계약의 존재를 애써 외면하였다. 이것은 위안부 계약을 인정하는 순간 강제연행설이 와르르 무너질 것이기 때문이다.

결국, 위안소 업주와 위안부 여성 사이에 계약이 성립하였는지 여부는 실증적으로 검토될 문제지, 이 역사적 사안에 관해 아무것도 모르는 문외한이 지레짐작으로 주장하거나, 기존의 강제연행설을 그대로 반복할 일은 아니다. 위안소 업주와 계약을 맺는 주체는 위안부 여성만이 아니라 그 부모 친권자일 수도 있으며, 이 경우 두 당사자는 자유로운 자발적 교섭을 통해 계약을 맺을 수도 있기 때문이다.

작부·창기 계약의 실례

다음에 보는 1920년대 중엽 조선에서의 작부 계약서는 위안부 계약의 존재를 강력히 시사한다.

사진 4-2 작부가업酌婦稼業 계약서

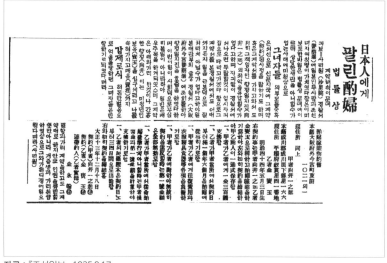

자료: 『조선일보』 1925.8.17.

작부가업계약서

무카이 이치노신(向井一之進)
      본적: 오사카(大阪)부외 이마미야초(今宮町) 히가시타(東田) 1021-1
      현주소: 위와 같음

김보옥(金寶玉)(1911년 5월 3일생)
      본적: 성천군 성천면 하부리 166
      현주소: 평양부 차관리 41번지

위 계약은 '갑'을 무카이 이치노신, '을'을 김보옥으로 칭하고 작부 가업을 하기 위하여 아래와 같이 계약을 체결하여 '갑'과 '을' 양인이 1통씩 보존함.

   – 갑은 을에게 일금 300원 지급함
   – 을은 갑의 당소(조일정)에서 계약일로부터 만 1개년 6개월을
      작부에 종사하기로 함
   – 갑은 을에게 왕복 비용과 의복, 침구, 식기 등
      각항을 부담하기로 함
   – 갑이 을에 대하여 이유 없이 계약을 위반할 때에는 제1호 금액은
      전부 무효로 함
   – 을은 갑의 당소에서 명에 따라 작부를 진행치 아니할 때에는 갑의
      손해금과 제1호 금액을 계산하여 지불하기로 함
   – 을의 민적등본은 계약일로부터 3~4일간으로 출급함

위와 같이 계약을 체결함
1924년 12월 18일

계약(갑) 무카이 이치노신 (印)
계약(을)   김보옥 (印)
연대계약인(을의 실모)   김영한 (印)

자료: 김병헌(2021 : 88).

위안부 연구자 김병헌이 발굴한 이 계약서는 오사카의 무카이 이치노신向井一之進과 평양의 김보옥(1911년 5월생) 및 그 모친 사이에 1924년 12월 18일에 맺은 작부 취업 계약서다. 만 13세인 김보옥은 무카이에게서 300원을 먼저 받고 무카이 소유의 주점 아사히정朝日亭에서 1년 6개월간 작부로 종사하기로 하였다. 따로 보수는 없고, 1년 6개월 근무로 채무를 상환하는 것이었다. 또 무카이가 김보옥의 평양과 오사카 간 왕복 비용과 의복, 침구, 식기 등 비용을 부담하기로 하였다. 그리고 무카이가 김보옥에게 계약을 위반하는 경우는 선불금 300원은 무효로 하며, 김보옥이 작부 일을 하지 않을 때는 손해금과 선불금 300원을 계산하여 지불하기로 하였다. 그리고 김보옥 측은 계약 후 3~4일 내에 김보옥의 민적(호적)등본을 내주기로 하였다. 그리고 이러한 내용의 계약을 체결한다는 데 대하여 무카이와 김보옥 및 그 모친 김영한이 날인하였다. 이 계약서를 2통 작성하여 무카이와 김보옥 측이 1통씩 나눠 가졌음은 물론이다.

전차금 300원은 당시의 육체노동자 1년 수입을 훨씬 능가하는 금액이었다. 또 계약 기간은 1년 6개월로 매우 짧은데 급여는 없는 대신 업주가 먹여주고 재워주고 입혀주는 조건이었다. 김보옥이 '을' 계약자이고 그 어머니인 김영한이 연대계약인인데, 13세인 김보옥이 직접 계약했을 리는 없고 그 어머니가 한 계약, 곧 어머니가 딸을 작부로 취업시킨 계약이었다. 호적등본상 부모가 인장을 날인했으니, 부모의 의사가 반영된, 자발적인 계약이라고 하겠다.

김보옥 외에도 최소 6명의 조선 여성이 무카이와 작부 취업 계약을 맺었다. 계약기간은 최장 5년까지 제각각이었다. 이 여성들이 할 일은 술손님을 접대하고 술시중을 드는 일이었다. 그런데 무카이는 오사카에서 당초 약속과 달리 매춘을 시켰고 그를 위해 김보옥의 나이를 19세로 속이기까지 하였다. 여성들은 오사카의 경찰서에 주인 무카이를 처벌해 달라고 탄원하였고, 경찰은 여성들의 탄원이 정당함을 확인한 후 아사히정을 폐업시키고 무카이를 구류 12일 처분하며, 일곱 여성을 조선으로 돌려보내도록 하였다(김병현 2021:79-91).

300원이라는 거금의 전차금을 받고 딸을 일본까지 보내 작부로 취업케 한 조선인 가정은 필시 빈곤가정이었을 것이다. 이 여성과 오사카에서 주점을 경영하며 조선에 와서까지 작부 7명을 데려간 무카이 간에는 힘의 불균형이 있다. 그렇지만 양자는 상기 조건의 계약을 맺었다. 업주 측이 계약을 위반하고 매음을 강요한 데 대하여 작부 여성 측이 경찰서에 처벌을 탄원하자 경찰은 업주를 처벌하였다. 1920년대 중엽의 한 작부취업 계약은 법에 의해 보호를 받았다.

일본에서 맺어진 작부 계약도 살펴보자.

> ### 대차금 OOO엔
>
> 본 계약에 대하여 포주를 갑이라 하고, 작부를 을, 연대차용인을 병이라 하여, 금엔(金円) 대차 및 작부 영업 계약을 다음과 같이 체결한다.
>
> 1. 을은 병을 연대차용인으로 하여 앞에 쓴 OOO엔을 오늘 통화로써 수령 차용하였다. 단, 무이자로 한다. 이후의 추가 차입에 대해서도 무이자로 한다.
> 2. (생략)
> 3. 채무 변제의 방법은, 계약 체결일로부터 을은 갑 측에서 기거하며, 작부영업면허증이 발급된 날부터 월급 2엔 및 작부 요금의 4/10(작부료는 조합 협정액에 따른다)를 을의 소득으로 하고, 점차 변제해 갈 것.
> 4. (생략)
> 5. (생략)
> 6. (생략)
> 7. 을은 무단으로 갑 측을 떠날 수 없다. 만일 무단 도주 등의 경우에는, 그 수색에 소요된 비용은 을의 부담으로 한다.
> 8. 채무 완전 변제 일자로써 계약 기한이 만료된 것으로 한다.... 만약 채무 이행 전에 해약할 경우에는 을, 병은 즉각 남은 채무를 갑에게 변제하는 것으로한다.
>
> (이하 생략)

자료 : 秦郁彦(1999 : 35-36).

이것은 차용계약서 형식의 작부 취업계약서다. 작부가 포주에게서 돈을 빌린 것으로 하고, 상환 방법은 무이자 원금에 대하여 작부가 업소에서 기거하며 작부 일을 하는데 월급은 2엔의 고정급에 작부가 올린 매출의 4/10 실적급을 더해서 지급하며, 작부가 그것으로 채무를 상환한다. 정해진 계약기간은 없고 채무 상환이 끝나면 계약도 끝나는 방식인데, 작부의 수입과 저축 여하에 따라서 계약은 빨리 종료될 수도 있고 한없이 늘어질 수도 있었다.

이처럼 1920년대 중엽에도 상기와 같은 작부와 창기의 취업 계약이 있었는데, 1930년대 말과 1940년대 전반에 위안부 계약이란 존재할 수 없었다고 보는 게 오히려 이상하다. 위안소 업주와 위안부(및 그 부모) 간에도 계약의 존재 가능성을 열어 두는 게 온당할 것이다.

학문의 세계에서 통설과 다른 새로운 견해, 이설異說의 출현을 장려해야 할까, 아니면 억제해야 할까. 당연히 장려해야 할 것이다. 어느 쪽이 맞나 견주어 보는 과정에서 이설이 잘못된 것으로 판명될 수도 있다. 그러면 통설은 더 단단하고 확고해진다. 만약 이설이 옳은 것으로 판명된다면, 통설은 그 자리를 이설에 내주어야 할 것이다. 이럼으로써 학문이 발전해 나간다.

일본군 위안부 문제에 이 틀을 대입해 보면, 강제연행 성노예설이 통설이다. 이것은 신성불가침의 무오류의 진리가 아니라, 명확한 사실에 의해서 검증되어 기각될 수도 있는 주장이다. 거기에 대해서 새로운 견해가 제기될 수 있는데, 새 견해가 나왔다고 해서 그것을 압살하려는 것은 전혀 온당한 태도가 아니다. 그것은 학문 연구를 퇴보시키는 짓거리다.

따라서 램지어가 강조한 바의 거액의 전차금과 몇 년의 연한 계약이 계약 이행의 안전장치인지, 아니면 성노예설의 입장처럼 채무노예의 증거인지가 구명되어야 한다. 또 위안부에 적용된 보수제가 램지어가 말한 바의 합리적 보수배분제인지, 성노예 착취제도인지도 구명되어야 한다.

그보다 앞서 위안소 업주와 위안부 여성 사이에는 계약이라 할 만한 것이 정말 없었는지 확인할 필요가 있다. 다음 장에서는 위안부 여성과 그 부모 친권자가 위안부 일에 동의한다는 내용의 서류를 작성하였던바, 그것이 위안부 계약의 증거라는 것을 살펴본다.

요약

위안부 강제연행 성노예설이 횡행하는 가운데서도 국내외의 용기 있는 몇몇 연구자가 빈곤 가정의 가장과 업주 간에 전차금과 딸을 교환하였다는 위안부 계약론을 제기하였다. 특히 미국의 램지어 교수는 전차금, 일정 연한, 매상의 정률 분배라는 특징을 갖는 창기 계약이나 위안부 계약의 구조를 설명하였다. 국내외의 위안부 운동 동조자들이 이에 대해 강력 반발하였으나, 조선과 일본에서 창기 계약이 있었던 만큼 위안부 계약의 가능성을 열어놓아야 한다.

5

위안부 계약의 증거

위안소에 가려면
부모 친권자의 동의 서류가 필수

태평양전쟁 발발 전까지 본연의 일본군 위안소는 중국에만 있었다. 그런데 여성의 부모 친권자가 딸의 위안부 취업에 동의한다는 서류가 없으면 모집업자와 위안 여성이 중국행 배를 탈 수 없었다. 중일전쟁이 일어난 지 두 달 정도 지난 1937년 9월 10일부터 중국에 입국하려면 반드시 신분증명서를 소지해야 했다. 그 전에는 중국에 갈 때 여권 없이, 특별한 증명서 없이 도항할 수 있었다. 그러나 전쟁이 일어난 후에는 일본 당국이 일본 내지나 조선, 대만에서 중국에 들어가는 여행을 통제하였다. 여행자의 거주지 경찰서장이 발행한 신분증명서는 다음 사진과 같은 양식이었다.

사진 5-1 중국 도항 시 필요한 신분증명서

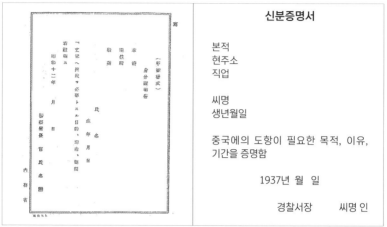

신분증명서

본적
현주소
직업

씨명
생년월일

중국에의 도항이 필요한 목적, 이유,
기간을 증명함

1937년 월 일

경찰서장   씨명 인

자료: 『자료집성 ①』, 10쪽.

신분증명서에는 먼저 본적, 현주소, 직업, 이름, 생년월일을 적고, 중국에 가는 목적, 이유, 기간 등을 쓰며, 끝으로 이 신분증명서의 발행일, 발행자(경찰서장 명의)를 적게 되어 있었다.

신분증명서를 발급받을 때는 위안 여성 본인이 호주 등 친권자 및 위안부 모집업자와 함께 경찰서나 경찰 지서에 가서 중국 도항 목적을 소명하고 각인의 신분을 밝혀야 했다. 여성을 그냥 납치해서 중국이나 동남아로 끌고 가는 것은 불가능했다. 경찰이 위안부 모집업자의 하수인도 아닌데, 납치하거나 약취한 여성에 대해 경찰서장 명의의 신분증명서를 내줄 리가 없었다.

그런데 신분증명서는 중국으로 도항하는 모든 사람들에 대해서 요구했던 것이고, 위안부의 경우에는 다른 서류들이 더 필요했다. 우선, 임시작부영업허가원, 즉 작부 일을 하겠다는 여성과 포주의 신청서가 필요했고, 여성의 사진 2매, 작부 일을 하겠다는 여성과 그 호주 친권자의 승낙서, 이 영업허가원과 승낙서에 날인한 인장에 대한 인감증명서, 그리고 그 여성의 호적등본, 끝으로 작부 일을 하는 자에 대한 조사서가 필요했다. 이는 1937년 12월 상하이 일본총영사관 경찰서가 군 위안소 영업자들에게 교부한 주의 사항 문서에 규정되어 있었다.[24] 그 하나하나를 살펴보자.

임시작부영업허가원에는 본적, 현주소, 영업장소, 가호, 곧 위안소의 이름, 예명, 곧 작부 일을 하려는 여성이 앞으로 쓸 예명, 그리고 본명과 생년월일을 기재한 다음, 작부 일을 하고자 필요 서류를 다음과 같이 제출한다고 쓰고, 제출날짜를 기입하고 작부 본인과 포주 성명에 더해서 각각 날인을 하도록 되어 있었다. 제출처는 중국 내 일본총영사관이었다.

승낙서는 앞으로 위안소 작부로 일하겠다고 하는 의사를 밝히는 것으로서, 호주 친권자의 이름과 날인, 가업인이라고 해서 위안부 여성의 성명과 날인이 들어간 문서였다. 여성의 본적과 주소, 성명, 생년월일을 쓰게 되어 있었다.

조사서는 작부로 일할 그 여성에 대한 조사서인데, 이 여성에 대해서 거주기간이 명기된 전 거주지, 현주소, 교육 정도, 경력 등과 작부 일을 하려는 이유, 형벌을 받은 적이 있는지, 그리고 양친과, 내연의 남편의 유무 여하와 직업을 쓰게 되어 있었다. 또 위안부로 데려갈 여성에게 미리 주는 전차금, 별차금의 액수 등을 써야 했다.

●●●

24 「前線陸軍慰安所営業者ニ対スル注意事項」, 『자료집성①』, 39-40面.

사진 5-2 임시작부영업허가원 양식

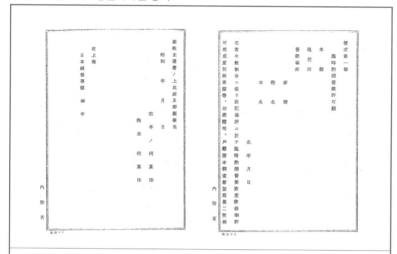

임시작부영업허가원

본적
현주소

영업장소

가호, 예명, 본명과 생년월일

위 사람이 상기 장소에서 임시 작부 영업을 허가받도록 별지의 승낙서,
인감증명, 호적등본, 조사서 및 사진 2매를 첨부해 포주 연서로 제출함

제출일

작부 본인 ○○○ (인)
포주　*** (인)
재 상하이 일본총영사관 귀중

자료 : 『자료집성 ①』, 41쪽.

사진 5-3 호주 친권자의 승낙서와 영사관 경찰의 조사서

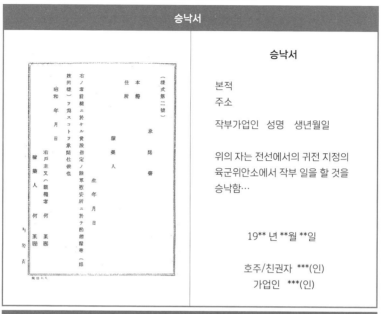

승낙서	
	승낙서 본적 주소 작부가업인 성명 생년월일 위의 자는 전선에서의 귀전 지정의 육군위안소에서 작부 일을 할 것을 승낙함… 19** 년 **월 **일 호주/친권자 ***(인) 가업인 ***(인)

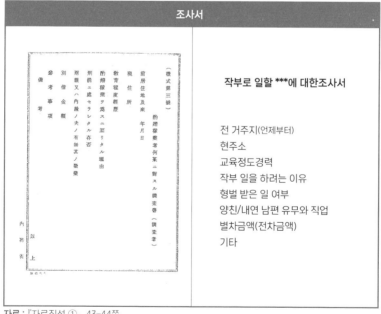

조사서	
	작부로 일할 ***에 대한조사서 전 거주지(언제부터) 현주소 교육정도경력 작부 일을 하려는 이유 형벌 받은 일 여부 양친/내연 남편 유무와 직업 별차금액(전차금액) 기타

자료 : 『자료집성 ①』, 43-44쪽.

위안부의 중국 도항 시 필요한 임시작부영업허가원, 승낙서, 인감증명서, 호적등본 등 상기 서류는 일본과 조선 내에서 창기 일을 하려고 할 때 관할 경찰서의 허가를 받기 위해 제출해야 하는 서류와 기본 양식과 내용이 같았다(永井和 2005:7). 1916년 3월 조선에서 발령된 「대좌부창기취체규칙貸座敷娼妓取締規則」의 제16조에는 "창기 일을 하려는 자는 본적, 주소, 씨명, 기명妓名, 생년월일 및 취업 장소를 기재하여 대좌부영업자(포주)가 연서한 원서와 다음 서류를 첨부하여 스스로 출두하여 경찰서장에게 신청하여 허가를 받아야 함"이라고 되어 있었다.

첨부할 서류는 ① 아버지(친권자)의 승낙서, ② 승낙자의 인감증명서, ③ 호적등본, ④ 창기 일 및 전차금에 관한 계약서, ⑤ 경력 및 창기를 하는 사유를 기재한 서면, ⑥ 경찰서장이 지정한 의사 또는 의생의 건강진단서 등이었다.[25] 위안부 도항 시에는 이중 ④∼⑥의 서류를 첨부하지 않아도 되었으나, 위안부는 도항을 위해 신분증명서를 발급받을 때 위안부 일 및 전차금에 관한 위안부와 업주 간의 계약서를 경찰에게 제시하여야 하였다. 또 영사관 경찰서에서 조사서를 작성할 때 '경력'과 '작부 일을 하려는 이유'를 진술한 것은 ⑤의 서류를 첨부한 것과 마찬가지였다. 두 서류군을 비교하면 다음 표와 같다.

25 白石保成(1920), 『朝鮮衛生法規類集』, 498-499面.

표 5-1 위안부 도항 허가 서류와 창기 허가 서류

위안부 도항 서류	창기허가 서류
신분증명서	
임시작부영업허가원	창기 가업稼業 원서
승낙서 (친권자, 본인 연서)	① 승낙서 (친권자, 본인 연서)
인감증명서	② 인감증명서
호적등본	③ 호적등본
(신분증명서 발급시 계약서 제시)	④ 포주 – 창기 간 계약서
조사서	⑤ 경력, 사유 기재 서면
	⑥ 건강진단서

요컨대 위안부 도항 시 필요한 서류는 조선 내 창기 취업 신청 시 제출해야 하는 서류와 사실상 똑같았다. 이 점은 일본군 위안소제가 일본과 조선 내의 공창이 연장된 것이라고 할 또 하나의 근거다. 대좌부창기취체규칙의 제16조의 취지는 창기 일을 하려는 것이 여성의 부모를 대표로 한 여성 측의 의사임을 확인하려는 것이었다. 마찬가지로 위안부 중국 도항 시 필요한 상기 서류는 위안부 일이 여성 측의 의사임을 확인하려는 것이었다.

6종 서류의 필수화 경위

이상의 6종 서류는 어떻게 의무화된 것일까. 우선, 6종 서류는 크게 신분증명서와 여타 서류의 두 가지로 나눠지는데, 두 서류의 출전 근거가 다르다.

먼저, 신분증명서는 「지나支那도항취급수속」이라고 해서 중국으로 도항할 경우의 취급 절차라는 문서에서 규정된 것이다. 이 문서는 1937년 8월 31일 자 일본 외무차관이 발령한 「중국도항 불량분자의 단속에 관한 건」이라는 문서에 부속된 것이다.[26] 이 「지나도항취급수속」 문서의 핵심 내용은 일본 내지와 각 식민지로부터 중국에 도항하는 일본인(조선인, 대만인도 포함)은 거주지 관할 경찰서장에게서 신분증명서를 발급받아서 출국 때나 중국 입국 때 제시해야 한다는 것이었다.

그런데 경찰서에 찾아가서 "내가 중국에 가려고 하니까 신분증명서 발급해 주시오" 하면, 경찰이 바로 발급해 주는 건 아니고, 근거 서류로서 왜 중국으로 가려 하는지 설명하는 자료와 호적등본 등을 제출해야 했다.

이 「지나도항취급수속」이란 문서는 공표 일자부터 시행되었는데, 신분증명서를 발급하는 데는 며칠 시간이 소요되었을 것이므로, 반드시 신분증명서가 있어야만 중국에 입국할 수 있었던 것은 열흘쯤 뒤인 1937년 9월 10일부터였다.

그다음에 작부영업허가원이나 승낙서 등의 서류는 상하이 일본 총영사관이 1937년 12월 21일에 작성하여 교부한 두 가지 공문에서 규정되었다. 하나는 「황군장병 위안부녀 도래시 편의공여 방책 의뢰의 건」이라는 문서로서, 일본군에 대한 위안업무를 하는 부녀가 중국으로 오는 것에 편의를 제공해 달라고 본국 정부에 의뢰하

●●●
26 「不良分子ノ渡支取取方ニ関スル件」(外務次官, 1937.8.31), 『자료집성①』, 3-10쪽.

는 것이었다.

또 하나는 「전선前線 육군위안소 영업자에 대한 주의사항」이라는 문서다. 위안소는 전투를 벌이는 전선front line에 설치한 것인데, 그 위안소 영업자가 주의할 사항을 정리한 문서다. 이 안에 승낙서 등 5종의 서류를 갖추어야 한다고 명시되었다.

상하이 일본총영사관은 중국 중부지역(화중지방)으로의 출입국을 관리하는 관청으로서, 전선에 있는 일본군의 요구에 따라 위안부녀의 입국에 관한 절차를 마련하였다. 일본과 조선 당국이 위안부의 출발과 입국에 편의를 제공할 것을 요청하고 위안소 영업자가 주의할 사항을 정리해 놓았다.

이 상하이 일본총영사관의 두 문서는 1938년 2월 7일 자로 와카야마현 지사가 내무성 경보국장에게 보낸 「시국이용 부녀유괴 피의 사건에 관한 건」이란 공문에 첨부되었다. 이 공문은 와카야마현 지사가 작부 모집업자의 부녀 유괴 피의 사건을 내무성 경보국장에게 통지한 문서다. 1937년 말, 1938년 초 중국에서 온 위안부 모집업자가 일본 와카야마현에서 위안부 모집활동을 하자, 그를 포착한 와카야마현 다나베시 경찰이 시국을 이용한 부녀자 유괴 행위로 의심해서 조사하면서(그림 5-1의 ②) 그 일환으로 나가사키현에 상하이 파견군이 위안부 모집 의뢰를 했는지 문의하자(③), 나가사키현 수상 경찰서가 그전 1937년 12월 21일 자로 상하이 일본 총영사관 경찰서에서 받은(①) 두 문건을 나가사키현 외사경찰과가 와카야마 외사경찰과에 회신하였고(④), 이를 와카야마현 지사가 내무성 경보국장에게 통지한(⑤) 것이다.[27]

그림 5-1 위안부 도항 6종 서류의 보고 경위

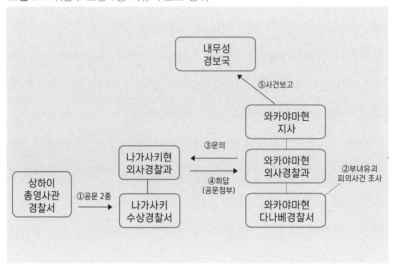

일본의 다른 현에서도 내무성 경보국에 위안소 업주의 부녀자 모집 사실을 알리는 공문을 보냈다. 이에 내무성 경보국은 일본군 위안부 모집 방침을 정리해서 발표하였다. 바로 1938년 3월 23일 자 내무성발 경※제5호 「중국 도항 부녀의 취급에 관한 건」이다. 그 주요 내용은 당분간 21세 이상 기존 일본 창기 여성 중에서 여성을 모집해서 위안부로 데려간다는 것과, 반드시 작부여성 본인이 경찰서에 출두해서 신분증명서를 만들 것, 그리고 경찰은 그 계약이 합법적인 것인지 철저히 조사하고, 그 부녀자의 호주의 승인을 얻은 것인지 체크하라는 것이었다. 그리고 신문에 위안부 모집 광고를 내지 말라고도 했다. 한마디로, 유괴나 약취, 납치 등 불법행위로 위안부를 송출하지 말 것인데, 이를 위해 당분간 기존 창기 여성 중에서 위안부를 모집하라는 명령이었다.

이처럼 1937년 말부터 전장 일본군의 요청에 따라 위안부 모집 업자가 일본, 조선 등에 들어와 부녀자를 모집하자 일본 정부가 위안부 모집 방법과 절차를 정한 것이 상기 6종의 문서였다. 여성을 위안부로서 중국에 데려가려면 상기 6종 서류가 필요했다.

6종 서류 세트는 위안부 계약의 증거

상기 6종 서류세트 중 총영사관 경찰부가 작성하는 조사서를 뺀 5종 서류는 위안부 측이 작성하거나 발급받는 것이다. 이 5종 서류는 위안부가 위안부 일을 하겠으니 허가해 달라고 포주 연서로 재 상하이 일본총영사관에 제출하는 임시작부영업허가원을 중심으로 하고, 해당 여성이 그 호주 친권자와 연서하여 위안부로서 일하겠다는 의사를 밝힌 승낙서, 여성과 호주의 신원 정보를 담은 호적등본, 서명용 인감 날인이 진본이라는 인감증명서, 이 위안부 취업 건을 승인한 여성 거주지 경찰 당국의 신분증명서 등으로 구성되었다.

표 5-2 6종 서류세트의 구성

	서류명	작성·신청자(연서자)	비고
위안부 본인 제출 5종 서류	임시작부영업허가원	작부여성(위안소 업주)	히가권자 총영사관 경찰부
	승낙서	작부여성(호주 친권자)	
	인감증명서	호주 친권자	거주지 면사무소 발급
	호적등본	작부 여성	거주지 면사무소 발급
	신분증명서	작부 여성	거주지 경찰서 발급
조사서		총영사관 경찰부	

이 5종 서류에 위안소 업주와 위안부 여성 간의 계약서는 포함되지 않았으나, 각각의 서류는 양자 간 계약 내용을 반영해서 작성되었다. 이 서류 세트는 위안 여성의 호주 친권자가 여성이 위안부 일을 하는 것을 승낙하고, 위안 여성이 그 영업을 허가해 달라고 관청에 원서를 내며, 이 승낙 및 원서 제출이 당사자(그 호주 친권자)의 의사에 따른 것임을 밝히고 출발지와 도착지의 경찰 당국이 그를 각기 승인하는 것이다. 이는 위안부 일에 대한 위안부 측의 자발적인 계약을 전제로 한다. 그리고 신분증명서 발급 때에는 경찰이 위안부 등 도항자의 직업, 전력, 언동, 도항 기간, 도항목적 등을 조사하여 정당한 도항 목적이 아니면 허가하지 않았다(金富子 2000:239-240). 따라서 상기 5종 서류가 구비된다면, 이는 업주와 위안부(그 호주 친권자) 간에 위안부 일(성적 위안의 제공)에 관한 계약이 체결되었음을 의미한다.

이 5종 서류는 상하이총영사관이 요구한 것이고 일본 내무성, 육군성이 작성한 중국 도항 시 단속 방침에 명시적으로 포함되지는 않았다. 그러나 이 무렵 발표된 본국 정부의 단속 방침, 즉 내무성의 「중국 도항 부녀의 취급에 관한 건」(1938년 2월 23일 자), 육군성의 육지밀陸支密 745호 「군위안소 종업부 모집에 관한 건」(1938년 3월 4일 자) 등은 모두 경찰이 부녀자와 그 호주 친권자의 자발적 계약인지를 확인하고 도항용 신분증명서를 발급할 것과 모집업자가 유괴와 같은 방식으로 모집하지 말라는 내용을 담았다. 그러니 이 5종 서류의 취지는 정부 방침에 그대로 반영되었다고 하겠다.

그런데 강제연행론자들은 이 5종 서류를 갖추라는 요구가 일본에서만 적용되었고 조선에서는 적용되지 않았다고 주장한다. 그들은 일본이 부녀자 인신매매 및 해외 이송을 금지한 조약에 가입했지만, 일본 정부는 이를 일본 본토에서만 시행했고 조선에서는 시행하지 않았다고 주장한다. 그래서 그들은 이 5종 서류 구비 요구가 일본에서만 시행되었다고 주장한다. 위안부 성노예설의 대표자인 요시미 요시아키는 조선에서는 유괴, 납치, 인신매매 등의 방법으로 여성을 모아서 중국에 송출했는데, 경찰이 이 강제를 알면서도 도항증명서를 발급했다면 형법 위반이고 모른 채 발급했다면 직무태만이니, 결국 경찰이 엉터리로 도항증명서를 발급했다고 주장하였다(요시미 요시아키 1998:174: 吉見義明 2000:59). 많은 위안부 강제연행론자, 성노예론자들도 그렇게 본다.

과연 그럴까. 앞에서 본 상하이 일본총영사관의 공문서 2편의 내용을 살펴보자. 먼저, 「황군장병 위안부녀 도래시 편의공여 방책 의뢰」 문서인데, 핵심 내용은 "위안부 업주에게 신분증명서를 줄 테니

5종 서류를 구비해서 돌아오라"는 것이었다.

상하이 총영사관이 일본과 조선으로 가는 모집업자에게 위안부 모집 사유를 적은 신분증명서를 만들어 주고, 모집업자는 그 신분 증명서를 갖고 일본과 조선에 가서 위안부 모집활동을 한다는 것이다. 모집업자는 상하이 출발 전에 5종 서류 양식을 교부받아, 일본과 조선에서 모집활동 중에 서류를 구비해서 상하이 귀환 때 제출하라고 되어 있다.

또, 「전선육군위안소 영업자에 대한 주의사항」 문서에는 "5종의 서류가 없으면 중국 입국을 불허한다"고 명시되었다. 위안소 업주는 모집활동 중 임시작부영업허가원, 승낙서 등 5종의 서류를 미리 준비해서 중국 도착 즉시 제출해야 하며, 만약 이 서류가 구비되지 않으면 상하이총영사관은 입국을 불허한다는 것이다.

이처럼 두 문서는 조선에 가는 모집업자에게도 모집업자라는 신분증명서를 주고, 그들이 위안부를 데려올 때 작부영업허가원, 승낙서, 호적등본 등 서류를 만들어 와서 바로 제출하도록 규정하였다. 위안부 강제연행설 주장자들은 이 규정이 조선에서는 적용되지 않았다고 주장하지만, 우선, 이는 이 서류를 구비해야만 중국에 입국시킨다는 공문서의 내용과 맞지 않는다. 이것이 그들이 틀렸다는 가장 결정적인 증거다.

또 상식적으로 생각해도, 위안부 강제연행설의 "일본에만 적용 운운..." 주장은 성립할 수 없다. 위안부 강제연행론자들에 의하면, 일본과 조선에 여성을 모집하러 갔던 위안소 업주들이 상하이에 귀환할 때, 총영사관이 일본에서 온 업주에 대해선 관련 서류를 엄격히 검사하고, 조선에서 온 업주는 서류가 없어도 입국시켰다는 것이다. 또 총영사관 경찰관이 관련 서류를 검토한 후 조사서를 작성하는데, 일본에서 온 업주, 위안부에 대해선 조사서를 항목대로 꼼꼼히 작성했지만, 조선에서 온 업주, 위안부에 대해선 조사서를 제대로 작성하지 않고 그냥 통과시켰다고 말하는 셈이다. 실제로 그러했을 리는 없다. 요시미와 그 추종자들은 상기 문서가 자기들의 입맛에 맞지 않으니 무시한 것에 불과하다.

일본 본국 정부가 중국 도항 관련 통제 방침을 새로 내놓으면 조선총독부는 조선 내 각도 도지사와 경찰부장이 그를 따르도록 통첩으로 지시하였다. 1937년 8월 31일 외무성이 중국 도항 시 관할 경찰서가 발급한 신분증명서를 구비하라는 내용의 「중국도항 불량분자의 단속에 관한 건」을 발령하자, 조선총독부는 정확히 그와 같은 내용으로 9월 3일 조보비朝保秘 제646호 「불량분자의 중국도항 단속에 관한 건」을 각 도지사에게 발령하였다. 그리고 이듬해 1월 31일에는 조보비朝保秘 제66호 「중국도항 신분증명서 발급상황에 관한 건」을 각도 경찰부장에게 발령하여, 중국 도항 신분증명서 발급 상황을 그해 1월분부터 매월 보고하도록 지시하였다.[28]

만약 여성을 유괴하거나 납치해서 끌고 갔다면, 상기 서류를 어떻게 만들 수 있겠는가? 강제로 끌고 간 여성에 대해서 승낙서와 인감증명서와 호적등본은 만들 수 없었을 것이다. 설혹 제3자 명의의 인감증명서와 호적등본을 발급받아서 그 명의로 가짜 승낙서를

•••
28 朝鮮総督府警務局保安課, 「在支朝鮮人の指導と渡支取締の状況」, 『高等外事月報』 1, 1939.7, 64面.

작성한다 하더라도, 여성의 거주지 경찰서장으로부터 그 명의로 신분증명서는 어떻게 발급받을 것이며, 중국 입국 시 조사서는 어떻게 작성할 것인가. 그 서류가 가짜고 여성은 유괴 혹은 납치당했다는 게 탄로 날 수밖에 없다. 결국 중국 등지로 여성을 위안부로 데려가려면, 그 부모나 친권자로부터 상기 서류들을 제대로 넘겨받아야 했다. 이렇게 여성의 호주 친권자로부터 서류와 함께 여성을 넘겨받고 전차금을 지급하는 것이 계약이 아니라면 무엇인가.

한편, 1943년 11월 말레이시아의 일본 군정 당국은 말레이시아 위안소에서 위안소 업주가 위안부와 고용계약을 맺을 때 따라야 할 계약 조건을 정하였는데, 이 조건에는 매상의 배분 비율과 업주의 비용 부담 내역, 전차금 무이자, 추가 차금 시 관할 지방장관의 인가 등을 규정하였다.[29] 위안소 업주는 이를 가이드라인 삼아서 위안부 근무 조건을 정하였는데, 위안부가 이를 받아들이는 것이 바로 양자 간 계약의 성립이었다.

위안부 본인 제출 5종 서류의 실례

위안부 송출을 위한 5종 서류의 양식은 일본군, 일본 정부의 공문서에 남아 있지만, 실제 위안부 개인의 5종 서류는 현존하지 않는다. 그 서류는 전장의 일본군 부대 병참계에서 수합 관리했을 것

●●●
29 상세한 것은 본서 제9장을 참조.

이나 일본의 항복 때 전장 현지에서 멸실되었기 때문일 것이다. 하지만 그러한 서류를 제출받아 관리했음을 보여주는 증거는 일본군 관계자나 위안소 업주, 위안부의 증언 등에서 여러 건 나왔다.

우선은 상하이 일본 총영사관이 5종 서류의 소지자만 중국에 입국시키기로 결정한 후, 사실상 그 첫 케이스로 위안부를 일본에서 모집해서 중국 전선에 데려간 사례가 있다(千田夏光 1995: 100-107, 198). 1937년 말 제124연대가 파견한 모집업자(제1장에서 언급)는 후쿠오카에서 창기 일을 하고 있던 일본인 여성 게이코慶子 등 7명과 큐슈 북부 탄광촌의 조선인 광부의 딸 11명, 모두 18명을 모아서 중국으로 갔다.

그 모집 경과에 관해서는 제8장에서 다루겠거니와, 게이코의 진술 중에, 게이코가 부모로부터 승낙서를 얻거나 또는 관할경찰서에 가서 신고하는 데 대한 언급은 없다. 마치 군납 상인을 따라서 별다른 도항 수속 없이 군 수송선에 탑승한 것처럼 서술되어 있다. 조선인 여성에 관해서도 별다른 출국 수속은 언급되어 있지 않으나, 이들은 부모의 승낙서, 호적등본, 인감증명서 등의 서류를 발급받았던 것으로 보인다. 게이코는 김필연金必連, 이금화李金花, 김승희金承希, 정유화鄭裕花 등 같은 위안소에 속한 조선인 여성의 한자 이름을 대부분 알고 있었다. 김필연 등이 나중에 중국의 위안소에서 큐슈의 부모에게 보내는 편지조차 게이코가 대필해 주었던바, 학교를 제대로 다니지 못한 이 조선인 여성들이 자신의 한자 이름을 알려주었을 리는 없다. 모집인 이시바시가 여성의 부모로부터 호적등본, 승낙서 등을 건네받았고, 게이코가 이시바시로부터 그 한자 이름을 전해 들었기 때문일 것이다. 게이코는 소학교 졸업 후 고등소학교 1학년을 수료해서 한자를 알고 있었다.

같은 무렵 상하이 남서부 베이차오진北橋鎭(지금의 민항구閔行區)에 주둔한 일본군 야전중포병 제14연대는 1938년 1월 27일 전용 위안소(베이차오진 특수위안소)를 설치하고 「특수위안소 취체규정」을 마련하였다. 그중 영업 절차에 관한 제11조에 의하면 위안소 영업을 하려는 자는 영업허가원과 서약서, 접객부(위안부) 명부와 더불어 접객부와의 계약서 사본을 제출해야 했다(하종문 2023 : 126).[30] 이 규정은 5종 서류를 적시하지는 않고 업주와 위안여성 간 계약서 사본을 제출하라고 하였다. 하지만 본디 이 계약서에는 여성의 부모 친권자가 연서 날인하고 그를 입증할 호적등본과 인감증명서도 첨부되었으므로, 계약서 사본의 제출은 결국 5종 서류의 제출과 마찬가지이다. 무엇보다도 업주와 위안여성 간의 계약서를 제출해야 했다는 것이 바로 위안부 계약의 존재를 입증한다.

물론 1938년 초에는 모든 위안부가 5종 서류를 구비하지는 못했던 것 같다. 상하이파견군 육군위안소를 목적지로 하여 1938년 1월 8일 고베항에서 도항한 40~50명의 위안부 중 20명만 신분증명서를 갖추었고, 나머지는 신분증명서가 없었으나 효고현이 묵인했다는 보고도 있었다(하종문 2001 : 62).[31]

그러나 그 후 중국 도항 위안부가 신분증명서 등 5종 서류를 갖추었음은 1938년 말에 문을 연 한커우 위안소에 관한 증언록에서

• • •
30 「野戰重砲兵第14連隊第1大隊本部 陣中日誌(1938년 1월 31일)」, アジア歴史資料センター 사이트.
31 内務省, 「醜業婦渡支ニ関スル経緯」, 『자료집성①』, 105~109쪽.

확인할 수 있다. 1943년부터 중위로서 한커우 주둔 일본군 병참사령부의 위안계장을 했던 야마타 세이키치山田清吉는 1978년 펴낸 증언록에서 위안계 담당자들이 위안부의 상기 서류를 수합했음을 밝혔다.

> 위안부가 한커우에 도착하면 업주와 함께 필요 서류를 갖고 병참 위안계에 출두한다... 하사관이 본인 사진, 호적등본, 서약서, 부모 승낙서, 경찰 허가서, 경찰서장의 신분증명서를 조사하며, 소정의 신상 조서를 작성한다. 이 신상 조서에는 위안부의 전력, 부형의 주소와 직업, 가족 구성, 전차금액 등을 기입한다...(山田清吉 1978:88).

이 한커우 위안소에는 일본인 여성도 있었지만 조선인 여성도 많았는데, 새로 위안소에 도착한 위안부들은 어디 출신이냐를 가리지 않고 상기 5종 서류를 갖고 와서 군 병참 위안계에 제출했다는 이야기다. 여성이 모집업자에게 유괴되었거나 혹은 그에 의해 강제로 끌려왔다면 이런 서류를 제출할 수 없었을 것이다. 실상은 부모가 동의해서 필요 서류와 함께 딸을 업자에게 넘겨준 것임이 여기서도 분명히 드러난다.

정대협의 위안부 증언록에서도 몇몇 전 위안부들은 호적등본 등 서류에 관해 분명히 언급하였다. 경남 마산 출신의 강무자는 집에서 헌병들에게 끌려갔는데 "(부산의 대동여관에 여자들 35명이 모인 후) 한번은 경찰서에서 서류 작업을 하기 위해 우리를 불렀다. 여자들은 두 줄로 서서 경찰서로 갔다. 역 앞에 헌병부대도 있어서 헌병도 왔다"고 하였다. 또 경남 하동 출신으로 1941년 말 남양의 위안소로 떠난 손판임은 "그 사람들(7~8명의 인솔자들)은 우리를 부산에서 어느 음식점에 남겨놓고 수상경찰서를 바삐 왕복하였다"고 하였다. 그리고 경북 청도 출신의 박연이는 조선인 남자가 마을 처녀들을 모아놓고 광둥행을 권유해서 따라갔는데, 부산 초량의 어느 집에 도착해 보니 이미 5~6명의 여자들이 모여 있었고 주인은 여자들의 신분증명서와 도강증(도항증)을 만들었다고 하였다(정대협 1997: 48, 71, 122).

경상북도 고령 출신으로 전남 보성에서 수양딸로 남의집살이를 하던 신경란(1921년생)은 1938년 초 마을에 순사와 함께 와서 전선의 간호부를 모집한다는 한 남자를 따라나섰는데, 역시 그 남자의 요구에 따라 신경란의 부모는 호적등본을 떼 주었다. 인터뷰 대화록에 이 점이 잘 나타나 있다(정대협 2001b: 29-30).

(질문자) 여관에도 순사들이 왔어요?

(신경란) 들락날락했지. 그 여관에 순경들이 후원해 주고, 중국서
　　　　모집하러 왔다고 하길래 거기에 흥미 있어 가지고 함
　　　　다녀온다고 갔지. 내가 고향이 어데다 얘기하지. 거기
　　　　갈라고 호적 뗐지. 호적이 없으면 가나? 무조건 아무나
　　　　막 되나? 그러니께 우리집에서는 뭐하러 떼는지 모리
　　　　지. 거기서 그냥 떼서 보내라면 보내니께. 호적은 데리
　　　　고 간 사람들이 다 연락해 갖고 고향이 어디라면 가서

떼오잖아. 서류를 만들어서 거기 갔지.

또 1939년경 대만 펑후澎湖섬 마궁馬公시의 해군용 요릿집으로 간 일본인 창기 시로타 스즈코城田すず子는 창기허가증을 받기 위해 마궁시에 아버지의 승낙서, 호적등본 등을 냈으며, 1944년 남양의 팔라우 위안소에서 관리인(조바) 생활을 할 때 여성들의 차금 장부와 호적등본 등을 갖고 있었다(城田すず子 1971:34, 62). 필시 여성들과의 위안부 계약 서류도 갖고 있었을 것이다.

그리고 1945년 11월 15일자 연합국 남서태평양지역 총사령부의 조사보고(제120호)에 의하면, 일본군 점령 시절에 필리핀 마닐라에서 위안소를 열려면 접대부의 계약서와 그 부모 동의서를 첨부한 접대부 인가 신청서를 내야 했다. 이것 역시 위안부 계약의 존재를 말해준다.[32]

한편, 전쟁 말에 오키나와 동쪽 다이토제도의 라사섬에 온 위안부의 경우에도 상기 5종 서류에 준하는 서류가 제출되었다(강정숙 2004:198-200). 앞서 언급한 것처럼 라사섬에는 1944년 11월 하순 조선인 위안부 7명과 위안소 업주 1명이 도착해서 위안소를 열었다. 그 부대의 진중일지에는 12월 3일 위안부의 인적 사항을 상부에 보고했다고 나와 있는데, 진중일지에 기재된 그 인적 사항을 정리하면 다음과 같다.

• • •

32 국사편찬위원회 사이트(https://db.history.go.kr/id/wj_001_0020_0090) – 2023년 8월 7일 검색.

표 5-3 오키나와 다이토제도의 라사섬 위안소 위안부의 인적사항

씨명	본적	예명	연령	전 업소
	부산부 초량정	시노부	25	부산진
	경성부 동대문구 공덕정	小春	25	일력一力
	마산부 지품동枝品洞	笑子	21	고사루高砂樓
	진주부 삼봉정三峰町	明美	21	중구루仲口樓
	노신부(노신부) 대화정	多摩江	21	김천장金泉莊
	달성군 현풍면 오산동	信子	19	없음
	거창군 남상면 대산리	若葉	19	없음

자료 : 강정숙(2004:200).
주 : 씨명은 논문 필자가 미기재.

위안부 7명에 대해 본적과 씨명, 예명, 연령, 전업소명 등이 기재되어 있는데, 호적등본, 작부영업허가원 등 5종 서류가 제출되었기에 본적과 씨명, 전 업소명을 알 수 있었던 것이다.

1942년 중국의 화북, 화중, 화남에 분포한 조선인의 성명, 본적, 업체, 주소 등을 나열한 인명록 자료에서도 마찬가지로 위안부 여성의 인적 사항을 확인할 수 있다. 다음 표 5-4는 중국 안후이성安徽省 당투當塗에 소재한 아사히관朝日館의 업주 부부와 위안부들의 성명과 본적지를 적은 것이다. 인명록에 이름과 본적지 한자명이 빠짐없이 등재된 것은 역시 여성의 호적등본과 부모의 승낙서 등 관련 서류가 제출되었기 때문이다.

표 5-4 중국 안후이성 당투 소재 아사히관의 업주와 위안부(1942)

씨명	본적지	비고
설준동薛濬東	개성부開城府 만월정滿月町 721	업주
장복실張福實	개성부 만월정滿月町 721	처?
오○손吳○孫	개성부 남산정南山町 757	
이○덕李○德	평양부 신리新里 119	
함○강咸○江	경북 청도군淸道郡 雲門面 楢津洞	
차○자車○子	개성부 동정東町 63	
이○○자李○○子	개성부 운학정雲鶴町 96	
함○자咸○子	평남 평원군平原郡 能湖面 藁田里 100	
배○자裵○子	개성부 궁정宮町 470	
김○원金○源	황해도 해주군海州郡 松林面 信坪里 674	

자료: 白川秀男(1942), 『在支半島人名錄』(제3판), 白川洋行, 125쪽. 이영훈(2020:44)에서 재인용

이상 살펴본 것처럼 위안부 여성이 중국 전장의 위안소로 가기 위해서는 여성과 그 호주 친권자가 위안소 행에 동의한다는 내용의 서류를 작성해서 제출해야 하였다. 그 여성은 출발 전 거주지 소재 경찰서장으로부터 도항허가증에 해당하는 신분증명서를 발급받아야 했고, 중국에 도착해서는 도항 경위에 관하여 영사관 경찰서의 조사를 받거나 군 병참계에 관련 서류를 제출해야 하였다. 이는 위안소 업주와 위안부 여성 간에 위안부 일에 관한 계약이 이루어졌음을 말해준다.

그런데 위안부 계약을 운위하는 것이 여성이 자발적 매춘부임을 뜻하지는 않는다. 계약은 기본적으로 위안소 업주 혹은 모집업자와

여성의 호주, 친권자 사이에 이루어졌고, 여성은 그 계약에 따라야 했던 것이 일반적이다. 따라서 위안부가 되는 해당 여성에게 그 계약은 비자발적이며 강제적인 것일 수 있었다.

그리고 위안부 계약을 운위하는 것이 호주와 친권자에게 책임을 돌리고 일본 정부는 면책하는 것도 아니다. 여성이 위안부가 되는 데는 일본 정부(일본군), 위안소 업주와 주선업자, 여성의 부모, 호주 친권자 등이 관여하였다(제8장 참고). 군 위안부 제도를 만들고 위안소를 설치하며 위안소 운영을 관리 감독한 일본군, 일본 정부의 책임은 분명히 있다.

위안부 징집이 아니라 위안부 모집

위안부 강제연행이 아니라 위안부 계약이었다면, 그 위안부는 징집되었던 게 아니라 모집되었을 것이다. 그렇지만 위안부 강제연행 론자들은 위안부 '징집'徵集이나 '징모'徵募라는 용어를 쓴다. 징병이나 조세 징수, 징용, 징발과 같은 단어에서 '징'徵은 국가가 부르고 구하고 거두는 것을 가리킨다. '징'은 본디 전쟁에 필요한 인력을 왕명으로 동원하는 것을 뜻하는 문자로서 만들어졌다. '부르고 구하고 거두는' 주체는 국가인데, 국가는 부르고 구하고 거두면서도 그 반대급부를 주지 않거나(조세 징수, 징병), 정당한 대가 이하의 대가를 지급한다(징용, 징발). 따라서 위안부 징집이나 징모라고 하면, 국가가 아무런 대가 없이, 혹은 헐값에 위안부를 부르고 모으는 경우를 가리킨다.

하지만 실제로 위안부를 모아서 데려간 주체는 위안소 업주나 그로부터 의뢰를 받은 주선업자였다. 1937년 말 상하이 일본총영사관이 위안소 업주나 주선업자에게 위안부를 조선, 일본 등지에서 구해 오되 이 5종 서류를 구비하라고 요구하였으며, 이들이 일본과 조선, 대만에 가서 위안부가 될 여성을 모아서 데려왔다.

앞서 제1장에서 본 남중국 전선으로의 위안부 동원에 있어서도, 현지군의 요청에 따라 일본 본국 정부와 대만총독부가 위안부의 모집과 송출에 관여하였으나, 일본 내무성이나 대만총독부가 행정계통을 따라 위안부를 직접 선발 동원한 것은 아니었다. 일본 내무성과 대만총독부는 각기 각 부현府県과 각 주청州廳에 위안부 수를 할당하는 것으로 그쳤다. 각 부현 및 주청이 업자를 선정해서 그 업자로 하여금 위안부를 모으도록 하였다

또 남부 중국 하이난에 위안소가 설치될 때도 현지군의 요청을 받은 대만총독부가 그를 맡았는데, 이 경우에도 대만총독부는 산하의 국책회사를 통해 타이베이의 유곽 업주를 위안소 업자로 선정하고 자금을 지원하였고, 유곽 업주가 작부를 모아서 하이난으로 이동하여 위안소를 열었다.

업주가 전차금을 지불하고 위안부를 모았다는 점에서 이것 역시 징집이나 징모라 할 것이 아니었다. 업주는 위안부를 모집하였다(이미 자신의 업소에서 데리고 있던 경우 포함).

일본군 위안부에 관한 객관적 자료는 위안부 계약의 존재를 입증하지만, 이는 전 위안부들의 증언과 배치된다. 많은 전 위안부들이

관헌에 의해, 혹은 유괴와 납치라는 폭력적 방식으로 연행되었다고 진술하였기 때문이다. 이 장에서 살펴본 위안부 계약론에 비추어, 전 위안부들의 증언은 어떻게 해석되어야 할까.

요약

중일전쟁 발발 이후 일본과 조선 등에서 여성이 위안부 취업을 위하여 중국에 도항하려 할 때는 신분증명서, 작부영업허가원, 친권자와 본인이 연서한 승낙서, 인감증명서, 호적등본이 필요하였다. 이 서류들은 위안소 업주와 여성 측(부모 친권자) 간에 위안부 계약이 맺어졌음을 보여준다. 실제로 30개 위안소가 밀집했던 한커우에서는 병참사령부가 위안소 업주에 대하여 이 서류들을 징구하였으며, 심지어 1944년 말 오키나와 동쪽으로 멀리 떨어진 외딴섬에 위안소가 개설될 때도 관련 서류들이 수합되었다.

· 6 ·

정대협 증언록으로 본
'위안부 되기'

통설의 잘못된 경로

앞 장에서 폭력 납치 등 강제 수단으로 여성을 위안부로 전장에 데려갈 수는 없었음을 확인하였다. 그렇다면 위안부는 어떤 경로를 통해서 만들어졌을까. 이에 관해서는 정대협 측 연구자가 전 위안부의 증언을 분석한 것이 있다. 강정숙은 정대협과 정신대연구회가 1993년 이래 펴낸 전 위안부의 증언집 6권과 재중국 전 위안부의 증언집 2권, 대일항쟁기 강제동원 피해조사지원위원회에서 펴낸 구술기록집, 북한에서 낸 증언집 등 총 10권에 수록된 158명을 동원 방식별로 분류하였다. 그 결과는 표 6-1에서 보는 것처럼 취업사기가 52.6%이고, 협박 폭력 납치가 22.8%, 인신매매 11.4%, 유괴 2.5%, 기타 10.7% 등이었다. 기타는 근로정신대, 봉사대, 근로대 등을 가리킨다. 취업 사기가 과반이고 강제폭력이 근 1/4이었다.

표 6-1 정대협 연구자의 위안부의 경로 분류

	취업 사기	협박폭력 납치	인신매매	유괴	기타	계
건	83	36	18	4	17	158
비중(%)	52.6	22.8	11.4	2.5	10.7	100

자료 : 강정숙(2017:135).

그런데 이 분류 방식에는 중대한 문제점이 있다. 하나는 범죄를 통해서 위안부가 만들어진 것으로 본다는 것이다. 취업 사기와 협박 폭력 납치, 또 인신매매, 유괴 등은 모두 범죄다. 그것들은 지금뿐 아니라 일제하에서도 범죄였다. 이런 항목 설정 자체가 위안부는 범죄를 통해서 만들어진다는 범죄화 프레임을 의도적으로 적용한 것이다.

더 근본적인 문제로서 경로 항목이 잘못 설정되어 있다. 우선, 유괴라는 용어를 잘못 사용하였다. 유괴란 "사람을 종래의 생활환경에서 이탈시켜 자기 또는 제3자의 실력적 지배하에 두어 그 자유를 침해하는 일"이며 그 방법이 폭행·협박을 수단으로 하는 경우를 약취略取라 하고, 기망欺罔·유혹을 수단으로 하는 경우를 유인誘引이라고 하며, 이 둘을 총칭해서 유괴라고 한다.[33] 협박·폭력·납치도 유괴의 한 범주에 속하니, 네 번째 유괴 항목을 유인으로 바꿔야 한다. 그뿐 아니라 취업사기, 인신매매, 유괴가 서로 다른 범죄여야 하는데 상당 부분 겹친다. 수학의 집합 개념을 빌려오면, 아래 그

• • •

33 네이버 지식백과(HYPERLINK "https://terms.naver.com/alikeMeaning.naver\?query=E00201111-2023년"https://terms.naver.com/alikeMeaning.naver?query=E00201111-2023년 10월 8일 검색).

림 6-1처럼 인신매매, 취업사기, 유인이라는 카테고리 중에는 B처럼 공통되는 부분, 즉 교집합이 있거나 D처럼 어느 하나가 다른 하나에 포함되는 부분집합이 존재한다.

　A는 인신매매이되 취업 사기는 아닌 것이다. 바로 부모가 딸이 위안부로 가는 걸 알면서 딸을 파는 것이다. 위안부로 가는 걸 알면서도 딸을 넘겨준 거니까, 이것은 취업사기가 아니다. B는 인신매매이면서 취업사기인 것인데, 이것은 부모가 위안부로 가는 줄 모르고 속아서 돈을 받고 딸을 넘겨주는 것이다. 다음의 제7장에서 볼 하윤명 사건의 경우 부모가 공장이나 백화점 등 좋은 곳에 취직시켜 준다는 모집업자의 거짓말에 속아서 딸을 남에게 수양딸로 넘겨주었다. 이는 바로 B에 해당한다.

그림 6-1 정대협 계열 연구에서의 위안부 경로

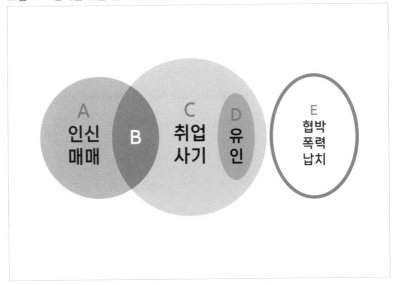

C는 취업 사기이되 인신매매가 아니고 유인도 아닌 경우다. 유인이란 주로 어린아이를 속여서 꼬여서 부모 모르게 데려가는 것을 말한다. 유인으로 위안부가 되는 경우는 어리거나 세상 물정 잘 모르는 여성에게 편하게 일하면서 돈을 잘 벌 수 있는 좋은 일자리가 있다고 속여서 부모 친권자나 남편이 모르게 데려가는 것이다. 그렇다면 C는 부모에게 딸의 좋은 일자리가 있다고 속이되, 단순히 취직처가 있다는 식으로 해서 그 딸을 데려가는 것이다. 인신매매 식으로 딸을 사가는 것은 아니니, 돈을 상당히 적게 줄 것이다.

위 그림에서는 협박 폭력 납치는 다른 경로와 별개이다. 여성을 다짜고짜로 사냥하듯 잡아가는 것이니 인신매매, 취업사기, 유인 어느 것과도 중복되지 않는다. 다만, 유인이 이 범주로 연결되기도 한다. 여성을 유인해서 데려갔는데 일본으로 간다고 해놓고 이상하게 기차를 타고 계속 가면, 여성이 일본으로 가는 게 아니지 않느냐 하면서 항의할 것이다. 그때부터 폭력을 써서 여성을 감금하거나 강제로 끌고 간다. 이렇게 되면 유인이 곧 폭력과 납치로 연결된다.

이처럼 정대협 측이 위안부의 경로로서 제시한 항목들은 실제로는 서로 겹친다. 위안부 여성은 이 중에서 자신에게 인상적인 부분만 이야기하게 된다. 폭력을 크게 기억하는 사람은 자기가 폭력 납치에 의해서 위안부가 됐다고 증언할 것이고, 실제로는 부모가 자신을 팔았지만 부모가 속은 취업사기 부분만 이야기할 수도 있다. 이처럼 기존 통설의 위안부 경로로는 위안부가 된 경위를 정확히 파악할 수 없다.

위안부의 경로 분류

그렇다면 서로 겹치지 않는 위안부의 경로를 어떻게 설정할 것인가. 먼저, 앞의 위안부 계약론이 함의하는바, 친권자에 의한 계약이든 여성 자신의 계약이든 당사자 혹은 친권자의 동의로 위안부가 되는 경우를 상정할 수 있다. 바로 위안부 계약이다. 둘째로, 부모가 남에게 수양녀로 준 딸이 위안부가 되는 경우다. 수양부모가 처음부터 수양녀를 기생으로 양성했다가 위안부로 보내는 경우도 있겠고 수양부모가 수양녀에게 집안 심부름을 시키며 키우다가 위안부로 보내는 경우도 있겠다. 이 위안부 경로는 친권의 위임 양도라고 하겠다.

첫째의 위안부 계약에는 명확히 계약 기간이 있고 계약 당사자들이 그것을 알았다. 계약 기간 동안 위안부 생활을 하고 나면 그만두고 돌아올 수 있는 것이다. 반면, 친권이 위임 양도되어 남의 수양녀가 된 여성은 양부모의 처분에 맡겨진다. 수양부모가 돈을 받고 수양녀를 다시 남에게 넘길 경우에는 친부모의 동의를 얻는 게 관행이었다. 그러나 수양부모가 의도적으로 친부모 몰래 수양녀를 남에게 파는 경우도 있었고, 또 친부모와의 연락이 끊겨서 동의를 얻으려 해도 얻기 어려운 경우도 있었다.[34] 결국 친권을 가진 수양부모가 여성에 대한 처분권을 가졌다. 합법적으로 여성이 위안부가 되는 데는 이렇게 두 경로를 상정할 수 있다.

●●●
₃₄ 수양녀에 관해서는 제7장에서 상세히 다룬다.

그런데 정대협 증언록에는 유인과 폭력적 납치(약취)가 더 나온다. 유인은 모집업자가 여성에게 좋은 일자리가 있다는 식으로 유혹해서 그를 솔깃해하는 여성을 부모 친권자나 남편 호주권자 모르게 데리고 가는 것이다. 그다음은 그냥 폭력·협박을 수단으로 해서 여성을 강제로 끌고 가는 것이다. 업자의 폭력적 납치가 있을 수 있고, 또 관헌의 폭력적 납치가 있을 수 있다. 이것이 강제 연행이다. 유인과 강제 연행은 당시에도 불법이었다. 관헌이라고 해서 부녀자를 사냥하듯이 마구 끌고 가도 되는 건 아니었다.

따라서 위안부가 된 경로를 분류하면 다음 그림과 같이 6가지 경우가 나오는데, 이는 위안부계약, 친권의 위임 양도, 유인, 강제연행의 4가지로 범주화할 수 있다. 앞의 두 가지는 합법이며, 뒤의 두 가지는 불법이었다. 여기서 합법과 불법을 가른 것은 부모 친권자나 남편 호주권자의 동의 여부였다. 그 동의가 없으면 불법이었다.

그림 6-2 위안부가 되는 경로

부모에 의한 위안부 계약	여성 자신의 위안부 계약	수양부모에 의한 위안부화	모집업자의 여성 유인	업자의 납치, 폭력	관헌의 납치, 폭력
위안부 계약		친권 위임 양도	유인	약취(강제연행)	
합법			불법		

이제, 정대협이 채집한 위안부 증언 내용에 따라 각 위안부를 상기 네 범주 중 어느 하나로 분류하겠다. 정대협의 위안부 증언록은 1990년대 초부터 2000년대 초중엽까지 모두 8권이 나왔다. 증언

을 한 위안부 103명의 경로를 이 네 범주 중 하나로 분류하면 다음 표와 같다.

표 6-2 위안부별 경로 분류

	위안부 계약		친권 위임 양도		유인		강제연행	
	수	이름	수	이름	수	이름	수	이름
제1권 (1993)	5	이영숙, 이득남, 이용녀, 김태선, 박순애	2	김학순, 황금주,	9	김덕진, 하순녀, 오오목, 문필기, 이용수, 이옥분, 이순옥, 이상옥, 최명순	3	문옥주, 강덕경, 윤두리
제2권 (1997)	4	박두리, 김복동, 배족간, 최정례	1	김춘자	3	김분선, 박연이, 전금화	7	진경팽, 강무자, 손판임, 최일례, 여복실, 박순이, 김은진
제3권 (1999)	2	김소란, 김옥주	2	김군자, 조남례	4	황순이, 김끝순, 하영이, 신현순	6	훈할머니, 김은례, 심달연, 조순덕, 최화선, 김유감
제4권 (2001a)	1	정윤홍	2	김창연, 최갑순	2	김화선, 한옥선	4	김영자, 윤순만, 김복동, 안법순
제5권 (2001b)	3	신경란, 이후남, 하복향,	0		3	석복순, 윤애자, 양정순	3	김정순, 이금순, 이양근

제6권 (2004)	3	공점엽, 김순악, 길원옥	1	장점돌	1	김화자	5	정서운, 석순희, 임정자, 노청자, 김봉이
중국1권 (1995)	3	하군자, 이봉화, 임금이	3	홍애진, 장춘월, 역영란	3	홍강림, 박필연, 박의달	1	정학수
중국2권 (2003)	11	김순옥, 박대임, 박서운, 박옥선, 박우득, 배삼엽, 이광자, 이수단, 이귀녀, 지돌이, 현병숙	1	조윤옥	2	하옥자, 문명금	3	강일출, 김의경, 이옥선
계 103명 (%)	32명		12명		27명		32명	
	31.1		11.7		26.2		31.1	

주 : 중국1권은 『중국으로 끌려간 조선인 군위안부들』(1995, 한울),
중국2권은 『중국으로 끌려간 조선인 군위안부들 2』(2003, 한울)임.

이 중에서 위안부 계약의 경우로 분류되는 것이 103명 중에 32명이다. 31% 정도다. 또 부모가 딸을 남에게 수양녀로 주는 식으로 친권을 넘긴 경우가 12명으로 11%를 좀 넘는다. 유인이 27명으로서 26%가량이고, 폭력과 납치 등 강제연행이 32명으로서 역시 31% 정도다.

이 결과를 보면, '강제연행된 일본군 위안부'의 이미지에 부합하는, 유인과 강제연행을 합하면 전체의 57% 정도가 된다. 이는 범죄, 불법행위에 의해서 일본군 위안부가 만들어졌다는 이야기로서, 요시미 등의 강제연행설에 부합하며, 위안부 운동단체인 정대협의 입맛에 잘 들어맞는다.

하지만 강제연행 케이스가 통설이 시사하는 것보다는 많지 않다. 오히려 계약에 의해 위안부가 된 경우가 생각보다 많다. 또, 상기 분류는 증언을 단순 분류한 것이어서 그 사실성 여하를 면밀히 검토하면 결과가 달라질 수 있다. 강제연행 케이스가 줄어들 수도 있다. 위안부의 증언에 대해서도 사료 비판이 필요하며, 그를 통해 위안부가 된 실제 과정, 경위는 어떠했는지를 추적할 필요가 있다. 여기서는 전체의 1/3에 해당하는 35명의 사례를 검토하겠다. 경로별로 1/3에 해당하는 위안부를 고른 결과는 다음 표와 같다.

표 6-3 경로별 위안부 검토 35명 사례

위안부 계약 (11명)	친권 위임 양도(4명)	유인(9명)	강제연행(11명)
이용녀 (1)			강덕경 (1)
박순애 (1)		하순녀 (1)	진경팽 (2)
김복동 (2)		이용수 (1)	여복실 (2)
최정례 (2)		최명순 (1)	김은진 (2)
김옥주 (3)	김학순 (1)	전금화 (2)	김은례 (3)
이후남 (5)	김춘자 (2)	황순이 (3)	김영자 (4)
하복향 (5)	조남례 (3)	김끝순 (3)	김정순 (5)
공점엽 (6)	김창연 (4)	한옥선 (4)	이양근 (5)
김순옥 (중2)		석복순 (5)	이옥순 (중2)
박서운 (중2)		문명금 (중2)	석순희 (6)
현병숙 (중2)			노청자 (6)

주 : 이름 뒤 ( ) 안 숫자는 수록된 책 권 수. 중2는 표 6-1의 중국 제2권을 지칭.

경로 1 : 계약

먼저, 계약에 의해서 위안부가 된 것으로 볼 수 있는 경우다.

이용녀는 가난한 집 출신인데 아버지가 돈을 받고 요리옥에 양녀로 보냈다. 1년 계약이었다. 일하는 동안 처음 받은 전차금을 매달 얼마씩 까나가서, 1년 후에는 전차금 채무가 다 청산되는 계약이었다. 1년쯤 되어 계약이 끝날 무렵인 1942년에 요리옥 주인이 일본에서 돈 많이 버는 좋은 곳이 있는데 가지 않겠냐고 해서, 본인은 '잘 먹고 잘 입고 돈 벌자'라는 생각에 그를 수락했다.

일본으로 떠나던 날 남산 아래 명동의 청요릿집에 집합해서 식사를 했다. 이용녀는 동네 친구들도 데리고 갔다. 그리곤 부산까지 기차를 타고 가서 거기서 배를 타고 버마의 랑군으로 갔다. 유명한 위안부 문옥주가 갔던 1942년 7월의 버마행 위안단이었다.

이용녀의 증언에 의하면 요리옥 주인이 제안했고 본인이 수락한 걸로 돼 있지만, 부모도 동의한 것으로 판단된다. 명동의 청요릿집에 집결할 때 부모와 함께 갔다고 하는 서술이 있다. 딸이 새로운 곳으로 떠난다는 것을 부모도 알았다. 아마 부모에게 상당한 전차금이 전해졌을 것이다. 본인 역시 좋은 제안으로 생각해서, 동네 친구들까지 같이 데려갔다. 이용녀가 모집업자에게 친구들도 있다고 이야기해서 교섭되었을 것이다. 그 친구들의 부모도 동의하고 전차금을 받았을 것이다.

박순애는 16살 때 결혼했는데 너무 가난한 집이라서 도망을 갔고, 그 후 18살 때 어떤 다른 사람의 후처가 되었다. 그런데 그 남편에게 의처증이 있었고, 박순애가 20살 때 남편이 박순애를 소개소에 팔아넘겼다. 박순애는 이 소개소에서 병원 근무의 위문단 모집 소문을 듣고 응모해서, 파푸아뉴기니 뉴브리튼섬의 라바울로 갔다. 여기서 중요한 것은 박순애에 대한 호주권을 갖고 있는 남편이 박순애를 논 다섯 마지기 값이 넘는 거액을 받고 소개소에 팔아넘긴 것이었다. 그러므로 이 경우는 호주권자의 동의에 의한 위안부 계약이라고 볼 수 있다.

김복동은 15살이던 1941년에 동네의 구장과 반장이 어떤 국민복을 입은 일본인과 함께 집으로 찾아왔고, 데이신타이(정신대)로서 일본 공장에서 일할 것이라면서 어머니에게 서류에 도장을 찍으라고 해서 한동안 옥신각신 실랑이 끝에 자신을 끌고 갔다고 증언했다. 부산－시모노세키를 거쳐서 대만으로 갔고 거기서 다시 중국의 남부 광둥으로 갔다.

김복동의 경우, 동네 구장, 반장까지 가세해서 정신대에 가야 한다고 김복동의 어머니를 압박했다고 증언했지만, 1941년에는 여성을 정신대로 동원하는 일은 없었다. 여성의 근로정신대 동원은 1944년 3월 이후 본격화했으므로(山田昭次 2005:121), 데이신타이 운운은 나중에 끼워 넣어진 기억이라 할 것이다. 구장 등이 말한 행선지가 일본 공장이었든 어디였든, 김복동의 어머니는 동네 구장까지 가세한 설득에 결국 딸의 위안부 취업에 동의해서 관련 서류를 넘겨주고 도장도 찍어준 것이라 하겠다. 그래서 자발적 동의에 의한 위안부 계약이라고 볼 수 있다.

최정례는 가난해서 남의 집 식모살이를 하고 있었는데 14살이던

1942년에 어떤 남자가 어머니에게 딸을 공장에 보내라고 권유했고 그 말을 듣고 자신이 떠나게 됐는데, 자신이 떠날 때 어머니가 어디에다가 도장을 찍는 듯하였다고 증언했다. 이 경우도 어머니가 딸을 남에게 넘겨주는 데 동의한 것이다.

김옥주는 일본인 군인 집에 식모살이를 하고 있었는데 거기서 인천에 좋은 돈벌이가 있다고 소개했고 그에 동의해서 위안부로 가게 되었다. 그런데 호적등본을 요구해서 자신이 고향에 가서 호적등본을 발급받고 전차금으로 24원을 받았는데 20원을 엄마에게 줬다는 거였다. 전차금이 과연 24원뿐인지는 알 수 없다. 더 큰 금액인데 적게 얘기했을 수도 있다. 어쨌든 전차금을 받고 호적등본을 넘겨줬다는 점에서 위안부 계약에 동의한 것으로 볼 수 있다.

이후남은 아버지가 장사한다고 빚을 냈다가 못 갚게 되어서 부산 대신정 파출소에 갇혔다는 연락을 받는데, 돈 받을 사람은 매일같이 와서 돈 달라고 난리를 벌이고 이웃 사람이 자기를 따라가면 "너희 아버지도 나올 수 있고, 니도 돈도 잘 벌 수 있다"고 부추겨서 그 사람을 따라나섰다. 부산에서 경주로 가서 업주에게 인계되었고 만주 무단장으로 가서 위안부 생활을 시작하였다. 이후남이 경주로 떠난 지 얼마 안 돼서 아버지 빚도 갚고 아버지가 풀려났다고 한다. 이후남이 대신 갚은 아버지의 빚은 상당한 금액이어서, 이후남이 속한 위안소에서 이후남의 전차금이 가장 컸다고 한다.

가난한 집 출신의 하복향은 아버지가 어떤 집에 양딸로 보낸 상태에서 다시 아버지가 부산의 일본인 유곽 주인에게 1,500원에 팔았다. 일본인 주인은 하복향을 포함한 15명을 대만으로 데려갔다.

하복향은 아버지가 자신을 부산 영주동 역 앞의 소개소에 데려다주었다고까지 증언했다. 소개업소를 통한 이 거래에서는 당연히 승낙서와 호적등본 등 관련 서류가 하복향의 아버지에게서 유곽 업주에게 건네졌을 것이다.

그다음에 공점엽은 어떤 사람이 집에 와서 일본 비단 공장의 일이라고 권유했고, 아버지가 딸에게 가라고 야단을 쳤다. 만주의 해성이라는 곳의 업소에 도착한 후에 부모의 승낙을 받아서 해당 경찰서에서 창기업 허가가 났다. 창기 영업 전에 부모의 승낙이 있었다는 것이다. 그는 한국에 귀환한 후 부모를 만났을 때 "아버지가 그렇게 안 했으면 내가 뭣 하러 거기를 갔겠냐"고 원망했다는데, 딸을 위안부(정확히 말하면 창기)로 보낸 것은 아버지였다고 하겠다.

1922년생 김순옥은 7살 때부터 7년간 남의집살이를 하고 집에 돌아와서는 일본인 집의 애 보기를 하였다. 18살 되던 1940년에 아버지가 팔아서 랴오닝성의 중국인 술집에 갔는데 거기서 만난 조선인 노인이 빚을 갚아주어서 6개월 만에 집으로 돌아왔다. 그러나 아버지가 다시 팔아서 신의주의 40대 여성 집에 가서 기생 일을 1년 반 동안 해서 빚을 다 갚고 집에 다시 귀환하였다. 김순옥은 아버지에게 다시는 팔지 말라고 사정까지 했으나 아버지는 "네 동생들을 봐라. 못 먹어서 말라깽이가 됐는데, 그래도 돈 벌 수 있는 네가 나가 벌어야지"라 하고는 딸을 또 팔았고, 김순옥은 헤이룽장성 무단장시 둥닝东宁으로 가야 했다. 김순옥의 아버지는 전차금을 받고 딸을 접객업소에 넘기는 일을 반복하였다.

박서운은 1917년 몹시 가난한 집에서 아버지 없는 유복자로 태어났다. 19, 20살에 입 하나 덜 요량으로 부산 근처 시골로 시집갔으나 길쌈일, 농사일에 서툴러 구박받다가 1년을 못살고 쫓겨났다. 박은 친정에 돌아가지 못하고 식당에 일하러 갔다가, 1937년 전차금 300원을 받아 친정어머니에게 주고 만주 훈춘琿春시 춘후아春化진의 위안소로 갔다.

1917년 평북 박천 생 현병숙은 17살 되던 1934년 집을 도울 요량으로 자원해서 신안주의 술집에 2년 기한에 500원 전차금을 받는 계약을 하였다. 부모는 그 돈으로 현병숙의 오빠를 장가보냈다. 현병숙은 2년 후 집으로 일단 왔으나 '촌에는 안 있겠다'는 생각에 박천의 소개업자를 찾아가 중국에서 돈 벌고 싶으니 소개해 달라고 청하였다. 소개업자는 3년 기한으로 2천 원 주겠다는 걸 현병숙은 연 1천 원씩 쳐서 3천 원 달라고 하였다. 소개업자가 승낙하자 현병숙은 집의 부모를 설득해서 부모와 조부모의 동의서를 받았다. 그때 현의 아버지는 소개업자에게 다른 곳에 넘기지 않는다는 조건을 달았다. 현은 랴오닝성 진저우錦州에 갔는데, 업소에 여자가 모두 조선인으로 20~30명 정도로 많다 보니, 자신을 찾는 손님이 별로 없었다. 현은 빚을 갚으려면 그곳에 있어서는 안 되겠다고 생각하고 주인에게 군대를 따라다니는 위안소로 보내달라고 요청했고, 중국 중부의 전장인 장시성江西省 빰뿌의 위안소로 갔고, 몇 년 후에 우창武昌, 주장九江의 위안소를 거쳤다.

이상 몇 가지 사례를 살펴봤는데, 위안부 계약으로 볼 수 있는 건들은 부모나 본인의 의사로 위안부 일에 동의한 것이다.

표 6-4 경로 ① 위안부 계약 사례

성명	위안부가 되는 과정
이용녀 (1)	가난한 집, 아버지가 돈을 받고 요리옥에 양녀로 보냄(1년 계약). 1년쯤 된 1942년 요리옥 주인이 일본의 돈 많이 버는 좋은 곳에 가지 않겠냐고 제안. 잘 먹고 잘 입고 돈 벌자는 생각에 수락. 남산 아래 명동의 청요리집에 집합. 동네 친구들도 데려감. 부산에서 버마 랑군행.
박순애 (1)	16살 때 결혼, 너무 가난한 집이라 도망. 18살 때 후처로 감. 의처증 남편. 20살 때 소개소에 팔아넘김. (병원근무) 위문단 모집 소문, 응모. 라바울 행.
김복동 (2)	동네 구장, 반장이 국민복 입은 일본인과 찾아옴. 일본 공장에서 일할 것이라면서 어머니에게 서류에 도장을 찍으라 하고 끌고 감. 부산 -시모노세키 -대만을 거쳐 광동으로 감.
최정례 (2)	가난. 남의 집 식모살이. 14살이던 1942년 어떤 남자가 어머니에게 딸을 공장에 보내라고 권유. "내가 떠날 때 어머니가 어디에다가 도장을 찍는 듯 하였다." 청진 거쳐 웅기행.
김옥주 (3)	일본인 군인 집 식모살이. 인천에서 돈벌이 소개에 동의. 호적등본을 요구해서 고향에 가서 호적등본을 발급. 전차금 24원 중 20원을 엄마에게 줌.
이후남 (5)	장사한다고 진 빚 때문에 파출소에 구류된 아버지를 구하기 위해 위안부 자청. 위안부로 간 다음에 아버지가 파출소에서 나왔고 빚도 갚았다 함.
하복향 (5)	아버지가 소개소를 통해 일본인 유곽주에게 1,500원에 팔았고, 그 일본인 업주가 위안부로 데려 감.
공점엽 (6)	어떤 사람이 집에 와서 일본 비단 공장의 일이라 권유. 아버지가 가라고 야단쳐서 감. 만주 해성의 업소 도착 후 부모 승낙을 얻어서 경찰서에서 (창기업) 허가가 났다고 함…. 귀환 후 부모 재회. "아버지가 그렇게 안했으믄 내가 뭣하러 거그를 …"
김순옥 (중2)	18살 때부터 아버지가 세 번이나 전차금을 받고 팔아서 만주 랴오닝성-국내 신의주-만주 헤이룽장성을 전전.
박서운 (중2)	결혼 생활에 실패한 후 친정에 돌아가지 못하고 전차금을 받아 친정에 주고 훈춘의 군 위안소로 갔음.
현병숙 (중2)	17살 때 집을 돕기 위해 500원을 받고 신안주 술집에서 2년간 생활하고 돌아와서는 큰돈을 벌기 위해 부모동의 하 3천원 전차금을 받고 중국 랴오닝성 업소로 갔고, 빚을 빨리 갚기 위해 전장의 위안소로 옮김.

경로 2 : 친권 양도

그다음에 부모가 남에게 친권을 위임한 것으로 볼 수 있는 케이스다. 곧, 수양녀가 되는 경우다. 대표적인 사람이 위안부 제1호 커밍아웃을 한 김학순이다.

김학순은 아버지가 일찍 죽고 어머니가 재혼한 후에 이 의붓아버지와 어머니로부터 상당한 구박을 받고 살았다. 결국 어머니가 40원을 받고 몇 년 계약으로 기생을 양성하는 집에 수양딸로 김학순을 보냈다. 곧 평양 권번, 평양 기생조합인데, 거기에 기생양성소가 있었다. 김학순은 평양 권번을 마쳤으나 나이가 모자라서 평양에서는 기생으로 취업할 수 없었다. 그래서 양아버지가 1941년에 어머니의 승낙을 받고 김학순을 중국으로 데리고 갔다. 떠나는 날 어머니가 평양역에 노란 스웨터를 사가지고 와서 배웅해 주었다. 양아버지는 자신과 마찬가지로 기생 수업을 받은 여성(언니뻘)도 데려갔다.

김학순네는 처음에 만주에서 적절한 취업처를 찾지 못해서 베이징까지 갔는데, 거기서 일본 군인들에게 김학순이 납치되어 일본군 병사 수십 명이 탄 트럭에 태워졌다. 양아버지는 김학순 등 두 여성을 뺏기고 돈도 제대로 못 받은 것 같다고 했다. 군인들이 자신과 언니를 한 빈집으로 데려갔고, 거기서 한 장교가 자신을 강간했다. 그 언니도 마찬가지였다. 그리곤 둘은 포장 쳐진 방을 각기 배정받았는데, 군인들이 나무 침대를 만들어서 설치해 주었다. 이상이 김학순의 증언의 골자다.

그런데 군인이 민간인에게서 그 딸을 빼앗아서 위안소로 데려가 강간하고 이어서 위안부 일을 시켰다는 이 증언은 신빙성이 없다. 포주 업자 이야기는 없으며, 군인들이 강제로 여성을 끌고 가서 방도 배정하고 가구도 설치했다 하니, 군 직영 위안소라는 말이 된다. 하지만 군 직영 위안소는 1938년 초 상하이에서 설치되었다가 곧바로 폐쇄되었고, 김학순이 위안부가 되었다는 1941년에는 더 이상 없었다. 일본군이 조선인 여성을 베이징 길거리에서 납치하고 위안소에 감금해서 강간하고 위안부 일을 시켰다는 것은 상상할 수 없다. 위안소 설치와 운영, 위안부 조달에 관한 그 많은 일본 정부, 일본군의 지시 통첩과 규정에는 위안소 업주가 약취 유괴와 같은 수단으로 여성을 조달하지 않도록 하라는 이야기가 여러 차례 나온다. 업주가 해서는 안 되는 일을 군인이 해도 괜찮았던 것은 아니다. 그 자체가 군법 위반으로서 처벌 대상이어서 애당초 있을 수 없는 일이기 때문이다. 일본군의 납치와 강간, 군 위안소 감금과 '위안' 강요에 관한 그녀의 증언은 사실일 수 없다.

기실 김학순이 달리 증언한 바도 있다. 그녀는 다른 두 명의 전 위안부와 함께 1991년 말 도쿄지방재판소에 낸 「아시아태평양전쟁 한국인 희생자 보상청구사건」 소장에서 평양역에서부터 군인만 탄 군용열차를 3일간, 몇 번을 갈아타고 갔는데, 안둥과 베이징을 거쳐서 북중국 호오류현 철벽진이라는 곳에 도착했으며, 양부와 거기서 헤어졌다고 썼다. 그와 그 양부는 군인만 탄 군용열차에 어떻게 탈 수 있었을까? 그와 양부는 일본군 위안부 계약자와 인솔자 신분으로 탑승했을 것이다.

결국 김학순은 어머니가 평양 기생양성소의 한 남자에게 친권을 위임했고, 그가 양아버지로서 중국의 일본군 위안소에 김학순을 판 것으로 보아야 한다.

김춘자는 12살 때 어머니가 돈을 받고 술국집 식모로 팔아넘겼다. 어머니는 그 돈으로 광목 반 통을 사고 좁쌀 빚을 갚았다. 1년 후 술국집 주인이 삼수갑산의 공의公醫에게 팔았고, 1년 후 공의가 이자를 얹어 요리옥에 팔아 식모 생활을 하였다. 이후에도 몇 곳에 더 전매되었다. 이렇게 김춘자가 수차례 전매된 것은 친권이 위임 양도되었기 때문이었다. 김춘자는 그동안 이자까지 붙어 빚이 누적되었음을 알고 빚을 갚으려고 청진의 소개업소에 위안부를 자원하였다. 그는 소개받은 업주에게서 받은 전차금으로 자신에게 쌓인 빚을 청산하고, 1939년 5월 만주국 둥안성의 일본군 위안소로 갔다.

조남례는 형제 중 아무도 학교를 다닌 사람이 없도록 찢어지게 가난한 집 출신이었다. 날마다 술에 파묻혀 지내던 아버지가 조남례를 이웃 남자에게 팔았고, 그 남자가 조남례를 만주로 데려가 인사소개업자에게 팔았으며, 결국 창기 취업 허가가 날 때까지 1년을 기다렸다가 업소에 팔려갔다.

김창연은 의붓아버지가 3원을 받고 이동 창극단의 기생에게 자신을 유모로 팔았고, 또 그 기생이 위안부 모집업자에게 자신을 팔아서 위안부가 됐다고 증언했다. 금액이 얼마든 간에 부모가 딸의 친권을 넘겼고 그 친권을 갖게 된 기생이 위안부 모집책에게 그 친권을 또다시 넘긴 케이스였다.

이옥선의 부모는 자신의 딸을 거둬주는 대가로 남에게 친권을 위임 내지 양도했고, 그 양수인이 이옥선을 포주에게 팔아 위안부로 만들었다.

친권을 위임 양도받은 수양부모의 경우 해당 여성에 대한 양육과 보호 의무는 없이 처분권을 가졌다. 수차례 팔린 김춘자의 경우처럼 수양부모는 자신이 지불한 금액보다 더 큰 금액을 받을 수 있는 경우에는 언제든 해당 여성을 남에게 팔아넘겼다. 수양부모는 자신이 지불한 금액을 수양녀에 대해 채권으로 인지하였고, 수양녀는 수양부모에게 빚을 진 것으로 인지하였다. 수양부모는 수양녀를 남에게 다시 팔아 채권을 회수하였는데, 김춘자처럼 수양녀 자신이 자원해서 위안부가 되고 그 전차금으로 수양부모에 대한 빚을 상환하는 경우도 있었다. 표 6-2의 황금주(증언록 제1권 수록)도 양모의 손바꿈 때 늘어난 빚을 갚으려고 자원해서 위안부가 되었다(군수공장으로 알고 지원했는데 실제로는 위안소 행이었다고 한다).

표 6-5 경로 ② 친권의 위임 양도 사례

성명	위안부가 되는 과정
김학순 (1)	부 사망. 어머니가 재혼 후 40원을 받고 몇 년 계약으로 기생 양성집 수양딸로 보냄. 평양권번을 마쳤으나 나이 어려 취업 불가. 양아버지가 1941년 엄마의 승낙을 받고 중국행. 베이징에서 군인에게 납치.
김춘자 (2)	12살 때 어머니가 계약금을 받고 술국집 식모로 팔아넘김. 1년 후 술국집 주인이 삼수갑산의 공의☆▩에게 팔았고, 1년 후 공의가 요리옥에 팔았고, 이후 몇 곳에 더 전매됨. 빚이 누적되었음을 알고 소개업소에 위안부를 자원
조남례 (3)	아버지가 이웃 남자에게 돈을 받고 팔았고, 그 남자에 끌려서 만주의 소개장이에게 인계됨. 만주에서 나이가 모자라(16세) 허가가 나올 때까지 기다렸고, 1년 안 돼서 다른 곳에 팔려감.
김창연 (4)	의붓아버지가 3원 받고 (유모로) 이동 창극단 기생에게 팔았음 ⋯. 그 기생이 또 (위안부) 모집 다니는 포주에게 팔았음.

경로 3 : 유인

그다음은 유인 케이스다.

1920년생인 하순녀는 가난 때문에 보통학교에 늦게 입학해서 학교 다니기 싫었는데 아버지가 학교 가라고 성화해서 가출하였다. 하순녀는 광주에서 4~5년간 식모살이를 하다 20살 무렵인 1939, 40년에 오사카에 가면 돈을 많이 번다고 꾀는 어떤 사내들을 따라서 여수에서 배를 타고 오사카를 거쳐 상하이로 가서 군 위안부 생활을 하게 되었다. 이 증언으로는 하순녀를 그 부모도 모르게 꾀어 데려갔다는 점에서 유인에 해당한다.

하순녀는 자신이 상하이에서 집에 보낸 편지에 충격을 먹고 아버지가 화병으로 죽었다고도 증언하였다. 그런데 하순녀의 아버지는 위안소 설치 이전인 1937년 9월에 사망한 것으로 호적에 기록되어 있어(증언록, 76쪽) 하순녀의 증언과 일치하지 않는다. 하순녀는 1937년 이전에 중국에 간 것으로 봐야 한다. 또 조선에서 곧바로 상하이로 갈 수 있는데, 오사카를 거쳐서 상하이로 간 것도 잘 이해되지 않는다. 따라서 유인으로 위안부가 되었다는 증언의 신빙성이 떨어진다.

유명한 위안부 이용수는 프롤로그에서 서술한 대로 친구 어머니가 친구와 함께 좋은 곳에 일하러 가라고 제안하였고, 며칠 후 친구가 새벽에 집에 찾아와서 똑똑 창문을 두드려서 자신이 몰래 집을 가출했다고 증언하였다. 이용수는 대구에서 기차를 타고 평안북도 안주로 갔다가 다롄까지 갔고, 다롄에서 배를 타고 대만으로 갔다. 그녀가 2007년 미 의회 청문회에서 일본 군인에 의해 강제연행되었다고 말을 바꾸었지만, 이 증언은 그녀가 열렬한 위안부 운동가가 된 이후의 증언이라 오히려 신뢰할 수 없다. 이 증언은 이른바 위안부 운동가가 자신의 목적에 따라 말을 얼마나 쉽게 바꿀 수 있는지 보여주는 사례라 할 것이다. 이용수는 친구 어머니와 일본인 남자가 자신을 좋은 취직처와 좋은 물품으로 현혹해서 부모의 동의 없이 데려간 유인 케이스로 분류된다.

또 하나의 문제는 이용수가 간 곳이 과연 위안소였느냐이다. 부모 몰래 집을 떠난 이용수에게는 당연히 부모의 동의서, 호적등본, 인감증명 등 서류가 없었을 것이고, 실제로 이용수는 중국이 아니라 대만으로 갔다. 아무런 서류가 없으니 검사가 느슨한 조선-만주 다롄 경로로 대만으로 간 것이 아닐까. 전장이 아니었던 대만에는 본연의 군 위안소는 없었다. 이용수는 대만의 군 이용 민간 업소로 간 것이 아닐까 한다.

경성에서 살던 최명순은 19살 되는 1945년 1월 일본에서의 취직을 권유하는 정내회町內會 사람을 따라나섰는데, 일본 히로시마에 도착해서는 군 장교의 집에서 첩살이를 했고, 조선에 돌아가게 해 달라 간청하니 오사카의 일본군 위안소에 보내서 7월까지 위안부 생활을 했다 한다.

그러나 최명순의 증언은 믿기지 않는 부분이 너무 많다. 히로시마의 군 장교가 고작 자기 첩을 얻으려고 조선에 사람을 보내 여성을 서울에서 히로시마까지 데려오게 했다거나, 최명순이 조선에 돌아가게 해 달라 하니 오사카로 보내서 위안부를 만들었다는 것이 그것이다. 오사카에는 군 위안소가 없었다.

황순이는 산에서 산나물을 캐고 있는데 트럭 타고 온 사람 둘이 하얀 쌀밥에 고기 반찬을 준다고 해서 따라갔다. 역시 부모의 동의 없이 남의 딸을 데려갔다는 말이다.

김끝순은 이웃에 사는 일본인이 좋은 돈벌이가 있다고 해서 그를 따라갔다. 그런데 김끝순은 "가기 전에 돈 받아서 옷 한 벌 해서 입고 갔다"고 했는데, 이는 부모가 딸의 일을 알았고 또 부모가 돈을 받고 딸의 옷을 새로 해주었을 것임을 시사한다. 따라서 이는 유인에 해당한다고 보기 어렵다.

석복순은 18살이던 1939년 반장이 처녀들의 봉사 모임에 나오라고 해서 나갔더니 공장에 가면 돈을 많이 번다 하면서 군대에서 왔다는 이가 트럭에 태워 7명을 데려갔다고 한다. 그런데 트럭을 타고 용산역까지 가서 신의주행 기차를 탔고 다시 신의주에서 기차를 갈아타고 중국 한커우 인근까지 그 먼 길을 낯선 이를 그냥 따라서 갔다는 말은 믿기지 않는다. 더구나 석복순은 신의주에서 기차를 갈아타면서부터는 역마다 군인이 조사하러 나오고 인솔한 남자가 여행증과 같은 서류를 보여주었다고 했다. 석복순의 신분증명서 및 여행증이 있었다는 말인데, 이는 단지 동네 봉사 모임에 나갔다가 군대에서 나왔다는 이를 따라갔다는 진술과 모순된다. 부모가 딸의 취업 제안을 받고 필요 서류를 제공한 것에 해당한다.

빈농가의 장녀 문명금은 18살 때 하동에 동무들과 놀러 가서 읍내에서 노는데, 일본 사람이 와서 사탕, 과자를 사주면서 공장에 가자고 하니 돈 벌 생각에 따라갔다. 가보니 헤이룽장성 손오현의 군 위안소였다.

이처럼 유인되었다고 진술한 이들 중에는 하순녀처럼 증언에 모순이 있거나 최명순처럼 사실의 개연성이 떨어지며, 김끝순이나 석복순처럼 명백히 유인이 아닌 경우가 있으므로, 그 증언대로 유인으로 보기는 어렵다. 더구나 유인 시에는 위안소행에 필요한 서류를 구비할 수 없다는 것, 유인이라 하지만 실은 부모가 모집업자의 감언이설에 속아서 딸을 넘겨주었을 가능성이 크다는 것도 고려해야 한다. 따라서 유인의 실제 비중은 표 6-2의 25%보다는 훨씬 더 작았다고 하겠다.

표 **6-6** 경로 ③ 유인

성명	위안부가 된 경로
하순녀 (1)	늦게 보통학교에 입학해서 학교 다니기 싫었는데 아버지가 학교 가라고 성화해서 가출, 광주에서 식모살이를 하다 오사카에 가면 돈을 많이 번다는 어떤 사내들을 따라서 여수에서 일본 가는 배를 타고 오사카에 도착. 곧 상하이로 가서 군 위안부 생활
이용수 (1)	친구 어머니가 친구와 함께 좋은 곳에 일하러 가라고 제안. 며칠 후 친구와 함께 일본 남자로부터 원피스와 빨간 구두를 받고 따라감. 대구에서 안주행, 다음에 다롄에서 배 타고 대만행.
최명순 (1)	19살이던 1945년 1월 정내회 사람이 취직을 권유해서 그를 따라나서 일본 히로시마에 갔는데, 일본군 장교의 집에서 첩살이를 했고, 조선에 돌아가게 해달라 간청하니 오사카의 일본군 위안소에 보내서 위안부를 만듦.
전금화 (2)	가출 후 식모살이 중 돈벌이 유혹.
황순이 (3)	산나물 캐는데, 트럭 타고 온 사람 둘이 "하얀 쌀밥에 고기반찬 준다"라고 해서 따라감 .

김끝순 (3)	이웃 일본인이 돈벌이를 꾐. "가기 전에 돈 받아서 옷 한 벌 해 입고 갔던 거는 기억나예."
한옥선 (4)	직업소개소 통해서 일본인집 식모살이. 거기서 어떤 나이든 이(모집업자 추정)가 '돈 벌 곳 좋으니 가자'해서 속아서 감.
석복순 (5)	반장이 봉사 모임에 처녀들 나오라고 해서 나갔더니, 군대에서 나왔다는 이가 트럭에 태워 7명을 데려감. 공장에 가면 돈도 많이 번다고 하면서.
문명금 (중2)	1917년생. 전남 광양. 아버지 머슴살이. 장녀. 학교 미취학. 18살 때 하동에 동무들과 놀러 가서 읍내에서 노는데, 일본 사람이 와서 사탕, 과자를 사주면서 공장에 가자고 해서 그냥 따라갔음.

경로 4 : 강제연행

이제 마지막으로 볼 케이스들은 강제 연행 케이스다. 이 강제 연행에 관한 진술들은 상당히 신빙성이 떨어진다. '이런 일이 과연 있었을까, 이런 일이 있기 어려운데...' 하는 생각을 떨칠 수 없다.

먼저, 강덕경은 근로정신대로 일본에 갔다고 한다. 1929년생인 그녀는 1942년 3월 진주제일공립초등학교(현 중안초등학교)를 졸업하고 1년 후 1943년 4월 그 고등과에 입학하였는데, 2학년 때인 1944년 6월 학교를 자퇴하고 근로정신대에 입대하였다. 1939년까지 여자의 초등학교 취학률이 20%가 안 되었는데 1942년에 초등학교를 졸업한 강덕경은 상층가정에 속한다고 하겠다. 그녀는 일본 도야마현의 후지코시 회사 공장에서 일 하다가 배고픔과 중노동을 못 견디고 탈출했는데, 얼마 못 가서 헌병에게 붙잡혀 성폭행을 당했고, 그가 데리고 간 부대 뒤 천막집에서 위안부 생활을 시작해서 부대를 따라 이동한 곳에서 위안부 일을 하다가 해방을 맞았다고 한다.

일본 내 군인이 여성을 납치 강간하는 일은 있을 수 있다. 하지만 일본 내에 있는 군인이 여성을 납치해서 강간한 다음 부대 뒤 위안소로 데려가 위안부로 만들었다는 이야기를 사실로 보기는 어렵다. 인도네시아 스마랑 사건 등을 제외하고는 한 부대가 납치한 여인들로 위안소를 만든 경우는 없다. 더욱이 일본 내 주둔 부대가 그렇게 했을 가능성은 더욱 없다. 강덕경의 경우를 가지고 강제연행론자들은 정신대로 간 여성들 중에도 위안부라 된 케이스가 상당히 있었다고 이야기하지만, 이는 기본적 사실관계를 확인하지 않고 진술을 그대로 사실로 간주한 것에 불과하다.

이 점은 강덕경을 심층 인터뷰하고 그 사실관계를 추적한 일본인 저널리스트 도이 도시쿠니의 책(도이 토시쿠니 2022)에서도 확인된다. 그녀는 후지코시 공장에서 두 번 도망쳤는데, 첫 번째는 붙잡혀서 공장으로 되돌아왔고, 1945년 봄 두 번째로 도망쳤을 때 헌병에게 붙잡혀 위안부가 되었다고 했다. 책의 저자 도이는 그녀가 위안부 생활을 했다는 곳이 니가타新潟県 나가노長野시 마쓰시로松代의 군용 지하호 건설 현장이었음을 밝혔다. 하지만 그녀가 어떻게 해서 오늘날에도 자동차로 4시간 거리인, 도야마에서 나가노까지 오게 되었는지, 그녀가 정말로 일본군 헌병에게 납치되었는지, 그녀가 있던 곳이 일본군 위안소였는지는 밝히지 못하였다. 이것은 그녀가 사실을 제대로 말하지 않았기 때문이다. 연합군과의 전투가 벌어지지도 않은 오지 나가노에 일본군 위안소가 있었을 리 없다. 그녀는 군 시설 공사 현장의 군인과 노무자가 이용하는 유곽에 있었던 것으로 보이는데, 그녀가 어떻게 해서 그곳에 갔는지는 그녀만 아는 일이었다.

진경팽은 어머니와 목화밭에서 일하는데 헌병 4명이 자기를 갑자기 끌고 갔다고 했다. 어머니는 딸을 데려가지 못하게 막았는데, 헌병들이 어머니를 밀쳐내고 자신을 데려갔다는 것이다. 마산으로 끌려가니 여성들이 모여 있었고 부산으로 가고 다시 시모노세키를 거쳐서 대만의 해군 위안소로 갔다고 한다.

그런데 이 진경팽의 증언 중에는, 마산에서 원피스를 갈아입고 이발소에서 머리도 깎고 사진도 찍었다는 이야기가 나온다. 사진은 도항증(신분증명서)를 만드는 데 필요해서 찍었을 것이고, 이는 민간업자의 모집 과정의 한 장면으로 봐야 한다. 진경팽의 증언에서는, 헌병이 민간업자의 요구에 따라 여성을 납치해 오는 하수인이다. 이 점에서 진경팽의 증언은 신빙성이 없다.

전라남도 장흥 출신의 여복실은 1939년 17살 때 집에 일본 군경이 들이닥쳐서 자신을 트럭에 태웠다고 말한다. 순사와 군인들이 집집마다 뒤져서 여자들을 찾아냈고, 자신의 경우 아버지와 여동생이 애원했으나 소용이 없었다. 자신이 트럭을 타고 가는데 나주와 영산포에서도 길 가는 처녀들을 닥치는 대로 붙잡아서 실었다. 일본 군경은 그렇게 여성들을 모아서 기차 화물칸에 태워서 북중국 텐진으로 보냈다. 그리곤 점령지의 비어 있는 중국인 집에 자신들을 수용하였다. 일본 군인이 이 과정을 다 주도했다 한다.

집에 군경이 들이닥쳐서 또는 길거리에서 보이는 여자들을 다짜 고짜 차에 태워서 납치했다고 하는 것은 거짓말로 판명된 요시다 세이지의 증언과 판박이다. 역시 신빙성이 없다. 또 이 여복실의 경 우에도 업주에 관한 이야기가 전혀 없고, 다 일본 군인이 한 것으로 되어 있다. 제대로 된 인터뷰어라면 여복실에게 업주는 없었냐고 물어봤을 것이지만, 정대협의 질문자는 이 부분의 체크 없이 일본 군인이 여성을 납치하고 위안부 생활을 강요한 것으로 해놓았다.

김은진은 1932년 대구 출생인데 서울로 이주한 후 아버지가 오 빠를 데리고 중국으로 갔고 살림이 어려워졌다. 광희초등학교 6학 년 때인 1944년 일본인 교장, 교사의 권유에 따라 정신대를 지원 해서 시모노세키에서 트럭을 타고 도야마현의 후지코시 공장으로 갔다. 그런데 미군의 폭격으로 공장이 파괴되고 많은 사람이 죽자, 남은 30~40명을 새로 트럭에 태워 아오모리青森현으로 보냈고 거 기서 위안부 생활을 시작했다.

그러나 도야마 지역이 공습받은 것은 패전 직전인 1945년 8월 3 일이었고, 그때도 후지코시 공장은 폭격을 면해 파괴되지 않았다. 당연히 사망자도 없었다. 30명이 넘는 후지코시 여자정신대원의 증언에 의하면, 정신대 소녀들은 군 트럭이 아니라 기차를 타고 후 지코시 공장에 갔다(하나부사 도시오 2021:48). 앞서 본 강덕경도 시모 노세키에서 후지코시 공장까지 기차를 타고 갔다고 증언하였다. 김 은진이 위안부가 된 경위 진술은 전혀 신빙성이 없으며, 지어낸 이 야기로밖에 볼 수 없다.

김은진과 같은 책에 수록된 박순이도 합천초등학교 6학년 때인

1944년 학교 선생님의 말을 따라서 정신대로 갔는데, 일본 시모노 세키에서 트럭에 태워져 도야마현의 군부대 같은 곳에 가서 보름간 훈련을 받고는 위안부 생활을 했다고 한다. 그러나 1944년에는 도야마현에 군부대가 없었고 고속도로도 없었는데, 아침에 자동차 시모노세키를 출발해서 저녁때 도야마에 도착했다는 것도 말이 되지 않는다(하나부사 도시오 2021 : 49). 지금도 시모노세키로부터 도야마시까지는 고속도로로 가도 11시간이 걸린다.

김은례는 17살이던 1942년에 순사가 일본 방직공장에 가라고 협박하고는 김은례를 집에서 끌고 갔다 한다. 온 가족이 눈물바다가 되었고, 이 순사가 김은례를 어떤 여자에게 넘겨서, 상하이를 거쳐서 난징으로 갔다 한다. 순사가 위안소 포주의 하수인 역할을 했다는 말이다.

개별 경찰이 모집업자나 포주와 짜고 일탈행위 또는 범죄, 부정 행위를 저질렀을 수는 있다. 그렇지만 국가 정책상 경찰이 위안소 포주의 하수인 역할을 하도록 되어 있던 건 아니다. 이런 일은 일어날 수 없었다.

김영자는 순경이 딸을 내놓으라고 아버지를 폭행하고, 얼굴에 천을 씌우고 물 붓는 물고문까지 했고 그 때문에 아버지는 며칠 후 사망했다고 증언했다. 또 당시 일본 군인들, 순경들은 자기 집만이 아니라 처녀들이 있는 집집마다 다니면서 조사했다고 말했다.

본인이 이렇게 진술한 것을 사실이 아니라고 단언할 수는 없다. 하지만 이런 일이 있었을 것으로 보기는 어렵다. 아무리 일제 치하이지만 순경이 딸을 강제로 끌고 가면서 그에 저항하는 아버지를 물고문하고 폭행해서 결국 죽게 했다니 말이다.

김정순은 19살 되던 1940년 초 집에 칼 찬 순경과 군인이 와서 방적회사에 취직해야 한다고 했는데, "겁이 나갖고 안 간다고 말 못했고" 따라갔다고 한다. 차를 타고 가는 도중에 계속 조선 여자, 일본 여자가 차를 탔고, 인솔자도 바뀌었다 한다. 기차를 타고 가다 베이징에서 갈아타고 허베이河北성의 스좌장石家庄까지 갔다.

이양근은 16살에 시집을 갔다가 소박맞고 3년 만에 집에 돌아와 1년 정도 지났을 때, 집에 "칼을 번뜩거리고 모자는 뻘겋게 테두리 한 것을 쓰고, 누런 담요 같은 것으로 옷을 만들어 입고, 허리띠를 차고 삐까삐까한" 일본 군인들이 통변자와 함께 무대기로 많이 몰려 와서 광목공장에 넣어준다고 말하며 다녔는데, 마침 어머니, 아버지 모두 집에 없던 차라 끌려갔다고 한다. 부모는 이양근이 끌려간 후 "울고불고 난리 났었다"고 한다. 이양근은 부산에서 군인들도 많이 탄 큰 배를 탔는데 도착해 보니 싱가포르였다 한다.

김정순과 이양근의 경우, 순경이나 군인이 방적공장이나 광목공장에 취직시켜 준다면서 여자를 집에서 위력으로 끌어내서 업자에게 넘겨주었다는 말이 된다. 순경과 군인이 떼를 지어 다니며 공장에 취직시킨다면서 거짓말을 했고, 결국 위안소 업주나 모집업자의 하수인 역할을 했다는 것이 되어 그 증언은 도무지 신빙성이 없다. 더구나 일본 군인이 집까지 찾아와서 끌어갔다는 이양근의 증언은 싱가포르행 위안단의 경우 조선총독부와 조선군사령부의 요청을 받은 업자들이 전차금과 좋은 일자리라는 감언이설 등으로 여성을 모집했다는 미군 포로 심문 기록과도 배치되어 신빙성이 전혀 없다.

　이옥순은 엄마가 남의 집, 부산진의 작은 우동집에 양딸로 보냈다. 술상 시중을 들게 하는 걸 거부하니, 울산 술집에 식모로 팔렸는데, 식모 생활하던 1942년 7월 어느 날 길에서 남자 2명이 강제로 트럭에 태워서 울산역으로 끌려간 후 화물차 짐칸에 실려 다른 여성 15명과 함께 만주 지린성 투먼圖們을 거쳐 옌지延吉로 가서 위안부 생활을 했다.

　길에서 갑자기 여성을 사냥하듯 끌고 갔다는 것은 요시다 세이지의 위안부 사냥 증언을 연상케 하여 역시 신빙성이 떨어진다. 몹시 가난한 집에서 사실상 친권을 포기하고 딸을 남에게 넘겨주었는데, 그 딸이 이곳저곳을 전전하다 유곽에 흘러든 것으로 봐야 할 것이다.

　1928년생인 석순희는 태평양전쟁이 터진 후인 14살 때 서울 마포구 공덕동에서 트럭에 강제로 실려 연행되었다 한다. 동네 방송에서 방앗간 앞에 동네 여자들 모이라고 하고는 군인과 민간인이 섞인 일행이 여자들의 몸무게를 재서 무게가 좀 나가는 실한 여자들을 바로 트럭에 태웠는데, 석순희는 몸무게가 55~60kg 나가서 바로 실려 갔다는 것이다. 석순희의 모친은 왜 내 딸을 데려 가냐고 항의했으나 소용없었고, 같은 방식으로 한 10명이 끌려갔다 한다. 기차를 갈아타고 내린 곳은 산도 없고 나무도 없고 물도 없고 사막같이 누런 모래가 온통 뒤덮인 곳이라 하니, 내몽고라 추정된다.

　아무리 일제가 전쟁에 광분한 때라 하더라도, 동네 여자들을 줄을 세워서 고기 근수 재듯 몸무게를 재고는 일정 몸무게 이상은 트럭에 강제로 태워 끌고 갔다는 것은 신빙성이 없다. 또 1940년대 초 14살의 여자아이의 몸무게가 55~60kg이 나갔다는 것 역시 마찬가지다. 14살 여학생의 평균 몸무게는 1965년에 41.5kg, 1993년에 51.0kg였는데(교육부 『교육통계연보』), 영양 상태가 훨씬 더 열악한 일제하, 그것도 전시기에 14살 소녀의 몸무게가 60kg 가까이 되었다는 것은 신빙성이 없다.

노청자는 밭에서 일하는데 누런 군복 입은 헌병 너댓 명이 와서 다짜고짜 자신을 끌어갔고, 만주에서 아사히식당에 자신을 배치해서 자신은 이 식당에서 술시중, 청소, 빨래, 위문단공연을 했다고 증언했다. 여기서도 헌병들은 식당 업주의 하수인 역할을 했다는 말이 된다.

그런데 노청자의 이어지는 증언은 강제연행 주장과 배치된다. 노청자가 식당 주인에게 책임질 빚이 있었는데 단골 군인에게 호소해서 몰래 그냥 도망쳤다고 증언한 것이다. 이 빚은 식당에 간 후 일을 하면서 생긴 빚은 아닐 것이다. 노청자는 전차금을 받았기에 갈 때부터 빚을 진 것이고, 빚을 안 갚고 중간에 도망친 것이다. 그런데도 노청자는 헌병 너댓 명이 와서 다짜고짜 끌고 갔다고 했다. 이 헌병의 강제 연행 언급과 빚 언급은 완전히 모순된다.

표 6-7 경로 ④ 강제연행

성명	위안부가 된 경로
강덕경 (1)	도야마 후지코시공장 근로정신대 탈출. 군인에게 강간 당하고 부대 뒤 천막집 (위안소) 수용.
진경팽 (2)	엄마와 목화밭에서 일하는데 헌병 4명이 끌고 감 . 마산 – 부산 – 시모노세키 거쳐 대만 해군 위안소행.
여복실 (2)	전남 장흥. 1939년 17살 때 집에 일본 군경이 들이닥쳐 트럭에 태움. 순사와 군인들이 집집마다 뒤짐. 아버지와 여동생이 애원했으나 무소용. 나주 영산포에서도 길가는 처녀들을 닥치는 대로 붙잡아 실었음. 기차 화물칸에 태움. 북중국 텐진행. 군인이 수송. 중국인 빈집에 수용.
김은진 (2)	1932년 대구 출생. 서울 이주. 아버지가 오빠를 데리고 중국행. 1944년 초등학교 6학년 때 정신대로 도야마현의 후지코시 행. 미군의 폭격으로 공장이 파괴된 후 아오모리현으로 보내져 위안부 생활 시작.
김은례 (3)	17살이던 1942년 순사가 일본 방직공장 가라고 협박. 집에서 연행, 온 가족 눈물바다. 어떤 여자에게 넘김. 상하이 거쳐 난징행.
김영자 (4)	순경이 딸 내놓으라고 아버지를 폭행, 물고문. 일본 군인들, 순경들이 처녀들 집집마다 다니면서 조사. 아버지는 며칠 후 사망.
김정순 (5)	19살 되던 1940년 초 집에 순경과 군인이 와서 방적회사 취직해야 한다고 해서 따라감. 겁이 나서 안 간다고 말 못함. 군복 입고 칼 찬 사람임.
이양근 (5)	통역자와 군인들이 광목공장에 넣어준다고 부모도 모르게 끌고 가서는 싱가포르 위안소로 데려감.
이옥선 (중2)	학교도 못 보내고 잘 거두지 못하니 엄마가 남의 집 = 부산진의 작은 우동집에 보냈음. 술상 시중을 들게 하는 걸 거부하니, 울산 술집에 식모로 팔아먹음. 어느 날 길에서 남자 2명이 강제로 트럭에 태워서 투먼 – 옌지행.
석순희 (6)	서울 공덕동에서 동네 여자들을 집합시킨 후 군인들이 일정 몸무게 이상의 여자를 강제로 트럭에 태워서 연행하고, 내몽고로 데려가 위안부를 시켰음.
노청자 (6)	밭에서 일하는데, 누런 군복 입은 헌병 4~5 명이 와서 다짜고짜 끌고 감. 만주 아사히쇼쿠도 (식당)에 배치. 식당에서 술 시중, 청소, 빨래, 위문단 공연도 했음. 단골 군인에게 호소해서 도망침. "식당 주인은 모르지. 알았다가는 책임진 거 돈 있잖아. 돈두 갚아줘야지. 몰래 그냥 나왔지."

이렇게 관헌에게 강제연행되어 위안부가 되었다는 11명의 증언을 살펴봤는데, 그들이 말하는 강제연행 상황은 요시다 세이지가 말한 위안부 사냥 장면과 매우 흡사하다. 그들의 증언 역시 요시다 세이지의 증언과 마찬가지로 지어낸 이야기일 가능성이 높다. 그 증언을 뒷받침할 아무런 객관적인 증거가 없고, 친족, 친구, 친지 등 목격자나 관계자가 증언을 입증한 경우도 전혀 없다. 정대협은 전 위안부의 증언을 채록하면서 방증을 얻으려는 노력을 전혀 하지 않았다(秦郁彦 1999:190).

일제하의 조선사회가 노예사냥과 같은 일이 일어나는 야만 사회는 아니었다. 그리고 일정 몸무게 이상의 여성을 끌어갔다거나 헌병들이 끌고 갔다고 하면서 업주에 빚을 졌다고 이야기한다든가, 또 정신대로 갔다가 위안부로 되었다는 증언도 사실로 인정하기 어렵다.

게다가 일본 관헌이 딸을 강제로 끌어가는데 부모 가족이 울기만 했으며 같은 동리민들도 아무런 항의를 하지 않았다는 것도 이해할 수 없다. 아무리 식민지하라 하더라도 관헌이 여성을 강제로 끌고 갔다면 폭동이 일어났을 것이기 때문이다. 태평양 섬에서 1945년 3월 포로가 된 3명의 조선인 노무자들이 미군 심문관에게 그렇게 증언했다.

포로가 태평양에서 본 모든 조선인 위안부들은 자원자volunteer이거나 그들의 부모가 팔아서 위안부가 된 것이었다. 조선인의 사고방식에서 이는 적절한 것이었는데, 그렇지 않고 일본인이 여성을 직접 징집conscription하는 것은 나이든 사람과 젊은 사람 모두에게 참을 수 없는 일이어서 격분했을 것이다. 사람들은 격노해 봉기하고, 그들이 이로 인해 겪게 될 고통을 무릅쓰고 일본인을 살해했을 것이다(정진성 2018a : 718).

정대협 증언록이 1993년부터 2006년까지 순차적으로 발간됐는데, 나중에 나온 증언록일수록 강제 연행의 비율이 높다. 1993년에 나온 제1권에서는 19명 중 강제 연행 케이스는 3명밖에 안 되었지만, 2006년에 나온 제6권에서는 11명 중에서 6명이 강제연행이라고 증언했다. 이것은 바로 강제연행설이 1990년대를 지나면서 확립된 결과에 다름 아니다. 이것은 위안부의 증언이 위안부 운동 때문에 사실과 다른 내용으로 오염되었을 가능성을 강력히 시사한다. 관헌에게 강제연행되어 위안부가 되었다는 증언은 사실이 아니었을 가능성이 크다.

식민지 조선에서 관헌의 위안부 강제연행은 없었다

관헌에 의한 강제연행 주장에 있어서 정대협 증언록만이 아니라, 북한이나 중국에 거주하는 전 위안부의 증언도 신빙성이 없기는 마찬가지다. 예를 들어, 북한에 거주하는 전 위안부 최봉선崔奉仙의 증언을 살펴보자. 1925년 평안북도 태생인 그녀는 가정이 빈곤했기 때문에 9살 때부터 마을 지주 집에서 애 보기를 하면서 가계를 도

왔다. 14살이던 1939년 말 일본인 경관과 헌병이 집에 들이닥쳐 봉선을 연행했는데, 그때 경찰은 저항하는 봉선의 머리채를 잡고 끌고 갔다. 끌려간 집에는 이미 소녀 17명이 모여 있었는데, 이들은 트럭으로 향산香山역까지 가서는 기차를 탔고, 이틀 걸려서 만주 헤이룽장성에 있는 명월관明月館이라는 간판의 건물에 도착하였다. 일본군 위안소였다. 이곳에는 이미 30명 정도의 조선인 위안부들이 있었고 봉선은 19호실에 배치되었다(西野留美子 1995:106-108).

명월관은 그 이름으로 봐도 분명 민간 업주의 접객업소다. 그런데 그녀의 증언에는 그 업주 이야기는 나오지 않는다. 평안북도의 한 농촌 마을까지 와서 그녀를 연행하고 트럭과 기차에 태워서 그 위안소까지 실어 오고, 명월관 건물의 19호실에까지 그녀를 밀어 넣은 것은 모두 일본 경찰과 군인이다. 민간업자는 아무것도 하지 않았고, 군이 여성을 납치, 호송, 위안소 배치까지 다 했다 한다. 군이 민간업자의 하수인이란 말인가.

또 위안부로 강제연행되었다고 하는 중국인 전 위안부의 증언도 신빙성이 없다. 1995년 중국 산시성 출신, 전 위안부 5명이 도쿄 지방재판소에 인당 2천만 엔의 보상금을 요구하는 소송을 냈다. 이들은 산시성 진구이셔進圭社촌에 주둔한 일본군에 납치, 감금되어 위안부가 되었다고 주장하였다. 그중 하나인 완 아이화万爱花는 4살 때 생활고로 다른 집에 팔려 갔다가 11살 때 공산당에 입당하고 항일 운동에 참여했는데 15살이던 1943년 6월 일본군에 잡혀서 연행된 후 팔로군 정보를 대라고 고문당하고 윤간당했으며, 도망쳤지만 다시 붙잡혀 폭행 당한 끝에 불구의 몸이 되었다고 주장하였다. 또 아버지가 촌장으로서 팔로군에게 협조하다가 체포된 12살의 허우챠오리안(侯巧蓮)은 마을에서 다른 6명과 함께 잡혀가서 매일 강간당하였다고 증언하였다.

일본의 위안부 연구자 하타는 1942~1943년경 산시성 진구이셔 일대 주둔 일본군 출신자를 조사하여 3명의 생존자를 인터뷰했는데, 모두 '있을 수 없는 일'이라고 강하게 부정했다고 하였다. 그들은 진구이셔가 대 팔로군 전초지점이었기 때문에 일본군이 주민의 민심을 잃으면 주민과 내통한 팔로군에 의해 전멸될 위험이 있었고, 그래서 부대장이 군기를 엄정하게 잡았다고 증언하였다(秦郁彦 1999：198-204).

정대협을 지원하는 일본의 위안부 연구자, 운동가조차도 조선에서 관헌의 강제연행설을 부인한다. 요시미 요시아키는 조선, 대만과 같은 식민지에서는 관헌의 강제연행 증언은 있으나 확인되지 않았으며, 민간인 업자가 여성을 모집하였다고 했다(요시미 요시아키 1998：10; 2014：39). 또 관부재판을 이끈 하나부사 도시오, 하나부사 에미코도 "당시 조선은 일본으로부터 공창제가 도입되어 시행되고 있었으므로 군이 주도한 노예사냥적인 강제동원은 이뤄지지 않았을 것"이고, "그보다는 오히려 생활이 곤궁한 부모가 일본군의 요청을 받은 알선업자와 위안소 경영자에게 딸을 팔거나, 취업 사기의 감언에 속아 딸을 넘겨 일본군 위안부가 된 예가 많았"다고 했다(하나부사 도시오 외 2021：221).

따라서 조선에서 관헌에 의해 위안부로 강제연행되었다는 증언은 사실로 보기 어려우며, 강제연행은 위안부가 되는 경로가 아니다. 강제연행되었다고 말한 증언자들은 그들이 밝히지 않은 무언가의 다른 경위로 위안부가 되었다고 보아야 할 것이다.

정대협이 주장한 것처럼 위안부가 일본군이나 업자의 범죄로 만들어진 게 아니라, 부모나 본인의 의사로 위안부 계약을 하거나 부모가 딸의 친권을 남에게 양도해서 위안부가 되었다는 것이다. 부모가 딸의 위안부 계약을 하거나 딸을 남에게 넘겨주는 것은 지금으로선 이해하기 곤란하다. 어떻게 부모가 얼마 안 되는 돈을 받고 딸이 위안부가 되게끔 넘겨줄 수 있느냐는 것이다. 하지만 극도로 가난한 상태에서는 얼마든지 일어날 수 있는 일이다.

1945년 5월 필리핀에서 5명의 조선인 위안부가 미군에게 붙잡혔다. 그들을 심문한 자료에 의하면, "모든 여성들의 가족은 극도로 가난했기 때문에 가족을 보살피는 생활비용을 절약하고 돈을 얻기 위해 그들은 조선의 게이샤 하우스에 팔렸다. 그녀들은 타이완 타이중시로 팔려 간 후 육군에 고용되었다. 그녀들은 조선으로 돌아왔다가 1944년 4월 29일에 일본 또는 조선 국적의 여성 62명과 함께 필리핀으로 갔다. 그들은 여전히 육군에 고용되어 있었다."(정진성 2018a:572). 5명 중 4명은 2명씩 자매였다. 부모가 돈을 받고 자매를 한꺼번에 넘겨서 慰安婦로 만든 것이었다.

이상과 같이 정대협에서 발간한 위안부 증언록을 살펴봐도, 결국 ① 자발적인 동의 계약, ② 친권양도가 위안부의 양대 경로이며 그 밖에 부분적으로 ③ 유인이 있었을 것으로 추론하게 된다. 이런 추론은 얼마나 타당성이 있을까. 조선 내 작부, 창기의 경로를 살펴봄으로써 이를 검토해 보자.

위안부 운동단체 정대협은 전 위안부 103명의 위안부 경험을 수록한 증언록 8권을 발간하였다. 증언록 상 위안부의 경로는 친권자나 여성에 의한 계약, 친권의 위임 양도, 유인, 강제연행으로 구분되는데, 증언록 상 계약과 강제연행의 비율이 31%로 같으며 유인 26%, 친권 위임 양도가 12%였다. 하지만 유인이나 강제연행으로 위안부가 되었다는 증언 중에는 진술 내용이 모순되거나 개연성이 떨어져 사실이라 하기 어려운 것이 많으며, 유인이나 강제연행은 당시에도 범죄로서 도항 수속 과정에서 걸러졌다는 점에서 위안부의 일반적 경로가 될 수 없다.

조선 내 작부와
창기가 되는 경로

조선총독부 경찰이 1930년 말 조선 내 창기의 경로를 조사한 것이 있다. 그 집계 결과를 보면, 일본인 창기의 압도적 다수인 85.4%가 주선업자의 손을 거쳐 추업에 종사하였으며, 포주와 부모 기타 친족이 직계약한 것이 9.6%였고, 창기 본인이 포주와 직접 교섭한 것은 3.9%에 불과하였다. 이에 비해 조선인 창기 중 주선업자를 통한 자의 비율은 71.8%로 더 낮으며, 대신 포주와 부모 간, 포주와 본인 간 직접계약 비율이 더 높았다. 주선업자를 통해 창기 취업한 이의 비율이 일본인의 경우 더 높은 것은 아무래도 일본인은 조선 내 연고 관계가 약하기 때문이었을 것이다.

표 7-1 1930년 말 조선 내 창기 경로 조사 (단위:명,%)

	총수	주선업자 개재	포주-부모 직접계약	포주-본인 직접계약
일본인 창기	1,798	1,536	173	70
	(%)	85.4	9.6	3.9
조선인 창기	1,372	985	180	198
	(%)	71.8	13.1	14.4

자료 : 增田道義(1934a:38).

  일본인이든, 조선인이든 주선업자를 통해 창기로 취업한 비율이
매우 큰 것은 주선업자가 개재된 창기 시장의 네트워크의 존재를 시
사한다. 한 여성은 어떻게 주선업자를 통해서 창기가 된 것일까. 창
기 시장에는 어떤 네트워크가 있었는가. 이를 알아보는 데는 작부·
창기 관련 형사 사건의 재판 기록이 유용하다. 1939년에 대구 등에
서 여러 모집책이나 소개업자가 부녀를 유인해서 창기나 작부로 만
주국으로 이송한 것이 적발되어 처벌을 받았다. 조선 내에서 여성을
불법적으로 작부나 창기로 만들었다가 처벌받은 것도 있었다. 전라
북도 완주에서 고모부가 조카딸을 만주국에 창기로 이송한 사건도
있었다. 전라북도 임실에서 한 모집책이 부녀를 유혹해서 만주국으
로 데려가서 술집 작부로 넘긴 사건도 있었다.

경로 1 : 부모가 딸의 창기 취업을 계약

이하에 소개하는 것은, 부모가 딸의 작부·창기 취업 계약을 했는데 그 과정의 모종의 불법 행위가 적발된 사건이다.

아래 그림에서 굵은 선 박스로 표시한 인물, 이종옥, 최홍이, 제암동이 모집책이다. 이들이 굵은 점선 박스로 표시한 여성의 가족과 교섭해서 해당 여성을 창기로 취업케 하였다. 이 모집책으로부터 여성을 소개받아 작부, 창기로 취업시킨 업소를 가는 실선 박스로 표시하였다.

그림 7-1 1939년 연령 미달자를 창기로 만든 사건

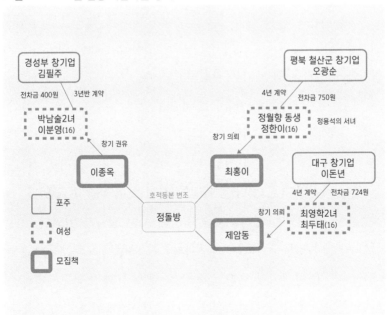

이 세 명과 관련된 사건은 모두 1939년 대구에서 벌어졌다. 이 종옥이라는 모집책이 박남술에게 그 둘째 딸 이분영의 창기 취업을 권유했다. 박남술이 그걸 받아들여서 다른 소개업자를 끼고 서울의 창기업자에게 3년 반의 창기 취업 계약을 하였다. 박남술은 전차금 400원을 받았다. 위 그림에서 이분영 이름 뒤 ( ) 안의 숫자 16은 이분영의 나이를 뜻한다.

또 다른 모집책 최홍이에게 정월향이라는 여자가 그 동생 정한 이의 창기 취업을 의뢰하였다. 정한이는 정용석의 서녀. 정용석과 그 첩 사이의 딸이었다. 이 의뢰를 받은 최홍이가 다른 소개 업체를 통해서 평북 철산군의 창기업자와 창기 취업 계약을 맺도록 하였다. 계약 기간은 4년, 전차금은 750원이었다. 정용석은 750원을 받았다. 정한이 역시 16세였다.

또 모집업자 제암동에게 최영학이 자기의 둘째 딸 최두태의 창기 취업을 의뢰하였다. 제암동은 다른 소개업자를 통해서 대구의 창기 업자에게 창기 취업 계약을 알선하였다. 이것은 4년 계약에 전차금 은 724원이었다. 최두태 역시 16세였다.

위 사례에서 창기로 취업한 여성의 나이는 모두 16세다. 당시 창 기 취업 규칙상 만 17세 이상이어야 했다. 16세는 창기로 취업할 수 없는 나이였다. 그렇다면 어떻게 창기로 취업할 수 있었나. 호 적등본을 변조했다. 호적등본을 변조해 주는 업자가 있었다. 가는 실선 박스의 정돌방이라는 사람이다. 세 여성이 모두 1923년생, 다이쇼大正 12년생이었는데, 정돌방은 세 여성의 호적등본에서 이 12년을 10년으로 각기 변조했다. 이제 1921년생이니 만 18세로서 창기 취업이 가능해졌다.

이렇게 호적을 변조한 것이 적발돼서 이 모집책들과 호적 변조 업자가 공문서위조 및 동 행사죄로 처벌받았다.

이 사례는 우리에게 무엇을 시사하는가? 우선은, 다수가 관여하여 한 여성을 작부나 창기로 만드는 네트워크가 있었다는 것이다. 앞서 본 세 모집책 이종옥, 최홍이, 제암동의 직업은 행상이었다. 농촌과 도시 이곳저곳을 다니며 행상을 하면서 부녀자 모집 일도 병행하였다. 이들은 부녀자를 대구에서 모집해서는, 그 부녀자들을 경성, 나아가서는 멀리 평안북도 철산군이라는 오지의 유곽에까지 넘겼는데, 모집책과 유곽을 연결해 주는 소개업자도 있었을 것이다. 게다가 호적등본을 위조해 주는 업자까지 있었다. 결국, 모집책, 소개업자, 호적등본 위조업자, 포주 등 다수로 이루어진 작부·창기 시장의 네트워크가 있었다는 말이다.

이 여성들이 작부나 창기가 된 것은 유괴가 아니라 부모의 자발적인 계약이었다. 모집책이 먼저 의뢰한 경우도 있고 부모가 먼저 의뢰한 경우도 있었다. 그러나 부모가 관여한 자발적인 계약이기 때문에 모집책이 전차금을 편취하는 일은 없었다. 모집책은 단순히 소개료를 받았을 뿐이다. 부모가 한 자발적인 계약이지만 연령이 미달되었던 것이 문제였다. 모집책은 당국이 만 17세 미만의 창기 취업을 단속하니까 그를 피하려고 호적등본을 위조하는 불법행위를 저질렀다.

또 여성의 가족, 부모나 언니가 자기 딸이나 동생의 작부·창기 취업에 적극적이었다. 계약 기간이 3년 반에서 4년으로 비교적 길었다. 그래서 전차금의 규모도 커서 700원을 넘었다.

요컨대 이 사례는 여성의 부모가 먼저 모집업자에게 의뢰하거나, 혹은 모집업자의 권유를 받아서 딸을 작부, 창기로 취업시킨 것이었다. 자발적 계약에 의한 작부, 창기 만들기였다. 연령만 만 17세 이상이면 부모 친권자가 딸을 작부나 창기로 취업시키는 건 완전한 합법이었다. 이 같은 부모 친권자에 의한 작부나 창기 계약이 다수 있었으리라는 것은 쉽게 추정할 수 있다.

여성 자신의 작부 창기계약도 소수지만 있었다. 가정이 깨져서 홀로 된 여성의 경우다. 부모가 모두 죽었다든지, 고아로 커서 결혼을 했는데 그 남편과도 헤어지게 됐다든가 해서 홀로 된 여성이 본인 스스로 작부나 창기 계약을 맺는 경우도 있었다.

그런데 위 사례들은 표면상으로는 여성의 가족이 그 여성을 팔아 먹는 모양새이지만, 그것을 인신매매라 할 수는 없다. 그것은 사람을 돈을 주고 사서 그를 전면적으로 지배할 수 있는 게 아니었다. 그보다는 일정기간 그 사람을 작부, 창기로 일하게 하는 계약이었다.

경로 2:부녀자 유괴로 작부·창기 만들기

두 번째로 볼 것은 1939년 대구에서 벌어진 유괴 사건이다.[35] 유괴란 부모나 친권자가 모르게 여성을 꾀어서 데려가는 것을 말한다.

- - -
35 「대구일대 영리유괴 공문서위조 피소」, 국가기록원 CJA0001524. 정확히는 유괴 대신 유인이라 써야 하나, 사건명대로 유괴라 쓴다.

최만술이라는 모집책이 두 명의 여성을 유괴하였다. 한 여성은 합천의 김홍석의 처 20살 이흥순이었다. 최만술은 이흥순에게 작부로 일하면 돈도 잘 벌고 또 나중에 좋은 남편도 만날 수 있다고 유혹해서 꾀어냈다. 또 한 여성은 최원근의 장녀 27살 최옥매였다. 최만술은 최옥매에게도 작부 일을 권유해서 유인했다.

그림 7-2 부녀자 유괴로 작부 창기 만들기

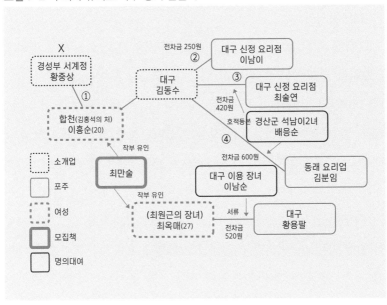

최만술은 꾀어낸 이흥순을 먼저 서울로 데려갔다. 그는 서울 서계정의 소개업자 황중상을 통해서 서울에서 포주를 구하려고 했는데, 구하지 못했다(그림의 ①). 서계정은 근래 서울 서부역이라 불렀던, 서울역의 뒤편이다. 아무래도 역 주변에 시골에서 올라오는 부녀자들을 유곽 포주에게 소개하는 소개업자들이 있었던 것이다.

최만술이 서울에서 이흥순의 창기 취업을 하지 못하고 돌아오게 된 이유는 호적등본 등 동의 서류가 없었기 때문인 것 같다. 남편 김홍석 몰래 이흥순을 꾀어냈기 때문에, 이 남편에게서 호적등본을 받을 수는 없었다. 최만술이 이흥순을 데리고 대구에 돌아오니 김동수라는 소개업자가 나섰다. 김동수는 대구의 한 요리점(업주 이남이)에 전차금 250원을 받고 이흥순을 넘겼다(②). 아마도 이 전차금 250원은 이흥순에게 일부만 주고, 대부분 최만술과 김동수가 나눠 가졌을 것이다.

그런데 김동수는 불과 얼마 뒤에 대구의 다른 요리점에 전차금 420원을 받고 이흥순을 다시 넘겼다. 요리점주 이남이에게서 받았던 250원의 전차금은 돌려줬을 것이다. 이번에 김동수는 이흥순에게 다른 사람의 호적등본을 갖다 붙였다. 경산군의 석남이의 이녀 배응순의 호적등본이었다. 전차금이 250원에서 420원으로 커진 것은 이흥순이 호적등본을 갖춘 덕분에 작부로 합법 취업할 수 있기 때문이었다. 그런데 김동수는 여기서 그치지 않았다. 그는 경남 동래에 있는 한 요리점에 전차금 600원을 받고 다시 이흥순을 넘겼다. 이 동래 요리점에도 역시 배응순의 호적등본이 제공되었다. 실제로는 이흥순이라는 부녀자가 작부로 취업한 것인데, 명의상으로는 배응순이 작부 취업을 한 게 되었다.

최만술은 유인한 또 다른 부녀자, 27살 최옥매를 대구의 한 요리점에 전차금 520원을 받고 취업시켰다. 이때는 김동수의 수법을 배워서인지, 대구의 이용이의 장녀 이남순의 호적등본을 받아서 최옥매에게 제공했다.

그림 7-3 부녀자 유괴의 또 다른 예

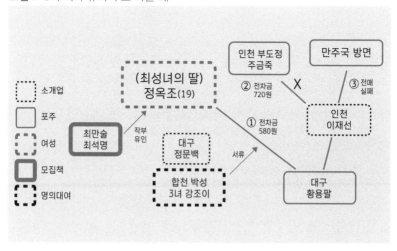

모집책 최만술이 관여한 다른 부녀자 유괴 건도 있었다. 그림 7-3에서처럼 최석명은 최만술 등과 공모하여 1939년 6월 상순 경남 창녕의 최성녀의 딸 정옥조(19세)에게 음식점 작부를 하면 예쁜 옷을 입고 생활하고 나중에 좋은 남편도 맞을 수 있다는 감언이설로 꾀었다. 부모의 동의서류가 필요했던 최석명은 소개업자 정문백을 통해 합천군의 박성(여)으로부터 3녀 강조이의 호적등본과 인감증명, 승낙서를 받아서 정옥조를 강조이로 가장해서 대구의 포주 황용팔에게 넘겨주고 전차금 580원을 받았다. 이 돈은 최석명, 최만술 등 모집책과 소개업자가 나눠갖고, 일부는 호적등본 등을 제공한 박성에게도 갔을 것이다.

유괴된 정옥조를 넘겨받은 대구의 포주 황용팔은 얼마 안되어 6월 하순 인천의 소개업자 이재선을 통해 인천 시키시마敷島 유곽의 주금죽에게 전차금 720원을 받고 정옥조를 다시 넘겼다. 이때 황용팔은 또 정옥조를 강조이로 가장했는데, 정옥조를 전매함으로써 140원을 벌었다. 그런데 주금죽은 정옥조가 강조이의 호적등본을 사용했음을 2주만에 알게 되어 계약을 취소하고 전차금을 돌려받았다. 그러자 황용팔은 다시 정옥조를 만주 방면에 창기로 넘기고 전차금을 받을 의도로 다시 박성으로부터 호적등본, 인감증명서, 백지위임장, 승낙서를 받아서, 소개업자 이재선에게 만주국 방면의 포주를 찾아달라고 의뢰하기까지 했다.

한편, 고모부가 조카딸을 유괴한 사례도 있었다.[36] 전주의 임일순이 부녀자를 만주에 작부로 보내면 많은 전차금을 받을 수 있다는 이야기를 듣고, 21살 된 자기 조카딸 주옥례를 떠올렸다. 주옥례는 임일순의 손위처남인 주낙환의 딸인데, 남편이 일찍 죽은 청상과부였다. 당시 주옥례는 전북 이리의 한 일본인 집에서 식모살이를 하고 있었다.

임일순은 자기 처남댁이자 주옥례의 엄마인 김덕선에게 자신이 책임지고 옥례를 공장에 취직시키거나 재혼시키겠다고 꾀었다. 그를 믿은 김덕선이 동의하자, 임일순은 전주에 있는 인사소개업자를 통해서 전차금 1천 원을 받고 주옥례를 만주국의 창기업소에 창기로 보냈다. 2020년대의 감각으론 약 1억 원의 큰돈이었다.

한편, 전라북도 임실의 전준순은 임실의 한 여인숙 종업원이던 24살 김순애를 꾀어냈다.[37] 김순애가 돈 벌기 힘들다고 생활고를 하소연하자, 전준순은 만주국에서 작부로 일하면 큰돈을 벌 수 있

• • •
36 임일순 건은 전주 조카딸 국외이송유괴사건_국가기록원 CJA0001806.
37 전준순 건은 임실 부녀 유괴 국외이송_국가기록원 CJA0001809

다고 김순애를 유혹했다. 그걸 믿고 김순애가 따라나서자 전준순은 김순애를 만주국 펑톈의 창기업소에 넘겼다.

또 전준순은 임실의 한석정의 장녀, 22살 한정숙을 알게 되었다. 한정숙은 2년 전 남편과 사별한 후에 친척집에 머물면서 일거리를 찾는 중이었는데, 전준순이 한정숙에게 "너와 혼인할 의사가 있다, 혼인하자"고 꾀어서는, 만주국에서 같이 일자리를 찾자고 권유했다. 그래서 같이 만주로 갔는데, 신의주의 압록강 건너편 안둥(지금 단둥)의 경성관이라는 술집에 한정숙을 작부로 팔아넘겼다. 전준순은 부녀자를 유괴해서 국외로 이송한 것이 적발되어 징역 2년의 판결을 받았다.

대구의 이흥순 이하 임실의 한정숙의 경우까지는 모두 친권자의 동의 없이 여성을 꾄 것, 유괴한 것이다. 이렇게 여성을 유괴해서 작부 창기로 취업시키려 한 것은 당시 조선에서 흔한 일이었다. 1933년 11월 하순에는 경기도 여주군의 전과 2범 이봉석(29세)과 이귀봉(22세)이 강원도 원주군의 고모高某의 처 지방이(가명, 18세)를 꾀어내 경성에 데려와 이귀봉의 누이동생인 것처럼 호적등본까지 첨부하여 창기로 포주에게 팔아넘기려다가 경찰에 붙잡혔다. 이봉석 등은 전에도 이런 식으로 여러 부녀자를 팔아넘긴 혐의가 있었다. 또 그 한 달 전인 10월에는 경성 서사헌정(현 장충동)의 유곽 함남루에 전차금 320원에 취업한 경남 하동 출신의 창기 정필순(18세)이 나이에 비해 어려 보이기에 본정경찰서에서 본적지에 조회한 바, 진짜 필순은 하동의 집에 있고, 함남루의 창기 정필순은 하동군 구양면의 유흥준의 누이동생 영귀(가명, 16세)인 것으로 판명되었다. 영귀의 오빠 유흥준이 친구 2명과 짜고 정필순의 호적초본을 10원에 사서는 누이동생 영귀를 정필순인 것처럼 꾸며서 경성에 데려와 함남루에 팔아먹은 것이었다. 경찰서에서는 처음 창기업 허가 때는 이 사실을 발견하지 못하였다고 한다(增田道義 1933e : 38-39).

좀더 조직적인 유괴 사례도 있었다. 경성의 인사소개업자가 여러 방물장사를 거느리고 농촌의 여성들을 꾀어낸 것인데, 이 경우도 부모의 승낙이 있는 것처럼 꾸몄다(박정애 2010 : 284).

> 인사소개업의 간판 아래서 부녀를 유인하여다가 청루에 팔아먹는 유인마誘引魔 일단... 이들은 방물장사 등 행상인으로 꾸미고 경성시내를 위시하여 각 지방 주요 도시는 물론, 궁핍에 떨고 있는 농촌 일대를 편답하면서 가정불화로 싸우는 집안들, 또는 가난에 쪼들려 끼니를 굶는 집안 등을 찾아들어 달달한 말솜씨로 부녀자와 숫처녀 등을 꾀어내다가는 서울로 데리고 와서는 음식점 작부 등으로 50원 내지 2~3백 원에 팔아먹은 것이라고 한다. 물론 그 매매 행위는 전차금이란 명목 아래 여자를 화폐로 환산한 것인데, 거기는 당자의 부모 승낙이 필요한 관계상 이들은 호적등본과 공인, 사인 등을 모조리 위조해 가지고 양친의 승낙이 있는 듯이 꾸민 것이라고 한다(『동아일보』 1936년 1월 30일 자).

여성을 유괴한 경우는 친권자의 동의가 없기 때문에 불법이고, 따라서 적발될 경우 형사처벌을 받게 된다. 더욱이 유괴한 여성을 만주국이나 중국으로 이송했다면, 부녀 유괴의 국외 이송죄로도 처벌받을 수 있었다.

그래서 유괴범은 호적등본을 위조하거나 다른 여성의 호적등본을 받아서 사용하게 된다. 유괴범은 이귀봉처럼 자신 가족 중 여성의 호적등본을 제출하기도 했으나, 많은 경우 돈을 주고 산 제3자쪽 여성의 호적등본을 첨부하였다. 후자와 같이 이 작부·창기 시장의 네트워크에는 돈을 받고 호적등본을 제공해 주는 사람들까지 있었다.

경찰이 창기 신고 건마다 꼼꼼히 조사하면 여성이 유괴된 것인지 알 수 있겠지만, 실제로는 경찰이 모든 작부나 창기에 대해서 그 본적지를 찾아가서까지 조사를 하지는 않았을 것이다. 그래서 적발되지 않은 유괴 사례가 제법 있었을 것이다. 따라서 모집업자가 여성을 유괴해서 다른 여성의 명의로 서류를 갖추어 작부나 창기로 만드는 것도 하나의 경로라 하겠다.

그렇지만 이는 제한적이며 예외적인 경로였다. 유괴범이 한 여성을 다른 여성의 서류를 갖고서 작부·창기로 취업케 하려 할 때 유곽 포주가 그 사실을 모를 수도 있다. 이 상태가 지속되려면 유괴된 여성이 그 사실을 계속 함구해야 한다. 하지만 그 여성이 자신이 유괴당해서 다른 여성 명의로 창기가 되었음을 계속 함구할 이유는 없다. 언젠가는 관련 사실을 발설하고 업주도 그를 알게 되기 마련이다. 혹은 업주가 곧바로 그 사실을 알아채고 그 여성의 작부·창기 취업 계약을 취소할 수도 있다. 앞서 본 그림 7-3의 인천 시키시마 유곽의 포주 주금죽은 신입 창기가 소지 호적상 인물이 아님을 알고 2주 후에 계약을 취소하고 전차금을 돌려받았다.

경찰의 관리 감독을 받는 공창의 포주가 유괴된 여성을 작부, 창기로 받지 않은 것이다.

강제동원설의 요시미는 한 여성을 위안부로 만드는 3대 불법적 수단 중 하나로서 유괴를 꼽았다. 그러나 국내의 작부, 창기 취업 시에도 유괴는 그 대표적인 수단이 될 수 없었다. 하물며 일본군 위안부의 경우에는 더욱 그러하였다. 일본군 위안부는 도항 전 출국 수속과 도항 후 입국 수속 등에서 경찰의 더 엄중한 단속, 통제를 거쳐야 했는데, 그중 유괴된 여성과 유괴범이 그를 무사통과하기는 어려웠다. 따라서 유괴를 통해 위안부가 된 사례는 일부 있겠지만, 그것이 위안부 동원의 주요한 경로 중 하나는 아니었다고 하겠다.

경로 3 : 부모가 딸에 대한 친권을 양도

작부, 창기가 되는 경로의 세 번째는 부모가 딸을 남에게 주는 것, 부모가 딸에 대한 친권을 남에게 양도하는 것이다. 흔히 말하듯이 찢어지게 가난한 집에 모집업자가 와서, 딸을 잘 돌보다가 좋은 곳에 취직시키거나 시집보내겠다고 하면, 약간의 돈을 받고 딸을 넘겨주는 부모들이 꽤 있었다. 워낙 가난하니까 입 하나라도 덜자는 취지에서 딸을 민며느리로 보낸 것과 마찬가지다.

지금은 이해하기 곤란한 일이지만, 당시는 딸을 남한테 내주는 일이 흔했다. 부모로서의 친권을 사실상 남에게 위임하거나 양도한

사진 7-1 『조선일보』 1939년 3월 5일 자 하윤명 사건 보도

것이다. 이렇게 부모로부터 딸을 넘겨받은 사람이 그 딸을 작부나 창기로 만드는 일은 흔했다.

이 경우를 1939년 봄 조선 사회를 떠들썩하게 했던 하윤명 사건에서 살펴볼 수 있다. 사진 7-1과 같이 1939년 봄 동아일보와 조선일보 등 신문에 부녀자 인신매매 사건이 대서특필되어 큰 충격을 주었다. 사건 개요는 다음과 같다. 하윤명, 김춘교 부부가 1932년부터 7년간 3남 농촌을 돌면서 빈농가 처녀들을 유인했다. 대개 10대 후반 정도 나이의 소녀들을 유인해서 서울 유곽에 팔아넘겼다. 그러던 중 1939년 3월에 경찰에 적발되었는데, 피해자 수가 100여 명이나 되고, 부녀자가 경성 외에 만주, 중국에까지도 송출

되었다는 것이었다.

하윤명은 대전형무소의 간수였던 인물인데, 간수직을 그만둔 후 김천, 광주 등을 다니며 일확천금의 돈벌이를 구하여 황해도 사리원에서 조선요리업을 했다가, 작부나 창기를 속여 사서 팔아먹는 일에 뛰어들었다(『매일신보』 1939년 3월 7일 자).

하윤명 부부는 일부는 경상도에서, 주로 전라남북도 일대에서 빈농가들을 상대로 감언이설을 펼쳤다. 당연히 빈농 소녀가 허름한 옷을 입고 있었을 텐데, "너도 참 좋은 옷 한번 입어봐야 하지 않겠냐"고 꾀었다. "수양녀로 삼겠다." "좋은 데 취직시켜 주겠다, 학교 공부도 해야 되지 않겠냐. 경성 가면 호사한다. 제사공장, 연초공장 또는 백화점 같은 곳에 취직할 수도 있다." 또 "나중에 좋은 데로 시집가야 하지 않겠냐, 부잣집 며느리가 되어야 하지 않겠냐."는 감언이설로 유혹하였다.

그 말을 들은 아이는 경성으로 가고 싶어 할 거고 부모도 솔깃할 것인데, 하윤명 부부는 이런 부모에게 고작 10~20원을 지급했다. 사실 빈농가에는 현금은 거의 1원도 없었을 시절이다. 하윤명이 10~20원, 지금 감각으로는 1~2백만 원 정도의 돈을 쥐어 주면 빈농가 부모는 그에 넘어갔다. 하윤명 부부는 수양녀로 삼는 데 필요한 서류라면서 부모로부터 백지위임장과 인감증명, 그리고 딸의 호적등본을 받았다.

백지위임장 양식은 확실치 않다. 그러나 다음 내용이 담겼을 거라고 추정할 수 있다. 우선 이 위임은 호주가 하는 것이므로, "호주 XXX는 딸 ○○가 누구누구의 수양녀가 됨에 동의한다"고 쓰고, 날

짜를 적고, 빈농가 소녀의 이름과 호주의 이름, 본적, 현주소를 쓰고 날인을 한다. 그리고 누구 앞이라 해서 위임받는 자의 이름을 적을 수 있게 하는데, 이 빈칸에는 나중에 하윤명의 이름을 적어넣을 수도 있고, 아니면 유곽업주나 요리점 업주의 이름을 적어넣을 수도 있겠다.

여하튼 이 빈농가의 아버지가 날인한 백지위임장을 넘겨주면, 자기 딸이 누구의 수양녀가 된다는 것에 동의한 것이기 때문에, 이 넘겨받은 사람이 임의로 그 딸을 처분할 수 있게 된다. 이 백지위임장과 호적등본, 인감증명을 받고 나면, 이 사실상의 인신매매가 합법성을 갖게 된다. 이렇게 하윤명은 1932년에서 1939년 봄까지 약 150여 명의 부녀자를 농촌에서 데려와 서울 등의 유곽에 넘긴 것이다.

그런데 이 하윤명 사건은 희귀한, 예외적인 게 아니었다. 하윤명 사건이 보도가 된 후 비슷한 사건이 연달아 보도되었다. 우선, 천순동(35), 천억만(24) 형제가 벌인 인신매매 사건이다. 이들은 농촌의 가난한 집을 찾아서 수양녀를 한다고 백지위임장을 받아서 50여 명의 소녀를 넘겨받고는 그녀들을 북중국과 만주에 팔아넘겼는데 그중 8명은 남아있다가 구출되었다(『동아일보』 1939년 3월 28일 자).

같은 무렵 배장언 일족이 벌인 부녀자 인신매매 사건도 적발되었다. 배장언과 그의 사촌 형제, 조카 등의 친족이 4년간 충남 일대에서 150여 명의 부녀자들을 꾀어내서 서울과 북중국, 만주 등지로 팔아넘겼다. 역시 이들도 수양녀가 된다는 백지위임장을 받았고, 호적등본과 인감증명도 챙겼다. 사진 7-2는 아직 팔려나가지

사진 **7-2** 배장언 일당과 구출된 소녀들

앉고 감금 상태에서 구출된 그 소녀들이다. 그 왼쪽 소녀는 그래도 좀 나이들어 보이지만, 앞줄 오른쪽 두 번째는 한 열 살 좀 넘었을까 싶은, 아주 어린 꼬마라고 할 수밖에 없는 여아였다.

한편, 박옥동은 경찰서에 인사 소개업 신고를 하고 소개 행위를 하는 정식 주선업자인데, 그는 인신매매와 더불어 금 밀매까지 병행한 것이 적발되었다. 일제하의 소설가 중 당대의 사회상을 잘 드러낸 채만식을 기억할 것이다. 채만식은 『탁류』라는 유명한 소설 외에 당시 금광열金鑛熱을 다룬 『금의 정열』이라는 소설도 썼다. 이 소설의 시작 부분에는 행상이 농촌 각지를 돌면서 금반지 같은 금붙이를 사들이면, 다시 행상들로부터 그것을 넘겨받아서 만주로 밀수출하는 것이 묘사되어 있다. 박옥동은 농촌 현지에서 부녀자들을 사들이면서 동시에 소설에서처럼 금도 사들여서는 만주에 부녀자도 팔고 금도 밀수출하는 행위를 했던 것이다(『동아일보』 1939년 3월 26일 자).

그렇다면 하윤명은 이렇게 데려온 부녀자들을 유곽 등에 어떻게 넘겼던가. 그는 부녀자들을 경성 본정 5정목 33번지 자신의 집 밀실에 감금했다. 그 밀실에 들어가려면 하윤명 부부가 거주하는 안방을 반드시 거쳐야 되기 때문에, 이 부녀자들은 도망갈 수 없었다. 아무래도 궁핍한 시골에서 막 데려왔으니까, 꾀죄죄할 것이고 영양상태도 좋지 않았을 게다. 「헨젤과 그레텔」에서 마녀가 헨젤과 그레텔을 잡아먹을 요량으로 아이들에게 맛있는 걸 먹였듯이, 하윤명은 유곽에 넘기기 전에 소녀들에게 음식을 잘 먹이고 외관도 잘 꾸몄을 것이다.

하윤명은 여성을 데려와서는 1~2달 안에 인사소개소와 뚜쟁이를 통해서 각 유곽, 요리점, 주점에 창기, 작부로 팔았다. 하윤명 자신은 등록된 주선업자가 아니었기에 인사소개소를 거쳤다. 하윤명은 농촌에서 처음 유괴된 여자는 강간하고 유곽에 넘겼다고 한다. 하윤명이 그 대가로 받은 돈은 평균 한 4~5백 원이었다. 아이의 얼굴이 예쁘고 나이도 좀 더 들었으면, 말하자면 상품성이 높은 경우라면 천 원 넘게도 받았다. 그렇지 않은 경우 싸게 넘기기도 했다. 평균 한 4~5백 원이었다. 부모로부터 불과 몇십 원에 소녀를 넘겨받아서 10배, 20배의 가격을 받은 것이니 엄청난 차익이었다.

처음 적발됐을 당시에는 한 65명 정도가 유괴되어 팔린 것으로 조사되었다. 서울에 40~50명이 팔리고, 나머지 10여 명이 북중국이나 만주로까지 팔려나간 것으로 알려졌다. 일례로 하윤명은 1938년 5월에 전라북도 임실군에서 50원을 부모에게 지급하고 16살 소녀 김영순을 넘겨받았다. 그리고 인사소개업자를 중간에 껴서 서사헌정의 광흥루라는 유곽에 1천 원에 넘겼다. 당시 법적으로 창기일을 할 수 있는 연령은 17세인데, 16세 소녀를 팔아넘긴 케이스였다.

하윤명이 부녀자를 팔아넘긴 유곽은 어떤 곳이었던가. 당시 서울엔 공창이 두 군데 있었다. 하나는 신정新町 유곽이고, 다른 하나는 도산桃山 유곽이었다. 도산 유곽은 지금의 용산구 도원동, 서울 지하철 6호선 효창공원역에서 공덕역 방향의 왼쪽 구역에 있었다. 지금은 아파트촌이지만, 당시에는 공창이 있었다.

또 다른 공창이 서울 신정 유곽이다. 신정은 오늘날의 중구 묵정동, 즉 퇴계로 5가에서 남산 방향의 지역이다. 일제하에는 퇴계로 5가 길이 지금과 같은 6차로 대로가 아니라 좁은 길이었다. 일제하 서울에는 일본인들이 서울 남산의 북사면에서부터 을지로까지 거주했는데, 인근의 외곽지역에 만든 공창이 신정 유곽이다. 신정 유곽은 처음에 일본인용 공창으로서 건설됐는데, 조선총독부가 경성 시내의 조선인 창기와 업주도 그 주변으로 이전하도록 조치하였고, 이에 조선인 유곽지대가 만들어졌다. 신정 유곽의 퇴계로 길 건너편, 북쪽의 병목정竝木町(현 중구 쌍림동), 그 동쪽의 서사헌정西四軒町(현

지도 7-1 신정 유곽

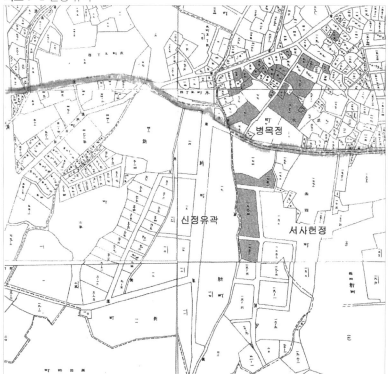

자료: 박현(2015:177)(원자료는 『지형명세도』, 1929).

주: ① 지도상 검은 부분이 조선인 유곽.
　　② 지도를 상하로 가르는 선은 오늘날의 서울 퇴계로에 해당.

중구 장충동)이 그곳이었다. 지금은 이 묵정동 일대에 유곽의 흔적은 없다. 퇴계로 5가에는 오토바이 수리 및 판매점들이 늘어서 있고, 남산 방향으로는 인쇄소나 지류상점이 좀 있을 뿐이다. 술집은 말할 것도 없고 음식점조차도 별로 없다.

　신정 유곽은 계획 아래서 만들어졌기 때문에 도로도 넓고 업체도 규모가 컸으나, 병목정 유곽은 계획도 없이 조성된 곳이어서 통행로도 좁고 업체도 규모가 작았다. 1929년 발간된 『조선상공대감朝鮮

『商工大鑑』에 의하면, 1927년 신정의 공창 47개는 업주가 모두 일본인이고 모든 업소가 전화를 갖고 있으며 연간 세액이 최저 40원에서 최고 300원에 달하였다. 반면, 병목정의 공창 25개는 그 업주가 모두 조선인이었고 전화번호가 모두 없었으며 연간 세액도 10원대에 불과하였다. 서사헌정의 공창 19개 중에선 12개 업소가 주인이 조선인이고 역시 규모가 작았으나, 7개 업소는 업주가 일본인이고 연간 세액 평균액이 100원을 넘었다. 서사헌정 유곽은 신정 유곽이 연장된 측면이 있었다(박현 2015:177-179).

당대의 소설가 이태준은 1931년 발표한 단편소설「아무 일도 없소」에서 신정 일본인 유곽과 병목정 조선인 유곽을 다음과 같이 묘사하였다.

K는 전차를 내려 어두컴컴한 병목정 거리를 톺아 올라갔다. 거리는 들어갈수록 불이 밝고 번화하여 이곳은 다시 초저녁이 오는 것 같았다.... 얼마 안 가서 K의 앞에는 커다란 행길이 나오고 말았다.... 가만히 좌우를 살펴본 즉 산(남산-인용자) 밑으로 올라가며 보통 상점 집과는 다른 일본식 이층집 삼층집들이 즐비하게 놓여 있었다.... 가까이 가서 본즉 과연 집집마다... 마치 활동사진관 문 앞에 배우들의 브로마이드를 걸어놓듯 창기들의 인형 같은 사진을 진열해 놓았다. K는 아까 지나온 조선집 거리처럼 그렇게 난잡스럽지 않은 것을 다행으로... 다시... 좁은 거리로 되들어섰다.
K는 무엇보다 창부들 속에 소녀가 많은 것을 놀래었다. 소녀라니까 정동녀貞童女를 의미함이 아니라, 몸으로써 사내를 꾀어내기

에는 너무 털도 벗지 않은 살구처럼, 이제 열오륙 세까지들이 머리채를 땋아 늘인 채로 대문간에 나서서 노랫가락을 흥얼거리며, 이 녀석 저 녀석에게 추파를 보내는 꼴은 K가 보기에는 너무나 비극이었다(박현 2015:180; 상허학회 2015:156-157).

이태준이 보기에, 병목정의 조선인 유곽 거리는 신정 일본인 유곽 거리에 비해 좁고 난잡스러웠다. 또 조선인 공창의 창부들 중에는 아직 성인이 안 되어 보이는 나이 어린 소녀가 많았다. 이는 하윤명이 농촌에서 꾀어낸 어린 소녀들을 연상케 한다. 당시 하윤명의 집 주소가 본정 5정목 33번지인데, 바로 병목정 인근이다. 하윤명은 소녀들을 자신의 집에 감금해 놓고, 바로 인근인 병목정과 서사헌정의 인사소개업자들에게 소녀들을 팔아넘겼던 것이다. 감금된 소녀 중 한 명이 탈출한 것이 하윤명의 부녀자 인신매매 사건이 적발된 계기였다. 소녀가 탈출하자 하윤명은 그 소녀를 찾겠다고 당시 관할서인 동대문경찰서에 수색을 의뢰했다. 경찰이 하윤명의 집에 와서 조사하다가 다른 다수의 소녀들을 발견한 것이다.

이제 경찰은 팔려나간 아이들을 구출해서 각 집에 돌려보내려고 유곽 포주에게 그 소녀와 함께 경찰에 출두할 것을 요구했다. 다음 표 7-2는 경찰이 출두 요구한 피해자의 신상 예이다. 팔려간 행선지는 병목정과 서사헌정이 다수여서, 결국 그 소녀들은 신정 일대 유곽에 팔린 것이었다.

표 7-2 하윤명 사건 관련 경찰 추적 피해자 신상 예

주소	업소명	피해 여성(연령)
병목정 61	조진순방	조학이(19)
서사헌정 16	김수한방	박사순(18)
병목정 56	임경숙방	김간란(19)
서사헌정 175	차성녀방	황명란(17)
대화정 2-84	사평번방	천필순(20)
서사헌정 16	반월루방	김판례(18)
교남정 39	신흥숙방	이재순(17)
용두정 53	조성재방	서원이(21)
죽첨정 3정목		김원득(22)
서사헌정 17	이주희방	김영순(18)
내자정 228	이남식방	구순이(20)
병목정 58	박성삼방	이복귀(17)

자료: 『조선일보』 1939년 3월 7일 자.

경찰이 하윤명에게서 부녀자를 사들였던 포주들에게 출두를 요구하니까, 포주들은 부녀 매입 계약이 무효가 될 것을 우려해서, 재빠르게 이 소녀들을 먼 지방과 해외로 팔아넘겼다. 부녀자를 돌려보내고 대신 하윤명에게서 전차금을 회수하기는 어려우므로, 업주들은 소녀들을 전매하는 쪽을 택하였다. 포주가 경찰서에 출두하지 않아서 찾아가 보니, 여러 소녀가 이미 그곳에 없었다.

그런데 급하게 파니까 제값을 다 받지는 못하고 헐값에 전매했다. 예를 들어, 달성군 출신 19살 황명란은 하윤명이 600원에 서사헌정의 차성녀 유곽에 넘겼는데, 차성녀 유곽이 만주국 수도 신징 인근 궁주링公主嶺시의 이기홍 주점에 250원에 넘겼다. 상당한

손해였다. 또 영일군에서 온 19세 이복귀는 병목정의 박성삼 유곽에 있었는데, 거기서 함경북도 명천군의 한 주점에 300원에 넘겨졌다. 함경북도니까 이동하는 데만 하루 이상이 걸렸을 것이다. 20살 조학남은 병목정 유명루 유곽에 있었는데, 거기서 중국 산둥성 답경答鏡 위안소로 500원에 팔렸다(『조선일보』 1939년 3월 9일 자; 『동아일보』 1939년 3월 10일 자).

당시 중국이나 만주에 부녀자를 팔 때는 1~2천 원, 지금 감각으론 1~2억 원의 돈이 시세였다. 그런데 500원만 받고 팔았으니 역시 급한 헐값 전매였다. 여자를 팔아넘기기 전에는 우선 경성의 포주가 주선업자를 통해 만주나 함경북도의 주점 업주에게 급전急電을 쳤을 것이다. 그리고 여자를 사겠다는 답신答信이 오면 곧바로 알선책이 여성을 데리고 만주로, 혹은 함경북도로 향했을 것이다. 해외로 팔려 가기 직전에 가까스로 구출된 소녀도 있었다. 권사순은 중국 산시성에 팔려 서울역에서 출발할 무렵 서울역 승객들을 감시하던 경찰에게 포착되어서 구출되었다.

이런 식으로 사건이 신문에 보도된 지 불과 3~4일 만에 19명의 부녀자가 서울에서 먼 지방이나 만주와 중국으로 팔려 갔다.

공창제를 알고 있는 독자라면 여기서 한 가지 의문을 품을 것이다. 공창에서는 창기가 새로 영업을 시작하거나 그만두는 경우 반드시 경찰에 신고하고 그 승낙을 얻어야 했는데, 위 경우는 경찰의 승낙 없이 창기를 전매했기 때문이다. 하윤명에게서 받아둔 수양녀 문서가 있으니 만주나 함경북도에서 작부, 창기로 등록 가능했을 것이고, 해당 여성이 하윤명 사건에 연루된 여성인지를 현지 경찰이 일일이 파악하기는 어려울 것이므로, 만주나 함경북도의 업주는 싸게 여성을 확보하는 선택을 했을 수 있다.

동대문경찰서에서는 함북 명천경찰서에 이복귀의 소재를 파악해 달라고 요청했는데, 그 후 어떻게 되었는지는 알 수 없다. 여하튼 이렇게 만주나 중국으로 넘어가고 나면, 더 이상 피해자를 추적 송환하는 것이 어렵거나 불가능하다.

이 사건이 일어난 1939년 3월에는 이미 신분증명서가 있어야만 중국에 입국할 수 있었다. 그런데 경찰 수사 관련자인 부녀자가 불과 3~4일 만에 경찰서에서 신분증명서를 발급받을 수는 없었을 테고, 신분증명서 없이 만주와 중국으로 갔던 것으로 추정된다. 중국 도항 시 신분증명서와 기타 서류가 있어야만 입국시킨다고 한 것은 상하이의 일본총영사관 경찰서의 조치였고, 아마도 조선에서 만주국을 거쳐 북중국으로 들어갈 때, 즉 산해관을 통해 북중국으로 넘어갈 때는 출입국 감시가 느슨했던 것으로 보인다. 그래서인지 이보다 뒤인 1940년 5월에 일본 척무성이 육로로 산해관을 거쳐 북중국에 입국하는 자들에 대하여 출입국 관리를 엄격히 하라고 지시한 바도 있다.[38]

●●●
38 「渡支邦人暫定處理ノ件」 打合事項」(1940), 『자료집성 ①』.

수양녀제도를 통한 부녀자 인신매매

하윤명 사건은 당시 식민지 조선의 작부 창기 조달 경로가 어떤 것이었는지를 잘 보여준다. 하윤명이 부녀자를 농촌에서 데려오는 과정에는 명백한 사기성이 있었다. 유곽이나 요리점에 창기나 작부로 팔아넘길 것이면서 좋은 곳에 취직시킨다든가 학교를 다니게 한다든가 하는 감언이설로 속였고, 자신은 1천 원을 받고 부녀자를 팔아넘기면서도 부녀자의 부모에게는 불과 10~20원만 준 것이다. 사기성이 농후했지만, 그래도 합법적 계약이었다. 하윤명이 빈농가의 부모, 호주로부터 그 딸을 수양녀로 넘긴다는 위임장과 호적등본, 인감증명을 받았기 때문이다. 그 사건은 연일 신문 사회면을 떠들썩하게 장식했으나, 하윤명이 기소됐다거나 재판에서 어떤 판결, 유죄든 무죄든 판결을 받았다는 기록은 없다. 친권을 넘기는 합법 계약의 형식을 취했기 때문에, 경찰 수사에도 불구하고 하윤명은 사법 처벌을 받지 않았다.

이런 식의 부녀자 인신매매는 매우 흔한 현상이었다. 하윤명은 사기성이 아주 심한, 극단적인 경우였고, 모집업자나 소개업자가 이익을 독점하지 않고 소녀의 부모에게 얼마간 금액을 지불하고 소녀를 데려와서 유곽이나 요리점에 넘긴 경우도 있었을 것이다. 이렇게 사기성이 심하냐, 덜하냐의 차이는 있지만, 부녀자의 부모에게 돈을 주고 부녀자를 데려와서 유곽, 요리점에 넘기는 현상은 매우 광범위했다. 특히 빈민층의 미성년 여성을 양육하겠다고 데려와서 몇 년간의 기생 수련 후 기생으로 취업시키는 것도 흔한 일이었다. 그에 관한 다음 신문기사를 보자.

철모르고 어릴 적에 부모 슬하를 떠나 지금껏 화류계로만 떠돌아다니며 자기의 부모형제를 찾기에 반생^{半生}을 다 허비하고도 못 찾아 멀리 만주 방면까지 찾아가는 가엾은 한 가닥의 화류^{花柳} 애화가 있다. 그 주인공은 평양부 기림리 53번지에 나서 현재 만주로 떠나가는 임춘애라는 당년 스물두 살의 아리따운 여자로 한때는 평양기생권번에 기적^{妓籍}을 두고 많은 청춘들의 총애를 한 몸에 받아오던 임춘홍이라는 기명^{妓名}을 가진 여자다. 그가 화류계에 나서게 된 동기는 이러하다. 어려서부터 그의 집은 빈한하여 열네 살 적에 남의 집 수양녀로 들어갔다 한다. 그리하여 그 집에서 기생권번에 다니라는 명령을 받고 처음으로 노래 부르고 춤추는 것을 구경하고 그 때부터 배우기 시작하여 3년이라는 세월을 그 속에서 보내고 나니 그때는 기생이라는 이름을 가지고 저절로 이 사회를 대하게 되어 사회의 모든 쓰라림을 여기서부터 맛보게 되었다 한다. 그럭저럭 1년이 지나고 나니 돈이라고 할까, 악마라고 할까, 수양집에 벌어준 것이 4~5천 원은 되었다 한다.

그때가 바로 1년 뒤 남모르는 정열을 평양시내 모회사 부지배인 노익수(가명)라는 청년으로부터 종종 보내게 되어 그와 수차 교제를 하게 되자, 수양부모는 이것을 알고 나가라 하며 부양료 1천원을 내라 하므로 무수히 반항도 하여 보았으나 모든 것은 마음대로 되지 않아서 할 수 없이 펑톈^{奉天} 스타댄스홀에 가서 춤을 추기로 하고 일금 1천 원을 받아다 주고 그 집을 떠났다(『조선일보』 1938

　기사의 주인공 임춘애는 14살에 남의 집 수양녀로 들어갔다. 기사에 언급은 없으나 친부모가 아마도 약간의 대금을 받았을 것이다. 이제 임춘애에 대한 친권을 수양부모가 갖게 되었다. 수양부모는 임춘애에게 3년 동안의 양육 및 기생 교육 등 상당한 투자를 해서 기생으로 만들었다. 임춘애가 기생 노릇 해서 벌어들이는 화대花代는 수양부모의 차지가 되었다. 1년 만에 4~5천 원이나 되었다 한다(금액이 너무 커서 과장된 것으로 보인다). 임춘애가 기생을 계속했더라면 그 수입은 계속해서 수양부모가 차지할 것이었으나, 임춘애가 어떤 남자와 교제하면서 필시 수입이 줄자, 수양부모는 임춘애에게 그동안의 부양료를 갚고 집을 나가라고 하였다. 이에 임춘애가 새로 차입한 1천 원을 수양부모에게 지급하고 만주 댄스홀로 갔다. 이로써 수양부모－딸 관계가 끝났다.

　실상은 부녀자 인신매매인데 겉으로는 수양녀 입양이었다. 수양부모가 10대 초의 여아를 데려와 일정 기간 양육하면서 그 여아를 기생이나 작부로 만드는 것인데, 수양부모는 처음에 약간의 돈을 친부모에게 건넸고 그게 아니라도 수년간의 양육비를 대는 것으로써 '매매'의 대가를 치렀다. 그로써 수양녀에 대한 친권을 확보한 수양부모는 수양녀를 기생이나 작부로 만들 수 있었다.

　곤궁한 가정에 자식은 많아 먹여 기를 수는 없고 그렇다고 부모로서 내다버리거나 팔아먹을 수도 없어 남에게 수양녀로 주는 실례

가 가난한 조선 풍습에는 허다한 일이다. 따라서 수양녀라는 문자
는 좋건만 최근에 와서 그 내용을 살펴본다면 이들 수양녀의 운명
은 기생 아니면 작부 매음 등 결국은 화류항에 전전매매가 되어
일생에 몸을 망치고 마는 일이 많다(『조선일보』 1939년 3월 5일 자).

물론, 모든 수양녀가 기생, 작부가 된 것은 아니다. 수양녀 제도
는 값싸게 노동력을 이용하는 방법이기도 했다.

수양딸로 가는 여아는 대개 부모가 없거나 그렇지 않으면 빈민의
딸이다.... 수양딸들은 10세 전후에 남의 집에 가면 이름 없는 종
노릇을 하다가 혼기에 이르면 주인은 수양 사윗감으로 남자를 입
가시켜서 부부를 만들어 5, 6년을 두고 부려먹다가 나중에는 남
의 곁간에 세간을 내어주면 평생을 가난에 눌리어 사는 것이다.
보수도 주지 않고 수양딸이라는 미명 하에 인녀人女를 노예 취급
하는 것은 인도에 부당한 행위다. 악덕이다(『동아일보』 1932년 12월
26일 자).

일반적으로 수양부모가 수양녀를 들일 때에는 자신의 호적에 딸
로 올리는 게(입적入籍) 아니라 수양문서를 작성하였다. 호적이라는
공문서가 아니라 사적인 수양문서로써도 실질적으로 부모의 권리
를 행사할 수 있었고, 수양녀의 미래는 전적으로 수양부모의 손아
귀에 들어갔다. 일종의 관습법이었다. 키우기도 힘든 딸을 맡아주
는 것이 고마워서 친부모가 대가 없이 수양부모에게 딸을 넘기거나

아니면 10~50원의 소액을 받고 딸을 넘기기도 했다. 때로는 수양녀에 기한을 두기도 했다(박정애 2022 : 23-25).

친부모가 딸을 수양녀로 남에게 주었다 해도 친부모와의 관계가 완전히 단절되지는 않았고, 어느 정도의 친권은 행사되었다. 예를 들어 수양부모가 수양딸을 기생이나 작부, 창기로 취업시킬 때는 친부모에게 알려 다시 승낙받아야 했다. 1호 증언 위안부 김학순의 경우 양부가 "중국으로 떠나기 전에 어머니에게 연락을 하여 중국으로 가는 것을 허락받았다. 떠나는 날 어머니는 노란 스웨터를 사가지고 평양역까지 나와서 배웅해주었다"(정대협 1993:35). 1928년 인천에서는 치옥영업(기생 영업)자가 1천 원의 큰 전차금을 남에게 주고 그 딸을 데려와서 인천 용동권번에 기적을 두고 양부-양녀 관계를 맺었는데, 그 후 기생 영업이 신통치 않자 그 치옥영업자가 양녀 기생을 개성의 치옥영업자에게 9백 원에 넘기기로 하고 돈까지 받았으나, 이 기생의 친부가 승낙하지 않아 개성에서 영업을 할 수 없게 된 일이 있었다(『매일신보』 1928년 5월 12일 자). 또 남에게 약간의 돈을 주고 그 딸을 수양녀로 데려온 자가 수양녀를 친부 모르게 술집에 전매한 결과, 딸의 행방을 알 수 없게 된 친부가 경찰에 딸을 찾아달라고 탄원한 일도 있었다(『매일신보』 1937년 9월 21일 자). 친부가 딸을 양녀로 남에게 준다고 해도 친부는 수양부모가 양녀를 처분하는 데 대해선 동의권을 갖고 있었다.

그런데 수양녀가 인신매매의 수단으로 악용되자 1930년대 말에는 그에 대해 경찰이 단속하기도 하였다.

빈곤하고 무지몽매한 농촌 부모들을 속여서 약간의 금품을 주고 는 수양딸로 삼겠다는 미명 아래 어린 소녀를 데려다가 2~3년 양 육해 가지고는, 소위 예창기 작부영업 계약서란 것을 만들어 수백 원 내지 수천 원씩 차용금을 지게 해 가며 기생 아니면 음식점 고 용녀, 유곽 창기 등으로 만들어 영리 유괴를 일삼는 수양주나 악덕 포주를 철저적으로 박멸시키는 동시, 일생을 포주의 밥이 되어 지 내는 불쌍한 수양녀들을 구해내고자 일찍부터 개성서開城署에서는 사법계와 보안계가 공동전선을 펴가지고 관내 화류계의 포주제도 에 전반적 대수술을 하게 되었다 함은 누차 보도한 바이어니와, 이 그물에 걸려든 수양주와 수양녀는 실로 오십 명이나 되었다. 그 서署 노 사법주임은 정당한 법에 의지하여 이래 2개월간을 두고 계속 하여 관계자를 문초중이더니, 포주에게도 양육한 점만은 고려해서 양자간 무리한 점이 없도록 처결하는 동시에 수양 계약을 전부 해 제시켜 버렸다 한다. 따라서 보이지 않는 쇠사슬에 얽혀 살던 고용 녀 기생 등 오십 명은 전부 깨끗하게 해방되어 혹은 자영업, 혹은 집으로 돌아가게 된 바, 흡혈마가 많이 잠복하였던 개성 화류가는 명랑화하게 되었다. 그리고 금후 개성서에서는 예창기작부 영업계 약서라는 일종 불법계약의 괴문서는 사기문서로 인정하고 포주제 도의 누습을 일절 타파시키게 되었다(『조선일보』 1939년 5월 11일 자).

수양 계약은 수양녀 본인이나 친부모가 취소를 요구할 수도 있 었다. 딸이 학대받았거나 '매음'을 강요받은 사실을 안 친부모가 딸 을 되찾겠다고 하면, 수양부모는 친부에게 그동안의 양육료를 물라고 요구하였다. 수양 계약 해지 시 그간의 양육비가 수양녀의 채무로 바뀌는 것이다. 수양녀 측이 그를 상환하기는 거의 불가능하였다. 수양부모가 1일 양육비를 40전으로 계산해서 4년간의 양육비 576원을 내라고 하거나 월 20원씩 도합 380원의 양육비를 내라고 요구한 경우도 있었다(박정애 2022:25-26). 빈곤 가정이 그런 거금을 마련할 길은 없었다.

앞서 본 임춘애는 1천 원의 전차금을 새로 마련해서 수양부모에게 주고 관계를 끝냈으나, 그것은 임춘애가 새 업소에서 댄서로 일하기로 하고 전차금을 받은 덕분이었다. 그 대신 임춘애는 새 업소에 묶였다. 정대협 증언록 제1권에 나오는 황금주는 함흥에서 수양 딸로서 집안일을 하고 있었는데, 1941년 봄 동네에서 일본 군수공장에 딸을 보내야 한다는 이야기를 듣고 200원의 빚도 갚고 돈도 벌겠다는 생각으로 자원하였다가 위안부가 되었다. 수양부모에 대한 채무 200원을 갚아야 하니 전차금을 200원 이상 받았을 것인데, 이로써 수양부모와의 관계는 종료되었을 것이다(정대협 1993:95-97).

하운명의 수양녀가 된 여성들의 경우에도 집으로 돌아가려면, 하운명이 포주에게서 받은 전차금과 또 그 여성이 포주에게서 그동안 사사로이 취한 차금까지 모두 상환해야 했다. 이는 다른 업소에서 작부, 창기로 일하기로 하고 전차금을 받지 않는 한 불가능한 일이었다. 어차피 다른 업소에 새로 묶일 뿐 친부모에게 돌아갈 수는 없었다.[39] 이를 달리 표현하면, 수양부모의 친권은 일정 대가만 받

• • •

39 『조선일보』 1939년 3월 8일자, 「매신賣身의 계약은 무효나, 새로 진 빚이 걱정」.

으면 언제든 소멸할 수도 있었다. 채권채무 관계를 제외하면 수양부모와 수양녀 간 결속은 부모-자식 관계라 할 수 없을 만큼 매우 느슨하였다. 수양녀가 일본군 위안부가 되든가 댄서가 되든가 해서 전차금을 받아 수양부모에게 빚을 상환함으로써, 수양부모-수양녀 간 관계는 종료될 수 있었다.

작부·창기 시장의 전국적 네트워크

하윤명 사건은 조선의 지방 농촌과 서울 등 도시를 연결하는, 또 거기서 중국, 만주로 연결된 다단계 작부·창기 취업 네트워크가 있었음을 말해준다.

그림 7-4에서 실선 화살이 부녀자의 흐름이다. 유곽으로 가는 부녀자의 흐름은 모집책의 활동에서부터 시작된다. 하윤명, 배장언, 천순동 등이 농촌의 여러 빈농가에 가서 부모를 설득해서 부녀를 꾀어낸다. 부녀자를 서울 등 도회지로 데려온 이들은 경찰에 등록한 정식 주선업자들에게 부녀의 창기, 작부 취업을 청탁한다. 하윤명 등은 이 소개업자들을 거쳐서 조선인 유곽의 포주에게 이 부녀자들을 넘긴다.

점선 화살은 유곽에서부터 나오는 돈의 흐름이다. 유곽의 포주가 평균 400~500원의 전차금을 내면, 이 돈은 소개업자와 하윤명을 거쳐서 빈농가에까지 흘러간다. 유곽 업주가 내는 전차금을 부모, 모집업자, 주선업자가 나눠 갖는다. 부모가 전차금 중의 상당 몫을

그림 7-4 부녀자의 작부·창기 취업 네트워크

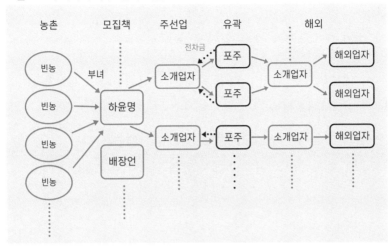

받으면 그나마 사기성이 덜한 것이고, 하윤명처럼 부모에게는 쥐꼬리만큼만 배분하고 모집책이 독식하면 사기나 다름없는 것이다.

경찰이 포주의 출두를 요구하니까 포주들은 손해를 덜겠다고 소개업자를 거쳐서 해외의 유곽에까지 부녀자를 팔아넘긴다. 부녀자의 해외 소개와 송출을 맡은 소개업자들도 있었다.

이렇게 부녀자를 사고파는 다단계 네트워크가 만들어져 있었다. 이런 네트워크가 있으니, 단 며칠 내에 부녀자를 멀리 만주나 중국으로 송출할 수 있었다.

해당 여성의 인권 같은 건 없었다. 지금의 기준으로 보면, 말도 안 되는 범죄다. 그런데 이 범죄의 관여자는 누구인가. 부모, 모집업자, 소개업자, 유곽 포주다. 부모는 그 책임을 면할 수 없다. 약간의 돈을 받고는 자기 딸을 넘겨준 것이므로. 그러나 이는 워낙 빈궁한 가정의 부모 친권자가 딸을 남에게 넘겨주고 약간의 사례금을 받거나 아니면 입이라도 하나 덜자는 생각에서 행한 일이었다. 당시 부모가 자기 딸을 남에게 팔아도 범죄가 아니었고, 부모는 처벌받을 일이 없었다.

이 네트워크를 휘젓고 다닌 주역은 모집책들과 소개업자들이었다. 그들은 농촌의 빈궁한 가정을 찾아가 온갖 술수로 부모를 현혹해서 그 딸을 넘겨받았다. 비록 일본의 사례이긴 하나 이 말단의 모집책, 제겐女衒이 빈곤 가정에서 딸을 넘겨받는 모습을 보자.

> 이 일도 코스가 있습니다. 어느 촌에 딸을 팔려 하는 자가 있다고 듣고, 그 마을에 들어서면 누구에게 물어보지 않고도 곧바로 그 집으로 갑니다. 느낌도 있지만, 가장 가난한 듯한 집을 지목하면 우선 틀림이 없습니다. 대개의 집에 대문이 없고 대신 거적이 늘어져 있으며, 집에 들어가면 다다미도 깔려 있지 않고 거적 깔개가 있습니다. 밥통 등 눈에 띄는 것은 없고, 솥과 밥공기가 상에 흩어져 있고, 그 안에서 아버지는 낮부터 술 취해서 자고 있습니다. 그런 집이 많습니다. 이러한 곳에 돈이 되는 이야기를 갖고 가는 것이기 때문에 그 이상 기뻐할 수가 없습니다(長沢健一 1983:127).

"그들은 대개 사람을 속이거나 유괴하여 의뢰인의 의사에 반하는 곳으로 주선하며… 심지어는 묘령의 부녀를 해외 또는 유곽으로 유괴하거나 강제로 추업을 시키는 등 그러한 경우를 당하는 폐해는 헤아릴 수 없을 정도"이며, "창기의 대다수가 그들의 마수에 걸려들어 빠져나올 수 없는 직업에 발을 들여놓게 되는 것"이었다(윤명숙 2015:391).

특히 하윤명, 배장언 등과 같은 모집책들은 거의 사기나 유괴와 다름없는 방법으로 빈곤가정의 소녀를 넘겨받아서는 수양부모로서 그 소녀들을 작부, 창기로 넘기고 그 전차금까지 독차지했다. 설령 수양부모로서 친권을 얻지 못하더라도, 그들은 세상 물정 잘 모르는 부모 친권자를 속여서 전차금의 일부만 전달하곤 했다.

조선총독부로부터 허가를 받은 소개업자들은 이미 1910년대 후반부터 압도적으로 조선인이었다. 1915년에 조선인 소개업자가 일본인 업자의 10배나 되었고, 1935년경까지도 그 비율을 유지하다가 1940년에 13배에까지 이르렀다. 소개업은 조선인의 사정을 잘 아는 조선인이 할 수밖에 없는 업종이었다. 소개업은 경로만 알면 자금은 없어도 할 수 있는 직업으로서, 생활의 길을 찾기 힘든 조선인에게는 성공의 기대와 기업 의욕을 채워줄 몇 안 되는 직업의 하나였다. 도내의 사정에 정통한 자가 지역의 정보 네트워크를 이용하여 구직하는 여성과 가출 여성을 교묘하게 속여서 먼 지역에 인신매매하였다. 소개업자의 여성 알선은 조선 내뿐 아니라 멀리 일본과 중국, 대만, 사할린에도 미쳤는데, 이 경우 전차금이 두 배가 넘었고 법규 위반에 대한 단속의 위험도 낮았기 때문이다. 조선인 여성이 일본군 위안부가 되는 것과 같은 구조가 1920년대에 이미 만들어져 있었다(宋連玉 1994:51-53; 金富子 1995:216).

경로 4 : 납치, 폭력에 의한 작부, 창기 만들기?

마지막으로 생각해 볼 것은 납치나 폭력에 의한 작부 창기 만들기다. 이 경우는 그렇게 많지 않았을 것이다. 앞서 본 것처럼, 유괴의 경우에도 남의 호적등본을 제출해서 합법을 가장하려 했다. 그런데 납치한 여성을 작부나 창기로 만들어서 포주에게 넘기려고 하면, 납치했다는 사실이 쉽게 알려질 것이다. 경찰이 관리감독을 하고 있는데 포주가 굳이 납치된 여성을 작부나 창기로 쓰려고 하지는 않았을 것이다.

달리 보면, 여성을 굳이 강제로 폭력을 써서 납치할 필요까지도 없었다. 당시는 몹시 빈궁한 상태에서 세상 물정을 잘 모르는, 순진하고 어수룩한 사람들이 많았고, 그런 부녀자와 그 부모를 약간의 돈과 감언이설로 얼마든지 쉽게 유혹할 수 있었다.

작부·창기의 경로가 위안부 경로에 주는 시사점

작부 창기의 경로 네 가지 중에서 어느 것이 주된 것이었을까? 역시 부모 친권자에 의한 작부 창기 계약이 가장 비중이 컸을 것이다. 또 부모가 수양녀 등의 형태로 남에게 딸을 넘겨주는 것도 역시 상당수 있었을 것이다. 그리고 모집업자가 여성을 유괴하고 타인의 호적등본을 사용한 것이 소수 있었을 것이다. 반면, 납치와 폭력에 의해서 강제로 작부나 창기가 된 경우는 극소수였을 것이다.

이상과 같은 조선 내 작부 창기의 경로는 일본군 위안부가 되는 경로에 대해서 무엇을 시사할까.

일본군 위안부가 된 조선인 부녀자 중에는 기존의 작부나 창기 출신은 많지 않았다는 게 정설이다. 작부나 창기 일에 종사하지 않았던 부녀자가 곧바로 위안부가 된 것이 다수였다는 것이다. 그 경우 부모 친권자가 딸의 위안부 계약을 한 것이나, 부모가 남에게 딸을 수양녀로 넘겨줬는데 수양부모가 그렇게 넘겨받은 남의 딸을 위안부로 만든 것이 다수였을 것이다.

한편, 부녀자를 유괴해서 위안부로 보내기는 쉽지 않았다. 위안부를 국외로 이송할 때는 여권에 해당하는 신분증명서를 경찰서에서 발급받아야 되는데, 유괴된 여성에게 타인 명의의 호적등본을 지참케 하고 그 호적등본 상의 타인 부모가 그 여성과 함께 경찰서에 출두해서, "위안부로 취업하려 하니 신분증명서를 발급해달라"고 할 수는 없었다. 그래서 유괴된 부녀자를 위안부로 이송하는 것은 일반적이지 않았다고 하겠다.

아울러, 폭력으로 여성을 납치해서 그 여성을 해외에 위안부로 보내는 것은 더욱더 상정하기 곤란하다. 위안부임을 공개 증언한 이들 중에는 길을 가는데 일본 관헌이 갑자기 자신을 납치했다, 또는 모르는 남자들이 자신을 강제로 끌어갔다고 증언한 사람들이 여럿 있다. 그러나 납치한 여성에 대해서 동의서류와 신분증명서를 발급받는다는 것은 불가능하니 이러한 증언을 사실이라 할 수 없다.

이 조선 내 작부·창기의 조달 네트워크는 일본군 위안부 동원과 어떤 관계가 있을까. 일본군 위안소의 위안부 동원 역시 우선은 이 네트워크를 이용했을 것이다. 이미 농촌에서 부녀자를 끌어내서 창기업에 공급하는 네트워크가 형성되어 있었다. 그것을 사용하면 되지, 관헌을 보내서 강제로 부녀자를 위안부로 끌어갈 이유가 전혀 없었다. "종래의 소개업자가 쓰던 방식이 일본군 위안부 모집에도 사용되었다"(尹明淑 1995 : 59).

위안부 동원은 모집의 형식을 취했다. 오늘날의 한국인들이 흔히 상상하는 것처럼 일본 군인이나 경찰이 여성의 양팔을 끼고 폭력적으로 끌어가는 강제연행 수단을 쓸 필요가 없었다. 이미 형성된 이 네트워크에 올라타서 그를 이용하기만 하면, 위안부 모집이 가능했다.

단, 일본군 위안소는 조선 내 유곽보다는 좋은 조건을 제시해야 했다. 위안부에게도 조선 내 유곽의 창기나 요리점 작부보다는 더 좋은 조건을 제시해야 하고, 위안소 업주에게도 조선 내 유곽 업주나 요리점 업주보다 더 좋은 조건을 제시해야, 이 시장이 작동할 수 있었다. 위안부든 업주든 조선 내보다 조건이 좋지 않으면 굳이 멀고 위험한 전장으로 갈 이유가 없는 것이다. 이영훈 교수가 『반일종족주의』 책자에서 일본군 위안소가 고수익의 시장이었다고 말한 것은 바로 이 점을 지적한 것이다.

하윤명 사건은 이미 일본군 위안소가 활발히 설치되고 위안부 모집이 행해질 때 터졌다. 이 작부·창기 시장을 통해 일본군 위안소로의 위안부 모집과 송출이 이루어졌으리라는 것은 쉽게 추론할 수 있다.

1930년 말 조선인 창기의 경로 조사에 의하면 70% 이상이 주선업자를 통한 경우였다. 국내에는 작부와 창기를 만드는 시장 네트워크가 있었는데, 부모가 모집업자와 딸의 창기 취업을 계약한 것이 대다수를 차지하였고, 부모가 약간의 돈을 받고 친권을 양도해 수양녀로 딸을 넘겨주면 그 수양부모가 수양녀를 창기로 만드는 경우도 있었다. 반면, 부녀자를 유괴해서 남의 호적등본으로 창기 취업을 계약한 경우는 경찰에 적발될 가능성이 있었다. 일본군 위안부 동원도 이 시장 네트워크를 이용했을 것이다.

・8・

객관적 자료로 본
'위안부 되기'

국내 작부·창기 조달 경로를 통한 모집

위안부 증언은 증언자(인터뷰이)의 사정이나 증언청취자(인터뷰어)의 의도에 따라 얼마든지 사실과 다르게 왜곡 윤색되거나 날조될 수 있음을 보았다. 일본군 위안부가 어떻게 만들어졌는지, 한 여성이 어떻게 일본군 위안부가 되었는지는 좀 더 객관적인 자료에 입각해 파악할 필요가 있다.

우선, 제1장에서 언급한바, 1937년 말과 1938년 초 일본에서의 위안부 모집에 관한 일본 정부의 공문서를 살펴보자. 1937년 말 중부 중국 파견군의 명령에 따라 위안소 업주와 모집업자들이 일본에서 작부 창기를 모집하는 활동을 하였다. 이 모집업자들이 1938년 초 일본에서 모은 여성들은 대개 기존 공창이나 사창의 창기거나 요리점의 작부였다.

상하이의 유곽 업주 나카노中野가 상하이 파견군 내 육군위안소에
서 작부 영업을 할 작부 3천 명이 필요하다면서 1937년 12월 일본
에 와서 효고현 고베시의 유곽 업주 오오우치大內 등을 통해 1월 초
까지 2~3백 명을 모집하였다(지도 8-1의 ①). 오오우치는 간사이지
방에 그치지 않고 간토지방까지 가서 군마현 마에바시前橋의 소개업
자에게도 계약서, 승낙서, 차용증서(전차금), 계약조건 서류를 제시
하고 작부 모집을 의뢰한 바 있었다(지도 8-1의 ②). 오오우치 등은
이미 1차로 고베에서 작부를 군용선으로 중국으로 송출한 바 있었
고 1월 말경에 2차로 송출할 계획이었다.[40]

　　다시 오오우치는 멀리 도호쿠東北 지방의 야마가타현 모가미군最上
郡 신조마치新庄町까지 가서 창기·작부 소개업자 토츠카戸塚에게 북중

지도 8-1 중일전쟁 초기 일본 내 위안부 모집 예

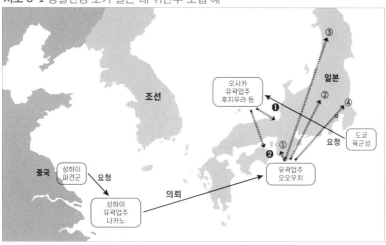

• • •

40 「上海派遣軍内陸軍慰安所における酌婦募集に関する件(群馬県, 『자료집성①』, 11-22쪽.)」

국 파견군의 위안소 설립을 위해 전국에서 모집키로 한 작부 2,500명 중 우선 500명의 모집을 의뢰하였다(지도 8-1의 ③).[41] 오오우치는 작부 모집을 위해 연령은 16~30세, 전차금 500~1,000엔, 계약기간은 2년, 소개수수료로서 전차금의 1할을 군부가 지급한다는 등의 조건을 제시하였다. 다만, 군의 계획을 알지 못한 관할 신조경찰서가 그 작부 모집을 중단시켰다.

오오우치는 1938년 1월 19일 간토지방 이바라키茨城현의 미토水戸시 요리점에서 일하던 작부 2명(당시 24살, 23살)에게 상하이에서 작부 일을 하도록 직접 권유하고 모집하였고, 주선업자 오오카와大川에게도 작부 모집을 위촉하였다(지도 8-1의 ④).[42] 이상과 같이 오오우치는 어디까지나 일본의 창기·작부 조달 경로를 통해 위안부를 조달하려 하였다.

오사카의 인근 와카야마현 다나베田辺시에서도 오사카와 고베의 유곽 업주가 지역 소개업자를 통해 창기를 모아 위안부로 송출하려 하였다. 1937년 가을 오사카의 회사중역 고니시小西, 유곽 업주 후지무라藤村, 고베의 유곽 업주 나카노中野 등은 육군 군납상인과 함께 도쿄로 가서 쿠히사德久 소좌를 통해 아라키荒木 대장을 만나 상하이 군 위안소에 창부 3천 명이 필요하다는 이야기를 들었다. 후지무라와 고니시는 우선 창기 70명을 모아 이듬해 1월 3일에 나가사키항에서 군용선으로 그들을 상하이에 송출하였고(지도 8-1의 ❶), 추가로 오사카의 공창 포주 사가 이마타로佐賀今太郎와 가나자와 진에몬

• • •
41 「北支那派遣軍慰安婦募集ニ関スル件 (山形県知事 1938.1.25)」
42 「上海派遣軍内陸軍慰安所における酌婦募集に関する件 (茨城県知事, 1938.2.14.)」

金沢甚右衛門으로 하여금 와카야마현 가이난海南시 소개업자 히라오카平岡를 통해 모리文理항 요리점에서 26세와 28세의 작부를 불러 각기 전차금 470엔과 362엔을 지불하고 히라오카의 소개업소에 데려가게 하는 등(지도 8-1의 ❷) 위안부 모집 활동을 하였다.[43]

그리고 앞서 제1장에서 언급한 것처럼 상하이에 주둔한 일본군 제124연대의 제11병참사령부는 1937년 12월 23일 연대의 어용상인(군납업자) 12~13인을 소집해서, 그들에게 일본 내지로 가서 위안 업무를 할 여성 15명씩을 이듬해 1월 3일까지 모집해 오라고 지시했다. 열흘밖에 안 되는 빠듯한 일정이었다. 모집 조건은 연령 35세 이하로서 성병이 없어야 하며 전도금은 각 1천 엔이고 군 직영 '오락소'에서 근무하는데, 전도금은 위안 대금으로 순차 반제하며 전액 반제한 후에는 자유 신분이 된다는 것이었다. 이 전도금은 임시국채 발행을 통해 조달된 임시군사비에서 마련되었다. 병참사령부는 이 어용상인들에게 빳빳한 신권 일본은행권 1만 5천 엔씩을 지급했다(위안부 인당 1천 엔×15명).

이렇게 일본 내지로 파견된 위안부 모집책 중에 북 큐슈 이이츠카飯塚 출신인 이시바시 도쿠타로石橋德太郎가 있었다. 이시바시는 본래 상하이 주재 영국 상사의 직원이었는데, 중일전쟁이 일어난 후 중국군에 체포되었다가 일본군에 의해 구출되고 나서는 일본군 제11병참사령부의 군납업자가 되었다. 먼저 그는 고향인 큐슈의 탄광촌 이이즈카의 유곽을 찾아가서 알아봤으나, 기존의 창기 모집

• • •
43 「時局利用婦女誘拐被疑事件に関する件 (和歌山県知事 1938.2.7)」

루트를 통해서는 위안부를 모으기 어려움을 알았다. 모집책(뚜쟁이 제겐)이 여성을 구해 와서 포주에게 소개하는 네트워크가 있는데, 그를 이용할 경우 1천 엔을 위안부에게 전차금으로 주고 나면 모집책 등에게 아무런 대가를 줄 수가 없기 때문이었다.[44]

이에 그가 후쿠오카에서 탄광부 공급 중개인을 하는 상업학교 동창을 만나 여성 모집 방안을 문의하니, 동창생은 탄광촌에 가서 조선인 광부의 딸을 모집하라고 조언하였다. 일본인 여성의 1/3 가격이면 조선인 여성을 구할 수 있다는 이야기였다. 그는 카호嘉穗, 시메志免 등 북 큐슈의 탄광촌에서 조선인 광부의 딸을 모집하는 한편, 직접 후쿠오카의 유곽으로 가서 개별 창기와 직접 교섭하였다(千田夏光 1995:64-67, 106).

또, 도쿄 사창가 타마노이의 조합장 쿠니이도 좋은 조건을 제시해서 상하이행 위안부를 모집하였다. 1937년 말, 1938년 초 전시 경기 호황을 맞은 타마노이에서는 쿠니이의 권유에 대하여 어느 업자도 상하이행에 응모하지 않았다. 심지어 쿠니이가 데리고 있던 창기에게도 상하이행을 강요할 수는 없었다. 타마노이는 소개업자에게 부탁해서 호조건을 제시하도록 하였다. 호조건이란 창기에게 전차금이 남아 있으면 모두 갚아주고 새로 전차금을 준다는 것이었다. 쿠니이는 남은 빚이 4~5백 엔 정도이던 다카시마 준코高島順子란 창기에게 빚을 모두 갚아주고 새로 1,500엔까지 지급하였다. 남동

---

44 일본에서는 소개업자가 전차금의 1할을 여성 측으로부터 수수료로 받았으므로, 전차금 1천 엔 중 909엔을 여성 측이 갖고 91엔을 소개료로 모집책이 나눠 가지면 된다. 이렇게 하면 기존 창기 모집 루트를 통해서 위안부 모을 수 있는데, 전차금을 내준 군은 소개 수수료를 고려하지 않은 것 같다.

생의 심장 수술비가 필요했던 준코는 총 2천 엔의 전차금을 받고서 상하이 위안소로 갔다(大林清 1993 : 200-208).

한편, 일본인 위안부를 다룬 책『애국심과 인신매매와 일본인 위안부愛国心と人身売買と日本人慰安婦』(2015)에 소개된 10명의 일본인 위안부들도 모두 전직 창기였다. 10명 전원이 과거에 기생, '게이샤'였다든가 공창이나 사창 등 유곽에 있던 창기였다든가, 겉은 술집처럼 간판을 내걸었지만 실제로는 작부가 몸을 파는 '메이슈야酩酒屋'의 창기였다.

그들이 일본군 위안부가 된 것은 어떤 강요에 의해서가 아니라 거액의 전차금을 받으려는 자발적 선택에서였다. 그들 중 일부는 창기업에 종사하면서 상당한 빚을 지고 있었는데 위안부로 가면서 일시에 거액의 전차금을 받아서 그 빚을 상환할 생각이었고, 또는 빚이 그렇게 많지 않더라도 어쨌든 전차금을 많이 받아서 가족을 위해서 돈을 쓸 계획이었다. 그들이 위안부로 가면서 받은 전차금은 1천 엔에서 4천 엔까지 다양했는데, 2020년대 한국인의 화폐 감각으로는 1억 원에서 4억 원 정도 되는 거금이었다.

이처럼 일본인 위안부는 위안부가 된 경위가 조선인의 경우와 전혀 달랐던 것으로 알려져 있다. 같은 일본군 위안부인데, 위안부가 되는 방식이 한쪽은 자발적이고 다른 한쪽은 강제적인 것으로 전혀 다를 수는 없다.

1938년 말~1939년 초 남부 중국을 점령한 일본군이 위안소를 설치할 때도 기존의 예기, 창기가 위안부로 동원되었다. 제1장에서 언급한 것처럼 1939년 2월 일본군의 하이난섬 점령 후 그곳의 위안소 설치는 대만의 국책회사가 담당하였다. 대만 국책회사는 타이베이 교외의 유흥지인 베이터우의 유곽 업주 1명을 위안소 업주로 선정하였고, 그 업주는 자신이 데리고 있던 작부 예기 8명에 새로 3명을 더하여 하이난 북부에 위안소를 열었다. 한편 하이난 남부에 설치된 위안소도 역시 베이터우의 유곽 업주가 자신이 데리고 있던 예기·창기 10명을 데려간 것이었다.

또 태평양전쟁 발발 후 1942년 초 중국 파견군이 남방 파견군의 의뢰에 따라 남방에 갈 위안소 업주를 선정했을 때도 업주 3인은 전차금을 주고 여성들을 모았다. 즉 광둥에서 사카이酒井는 시모가 경영하는 군용 식당의 중국인 주방장을 통해 알선업자에게 여성 모집을 의뢰했고 그 알선업자가 보통 1인당 10엔, 미인일 경우 30~50엔의 전도금을 주고 30명의 중국인 여성을 모았다. 또 난징에서 카츠키杏月도 총 17만 엔의 전차금을 주고 27명의 일본인 여성을 모았다. 이 여성들은 전차금 때문에 묶인 유곽 창기들이었는데, 1인 2~5천 엔을 주었으며, 나이는 40대, 20대가 각 2명이었고 나머지는 모두 30대였다. 카츠키가 1942년 7월 여성들을 데리고 상하이항에 가보니, 여러 업자들이 난징, 쑤저우 등에서 데려온 여성이 1,300명 정도에 달하였다. 한편, 상하이의 이노우에井上는 항저우에서 전차금을 주고 12명의 조선인 여성을 모았다(西野留美子 1993:47-48, 79, 81).

이처럼 남방에서 위안소를 열기로 한 업주 3인은 모두 선금을 주고 여성을 모집하였다. 이는 여성들과의 위안부 근로 계약이었다. 그중 일본인 여성은 그 전까지 중국에서 작부, 창기 일을 하던 여성이었다. 조선인 여성 역시 그러했을 것이 확실하다. 그들은 이미 중국에 와 있던 여성들이었던 바 작부, 창기 일을 하고 있었을 가능성이 크다. 이상은 전 위안소 업주의 증언이지만, 인터뷰어 니시노가 위안부 동원에 대한 일본 정부의 책임을 추궁하는 인물로서 한국의 정대협 등과 제휴하고 있었음을 감안하면, 인터뷰어가 강제연행 사실을 감추거나 은폐했을 리는 없다.

1940년대 중국 상하이의 해군 전용 위안소도 전차금을 주고받는 계약을 통해 여성을 데려왔다. 제1장에서 언급한 우미노야海乃家의 업주도 매년, 많을 때는 연 3회나 일본에 가서 일본인, 조선인 여성을 새로 데려와 위안부를 보충하거나 늘렸다. 업주의 아들이 상하이로 온 1944년 7월에만 해도 그 업주는 고베에서 조선인 2명, 시모노세키에서 일본인 3명을 구해서 아들과 같이 상하이로 왔다. 업주는 여성 구하는 일을 일본 내 소개업자에게 의뢰했고, 본인은 일본에서 여성을 넘겨받아 데려오기만 한 것이었다. 여성의 호적등본, 친권자의 승낙서, 신분증명서 등 관련 서류를 갖추어 와서 해군 병참부에 제출하였다. 이는 업주가 통상적인 작부 창기 계약에 따라 전차금을 주고 넘겨받은 여성을 공창에서 창기로 등록하는 것과 같았다.

우미노야에 조선인 위안부는 10명가량 있었는데, 대부분 일본에서 데려온 것이라 하겠다. 이 업주가 고베에서 여성을 구할 때 보통 전차금이 1~2천 엔인데 자신의 딸을 내줄 테니 전차금 5천 엔을 달라는 부모도 있었다 한다(華公平 1992:17-18, 63). 물 들어올 때 노 젓는 식으로 때를 잘 만났으니 딸 팔아서 한몫 잡겠다고 하는 시대였다.

1942년 7월에 조선에서 동남아로 갔던 약 700여명의 조선인 위안부도 거액의 전차금에 호응한 경우였다. 버마 전선에서 1944년 8월에 연합군의 포로가 된 조선인 위안부와 일본인 업주들을 미군이 심문한 것이 있다. 많이 알려진 이 보고서에서는 조선의 여성들이 위안부로 간 경위에 대해서 다음과 같이 설명했다.

> 이들 의뢰인들이 사용한 미끼는 다액의 수입, 가족의 부채를 변제할 수 있는 좋은 기회, 고되지 않은 노동과 신천지 싱가포르에서의 신생활에 대한 전망이었다. 이와 같은 허위 설명을 믿고 많은 여성이 해외근무에 응모하고 2,3백 엔의 전차금을 받았다(안병직 2013:408).

한마디로, 쉽게 돈벌이할 수 있는 편한 일자리가 있다는 이야기를 믿고 위안부 모집에 응모했다는 것이다. 비록 모집업자의 권유 내용 중에 거짓말이 섞여 있었다고 해도, 그 여성들이 전차금을 받고 위안부 모집에 응모한 것은 자발적 행위였다.

버마의 위안소 업자에 대한 1944년 8월의 또 다른 포로 심문보고서에 의하면, 그 업소에 22명의 조선인 여성이 있었는데 그들의 전차금은 대략 300~1,000엔에 달했다(안병직 2013:417).

한편, 전쟁 말기 중국 전선에서는 일본군이 민간의 작부, 창기 중에서 위안부를 강제로 맡게 하기도 했다. 제1장에서 본 것처럼 1944~1945년 중국 톈진에서는 일본군의 요구에 따라서 중국인 접객업소 단체가 소속 기녀 중에서 일부를 선발해서 단기간 일본군 위안부 일을 하게 했다. 농민이 의무적으로 쌀을 값싸게 정부에 파는 쌀 공출처럼 작부, 창기 중 일부가 의무적으로 위안부 일을 하게 한 것이다. 이때 기녀들에게 전차금 채무가 있을 경우 접객업소 단체가 부담해서 그 채무를 상환해 줌으로써, 접객업소 단체의 비용 부담으로 위안부 개인에게 인센티브를 주었다. 1944년 7월 톈진에서 허난성 정저우에 위안부로 간 기녀 38명 중 21명이 전차금 채무를 갖고 있었는데, 톈진 경찰은 그 기녀를 파견한 업소(기원妓院)를 제외한 다른 업소가 기녀의 채무를 대신 상환하게 하였다. 한 낙호樂戸 분회(접객업소 분회)에 소속된 파견 기녀의 채무를 기녀를 파견한 기원을 뺀 분회의 나머지 기원의 업주들이 평균하여 분담하되, 기원에 남은 기녀들에게 다시 부담시키지 않도록 하였다. 기녀는 위안부 일로써 자신의 채무를 상환할 수 있었고, 이는 기녀가 단기 위안부에 응모할 유인이 되었다.

또 1945년 4월 톈진 낙호연합회가 20명의 기녀를 군인 클럽에 공출토록 했을 때는, 각 낙호분회가 총 100명의 기녀를 선발한 후 그중에서 성병 검사를 거쳐 군과 경찰이 20명을 최종적으로 골랐다. 군부가 이 기녀 1명에게 매월 밀가루 1포대를, 그 가족이 있을 때는 별도로 조 2kg를 배급하였고, 시의 나머지 전체 기녀 2,904명이 총 400,208원元의 가족생활특별수당을 분담하도록 하였다.

그리고 1945년 7월부터는 낙호연합회가 톈진방위사령부 직할 위안소 동역회관에 매번 20~30명의 기녀를 1달간 교대로 보내야 했는데, 기녀 가족에 대한 특별수당은 매월 5만 원元으로 하며, 그 경비는 각분회가 분담토록 하되 결국은 위안소에 간 기녀를 제외한 다른 기녀들이 부담하도록 하였다. 일본군 위안소의 운영비를 일반 기녀에게 씌운 것이다(林伯耀·張友棟 2000).

이상은 일본과 중국의 기존 창기군 중에서 그 조달 네트워크를 통해 위안부가 모집되었음을 말해준다. 이 점은 조선인 여성을 위안부로 데려올 때도 마찬가지였다. 조선에서도 업주들은 어디까지나 작부 창기 시장을 통해서 여성을 모집하였다. 한커우 주둔 일본군 병참사령부의 군의관으로서 위안부의 검진 업무를 했던 나가사와에 의하면, 한커우 병참에서 오랫동안 위안소 관리·감독을 한 병참부원은 위안소의 내부에서 한 번도 소위 일본군부, 관헌에 의한 조선 부녀의 강제연행 소문조차 들은 바 없었다. 나가사와가 조선인 업자에게 위안부를 어떻게 보충하느냐고 묻자, 그 업자는 조선에서도 일본과 마찬가지로 유곽이 여러 곳 있고 창기도 많기 때문에 위안부의 보충에 어려움이 없다고 답하였다. 한커우 위안소조합의 가네야마金山 부조합장도 위안부는 돈벌이가 되고 몸도 즐거운 것으로 전해 듣고 고용을 희망하는 여자가 많다고 하였다 한다.

나가사와는 한커우 위안소를 거쳐간 위안부 중에서 관헌에 의해 강제연행된 부녀가 섞여 있었다면, 위안계의 취업면접 조사와 진료소에서의 검사 때 발견되었을 것이라 하였다. 또 위안소의 이용객이 위안부 강제연행 사실을 들었다면 역시 병사들 사이에서 소문이 나서 병참사령부 내부에서 문제가 되었을 것이라고도 하였다.

그런데 우창의 위안소에서는 보충용으로 데려온 위안부 중 하나가 장교 클럽인 해행사偕行社에서 근무한다는 약속으로 왔다고 항의

하자 병참사령부가 그 여성에게 다른 직업을 알선한 일이 있었다. 이처럼 여성이 약속과 다르다고 말하는 일은 종종 있었는데, 이는 여성의 부모 친권자가 딸을 팔면서 딸에게는 사실을 알려주지 않았기 때문이었다. 아마도 그 여성을 산 모집업자나 매춘업자가 거부하는 그 딸을 납득시키기 위해서 경찰이나 총독부 등을 사칭하고 그것이 사실인 양 전해진 것일 수도 있다(長沢健— 1983:240-241).

앞서 제5장의 끝부분에서 언급한 것처럼 위안부 강제연행 성노예론자들은 모집이라는 말을 쓰지 않고, '징모徴募'란 단어를 쓰지만, 개별 위안부의 동원에 관헌이 관여하지는 않았다. 따라서 위안부의 징모라는 말을 쓰는 것은 부적절하고, 위안부의 모집이라고 해야 맞다. 거의 모든 경우는 모집업자가 부모와 여성을 감언이설로 꾀어서 그 여성을 데려가는 것이다. 그중 어떤 경우에는 크고 작은 속임수에 여성이나 여성의 가족이 넘어가서 동의한 것이다.

일본군을 뒤따라 그 점령지로

중일전쟁 발발 후 중국에서 일본군 점령지가 확대되자 많은 조선인이 조선을 떠나 그 점령지로 행했다. 1937년 7월 전쟁 발발 후 치열한 공방전에서 일본군이 승리해서 점령지를 확대해 가자 곧바로 9월부터 중국에 건너가는 조선인이 급증하였다.

앞의 제2장 표 2-5에서 본 것처럼, 1937년 9월부터 1938년 12월까지 16개월간 조선에서 중국으로 건너가기 위해 신분증명서를 발급받은 조선인은 1만 8,486명이었는데, 그중 1만 7,449명이 처음 건너가는 자였고, 재도항자는 1,037명에 불과하였다. 지역별로는 전체의 94%인 1만 6,328명이 북중국(화북)으로 갔다. 도항 목적별로는 상업 5,176명, 무직 2,534명, 기타 4,031명, 시찰 1,751명 등이 전체의 73%를 차지했다. 그리고 요리업·음식점 업주가 964명, 유곽 업주가 110명, 여급 종업원이 625명, 예·창기가 1,150명이었다. 일본군의 중국 점령이라는 새 기회를 맞아 조선인들이 대거 그 점령지에, 그것도 북중국 점령지에 몰려간 것이다.

중일전쟁 전 8천 명 정도이던 북중국의 조선인은 2년만인 1939년 9월 약 3만 명이 되었고, 이듬해 1940년 6월경에는 약 2만 호, 6만 8천 명으로 급증하였다. 미신고자까지 포함하면 1940년 6월 북중국의 조선인 수는 10만 명에 달한 것으로 추정된다(김광재 1999 : 282-283; 손염홍 2011 : 321).

일례로 1937년 9월 말 신의주-안동-산해관의 경로로 중국에 도항한 유곽 업주는 일본인 7명, 조선인 6명이고 창기는 일본인 1명, 조선인 63명이었다. 그중 한 조선인 창기는 위험한 곳이지만 취직처가 새로 생겨 중국에 건너가는 것이라 말하였다.

저희들도 부끄러운 줄도 알고 위험한 줄도 알지만 가고 싶어 가는 것이 아니고 아니 갈 수 없는 피치못할 딱한 사정이 있어서 부득이 천하고 손가락질 받는 일터로 몸이 팔리어 가는 것입니다.... 아무쪼록 저희들에게 이런 일을 아니하고라도 살 수 있도록 취직처를 남자들이 만들어 주시오(『동아일보』 1937년 10월 1일 자).

이렇게 중국에 들어온 조선인 유곽 업주들은 전투하는 일본군을 뒤따라 새 점령지에 옮겨가서는 거기서 일본군의 허락을 받아 위안소를 개설하였다. 한커우 위안소가 그러하였는데, 제1장에서 이미 언급한 것처럼 일본의 우한 점령 작전에 참여한 일본군을 뒤따라 이미 4~5개의 조선인 이동 위안소가 우한에 들어왔다. 이들은 쉬저우(徐州) 점령작전 때 화북에서 병단을 따라 남하한 자, 우한 공략전 때 화북에서 이동한 제2군과 함께 행동을 같이 한 자, 난징 방면에서 서쪽으로 제11군을 따라 입성한 자, 상하이로부터 온 자 등 경로는 갖가지였다. 이때는 한커우에 일본인 위안소가 한 곳도 없을 때였다. 이 조선인 업주들은 일본군 전투부대를 바로 뒤따라와서는, 일본군이 우한을 점령하자마자 일본군 병참부의 요청이 없는데도 곧바로 트럭에 가림막을 친 이동 위안소 영업을 시작했다.

한커우 위안소에 온 일본인 업주들은 기업형 유곽이었다. 그들은 오사카와 고베 유곽의 조바(관리인) 출신으로서, 자신들이 속한 유곽 주인에게서 자본금과 여자들을 위탁받아 한커우에 그 지점을 세운 것이었다. 반면 조선인 업주들은 그전 유곽 경영 경험이 없이 뛰어든 벤처형 업주였다(長沢健一 1983 : 52-54).

한편 1938년 11월 이래 많은 업자들이 한커우에 몰려들어 음식점, 카페, 찻집(끽다점喫茶店), 요리옥, 위안소 등을 열자 2달여 지난 1939년 2월 초 포화상태에 이르렀다. 이에 한커우 총영사는 본국 외무성 국장에게 업자의 공멸 우려가 있으니 도항을 단속해 달라고 요청하였고, 이는 다시 일본 경찰과 각 지방 장관, 조선총독부 외사부장에게 전달되었다.[45]

태평양전쟁이 발발하고 일본군이 동남아를 점령하자 많은 조선인이 동남아 점령지로 갔다. 여성들을 모아서 데려간 위안소 업주들은 그 대표적 부류였다. 김해군 진영에서 오랫동안 대서소를 운영한 박치근도 그중 하나였다. 1905년생인 그는 1922년에 5년제 김해공립보통학교를 졸업한 후 1924년 초부터 등기소 고원이 되어 근무하던 중 1927년 8월 토지사기사건에 휘말려 구속되어 등기소를 그만두었다. 그러나 곧 석방되어 1928년에 자신의 대서소를 개업하였고 이후 1941년 8월까지 거기서 대서 업무를 계속하였다. 그의 일은 토지와 가옥의 매매에 따른 등기 업무를 대행하는 것이었는데, 고용원을 통해서 혹은 직접 진영읍 내 등기소에 가서 서류를 처리하거나 마산의 재판소와 식산은행 지점에서 등기 관련 업무를 처리하는 것이 그의 일상이었다. 그의 본가는 김해의 평범한 농가였으나, 그의 처가는 요리점이나 여관업을 하면서 색시장사도 겸하였다. 그의 처남은 부산에서 요리점과 색시장사를 하고 있었고 처제가 대구에서 여관을 운영했는데, 1939년 말 처제의 여관을 그 언니(박의 처)가 인수하여 경영하게 되었다.

그런데 조선총독부가 중일전쟁 발발 후 전시통제의 일환으로 사법서사사무소 합동을 실시한 결과 1939년 1월부터는 대서 업무를 해도 단순히 배당만 받은 것으로 바뀌어 사업의 유인이 약화되었다. 또 내연관계에 있던 여인에게 여관까지 장만해 주었으나 1941년 봄 그 여인의 변심으로 헤어지면서 큰 타격을 입었다. 결국 그

<hr>

45 「漢口ヘノ渡航者取締ニ関スル件」, 『자료집성 ①』, 125-130면.

는 1941년 7월 사법서사를 폐업하고, 8월에는 14년 동안 거주하던 진영을 떠나 처가 여관업을 하는 대구로 이사하였다. 그해 가을에는 조선에서 여자를 모아서 만주로 데려가 색시 장사를 하자는 자에게 4천 원의 거금을 빌려주었다가 떼이기까지 하였다. 1942년 37살밖에 되지 않은 그는 무언가의 돌파구가 필요하였다. 때마침 1942년 봄에 조선총독부가 싱가포르행 군 위안단을 모집하자 그에 응모하는 처남을 따라서 7월 10일 부산에서 동남아행 배에 올랐다. 그의 일행은 부산을 떠난 지 한 달여만인 1942년 8월 하순 버마 랑군에 도착하였다. 그의 처남은 일본군의 명령에 따라 랑군 서북부의 프롬에서 위안소 칸파치 클럽을 열었고 박치근은 그 관리인 (조바) 생활을 시작하였다.[46]

박치근의 일기에는 여러 조선인 업주가 버마에서 위안소를 열었음이 기록되어 있다. 랑군의 랑군회관은 서울 출신의 오오야마 호일大山虎一이, 시라미즈관은 대구 출신의 오오하라大原가, 우치조노 위안소는 조선인 우치조노內薗가, 이치후지一富士루는 조선인 무라야마村山가 열었다. 페구의 카나와 위안소는 조선인 카나와 주도金和柱道가, 분라쿠관文樂館은 충청도 출신의 아라이 청차新井淸次가, 사쿠라 클럽은 대구 출신의 카나가와 장평金川長平이 열었다. 만달레이의 오토메테이乙女亭는 대구 출신의 마쓰모토 항松本恒이, 봉래정은 조선인 노자와野澤가 열었다. 마쓰모토 항은 역시 대구 출신의 여성들을 모아 왔는데, 뒤에 살펴볼 위안부 문옥주가 그중 한 명이었다. 이 업

• • •

46 박치근에 관한 이상의 기술은 『박치근 일기』 1939-1941년분(미공개 자료) 및 이영훈(2019:316-317)에 의거하였다.

주들은 대부분 박치근과 같이 1942년 7월 10일 부산을 출항한 동남아 제4차 위안단 일행이었다. 군 위안소를 열겠다고 일본군의 새 점령지 동남아로 몰려간 것이다.

지도 8-2 버마에 개설된 일본군 위안소 예

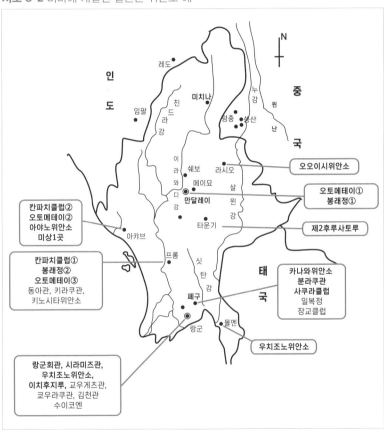

자료 : 안병직(2013); 西野留美子(1995).
주 : ① 굵은 글씨 표기의 업소가 조선인 업주의 위안소임.
     ② 위안소명 뒤의 숫자는 동일한 위안소가 일본군의 명령에 따라 이동한 것을 나타냄.

아무리 일해도 전차금을 갚을 수 없던 일본이나 조선 공창의 창기도 전장의 위안소에서 돌파구를 찾으려 하였다. 빚이 갈수록 늘었던 일본인 창기 시로타 스즈코城田すず子가 그러하였다. 시로타는 1921년 도쿄의 유복한 가정에서 장녀로 태어났는데 밑으로 4명의 동생이 있었다. 그녀가 14살 때 어머니가 죽었고 아버지가 친족의 빚보증을 섰다가 집의 전 재산을 날렸다. 동생들은 학교를 그만두어야 했고 자포자기한 아버지는 경마 도박에 빠졌다. 그녀는 17살인 1938년에 전차금을 받은 아버지에 의해 도쿄 가쿠라자카神楽坂의 게이샤집芸者屋에 넘겨져 게이샤가 되었다. 그녀가 성병 후유증으로 일을 못 하자, 업주는 요코하마의 주선업 야마토야大和屋를 통해 그녀를 유곽 라쿠텐지樂天地로 보냈다. 그녀의 전차금은 어느새 1,800엔이란 거액이 되었다. 당시 일본 유곽에서는 3년 계약에 차금 500엔이 일반적이었고 이용 요금이 1~1.5엔이었으므로 그녀가 1,800엔의 차금을 갚을 길은 요원하였다. 때마침 기녀를 구하던 대만 펑후섬의 유곽 주인과 연결되어 시로타는 3년 계약에 전차금 2,500엔을 받고 대만으로 갔다. 시로타가 17살이었던 데 비해 함께 떠난 6명은 20~30세 사이의 오랜 창기 생활을 한 이들이었다. 그녀는 라쿠텐지에서의 채무 1,800엔을 갚고 남은 돈 700엔은 아버지에게 전했다.

　그녀가 간 곳은 펑후섬 마궁시의 해군용 유곽이었다. 모두 20개의 업소가 있었다. 그곳에서 8개월 정도 일했으나 차금은 전혀 줄지 않았다. 그녀가 번 돈은 전부 생활비와 옷값 등으로 다 썼다. 게다가 도쿄의 동생 하나가 아프다는 연락까지 받았다. 그녀는 자신에게 손님으로 온 오키나와 출신의 나이 든 선원에게 결혼하자고 수차례 간청하여 2,800엔의 돈을 받아 마궁 유곽에서의 채무를 청산하고 도쿄로 갔다. 그녀는 도쿄에서 동생을 병원에 입원시키는 한편, 요코하마의 주선업자에게 부탁해 3천 엔의 전차금을 받고 정해진 기간 없이 차금을 상환하면 되는 조건으로 남양의 사이판으로 갔다. 1940년, 아직 태평양전쟁이 터지기 전이었다. 사이판에서 게이샤 생활을 하던 중 대만에서 만난 선원 미야우치宮內를 만나기 위해 1941년 7월 트럭섬의 미하라시정見晴亭으로 갔다. 그가 일하는 배가 트럭섬을 거친다는 이야기를 들어서였다. 그녀는 트럭섬에서 미야우치를 만나지는 못했으나 대신 사업가 니이지마新嶋를 만났다. 니이지마가 그녀의 빚을 갚아주었고, 그녀는 그의 후첩이 되었다.

태평양전쟁이 터진 후 전황이 악화되자 트럭섬의 일본인 사업가들은 부인을 일본에 귀환시켰고, 니이지마도 시로타를 도쿄로 돌려보냈다. 아버지는 잡화점을 하면서 바로 밑 동생과 살고 있었다. 도쿄에서는 물장사(술집) 말고는 할 일이 없었다. 여관이나 음식점의 종업원을 하기도 싫었다. 어떻게 든 트럭섬으로 돌아가기로 했다. 시로타는 1944년 도쿄의 남양청 사무소에 부탁해서 팔라우행 배편을 얻었다. 팔라우를 거쳐 트럭섬으로 갈 계획이었다. 팔라우행 배에는 팔라우 남쪽의 코로르 해군특별위안대로 가는 위안부 20명 정도가 타고 있었다(城田すず子 1971).

시로타의 사례는 한 일본 내 창기 여성이 가족을 부양하느라 기존 채무보다 더 큰 전차금을 받고 해외의 작부, 위안부가 되는 과정을 잘 보여준다. 그 첫 해외 작부(대만 요릿집 작부) 생활에서 채무는 줄지 않고 일본의 가족은 또 손을 벌리니 시로타는 어수룩한 손님을 속여서 거액을 뜯어내서 대만을 탈출하였다. 시로타는 다시 일본에서 더 큰 전차금을 받고 사이판으로 갔다가 트럭에서 성공한 일본 사업가의 후처가 되었다. 전황 악화로 도쿄에 온 그녀는 다시 할 일을 찾으러 팔라우로 갔다.

위안부 동원의 구조

이상의 논의를 종합하면 위안부 동원의 구조는 다음 그림 8-1과 같이 파악할 수 있다. 일본군 위안소는 일본군의 요청에 따라 설치되는 것인데, 이는 일본군이 위안소 업주를 선정하는 데서 출발한다. 위안소 업주가 직접 혹은 주선업자를 통해서 일본과 조선, 대만 등지에서 위안부를 모집한다. 물론 업주나 주선업자가 개별 여성을 하나하나 직접 접촉해서 교섭하는 것은 드물고 대개는 모집책으로 하여금 빈곤가정의 부모 친권자를 접촉해서 전차금도 주고 또 좋은 일자리라는 식의 감언이설도 해서 부모 친권자의 동의를 얻어 계약하게 한다. 업주나 주선업자는 동의서 등 각종 서류와 함께 여성을 넘겨받아서 전장의 위안소로 데려가는 것이었다.

접객업에 종사한 전력이 없는 여성을 위안부로 내몬 것은 가정의 빈곤함이었다. 돈을 받고 딸을 내주지 않아도 살 수 있는 가정의 부모는 결코 이런 계약을 하지 않았다. 빈곤 앞에서는 딸에 대한 부모의 책임의식도 희박해졌다. 8~9살 때 부모가 북청 부잣집의

그림 8-1 위안부 동원의 구조

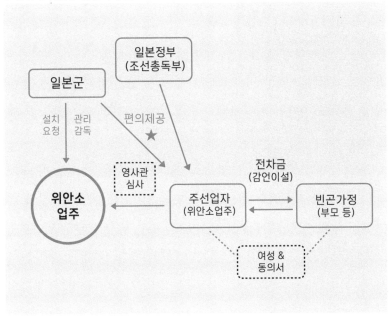

기생 출신 첩에게 양딸로 팔았고 다시 그 첩이 6년 정도 후에 소개소에 판 조윤옥은 청진의 일본군 부대 근처의 업소에 있다가 훈춘 성북가 위안소에서 위안부 생활을 했다. 그녀는 위안부 생활 중에 모친에게 "왜 나를 북청에 양딸로 보내 내가 여기 만주까지 오게 했느냐"고 원망하는 편지를 보냈다. 그 모친은 "다른 사람들도 돈 벌러 나갔는데 너는 왜 그러냐?"하고 딸을 책망하는 답을 보내왔고, 그래서 조윤옥은 그 후 집과의 연락을 끊었다(한국정신대연구소 2003 : 78).

1939년 9월 24세 여성 신순임이 경성지방법원에서 유언비어 유포죄로 구류 7일의 처분을 받은 일이 있었다. 서울 서대문에 거주하는 빈곤 가정의 이 여성은 부모의 뜻을 따라서 1938년 3월에 인근의 소개업자의 중개로 난징 소재 일본군 위안소에 창기로 갔다가 1년여 만인 1939년 8월에 돌아왔다. 귀환 직후 이 여성이 처벌받은 것은 "제일선의 창기는 군인과 함께 전쟁에 참가하는 것이어서 참으로 위험하다"라는 군사 관련 유언流言을 했기 때문이었다. 이 여성의 경우도 가난한 가정에서 부모의 뜻을 따라서 위안부가 된 것이었다.[47]

빈곤한 가정 중에서도 특히 부모 중 하나, 혹은 둘 모두가 죽거나 집을 떠나거나 본인의 결혼 후 이혼으로 가정이 깨진 것이 더 여성을 작부, 창기, 위안부로 내몰았다. 농촌 출신 일본군 위안부의 부모의 상황을 조사해 보면, 부친의 사망, 병환, 부재 상태가 많아서 전체의 1/3을 차지하며, 거기에 모친의 사망이나 병환, 부모의 이혼, 별거를 더하면 전체의 약 2/3가 되었다. 농촌 출신 위안부의 2/3가량이 편부모 가정, 또는 재혼 가정, 가정이 없는 고아였다(윤명숙 2015:311). 한마디로, 깨진 빈곤 가정이 위안부의 온상이었다.

한편, 전시통제 강화에 따른 접객업의 경영 악화가 기존의 접객업 종사자들을 전장의 위안소로 밀어내기도 하였다. 1940년에 들어와 접객업에 대한 각종 전시통제가 강화되었고, 이에 예기, 작부, 여급 등 접객부의 수입이 이전의 절반 정도로 떨어졌다. 요정 매출이 50% 이상, 카페 매출이 40~50%, 기생이 요리점에 불려가는 시간이 20~50% 감소하였다. 접객부의 수입도 감소하여 기생은 25~34%, 예기는 50%, 여급은 60% 정도 감소하였다. 이에 요

• • •

47 경기도 경찰부장, 京高秘 2303호 「유언비어자 처벌에 관한 건」, 1939.9.13.(한국사데이터베이스 자료).

정, 바, 카페 등의 전업과 휴업, 폐업이 속출하였고, 경영난을 타개하기 위해 접객업자 중 중국으로 건너가는 자가 증가하였다(尹明淑 1994:102; 秦郁彦 1999:69).

이렇게 가정에서 밀려 나온 여성을 위안소로 끌어당긴 것이 일본군의 의뢰를 받은 위안소 업주였다. 그들은 거액의 전차금을 제시하거나 쉽고 편한 일자리라는 감언이설로 여성을, 더 정확히는 여성의 부모를 꾀었다. 극히 빈곤한 가정, 혹은 깨진 가정에서 여성을 밀어내는 힘과 그 여성을 위안소로 당기는 힘이 작용한 결과, 앞서 제4장에서 소개한 이영훈의 말처럼 관헌이 굳이 강제력을 발동하지 않아도 여성을 전장의 위안소로 보낼 수 있었다.

이 여성이 위안부가 되기를 진정 바라지는 않았을 것이다. 이 여성이 위안부가 된 것은 그 여성의 의사에 반하는 일이었으니, 여성의 입장에서는 그것을 위안부 강제동원이라고 볼 수도 있겠다. 일본과 한국의 위안부 운동 그룹은 이 "여성 본인의 의사에 반해서"로써 위안부 강제 동원을 주장한다. 대표자 격인 요시미 요시아키는 업자가 약취, 유괴, 인신매매 등의 수단으로 여성을 위안부로 만들었으며, 이는 당시 일본 형법 제226조를 위반한 것이라 하였다. 중일전쟁 전 국외이송 목적의 유괴죄를 처벌한 판례가 있는 일본에서 중일전쟁 발발 후 이 형법 위반을 용인한 것이 일본군, 일본 정부이기 때문에 일본 정부는 그에 대해 법적 책임이 있다고 주장한다(吉見義明 2010:10-16).

요시미가 말하는 형법 제226조는 "제국 밖으로 이송할 목적으로 약취, 또는 유괴한 자는 2년 이상의 유기징역에 처한다. 제국 밖으로 이송할 목적으로 (인신)매매를 하거나 약취·유괴한 자 또는 팔린 자를 제국 밖으로 이송한 자도 마찬가지이다"고 규정하였다. 이 법에 따라 1937년 5월 일본 대심원(대법원)이 위안소 경영자와 알선인에게 유괴죄 유죄 판결을 내린 경우가 있었다. 1932년 3~5월 해군지정위안소가 상하이에 처음 만들어질 때, 위안소 업주와 소개업자가 나가사키의 여성에게 단지 병사 상대의 식당 일, 군대 주보에서의 물품 판매, 상하이 요리점의 여급, 하녀, 위안소 카페 근무라고 목적지와 하는 일을 제대로 알려주지 않고, 그 여성을 속이고 데려가서 1년간 위안부 일을 시킨 일이 있었다. 여성의 고소로 열린 재판에서 결국 업주와 알선인에게 국외이송 목적의 유괴 및 국외이송의 유죄 판결이 내려졌다.

하지만 중일전쟁 발발 후 중국에 위안부로서 건너가기 위해서는, 부모 친권자가 위안부 일에 동의한다는 서류와 호적등본, 인감증명, 그리고 경찰서장이 그를 확인한 신분증명서가 필요하였다. 약취나 유괴한 여성에 대하여 이런 서류를 위조해서 중국에 송출한 경우도 있겠지만, 이는 경찰의 눈을 피해야 하는 예외적인 일이었다. 일본 관헌이나 위안소 업주가 여성을 폭력이나 협박 등의 강제로 가정에서 끌어낸 게 아니었다. 또 업주가 기본적으로 여성을 속이거나 감언으로 유혹해서 유괴한 것도 아니었다.

그 여성을 위안소 업주에게 넘겨준 것은 여성의 부모, 친권자였다. 당시 누구든 남의 아내나 딸을 꾀어서 돈을 받고 유곽 등에 넘겨주는 것은 범죄였으나, 한 가정의 호주 친권자가 돈을 받고 자신의 아내나 딸을 유곽에 넘기는 것은 범죄가 아니었다. 요시미는 그

것이 "본인 의사에 반하는" 약취, 유괴, 인신매매라 하였으나, 한 여성이 위안부가 되는 것은 부모 동의로 일어난 일이기에 당시에는 그에 대해 약취, 유괴, 인신매매의 혐의나 국외이송유괴죄를 적용할 수는 없었다. 여성 본인의 의사에 반하는 일이었더라도, 그것은 약취나 유괴, 인신매매가 아니고 합법적인 취업 계약이었다. 부모, 친권자가 업주나 모집업자로부터 전차금을 받고 딸을 넘겨줄 때, 여성 본인은 자신이 앞으로 무슨 일을 하게 될지 몰랐더라도 부모는 알았을 것이다.

따라서 이 '위안부 동원'에 대해 법적 책임을 물을 수는 없고, 도의적 책임을 물을 수 있을 뿐이다. 그리고 그 책임자는 ①일본정부와 일본군, ②위안소 업주와 주선업자, 그리고 ③빈곤가정의 부모호주였다. 이 셋 중 누구의 책임이 더 크다고 계량할 수는 없다. 크게 보면 ①과 ②가 여성을 위안소로 끌어당겼으나, ③이 여성을 넘겨주지 않았더라면 그 여성이 일본군 위안부가 되지는 않았을 것이다. 물론 그 여성은 대신 국내 요릿집이나 공창의 작부, 창기가 되었을 것이다. 일본군이 위안소를 만들지 않았더라면 위안부라는 존재가 아예 출현하지 않았을 것이지만, 빈곤 가정의 여성을 국내와 해외의 공창과 사창, 접객업소로 밀어내는 일은 계속되었을 것이다.

한편, 일본군이 전쟁터의 기존 매춘업소나 요리점 등을 위안소로 지정한 경우에는 당연히 그 창기, 작부, 여급이 위안부가 되었다. 그 여성이 일본군에 의해 위안부로 동원되었다고는 말할 수 없다.

이하 몇몇 여성의 사례를 들어 이 '위안부 되기' 과정을 좀 더 구체적으로 살펴보자.

여성 자신이 위안부 계약 1

- 오키나와의 배봉기[48]

배봉기는 극빈 가정이 깨졌을 때 그 출신 여성이 위안부가 되는 경우를 잘 보여준다. 배봉기는 충청남도의 지금은 예산시에 속한 신례원에서 1914년에 차녀로 태어났다. 언니와는 2살 차이였고, 배봉기의 출생 3년 뒤에 남동생이 태어났다. 집은 대단히 가난했다. 아버지는 소작조차도 부치지 못하고 남의 집 머슴살이를 하였다. 결혼했는데도 독립된 일가를 이루지 못해서, 배봉기의 어머니는 친정 쪽에서 그대로 살았다. 아버지는 머슴살이를 하다가 가끔 가족을 만나러 오는데, 정상적인 가족생활을 못 한 이유 때문인지 배봉기의 모친은 장녀를 몹시 학대했다 한다. 딸이 조금만 잘못해도 평소에 스트레스가 잔뜩 쌓인 모친이 이 어린 딸을 마구 두들겨 팼다는 것이다.

배봉기가 6살 때부터 천덕꾸러기 생활이 시작되었다. 모친이 장항선 철도공사 현장의 한 노무자와 눈이 맞아서 가출했기 때문이다. 아이를 돌볼 수가 없으니, 배봉기의 아버지는 8살짜리 언니는 남의집살이로 보냈고, 4살 된 남동생을 다른 집에 줬으며, 봉기는 삼촌 집에서 기식하게 했다. 그런데 얼마 되지 않아서 숙모가 사망해서 그 집에서도 키울 수가 없는 형편이 됐다. 배봉기도 남의집살이를 갔지만, 야뇨증을 보이는 등 문제 행동이 나타나자 다시 돌려

●●●
48 가와다 후미코(2014)에 의거하였다.

보내는 일이 세 번이나 반복되었다.

배봉기는 9살 때 네 번째로 간 집에서 정착했다. 거기서 온갖 집안일을 했는데, 배봉기의 기억에 의하면 항상 배가 고팠고 그래서 기회가 되면 먹을 것을 훔쳐 먹곤 했다. 그 집에서 9년을 보내곤 17살 때 결혼했다. 신랑은 공주 인근의 한적한 산골 창천의 30살이 넘은 남자였다. 그 집은 장남이 집안 재산을 물려받아서 생활을 꾸렸고, 차남이었던 남편은 그 집에 빌붙어 있다가 돈을 벌어오겠다고 하면서 집을 나갔다. 남편은 1년 넘게 아무 소식이 없어서 봉기는 몹시 불편한 더부살이 생활을 해야 했다.

그런 상황에서 '어디 좋은 데로 가자'라는 이웃집 첩의 꼬드김을 받아 배봉기 역시 집을 나왔다. 도중 묵게 된 한 여관 주인의 소개로 근처 농가의 셋째 아들과 살림을 차리게 됐다. 그런데 그 남자 역시 심한 무능력자였다. 남편은 소작도 못하고 남의 집 머슴살이를 들어갔다. 배봉기는 또 가출하였다. 그녀의 나이 19~20살밖에 안 됐을 때다.

이야기는 여기서 10년을 건너뛴다. 이 두 번째 가출 이후로 약 10년간의 20대 시절에 대해서 배봉기가 전혀 이야기를 하지 않았기 때문이다. 배봉기는 여기저기 돌아다녔다 이렇게만 이야기했다고 하니, 아마 그 기간 중 차마 말 못 할 경험을 하지 않았겠나 싶다.

배봉기는 29살 때인 1943년 가을 함경남도 흥남에 가 있었다. 일본인 남자와 조선인 남자 한 명씩과 한 조를 이룬 여자 소개꾼이 접근해 왔다. 그들은 "일하지 않고도 돈 벌 수 있는 곳이 있는데 가지 않겠냐?"라고 권유했고, 배봉기가 그들을 따라감으로써 위안부의 길로 들어서게 되었다.

　배봉기가 일본군 위안부가 된 것은 일본군의 강제도, 모집업자의 취업 사기도 아니었다. 모집업자가 "일 안 하고도 돈을 버는 좋은 곳이 있다. 가자."라고 권유하긴 했다. 그러나 세상 밑바닥에서 온갖 풍파 다 겪은 29살 여성에게 그렇게 권유한 것을 사기라 할 수는 없다. 배봉기처럼 온갖 고생을 하면서 살았다면, "일 안 하고도 돈 버는 좋은" 곳이 없다는 건 안다. 어차피 오갈 데 없는 신세니 그 모집업자들을 따라나선 것이다.

여성 자신이 위안부 계약 2
– 일본인 위안부 게이코[49]

　일본군 위안소 설치 초기의 위안부 모집 상황을 잘 보여주는 것이 일본인 위안부 게이코慶子[50]의 증언이다. 게이코는 1916년 큐슈 후쿠오카현의 히코산英彦山 산촌의 한 빈농가에서 장녀로 태어났다. 게이코가 17살이던 1933년 집에 12번째 아이가 생기자 게이코의 아버지는 후쿠오카의 사창가에 20엔을 받고 게이코를 넘겼다. 20엔은 딸을 파는 값, 즉 미우리킨身売り金으로서는 적은데, 이는 딸이 곧 빚을 갚고 자유롭게 되기 위한 것이었다. 그러나 사창가에서 그녀의 빚은 줄지 않고 오히려 69원까지 늘었고, 마침 한 전역병이 자

● ● ●
49　千田夏光(1995:20-70)에 의거하였다.
50　게이코는 창기로서의 이름이고, 본명은 사사구리 후지篠栗フジ.

신의 빚을 갚아 준 덕분에 자유 신분으로 창기 일을 하게 되었다. 그 병사는 게이코 때문에 성병에 걸렸고 그 때문에 진급하지 못하고 하사관 시험에도 낙방한 터에 만기 제대했는데, 그 후 부대가 소만 국경지대로 전용된 걸 보고 게이코에게 고맙다고 인사를 한 것이었다.

앞서 언급한, 상하이에서 온 군납상인 이시바시 도쿠타로가 1937년 말 일본 후쿠오카시 하카다구 오하마마치大浜町 사창가에서 창기 게이코를 만났다. 이시바시는 게이코에게 중국행 위안부 일을 제안했다. 전차금은 1천 엔. 게이코로서는 한 번도 만져본 적이 없는 거금이었다. 게다가 이시바시는 군 직영 위안소로서 군이 포주이기 때문에 전차금을 부풀려서 계속 속박하지 않으며 곧 자유를 얻게 된다고 설명하였다.

이 이야기를 들은 게이코가 계산을 해보았다. 병사 1인당 이용료가 2엔이라면, 500인을 상대하면 1천 엔이고, 그러면 신분이 자유로워진다. 병사들의 1회 이용 시간은 최대 30분이라는데, 5명을 상대하면 150분, 2시간 반 정도고, 이런 식이면 하루에 최대 10시간 일 하는 것으로 해서 20명도 소화할 수 있다. 이렇게 한 달 25일을 일하면 500명을 상대할 수 있고, 그러면 한 달 만에 이 전차금을 다 갚을 수 있다. 그 후 돈을 모아서 돌아오면, 야키도리 집을 개업할 수 있지 않겠나 하는 장밋빛 계획이었다.

게이코는 자신에게 손님으로 왔던 한 후쿠오카 주둔 일본군 병사가 전역하면서 자신의 빚(다소 늘어난 69엔)을 갚아주어서 마음만 먹으면 후쿠오카 유곽을 떠날 수 있었다. 게이코는 자신의 빚을 갚아

준 청년이 중일전쟁 발발 후 재입대해서 난징으로 갔다는데, 중국에 위안부로 가면 그 청년을 다시 만날 수 있지 않을까 하는 생각도 했다.

게이코가 긍정적인 반응을 보이자 이시바시는 100엔을 선금으로 주고는 나머지 전차금 900엔은 집결지인 나가사키 여관에서 주겠다고 했다. 이렇게 해서 게이코는 이 이시바시를 따라가게 되었다. 이시바시는 같은 방식으로 일본인 창기 6명을 더 모았다.

부모에 의한 위안부 계약
– 게이코 일행 중의 조선인 위안부들[51]

이시바시는 게이코를 만난 다음 날, 탄광 회사에 인력 공급을 담당하고 있는 옛 상업학교 동창을 만났다. 그의 도움을 받아, 큐슈 북부의 탄광촌에서 조선인 광부의 딸들을 대상으로 위안부를 모았다. 당시 일본 큐슈 탄광은 조선 농민을 데려오도록 조선으로 모집원을 보냈고, 이들이 조선인들을 큐슈 탄광촌으로 데려오면 오야가타親方라는 소개업자가 이들을 모아서 탄광주에게 넘겨서 광부 일을 하게 했다. 조선인 광부의 오야가타는 대개 조선인이었다. 이시바시는 이 오야가타를 통해서 광부의 딸들을 소개받았다.

게이코의 일행 조선인 여성 중 김필연金弼連은 1920년생으로서

• • •
51 千田夏光(1995:100-135)에 의거하였다.

1937년 말에는 만 17세였다. 그녀가 12살 때인 1932년 그녀의 아버지가 온 가족을 데리고 광부 일 하러 큐슈로 왔다. 일본에서 아버지는 광부 일을 했고, 어머니는 잡역부 일을 했으며, 본인은 탄광의 식당 겸 숙소인 함바에서 취사 일과 세탁 일을 했다. 그녀가 버는 돈은 한 달에 5.5~7엔으로 저임금 중에서도 저임금이었다.

이시바시의 모집 요청을 받은 조선인 오야가타는 김필연에게 중국 전선에서 군인 식사 시중을 들고 세탁 일을 해 주면 전차금 1천 엔을 주겠다고 했다. 그리고 매월 집에 송금할 수도 있고, 매일 3식 넉넉히 식사가 제공되고 옷도 준다고 했다. 김필연 측이 오케이하자 이시바시는 전차금 1천 엔을 주었다.

또 다른 조선인인 이금화李金化도 1920년생으로서 17살이고 바로 김필연이 일하던 함바의 이웃 함바에서 역시 취사와 세탁 일을 하고 있었다. 이금화도 전차금 1천 엔을 받고 같은 제안을 수락해서 따라오게 되었다.

이렇게 게이코의 일행인 조선인 여성들은 전차금을 제대로 받고 위안부 일을 수락한 것이었다. 부모 친권자의 자발적 계약이었다. 혹자는 여기서 일본군 측 모집인 이시바시가 위안부의 일을 세탁부나 취사부 일로 속인 것이라고, 취업사기임을 지적할 수도 있겠다. 그렇지만 우선, 군인의 식사 시중과 세탁 일이라 이야기한 것은 조선인 오야가타였다. 이시바시가 그렇게 속이라고 이야기했는지는 알 수 없다. 또 설령 김필연은 위안부 일임을 몰랐다 해도, 그 부모는 김필연이 위안부 일을 하리라는 것을 알았을 것이다. 취사 일과 세탁 일로 한 달에 고작 5.5~7엔밖에 못 벌던 딸이 1천 엔이나 되는, 근 10년 치 보수를 선금으로 받을 때는 그것이 전선에서의 취사 일이나 세탁 일일 수는 없다.

김필연이 중국 전선에 가려고 응모했다고 하면서 1천 엔을 건넸을 때, 김필연의 아버지는 깜짝 놀라서 눈물을 뚝뚝 흘리며 울면서 기뻐했다고 한다. 게이코도 "김필연의 아버지는 딸의 말을 듣고 그렇게 좋은 일이 있을 리가 없고 그것은 병사의 위안을 하는 일임을 즉각 알았을 것이라고, 기쁨의 눈물이 아니라 슬픔의 눈물일 것"이라고 보았다(책 105쪽). 돈벌이가 얼마나 어려운지 아는 그 아버지가 딸이 전선에서 군인 식사 시중이나 군복 세탁 일을 하리라고는 생각하지 않았을 것이다. 게이코는 김필연 부친의 눈물이 자신이 히코산 기슭의 집을 떠날 때 어머니가 흘렸던 눈물과 같은 것이라고 썼다. 그것은 딸이 창기가 되어, 여자로서 평범한 아내의 길, 엄마의 길이 불가능해진 것을 슬퍼하는 눈물이었다.

취사, 청소, 간호부 일이라고 속였나?

많은 전 위안부들은 업자로부터 병사들의 취사나 기지 청소, 부상병의 간호 등의 일을 한다거나 편하게 돈 벌 수 있는 일이라는 말을 듣고 전장의 위안소로 떠났다고 증언하였다. 강제동원설의 대표자 요시미도 "허위의 사실로써 상대방을 착오에 빠트리는" 기망과 "달콤한 말로써 상대방을 흔들어 제대로 판단하지 못하게 하는" 유혹을 일본군 위안부 동원의 세 가지 경로 중 하나로 들었다(吉見

義明 2010:12).

위안소와 위안부에 관해 비교적 충실한 증언을 남긴 위안부 문옥주도, 자신은 "일본군 식당에 돈 벌러 가자"라는 친구의 말을 듣고 따라나섰으며, 부모에게 말하지 않았고 가진 돈도 얼마 없었다고 하여 전차금을 받지 않고 간 것처럼 말하였다. 또 자신과 함께 남방으로 떠난 많은 여성들이 랑군에 도착해서 조선인 군인으로부터 삐야(위안소)로 간다는 말을 듣고 "천지가 뒤집힐 정도로 놀랐"지만 자신은 "아 역시 그랬구나"라고 체념했다고 하였다(모리카와 마치코 2005:65-66). 그러나 이는 자신이 동남아로 간 경위를 의도적으로 숨기려는 거짓말로 볼 수밖에 없다.

우선, 자신에게 동남아행을 제안한 히토미와 기화 자매는 그 전에 만주 둥안성의 업소에서 함께 일한 친구들로서 대구에서도 교류하고 있었는데, 이미 작부 일을 경험했던 여성들이 돈 벌러 머나먼 동남아의 일본군 식당에 가기로 했다는 것은 납득되지 않는다. 더욱이 문옥주는 대구에서 기생수업을 마치고 막 기생 일을 시작해서 평판이 좋았던 터인데, 식당에서의 설거지, 취사, 청소 일로 기생보다 돈을 더 잘 벌 수는 없다. 그것은 위안부 일일 수밖에 없다. 게다가 문옥주 등이 부산에 도착해서 지정된 여관에 가보니 아키미와 히후미 등 둥안성에서 같이 있었던 또 다른 친구들이 와 있었고, 그들은 그렇게 다시 만난 것을 기뻐하며 "어떻게 된 거니, 너도 남쪽 나라에 가니? 같이 가서 다행이야"라며 얘기꽃을 피웠다. 함께 작부 일을 했던 친구들을 한꺼번에 부산에서 만났으면 할 일이 당연히 작부 일인 것을 짐작하고 이야기가 다르다고 발길을 돌려야 마땅할

텐데, 오히려 그녀들은 너무도 즐겁게 이야기꽃을 피웠다고 하였다.

또 문옥주는 여관에서 마쓰모토라는 조선인 남자와 예순을 넘긴 듯한 조선인 남자, 그리고 그 조카가 있었다 하였다. 문옥주는 마쓰모토가 버마 위안소에서 이 여성들을 거느릴 업주로서 이미 아는 사이인데도, 그를 단지 "얼굴을 아는 사람"이라고만 언급하였다. 이는 어떻게 안다는 것인지를 의도적으로 숨긴 표현이다. 그리고 출항일에 부두에 가보니 여성들이 15~20명씩 그룹을 이루고 있었고 각 그룹마다 "마쓰모토 같은 중년 남자들이 한둘씩 붙어 있었으며, 여자들이 모여 있는 곳은 유난히 유쾌한 목소리들이 들렸다"라고 하였다. 각 그룹의 여성들은 서로 친구이거나 안면이 있는 사이이며 이들을 중년 남자가 인솔하는 모양새였다. 역시 작부 일을 한 문옥주라면 이 지점에서도 동남아에서 할 일이 작부 일이라는 것을 짐작했을 터였다. 이렇게 자신이 남방의 위안소에 가는 줄을 몰랐다는 문옥주의 증언은 위안부 모집에 응모했음을 숨기려는 거짓말로 볼 수밖에 없다.

실은 1941년은 그 전해 시작된 전시유흥업 통제 때문에 요릿집 경영과 기생 일은 내리막이었다. 앞서 제2장에서 본 것처럼 그 해에 조선의 예기 수는 6천 명에서 4,800명으로 격감하였다. 그런 끝물에 기생이 된 문옥주는 새 일자리, 방향 전환이 필요하였다. 마침 동남아행 위안부 모집 건이 나오자 그녀는 그에 응모하였다.

물론, 여성이 정말 위안소인 줄 모르고 간 경우도 있었다. 전장으로 가는 배에 오르는 위안부들 중에는 세상 물정 모르는 순진한 여성들도 있었다. 한커우 위안소의 군의관이었던 나가사와 겐이치의 검사소에 어느 날 한 신입 일본인 위안부가 왔다. 붉게 그을린 머리칼과 검게 탄 얼굴로 보아 막 농촌에서 그대로 끌려온 듯한 모습이었다. 그녀는 성병검사를 받지 않겠다고 울면서 항변하였다.

"나는 위안소라는 곳에서 병사를 위로하는 것이라고 들어서 왔지, 이런 곳에서 이런 일을 시키는 줄은 몰랐습니다. 돌아가고 싶습니다. 돌려보내 주세요."

하지만 그 여성도 다른 대다수 위안부처럼 곤궁해진 부모에게서 팔려 온 것이었다. 나가사와가 본 위안부들의 서류에는 딸을 창기로 판다는 차용증 형식의 계약서가 있었다. 차용증이란 제목의 이 문서에는 그 제목 아래 몇 천 엔이라는 전차금액이 쓰여 있고 이어서 상기 금액은 작부 일로써 지불해야 함이라고 명기되어 있으며, 연월일, 보호자와 위안부 본인의 이름이 연서 날인되어 있었다. 이는 제4장에서 본 차용증 형식의 일본 창기계약서와 같다.

그 일이 위안소 일이라는 것은 여성 본인은 몰랐더라도 부모는 알았다. 아무런 특별한 기술이나 기능이 없는 여성에게 몇 천 엔이라는 거금을 선지급하고 여성을 데려가서 시킬 일이 취사와 청소, 간호일 수는 없었다. 그 일은 위안소에서의 '위안' 행위일 수밖에 없었다.

그 여성은 다음 날 업주와 같이 와서 검사를 받고 그다음날 위안부 일을 시작했는데, 나가사와는 한 환자의 병실에서 창밖으로 그녀가 위안소 세정장에서 구토하는 것을 보았다. 나가사와 곁에서 그 여성을 본 입원 위안부가 말하였다.

"다. 처음은 저런 식으로 고통스러운 것이죠. 저도 곧잘 계단에 걸
터앉아서 고국에 돌아가고 싶다고 옛집 생각을 하고 있으면, 계단
에 앉아서 손님을 막았다고 조바에게 야단맞았어요. 그래도 곧 익
숙해져서 저 아이도 부모와 집을 생각하지 않게 될 거예요."

나가사와는 한 달쯤 지나서 그녀가 잘 어울리는 기모노를 입
고 통로에 나와서 동료들과 다투면서 병사를 유혹해서 끌어가는
것을 보았다. 또 한 사람의 위안부가 만들어진 것이었다(長沢健一
1983:147-149).

한편, 새로 위안소로 온 여성이 위안부 일이 아니라 장교 집회소
인 해행사偕行社 근무로 알았다며 위안부 취업을 거부하자 관리감독
자인 군 병참부가 그 요청을 받아들인 경우도 있었다. 한커우 인근
우창武昌에는 업주는 주로 일본인이고 위안부는 일본인, 조선인 혼
성의 200명 정도 되는 위안소가 있었다. 1944년 9월 우창의 위안
소 업자들이 위안부 감소를 이유로 위안부 보충을 신청하자 한커
우병참사령부의 우창 지부가 그것을 허가하였다. 10월에 조선으로
부터 2명의 조선인이 인솔하여 30명 정도의 여성들이 도착하였다.
그중 한 여성이 육군 장교의 집회소인 해행사에 근무한다는 약속으
로 왔으며 위안부 일인 줄 몰랐다고 울면서 취업을 거부하는 일이
벌어졌다. 군의 지부장은 업자에게 그 여성의 취업을 금하고 적당
한 직업을 알선하라고 명하였다(長沢健一 1983:220-221). 모집업자가

감언으로써 모집한 것에 대하여 군이 시정을 명한 것인데, 물론 예외적인 사건이었다.

1942년에 싱가포르에서 위안소를 열 때는 여성에게 위안부 일임을 밝히지 않고 속여서 데려간 경우도 있었다. 센토사의 조선인 위안부는 싱가포르의 식당에서 일하는 것으로 알고 100엔의 선불금을 받고 왔는데 위안부가 되었다고 일본어 교습자에게 울면서 호소하였다 한다. 또 탄죤 가톤의 위안소에는 1944년 인도네시아에서 16~20세의 소녀 30명가량이 송출되었는데, 이들은 일본군이 마을마다 다니며 간호부를 모집한다고 해서 왔는데 와 보니 위안소였다고 살려달라고 비명을 질렀다 한다(林博史 1994:38-39). 이처럼 전쟁 중 동남아의 일본군 점령지에서는 속임수에 의한 위안부 동원도 일부 발생하였다.

모집업자가 위안소 일이라는 것을 숨기고 여성을 데려온 경우는 물론 있었다. 그러나 많은 경우 여성의 부모는 거액의 전차금을 받으면서 딸이 앞으로 할 일이 위안부 일이라는 것을 알았다. 속아서 위안부가 되었다고 증언한 이들이 많이 있지만, 이들 중에는 자신이 위안부가 된 경위를 업자 탓으로 돌린 경우도 많았고, 따라서 정말로 기망에 의해서 위안부가 된 것을 요시미처럼 그 대표적 경로의 하나로 보는 것은 타당하지 않다.

조선인 소녀를 동원?

위안부로 동원된 조선인 여성의 나이는 어떠했던가. 흔히 조선인 위안부는 일본인 위안부와 달리 나이도 10대 후반으로 어리고 접객업 종사 경험도 없는 처녀였다고 한다. 정대협 증언록을 보면, 많은 전 위안부들이 10대 전반의 어린 나이에 위안부로 끌려가 몹쓸 짓을 당했다고 증언하였다. 예를 들어 175명의 전 위안부에 대한 면접 조사 결과를 종합하면, 전체의 절반이 넘는 89명이 11~16세에 위안부가 되었으며, 20세 이상은 25명으로 전체의 1/7에 불과했다고 한다(정진성 2016:73). 조선에서 16세는 법적으로 작부, 창기가 될 수 없는 나이인데, 일본 정부가 자신이 제정한 법을 어기면서 나이 어린 소녀를 위안부로 동원했다는 것이다.

이런 통념을 구현한 것이 서울 종로의 일본 대사관 앞을 포함해서 전국 각지에 세워진 위안부 소녀상이다. 사진 8-1에서 보는 것처럼, 그 소녀상은 단발머리의 자그마한 10대 전반의 소녀를 형상화했는데, 악랄한 일본군이 순진무구한 조선 소녀를 성 노리개로 삼아 그 인생을 산산조각 냈다는 서사에 따른 것이다.

그렇지만 이는 일본군 위안소의 규정에 어긋나며, 또 여러 객관적 자료에서 확인되는 위안부의 실 연령과 들어맞지 않는다. 조선 내 공창에 창기로 등록할 수 있는 나이는 만 17세 이상이었고, 위안부도 마찬가지였다. 17세 이상이어야 중국 도항용 위안부 신분 증명서를 발급받을 수 있었다. 자료상 확인되는 위안부의 나이도 대부분 20대였다. 1938년 1월 상하이에 도착한 80명의 조선인 위

사진 8-1 전국 각지의 위안부 소녀상

자료 : 김병헌 제공
주 : 위로부터 좌에서 우로 서울 종로, 서울 왕십리역, 세종시, 제천, 속초, 횡성.

안부를 검진한 아소麻生 군의는 그 여성들의 나이가 20대였다고 기록하였다(쑤즈량 외 2019:323). 또 앞서 본 표 5-2의 오키나와 다이토제도 위안소(1944년 11월 신설)의 경우, 조선인 위안부 7명 중 2명이 19세였고, 3명이 21세, 2명이 25세였다. 또 1944년 버마 미치나에서 포로가 된 위안부 심문자료에 의하면, 20명의 조선인 위안부의 나이는 최저 19세, 최고 31세이며 평균 25세였다(吉見義明 1993:337). 2년 전인 1942년 버마에 왔을 때는 각기 17세, 29세, 23세였을 것이다. 1944년 8월 버마 메이묘의 제2후루사토루의 조선인 위안부 12명도 모두 20대 전반이었다(西野留美子 1993:110).

1944년 중국 저장浙江성 진화金華의 조선인 위안소에서도 조선인 위안부의 평균 연령은 24.3세였다. 진화는 일본군이 1942년 5월에 점령하였고, 일본군을 따라 그 후 난징과 항저우 방면에 있던 조선인 접객업자들이 접객 부녀자들을 데리고 이동하여 왔다. 이들은 1944년 4월의 상황에서 진화 지역에 재류하는 조선인들의 명부를 만들었는데, 그 명부에서 위안소 표기가 있거나 그 이름과 소속 여성으로 보아 접객업소로 파악되는 곳은 다음 표 8-1과 같다. 이를 보면, 위안부의 최저 연령은 19세이며 최고 연령은 31세인데, 평균은 24.3세다. 이들이 그 2년 전쯤에 왔다고 보면, 중국에 올 때는 최저 17세, 최고 29세, 평균 22.3세가 된다. 매우 젊지만, 10대 중반 혹은 그 이전의 소녀들이 온 것은 아니었다.

표 8-1 1944년 중국 저장성 진화의 조선인 위안소의 위안부 연령

	위안부 수(명)	위안부 나이(세)	위안부 수(명)	
		최저	최고	평균
금택(金沢)위안소	13	20	29	26.2
금성(金城)위안소	7	22	30	24.6
화월(花月)위안소	30	19	30	24.0
아시아정	9	21	28	23.9
국수(菊水)	18	20	26	23.4
김천(金川)관	17	22	28	24.8
금화(金華)루	12	19	31	24.3
계/평균	106	19	31	24.3

자료 : 박정애(2017).

위안부에 관한 전 일본 군인의 증언을 모은 한 자료에 의하면, 응답자 34인 중 27인이 조선인 위안부의 연령에 관해 증언하였는데, 응답자가 1942~1945년에 만난 조선인 위안부 중 가장 많은 것이 20살 전후로 13건이었고, 20대가 6건, 17~18세가 3건, 10대 중반과 그 이하의 어린 나이로 보였다는 것이 3건, 30대 이상이 2건이었다(從軍慰安婦110番 1992:102-103). 27건 중 16세 이하는 3건에 불과하였다.

일본인 위안부에 비해 조선인 위안부가 젊었던 것은 사실이나, 일본군이 의도적으로 조선인 소녀를 골라서 끌어낸 것은 아니다. 그런 정책은 없었다. 조선인 위안부가 더 젊었던(어렸던) 것은 조선에서 작부·창기 시장이 덜 발달해서 기존 접객업 경력자가 부족했고, 그래서 농촌의 무 경력자 중에서 위안부를 모집하게 되었기 때문이다. 농촌의 접객업 미경험자로서 미혼인 자들은 아무래도 나이

가 10대 말이나 20대 초로 어렸다.

군인에 의한 강제연행은
동남아 전장에서의 예외적 사건

위안부 운동가들이 일본군에 의한 위안부 강제연행의 증거로 드는 것이 인도네시아 자바섬에서 일어난 스마랑사건이다. 1944년 2월 일본 군인이 네덜란드령 인도네시아의 여러 민간인 억류소에서 네덜란드인 여성 수십 명을 강제로 연행해 스마랑의 위안소에서 위안부로 일하게 했다. 위안소 개소 후, 강제연행에 따른 말썽이 생기자 자카르타의 일본군 제16군 사령부는 3개월 후 위안소를 폐쇄하였으나, 일본의 항복 후인 1948년 3월 네덜란드 군사법정이 그를 악질적 범죄라고 판결하여 일본군과 업주 등 관계자 14명에게 최고 사형에서 최저 2년의 유기형을 내렸다. 그 후 1992년에 피해자 중 하나인 얀 오헤른Jan Ruff O'Herne이 피해 사실을 세상에 알렸고, 1994년에는 엘리 플루흐Elly Ploeg가 보상을 요구하는 소송을 도쿄지방재판소에 냈다.

이중 플루흐의 증언을 소개하면 다음과 같다(西野留美子 1995:141-147).

1923년생인 나는 잡화상을 하는 부모와 누이동생, 남동생과 함
께 동부 자바의 장바에 살고 있었다. 1942년 3월 일본군의 점령

이 시작된 이후 나도 장바의 수용소에 어머니 및 두 동생과 함께 억류되었다(남동생은 소년수용소로 옮김). 어느 날 세 모녀는 트럭 2대에 태워져 수라바야로 갔다가 기차로 스마랑으로 가서 할마헤라 수용소로 옮겨졌다.

일본군은 1944년 초 수용소에서 15~35세의 여성을 모은 후 그중 15명을 고르더니, 각자 짐을 갖고 오게 해서 버스에 태워 스마랑 시내에 데리고 갔다. 일본군은 어디로 가는 것인지 전혀 알려주지 않았다. 집결지에서는 다른 지역에서 온 여성까지 합해서 총 50~60명 정도 되었다. 일본군은 전체를 10~15명씩 네 그룹으로 나누어 4곳의 위안소(클럽)에 들어가게 했다. 내가 간 건물 주위로는 대나무 담장이 둘러쳐졌고, 군도를 지닌 2명의 병사가 경비를 섰다.

위안소에 온 군인은 접수 창구에서 일본인 관리인에게서 티켓을 사고, 게시된 여성 사진 중 한 명을 골라 관리인에게서 그 여성의 방 번호를 듣고 그 방에 가서는, 그 티켓을 여성에게 보여주었다. 내가 있던 클럽은 아침 8시부터 다음 날 아침 6시까지 열었는데, 여성들은 보통은 하루 평균 2~3명의 군인(대개는 장교였던 듯하다)을 맞았고, 병사들이 외출할 수 있는 일요일은 '병사의 날'이라고 해서 여성들은 다른 큰 건물로 옮겨가서 병사들을 맞았다. 그날은 여성들에게 공포의 날이었다.

이 생활이 3개월 계속되던 어느 날 우리는 그곳에서 해방되어 보고수용소로 옮겨졌다. 실제로 해방된 것은 1946년 9월이었다. 아버지가 일본군에 의해 살해되었기 때문에, 네덜란드에는 어머니와 두 동생 등 가족 4명이 돌아갔다.

이 스마랑사건에서는 중국이나 동남아의 다른 거의 모든 위안소와 달리 군이 직접 위안부를 모았다. 일본 군인이 네덜란드인 민간인 수용소에서 여성을 골라서 강제로 위안소에 밀어넣었다. 물론 위안소에는 일본인 민간인 업주가 있었고, 이용 방식도 다른 위안소와 거의 같았다.

그런데 스마랑 위안소의 위안부가 모두 강제연행된 건 아니었다. 종전 직후 BC급 전범 법정은 그 위안부 35명 중 25명이 강제연행되었다고 인정하였고, 네덜란드 정부도 1994년에 네덜란드령 인도네시아의 위안소에서 있었던 2~3백 명의 네덜란드 여성 중 적어도 65명을 강제 매춘의 희생자로 판정하였다. 전황 악화 후 적국민을 모두 수용소에 억류한 조치 때문에 인도네시아 각지 위안소에서 네덜란드 여성이 빠져나가자 일본 군정 당국이 위안부 모집을 새로 계획하였는데, 일부에서 위와 같은 강제 매춘 사건이 일어난 것이었다(秦郁彦 1999:217-218).

위안부 운동그룹의 인물들은 이 사건을 예로 들면서 관헌의 위안부 강제연행이 횡행했으며 그만큼 일본군의 전쟁범죄가 만연한 것처럼 강조하지만, 그것은 동남아 전장에서 현지 일본군이 규칙을 어기고 일으킨 일이며, 따라서 스마랑사건은 위안부 동원 방식으로서는 극히 예외적인 사건으로 간주되어야 한다.

업주는 위안부를 국내 작부, 창기 조달 경로를 통하여 모집하였다. 홀로된 여인이나 전직 창기 등은 여성 자신이 위안부 계약을 하였으나, 대개는 여성의 부모 친권자가 업주와 계약하였다. 여성은 취사, 청소, 간호부 일이라고 알고 간 경우도 있었으나, 거액의 전차금을 받은 여성의 부모는 그것이 위안부 일임을 알았다. 한국에서는 전국 각지에 세워진 소녀상처럼 10대 전반, 중반의 소녀를 위안부로 데려간 것으로 알지만, 객관적 자료로 확인되는 조선인 위안부의 나이는 모두 17세 이상이었다.

제3부

위안소에서의
생활은 어떠하였나

9

업주-위안부 간 계약 조건

위안부 전차금의 정체 : 인신매매금? 혹은 선불보수?

조선이나 일본 내의 공창이나 전장의 일본군 위안소로 여성을 데려갈 때는 여성(가족)에게 전차금을 주는 것이 일반적이었다. 이는 흔히 여성을 사고파는 것, 즉 인신매매로 간주된다. 소설가 이광수는 1934년 「팔려가는 딸들」이란 글에서 다음과 같이 말하였다(이영훈 2019 : 292).

> 딸을 팔아먹는 것은 그리 신기한 일도 아니다. 남의 딸이나 제 아내를 파는 일도 있고, 팔아서 먹는 놈이 있는 한편에 사다가 먹는 놈도 있다. 이른바 창기, 예기, 작부, 첩 같은 것이다.

동산이나 부동산을 돈 주고 산 사람은 그 동산이나 부동산에 대한 용익 및 처분의 권리를 갖는다. 그렇다면 공창의 포주나 모집업자가 전차금을 주고 여성을 데려왔으면, 이는 여성의 부모 친권자가 딸을 팔고 포주·모집업자는 그 여성을 사 온 인신매매이고, 그래서 포주·모집업자는 그 여성에 대해 소유자로서 지배권을 갖는 것일까?

남의 딸을 수양녀로 데려온 양부모가 새 친권자로서 그 여성을 수년간 먹이고 재우고 입히면서 기생으로 양성한 경우가 있었다. 그 경우 양부모가 수양딸을 기생이나 작부로 취업케 해서 그 수입을 차지하기도 했다. 앞서 제7장에서 본 평양 기생 임춘애의 경우가 그러했다. 임춘애의 양부모는 춘애가 기생으로 일해서 번 돈을 차지하였다. 임춘애는 만주의 댄스홀에서 일하기로 하고 받은 1천 원을 더 주고서야 양부모에게서 풀려났다. 이 사례는 양부모가 수양딸에게 기생 일을 시킬 경우 상당한 기간 동안 부모로서 친권을 행사할 수 있었음을 보여준다.

그런데 수양부모가 전차금을 받고 수양딸을 위안소 업주에게 넘길 경우에도 계속 친권을 행사할 수 있을까? 그럴 수 없을 것이다. 외국 전장에 나갔던 그 여성이 위안부 일을 해서 전차금을 갚은 후 수양부모에게 다시 돌아올 가능성은 희박하다. 어차피 수양부모가 또다시 전차금을 받고 자신에게 위안부나 작부 일을 시킬 것이기 때문이다. 자신을 계속 갈취하는 수양부모보다는 오히려 친부모를 찾을 가능성이 더 크다. 앞서 본 기사의 임춘애도 만주에 갔다가 몇 년 후 친모와 언니를 찾고자 조선에 돌아왔는데, 8년 만에 겨우 만난 친모의 너무나 곤궁한 처지를 보고는 만주의 접객업소로부터 2천 원의 전차금을 새로 받아서 친모에게 주고 만주로 또 떠났다. 기사 제목도 '편모(홀어머니)를 봉양코자 미녀, 만주로 매신賣身'이었다.

이 수양부모가 전차금을 받고 수양딸을 위안부로 취업케 할 경우, 수양부모-딸 관계는 그것으로 끝났다. 수양부모-수양딸 관계는 처음 건넨 몸값과 양육비만큼의 채권 채무 관계와 같은 것이어서, 수양딸이 그것을 갚으면 종료될 수 있었다. 1호 증언 위안부인 김학순의 경우도 수양아버지가 대가를 받고 그녀를 일본군에 넘기는 것으로 관계가 끝났다. 정대협의 증언록 중국편 제2권에 수록된 조윤옥도 8~9살 때 함경북도 북청의 어느 부자의 첩 집에 양딸로 갔는데, 집안 허드렛일 외에도 기생 출신의 그 첩에게서 기생 수업을 받았고, 결국 15살 때 350원에 청진의 위안소에 팔렸다. 수양모와의 관계는 그걸로 끝이었다(한국정신대연구소 2003 : 68-70).

또한, 위안소 업주가 모집업자를 통해 처음부터 여성을 수양딸로 넘겨받는 경우에도 위안소 업주가 그 수양딸을 위안부로 계속 부리기는 어렵다. 위안소에서 온갖 풍파를 겪으며 세상 물정에 눈뜬 그 여성이 업주에게 계속 갈취당할 리가 없기 때문이다. 다른 위안부가 전차금을 갚은 후 자유 신분이 되어 조선에 돌아가거나 돈을 더 벌기 위해 다른 접객업소로 떠나는데, 그 여성은 자신이 수양딸이라는 이유 때문에 위안소에 계속 남아서 위안부 일을 계속해야 한다는 것을 받아들이지 않을 것이다.

친부모나 수양부모가 그 딸을 위안소의 위안부로 넘기고 전차금을 받은 것은 외견상 인신매매로 보이고, 당시에도 "(딸을) 팔았다",

"(여자를) 사 왔다"는 표현이 흔히 사용되었다. 하지만 이 거래는 인신매매가 아니었다. 동산이나 부동산의 매매를 통해 그 소유권을 갖게 되는 것처럼 주인이 해당 여성에 대한 소유권에 기초한 지배권을 갖는 것이 인신매매다. 팔려 간 여성이 자유를 상실하고 주인에게 얽매이는 것이다. 채무로 인하여 노예 신분으로 전락해서 영원히 자유를 상실한 채무노예가 바로 그런 경우이다.

반면, 위안부는 약정기간을 채우거나 전차금을 다 상환할 때까지 위안소에 묶여서 일(성적 위안 행위)을 해야 했을 뿐이다. 위안부는 자신의 친부모나 수양부모가 돈을 받고 팔았기 때문에 업주로부터 무한정 지배권을 행사 당하는 존재가 아니라, 일정 기간의 성 노동, 서비스로 그 전차금을 갚아야 하는 존재였다. 이 점에서 위안부 전차금은 인신매매 대금이 아니라 일정 기간의 노동에 대한 선불보수로서 연계봉공금indentured servitude payments이었다.

일본에서도 전차금을 받고 딸을 공창이나 사창에 내놓는 것을 미우리身売り라 하는바, 이 단어는 직역하면 "몸 팔기"이지만 그 여성에 대한 지배권을 넘겨주는 인신매매가 아니라 일정 기간 매춘행위를 제공한다는 서약이었다. 17세기에 주군에게 봉사하는 무사를 원형으로 하여 타인에게 고용되어 가사와 가업에 종사하는 자로서 봉공인奉公人이 나타났다. 이는 영주에 연공年貢을 납부해야 했던 농민이 남에게 일정액을 빌리고 대신 그에게 일정 기간 특정 근무를 해주는 것이었다. 봉공인은 주인에게 기한 없이 일방적으로 사역되는 예속민이었던 하인과는 달랐다. 이는 유곽에 팔려 오는 여성에게도 적용되어, 여성의 부모와 본인, 친척이 인지한 가운데 전차금

을 정해서 받고 대신 일정 기간 유곽에서 일하기로 계약하는 관행이 확립되었다. 바로 미우리 봉공身売り奉公이었다. 가장권家長權이 포주에게 위임되어 포주는 말을 듣지 않는 여성을 징계, 징벌하거나 여성을 다른 업소에 전매할 수도 있는 등 일반 연계봉공과의 차이점도 있었으나, 인신매매와는 다른 것이 미우리였다(下重 淸 2012).

공창의 경우도 마찬가지지만 위안소에서 위안부의 근무기간이 정해져 있었다. 대개 2년이었다. 일본군 위안소가 본격적으로 건설되기 시작한 1937년 말, 1938년 초 상하이에서 일본으로 건너왔던 모집업자가 제시한 근무기간이 2년이었다. 그 이후에 문을 연 여러 위안소의 경우에도 위안부의 근무기간은 2년 정도였다. 1942년 7월에 조선을 떠나 동남아로 갔던 위안부들 중에서 8월에 버마에 도착한 위안부들은 1년이 지난 1943년 가을부터 채무가 완제되면 귀환할 수 있었다.

업주와 위안부 간 수입 배분과 비용 분담

일본군은 위안소 운영 규칙의 형태로 위안부의 계약조건을 정하였다. 일례로 1937년 12월 상하이 유곽 업주의 의뢰를 받아 일본 군마현에서 위안부 모집에 나선 업자 오오우치 도시치大內藤七가 제시한 취업 조건은 다음과 같았다.[52]

• • •
52 「上海派遣軍内陸軍慰安所ニ於ケル酌婦募集ニ関する件」(群馬県知事, 1938.1.19.), 『자료집성①』.

-계약 연한 만 2년

-전차금 500~1,000엔이되 그중 20%를 신부금身付金 및 교통비로 공제함.

-연령은 만 16~30세

-신체 건강하고 친권자의 승낙이 필요함.

-전차금 반제 방법은 연한 완료와 동시에 소멸함. 즉 연기年期 중 병으로 휴양하
 더라도 연기 종료와 동시에 전차금은 완제됨.

-전차금의 이자는 연기 중 없음. 중도 폐업할 경우는 잔금에 대해 월 1%임.

-위약금은 1년 내 해약의 경우 전차금의 10%

-연기 도중 폐업의 경우는 일할 계산함.

-연기 만료 귀국 시 여비는 포주가 부담함.

-정산은 매출액의 10%를 본인 소득으로 매월 지급함

-연기 무사 만료의 경우 본인 매출액에 상응한 위로금을 지급함.

-의류, 침구, 식료, 입욕비, 의약비는 포주 부담으로 함

계약 연한은 2년이었다. 전차금은 80%만 지급하고 20%는 필요
경비에 충당한다고 하며 지급하지 않았다. 이 필요경비는 신부금身
付金과 교통비인데, 신부금은 수건, 비누, 화장품 등 위안부의 몸단
장에 필요한 생활물품의 구입비이며, 교통비는 상하이까지의 도항
비를 말한다. 그런데 이와 함께 의류, 침구, 식료, 입욕비, 의약비
는 포주 부담으로 한다고 되어 있으므로, 결국 포주가 위안부로부
터 일정액을 수취해서 미용용품 등을 제공한다는 말이었다.

그리고 전차금에 이자는 붙이지 않으며, 매상의 극히 일부, 10%
만 위안부의 소득으로 지급[53] 하는 대신 2년 연한을 채우면 전차금

을 상환한 것으로 처리하고, 계약 만료 시 그동안의 총매상액에 따라 위로금을 지급한다고 하였다. 위안부는 2년 연한의 위안 행위로 전차금을 상환하도록 되었다. 이 채무 변제 방식은 1931년 일본 내무성 경보국警保局이 조사한 바[54], 공창제에서의 연기제年期制 계약을 따른 것이었다. 그것은 창기로서 일하는 기간을 미리 정해두고 그 기간이 만료됨으로써 업주-창기 간 채권채무가 소멸하는 것이었다 (眞杉侑里 2009:251). 여기서 전차금은 인신매매 대금이 아니라 선불 보수임이 뚜렷이 드러나 있다.

그런데 매상의 10%와 같이 극히 일부가 소득으로 지급될 뿐이면, 위안부는 시간만 때우고 병사에 대한 서비스를 태만히 할 가능성이 크다. 그래서 위안부가 일을 열심히 할 유인으로서, 연한 만료 후 그동안의 매상 실적에 따라 위로금 형태의 보너스를 준다고 하였다.

이것은 일본이나 조선의 매춘 유곽에 비해 훨씬 좋은 조건이었다. 일본 공창의 대표격인 도쿄 요시와라 유곽에서 창기의 계약기간은 4년부터 8년이 보통이었다. 업주가 300엔, 혹은 600엔이라는 금액을 부모에게 지불하면, 창기는 각기 4년, 혹은 8년간 업소에 묶여서 일을 해야 했다(秦郁彦 1999:36). 그런데 "창부는 업주에게 방세, 전기요금, 목욕비까지 지불했고 매일 매일의 머리치장, 화장품, 일용품도 스스로 비용을 지불했다…. 창부는 수건, 비누 등 일

• • •

53 매상의 10%를 보수로 받았다고 증언한 위안부는 정대협 증언록 제3권에 나오는 하영이이다. 그녀는1941년 말까지 대만 옆 펑후섬의 조선관 위안소와 그것이 이동한 하이난섬의 명월관 위안소에 있었는데, 명월관 시절 초기까지 월 매출의 1할을 보수로 받았다(정대협 1999:280).

54 内務省警保局, 『公娼に関する調査』, 1931.

용품, 의류, 이불, 방의 장식물, 족자 등 모든 것을 업주를 통해 구입했고, 그만큼 차금에 가산되었다"(長沢健一 1983:62-63). 그리고 이 차금에는 이자가 붙기도 했기 때문에, 아무리 일해도 빚은 좀처럼 줄어들지 않았다. 그래서 창기가 전차금을 갚고 자유의 몸이 되기는 어려웠다.

조선의 유곽에서 창기에 대한 착취는 일본의 유곽보다 더하면 더했지 덜하진 않았다. 남부의 한 지방에서는 117명의 손님을 받은 인기 기생이 5년간 일했는데도 전차금이 전혀 줄지 않았다. 1933년 11월 18일 『경성일보』에 보도된 바, 부산 수상水上경찰서가 전라남도로부터 수배된 나로도羅老島 고마쓰루小松樓의 작부 시미즈 하츠요淸水初代(22세)가 전차금 600엔을 떼먹은 것을 취조한 바, 이 600엔은 작부 일로 전부 해소되고 계약연한도 이미 만기인 것이 판명되었다. 오히려 고용주가 270엔을 그녀에게 전가하려 한 것이 폭로되었다. 전차금을 다 변제했는데도 업주가 속이려 한 것이다. 심지어 업주 중에는 창기에게 평소 저영양의 열악한 음식을 주고는, 허기진 창기에게 간식을 비싼 값에 주고 그 대금을 차입금에 추가하기도 하였다.[55]

반면, 상하이 파견군의 위안소에서는 전차금은 무이자였고 기본적 생활 자료의 대금은 전차금의 20%로 고정되었다. 국내 공창에서는 창기에게 필요한 각종 생활 물품을 비싼 가격에 팔고 그 차금에 대해 높은 이자까지 붙어서 이 생활물품비에 상한이 없었다. 공

• • •

55 増田道義(1933e : 40); 増田道義(1934a : 36).

창에서 창기의 각종 생활물품비가 창기 부담이었던 것과 달리, 위안소에서 각종 생활물품비는 업주와 위안부의 공동 부담이었다. 상하이 우미노야와 같은 군 관리 감독 하의 위안소에서는 차금에 이자가 붙지 않기 때문에 빚이 갈수록 늘어나는 일은 없었다(華公平 1992:88-89). 일본이나 조선 내 유곽보다 더 좋은 조건이어야 멀고 위험한 전쟁터의 위안부로 응모할 것이기 때문이다. 위안부 계약은 위안부를 일방적으로 착취하는 계약이 아니었음을 확인할 수 있다.

그런데 1931년 일본 내무성 경보국의 일본 공창제 조사에서도, 화대를 포주와 창기가 일정 비율로 나눠 갖고 창기는 그 분배금으로써 점차 포주에 대한 채무를 상환해 가는 정률제도 있었다(眞杉侑里 2009:251). 위안소에서도 그와 마찬가지로 매월 업주와 위안부 간에 매상액을 5:5, 혹은 6:4, 4:6로 나누는 계약도 있었다. 1938년 11월 개업한 한커우 위안소에서는 매출액 중 위안부의 취득분은 차금이 있을 때는 업자 6:위안부 4였고, 차금을 다 갚고 나면 5:5였다. 위안부는 매출 중 자신의 취득분으로 전차금을 변제해야 했다(山田淸吉 1978:83; 長沢健一 1983:64). 이 경우 식비 등 일체의 영업비는 업주가 부담하였다. 또 후베이湖北성의 한커우 인근에 있는 광수이廣水의 위안소로 간 장춘월은 매출의 4할이 위안부 몫이었다. 그 업주는 위안부 몫에서 매월 100원씩 빚을 갚게 했는데, 위안부를 오래 묶어두기 위해 매출이 큰 달에도 그 이상은 제하지 않았다. 빚을 다 갚은 뒤에는 매출 중 5할이 위안부 몫이었다(정대협 외 1995:115-118).

상하이의 해군 군속 전용 위안소 우미노야에서도 전차금이 있는 여성은 매출을 업주와 6:4 (업주 몫이 6)로 나누고, 차금 반제 후에는 5:5로 분배하였다. 또 1942년 개업한 버마의 위안소에서도 포주들은 매출의 50~60%를 차지했는데, 그 비율은 위안부가 계약을 맺을 때 어느 정도의 채무를 졌는가에 달렸다(안병직 2013: 412). 위안부의 채무액이 클수록 포주 쪽의 분배율이 높았다.

말레이반도에서 일본군 말레이군정감이 1943년 11월 발표한 예기, 작부고용계약규칙도 그러하였다. 이 규칙은 업주와 예기 작부 간 고용계약이 따라야 할 계약 조건을 규정한 것인데, 그 주요 내용은 다음과 같다.[56]

이 말레이 주둔군의 위안소에서는 전차금의 유무, 그 크기에 따라 배분율을 다르게 했다. 전차금이 1,500엔이 넘는 거액일 경우 매출액을 업주와 위안부 간에 6:4로 나누고, 전차금이 크지 않을 경우 매출액을 5:5로 나누며, 전차금이 없으면 매출액을 업주와 위안부 간에 4:6으로 나누게 했다. 또 한커우 위안소처럼 매출의 상당액을 위안부가 갖는 대신, 위안부가 그 소득의 2/3 이상을 전차금에 상환해야 한다고 못 박았다. 소득의 2/3를 채무 상환에 쓰게 되면, 1,500엔 이상의 전차금을 진 위안부의 경우 결국 매출액의 $2/15(=2/5 \times 1/3)$가 위안부의 가처분 소득이 된다. 13% 정도다. 이 비율만 보면 이 고용계약은 1937년 말에 나온, 매상의 10%를 받는 연기제年期制 계약과 별반 다를 게 없다.

• • •
56 馬來軍政監部,『軍政規程集』제3호, 1943.11.11.,『자료집성③』.

말레이군정감의 예기, 작부 고용계약규칙

① 매상의 배분 비율

채무잔액	고주 소득	본인 소득
1,500엔 이상	6할 이내	4할 이상
1,500엔 미만	5할 이내	5할 이상
무차금	4할 이내	6할 이상

※전차금과 별차금은 무이자

② 가업부(위안부를 지칭한다─필자)의 다음 비용 및 물품은 고주의 부담으로 함
거실, 호책, 간단 의류, 소독용기구, 침구 일체, 식비, 등화, 소독약품,
건강진단에 요하는 비용

③ 가업부의 매월 매상의 3%를 지방장관이 지정하는 우편국에 가업부 본인
명의로 저금하여 가업부 폐업시 본인에게 교부

④ 가업부 배분 소득금으로 전차금 반제할 때 매월 그 소득의 2/3 이상으로 하며
잔금은 가업부의 자유

⑤ 가업상 기인하는 임신 분만 및 질병에 소요되는 제비용은 고주, 가업부 절반씩
부담하며, 기타 요인에 의한 것은 가업부의 부담으로 함.

⑥ 손님 등이 가업부에게 직접 주는 금품은 모두 가업부의 소득으로 함.

⑦ 손님이 내지 않은 유흥비는 모두 영업주의 부담.

⑧ 가업부 폐업 때는 고주는 가업 당일까지의 매상을 정산함.

⑨ 가업부가 이 계약체결일로부터 만 6개월 이내에 고주의 의사에 반해 해약하려
할 때는 고주에 대하여 상당액의 위약금을 보상하되, 그 금액은 관할
지방장관의 승인을 받아 결정함.

⑩ 고주는 대차계산서 및 매상일기장 각 2부를 작성해서 1부를 가업부에게
교부하여 매월말 계산 때 정리함

⑪ 가업부가 일시에 100엔 이상의 별차금을 얻으려 할 때에는 관할 지방장관의
허가를 받을 것

⑫ 이하 경우는 대차계산부 및 매상일기장을 관할 지방장관에 제출하여 검열을
받을 것.

그러나 양자 간에는 큰 차이가 있다. 1937년 상하이위안소의 연기제 계약에서는 위안부는 2년의 연한 중 계속해서 매상의 10%만 받는다. 반면, 1943년 말레이위안소 계약에서는 위안부가 전차금을 갚는 동안은 매상의 13%를 받지만, 전차금을 상환한 후에는 매상의 60%를 소득으로 받는다. 천지 차이가 아닐 수 없다. 특히 1943년 계약은 1938년 한커우위안소의 계약에 비해서도 위안부에게 유리하였으니, 한커우위안소에서는 업주와 위안부 간 분배 비율이 전차금 있을 때 6:4, 전차금 없을 때 5:5였으나, 말레이 위안소에서는 전차금 있을 때 그 크기에 따라 6:4이거나 5:5였고 전차금이 없으면 4:6이었다.

이 한커우와 말레이 위안소의 정률제 계약은 위안소가 호황일 경우 위안부에게 유리하였다. 월별 매상액을 5:5, 혹은 6:4나 4:6으로 나누는 정률제 계약 아래서는, 위안소가 호황일 때 위안부가 큰 소득을 얻어 단기간에 전차금을 갚고 위안소를 떠나거나 거액을 저축할 수 있었다. 반면, 가업 연한을 정한 연기제 계약에서는, 호황 시 위안부가 많은 군인을 상대해도 추가 소득액이 크지 않았고 저축할 기회가 별로 없었다. 매출이 늘어도 그 10%밖에는 위안부에게 돌아가지 않았기에, 위안부가 전차금을 일찍 갚고 위안소를 떠날 길이 없었다.

연기제와 정률제 중 어느 한쪽이 항시 위안부에게 유리한 것은 아니다. 위안소에 손님이 많은가, 적은가에 따라 위안부에 대한 각 계약 방식의 유불리가 달라졌다. 손님이 많다면 정률제가 위안부에게 더 유리했을 것이다.

각 계약 방식에 대해 계약이행에 드는 거래비용, 위험의 분담도를 살펴보자. 여기서 계약이행에 드는 거래비용이란 위안부가 위안소에서 성적 위안을 제공하도록 관리 통제하는 비용을 말한다. 위안행위는 위안부의 밀폐된 방에서 이루어지며 업주는 그 과정을 직접 관찰할 수 없다. 이용객 군인의 사후 반응 및 매출실적을 토대로 추론할 수 있을 뿐이다. 연기제에서는 위안부는 2년의 연한만 채우면 빚이 청산되므로, 계약기간 중 태만shirking할 유인이 있다. 위안부는 열심히 일해서 매출이 늘어나도, 늘어난 매출의 1/10밖에 더 얻지 못하기 때문이다. 반면 정률제에서는 위안부는 더 열심히 일하면, 늘어난 매출의 절반 정도를 더 얻는다. 계약기간 중 스스로 열심히 일할 유인이 있다. 따라서 연기제에서는 위안부가 업주의 기대대로 일을 하도록 만들려면 더 면밀한 관리 통제가 필요하다. 계약의 이행비용이 연기제에서 더 많은 것이다.

  그리고 위험 분담도는 전차금을 포함한 총비용을 업주와 위안부 간에 나누는 것을 말한다. 두 계약 방식은 위안소 영업이 손실을 볼 위험의 분담 정도도 달랐다. 연기제에서는 위안소에서 적자가 나더라도 위안부가 2년 연한을 채우면 전차금이 소멸하고 위안부는 자유를 얻는다. 정률제에서는 위안소의 매출이 저조할 경우 위안부는 전차금을 다 상환할 수 없고, 업주는 기한 후 위안부에게 잔여 차금을 청구할 수 있다. 연기제보다 정률제에서 위험 분담도가 더 높다.

표 9-1 수익배분 방식 별 거래비용과 위험 분담의 정도

	거래비용	risk 분담도
연기제	많음	낮음 (업주 부담)
정률제	적음	높음

　이 결과를 정리한 것이 위의 표다. 업주는 계약이행의 거래비용이 적고 risk 분담도가 높은 5:5 배분제를 더 선호한다. 위안부는 태만하게 2년 연한을 채우면 채무가 소멸한다는 점에서는 연기제를 선호할 수도 있으나, 위안소 매출이 호조일 경우 전차금도 빨리 갚고 저축도 할 수 있는 정률제를 선호할 수도 있었다. 업주는 확실하게 정률제를 선호하고, 위안부는 여건에 따라 연기제를 선호할 수도, 정률제를 선호할 수도 있다. 이에 연기제는 초기에 나타났을 뿐, 정률제가 더 널리 자리 잡게 되었다.

　그런데 중국인 위안부의 경우는 이와 달랐다. 그에 관해서는 한커우 위안소의 사례가 있는데, 두 경우 모두 전차금 없이 수익을 분배하는 방식이었다. 한커우의 육합리 위안소에서는 4, 5명의 업자가 각기 20명 정도의 중국인 여성을 데리고 영업하였다. 지칭리 위안소에 비해 요금도 싸고 일본군의 통제도, 업주의 통제도 느슨하였다. 주 1회 성병 검사는 있었지만, 그날 창기가 빠져도 불합격 처리를 하지 않았기에 성병 관리가 되지 않았다. 또 위안부가 출퇴근 방식으로 일을 하는데, 개인 사정이 있으면 멋대로 쉬고 안 나오기도 했다. 그리고 손님이 오면 여성들이 몰려들어 여성이 손님을 택하는 방식이었다. 전차금은 일절 없고, 수입을 업주와 위안부

간에 6:4로 나누는데, 그날그날 정산하였다(長沢健一 1983:88-89).

　일본인이나 조선인 위안부가 있는 업소에선 업주가 위안부를 고용하는 형식을 택한 반면, 이 중국인 위안부와 업주는 영업자와 영업자 간의 관계라 할 것이었다. 전차금이 없는 것은 업주가 중국인 위안부에 대한 채권을 확보하기 어려웠기 때문일 것이다. 위안부는 중국인으로서 현지 사정도 잘 알고 지인과 친척이 곳곳에 있는 반면, 일본인 업주는 그렇지 못하였다.

전장의 위험에 대한 보상

　일본군 위안부의 계약 조건을 국내 공창과 비교하면 어떠할까. 두 경우에 많은 사례가 발굴되지는 않았으므로 확정적인 비교를 하기는 어렵다. 지금까지 알려진 몇 가지 사례를 갖고서 대략적인 윤곽을 그려보는 정도의 작업을 해보자. 그 결과가 아래 표 9-2다. 이 표의 사례 대부분은 이미 앞서 소개한 것이다. 일본 공창2와 일본 작부는 제4장에서, 위안부 1, 2, 3은 이 장에서 다루었다. 일본 공창 1과 3이 새로 추가된 것이다. 일본 작부와 창기의 경우는 실제 개별 계약이나, 위안부의 경우는 해당 지역의 일반적 계약 조건이었다.

　이 표에서 국내 작부·창기와 일본군 위안부를 비교해 보면, 일본군 위안부의 계약 조건이 국내 작부·창기의 경우보다 훨씬 더 유리하였다. 전차금은 일본군 위안부 쪽이 컸고, 계약 기간도 일본군 위안부 쪽이 짧았다. 일본 공창3은 전차금이 2,400엔으로 매우 컸으나 계약 기간이 6년이었다. 2년 기준 800엔인데, 이는 대개의 일본군 위안부 전차금(1천 엔 이상)보다 작았다. 일본 공창의 대략적인 계약 기간은 3년인데, 군 위안부는 2년 이하였다. 물론, 일본군 위안부의 더 유리한 계약 조건은 전쟁터라는 더 높은 위험에 대한 보상이기도 하였다.

표 9-2 국내 작부·창기 계약과 위안부 계약의 비교

		계약 연한	전차금 (엔)	생활비	위안부 보수	추가 차금	전차금 상환	조기 종료 옵션
국내 창기 계약	일본 공창1 (1914)	없음	380	창기 부담	매상 40%	가능	보수로	없음
	일본 공창2 (미상)	없음		창기 부담	고정급 월2엔 + 매상 40%	가능	보수로	있음
	일본 공창3 (1923)	6년	2,400	분담	매상 40%	가능	보수로	없음
	일본 작부 (1924)	1년반	300	업주 부담	없음	가능	기한만료시	없음
위안부 계약	위안부1 (1938 상하이)	2년	500 ~1,000	분담	매상 10%	가능	기한만료시	없음
	위안부2 (1939 한커우)			업주 부담	매상 40%→ 매상 50%	군 허가	보수로	있음
	위안부3 (1943 말레이)			업주 부담	매상 40/50% → 매상 60%	군 허가	보수로	있음

자료 : 일본 공창1과 3은 草間八十雄(1930:176-182), 일본 공창2, 일본 작부는 秦郁彦(1999:35-36).

한편, 이 계약 조건은 위안소 업주가 국내 유곽 포주보다 더 짧은 기간 동안 더 큰 수입을 올려야 했음을 뜻한다. 군 위안소의 이용요금이 국내 공창의 요금과 비슷하거나 더 싸다면 군 위안부의 노동강도가 훨씬 더 셌다는 것이다. 그래야 위안소 업주도 전대금 투자를 넘어서는 수익을 올릴 수 있었다. 따라서 이 위안부 쪽의 호조건은 위안부의 높은 노동강도를 반영한 것이기도 하였다.

　위안부가 전차금 액수나 계약 기간에서만 유리했던 것은 아니다. 1910-1920년대 일본 공창에서는 창기가 위안소에서의 생활비를 모두 부담했지만, 초기 위안소에서는 업주와 위안부가 생활비를 분담했다가 후기 위안소에서는 업주가 생활비를 부담하였다. 앞서 언급한 것처럼 일본 공창의 창기는 업주에게 방세, 전기요금, 목욕비까지 지불했고 매일 매일의 머리치장, 화장품, 일용품도 스스로 비용을 지불했다. 창부는 수건, 비누 등 일용품, 의류, 이불, 방의 장식물, 족자 등 모든 것을 업주를 통해 구입했고, 그만큼 차금에 가산되었다. 반면, 위안소1에서는 식대와 침구류, 집기는 업주가 제공했으나 기모노와 같은 의류 기타 개인용품은 위안부가 마련해야 했다. 그러나 얼마 안 가 1939년 한커우 위안소에서는 대부분의 생활비가 업주의 부담이었고, 이는 1943년의 말레이 위안소에서도 마찬가지였다.

　그리고 일본 공창에서는 위안부가 매상의 40%를 보수로 가져갔고 계약기간 동안 이 비율이 유지되었으나, 일본군 위안소에서는 전차금이 있을 때는 위안부가 매상의 40%를 받았다가 전차금 상환 후에는 매상의 50%를 받았으며, 특히 1943년 말레이 위안소에서는 전차금이 클 때만 위안부 몫이 매상의 40%이고, 전차금이 작으면 위안부 몫이 그 50%, 전차금 상환 후에는 위안부 몫이 60%가 되었다.

별차금이라 부른 추가 차금도 일본 공창과 초기 위안소에서는 업주와 창기·위안부 간 합의로 언제든 가능하였고 이것이 업주의 창기·위안부에 대한 착취의 한 방편이었다. 하지만 1939년 한커우 위안소 이후에는 추가 차금 시 군의 허가를 받아야 했다.

이렇게 계약 조건은 국내 공창에서보다 위안소 쪽에서 위안부에게 더 좋았다. 이는 전쟁터의 위험에 대한 보상이라 할 수 있다. 전쟁터에서는 목숨을 잃거나 부상을 당할 위험이 있으며, 평소에도 적국 점령지를 자유롭게 돌아다니기는 어려우므로 외출의 자유가 심히 제약되었다. 또 계약기간이 끝나거나 전차금을 갚아서 자유로운 신분이 된 후에도 귀국 교통편이 적기에 마련되지 않아서 조선이나 일본에 돌아갈 수 없는 경우도 있었다. 이런 위험과 불편에 대한 보상이 주어져야 한 여성이 국내 공창을 떠나, 혹은 국내 공창을 택하지 않고 전장의 위안소를 선택할 것이며, 이에 위안부에게는 국내 공창의 계약 조건보다 유리한 조건이 제공된 것이다(Ramseyer 2021:6).

보수를 받지 못했다는 전 위안부의 증언은?

위안부의 보수는 위안소에 오기 전 받는 선불보수로서 전차금이 있고, 또 위안소에서의 보수도 있었다. 위안부는 전차금 채무를 위안소에서의 보수로써 분할 상환하며, 그 나머지 수입으로 용돈을 쓰고 때로는 저축도 했다. 그런데 한국의 전 위안부로서 선불보수인 전차금을 받았다고 명시적으로 말한 이는 많지 않다. 증언의 맥락을 분석할 때 전차금을 받은 것으로 추정할 수 있을 뿐이다. 정대협 증언록 8권에 수록된 전 위안부 103명 중 34명은 가족이 전차금을 받았다거나 같은 위안소의 다른 위안부들은 전차금을 받고 왔다고 증언하거나, 전차금 언급은 없었지만 부모가 자신을 소개업자에게 넘겼다고 증언하였다. 이렇게 전차금 거래가 있었다고 판단되는 경우가 표본의 1/3가량이다.

표 9-3 정대협 증언록 수록 위안부 중 전차금 수령자

	성명	계(명)
1권	이영숙, 황금주, 이옥분, 이상옥, 이득남, 이용녀, 박순애, 최명순	8
2권	박연이, 김춘자, 최정례	3
3권	김옥주, 조남례, 하영이, 신현순	4
4권	한옥선	1
5권	이후남, 하복향, 양정순	3
6권	공점엽, 노청자, 김순악, 길원옥	4
중국1권	하군자, 장춘월, 역영란	3
중국2권	김순옥, 이광자, 조윤옥, 박서운, 이수단, 배삼엽, 현병숙, 박우득	8
계		34

전 위안부 중 전차금을 받은 것으로 확인되거나 추정되는 이의 증언 몇 가지를 보자. 황금주는 수양녀로서 한번 전매된 결과 200원의 채무를 지고 있었는데, 수양부모에 대한 빚 200원도 갚고 돈도 벌려고 일본 군수공장을 지원했다가 위안부가 되었다. 그녀가 수양부모를 떠날 수 있었던 것은 200원의 전차금을 받아서 그 빚을 갚았기 때문일 것이다. 그리고 이상옥은 소개소 집에서 수양딸 노릇(사실상 식모생활)을 하다가 일본 공장에 갈 여성을 모은다는 이야기를 듣고 자원한 결과 위안부가 되었는데, 위안소 주인은 이상옥 등을 데려온 모집책에게 돈을 지불했고 각 위안부는 그 돈의 액수에 따라 1년 반, 2년, 3년 등으로 기한이 정해졌다. 이상옥의 계약기간은 1년 반으로 가장 짧았는데, 필시 이는 이상옥의 수양딸 채무상환금이 200원밖에 안 되고 위안소로의 여비와 식비도 소액이었기 때문일 것이다(정대협 1993:97, 186-188).

박연이는 1938년에 "광둥에 가면 돈도 잘 벌고 옷도 잘 입는다"라고 하는 한 남자를 따라 집을 몰래 나와서 광둥의 위안소로 가게 되었다고 증언하였는데, 이것만 보면 그녀는 따로 거액의 전차금을 받은 건 아니었다. 그런데 "고향에서부터 나를 데려오는 데 든 수속비와 여비 일체, 그리고 위안소에서 먹고 자고 입는 데 든 비용과 심지어는 배당해 준 화장품에 이르기까지 모든 것이 빚으로 계산되었"고, 그 때문에 박연이는 군인을 받아도 거기서 한 푼도 배당받지 못하고 3년이 지나서야 빚을 모두 갚게 되었다고 하였다(정대협 1997:122-128).

그런데 1938년에 광둥으로 가려면 앞서 제5장에서 언급한 부모의 승낙서 등 5종 서류가 필요했는데, 박연이가 부모 몰래 집을 나왔다면 그 서류를 갖추지 못했을 것이고 광둥에 가지 못했을 것이다. 박연이는 부모 동의하에 위안부로서 중국에 간 것이고 필시 부모가 거액의 전차금을 받았을 것이다. 광둥에서 모든 생활비가 빚으로 계산되었다는 말을 고려하면 그곳이 군 지정이 아닌 민간 접객업소 아닌가 하는 의문도 들지만, 위안소 생활에 관한 그녀의 다른 여러 가지 증언을 보면 그곳이 군 위안소였음이 확실하다.

남양의 팔라우로 간 양정순은 전차금을 받았다고 하진 않았으나, 빚을 졌고 그 빚을 다 갚아야 자유롭게 될 수 있었다고 말하여 전차금을 받은 것으로 추정된다. 이수단은 1940년 18살 때 옷도 주며 돈 벌 수 있다고 하는 남자에게서 돈 480원을 받고 헤이룽장성 아성시로 갔으며, 배삼엽은 오빠가 어떤 군속에게 400원을 받고 3년 계약으로 넘긴 경우였다(정대협 2001:314; 한국정신대연구소 2003:215, 252).

한편, 전차금도 채무도 언급하지 않은 전 위안부 중에도 그 증언록을 분석하면 전차금을 받고 위안소로 갔다고 판단할 수 있는 경우가 있다. 1942년 7월 동남아 위안소로 떠난 위안부 문옥주가 그러하다. 그녀는 전차금을 받았다는 것을 전혀 언급하지 않았는데, 이미 만주에서 위안부 경험이 있는 그녀가 먼 동남아로 가면서 전차금을 전혀 안 받고 갔다는 것은 이해하기 어렵다. 또, 그녀는 다음 제10장에서 자세히 설명하는 바와 같이, 버마의 위안소에서 첫 6개월간(만달레이, 아캬브행 이동위안소)은 전혀 저축하지 못했으나 그 후에는 매달 500~900엔을 저금하였다. 이는 첫 6개월간 전차금을 갚느라 저축 여력이 없었기 때문이고, 따라서 당초 출발 때 이미 전차금을 받았다고 보는 게 합리적이다.

둘째로 위안부는 위안소에서 보수를 받도록 되어 있었지만, 역시 전 위안부 중 다수가 위안소에서 돈을 받은 게 없다고 증언하였다. 제도와 경험자의 증언이 들어맞지 않는다. 역시 한국 정대협이 낸 8권의 위안부 증언록에 나오는 전 위안부 103명에 대해서 돈을 얼마나 받았느냐를 기준으로 분류한 결과가 다음 표다.

표 9-4 정대협 증언록 상 보수 지급 여부 응답

| | 돈 못받음 | 언급 없음 | 급여 수령 | | 기타 |
			채무 상환만	거액 저축	
103명	35명	38명	24명	5명	1명
	34.0%	36.9%	23.3%	4.9%	0.9%
	김학순,김덕진, 하순녀,황금주, 이용수,이옥분, 이순옥,이상옥, 이용녀,김태선, 박순애,윤두리(1), 진경팽, 박두리, 강무자, 여복실, 박순이(2), 김군자, 심달연,조순덕(3), 김영자,정윤홍, 김복동(4), 신경란, 이금순,이양근(5), 김화자,석순희, 장점돌, 김순악, 길원옥(6), 임금이, 박필연, 박막달, 정학수(중1)	오오목,문필기, 최명순,강덕경(1), 손판임,배족간, 전금화,최정례, 김은진(2),훈할머니, 김소란, 김은례, 최화선,김유감(3), 김화선,한옥선, 최갑순,윤순만, 안법순(4), 석복순, 김정순(5),정서운, 임정자,노청자, 김봉이(6),홍강림, 홍애진(중1),김순옥, 지돌이,이광자, 이옥선,하옥자, 강일출,문명금, 박옥선,박서운, 이귀녀,박대임(중2)	이득남(1), 김복동, 김분선, 김춘자, 최일례(2), 황순이, 김끝순, 조남례, 신현순(3), 윤애자, 이후남, 하복향, 양정순(5), 공점엽(6), 하군자, 이봉화, 장춘월, 역영란(중1), 조윤옥, 이수단, 배삼엽, 현병숙, 박우득, 김의경(중2)	이영숙(1) 문옥주(1) 박연이(2) 김옥주(3) 하영이(3)	김창연(4)

주: ① 이름 뒤 괄호 안 숫자는 증언집 권호임.
② 기타의 김창연은 "돈을 모은 게 없다"고만 언급하여 분류 불능.

돈을 전혀 못 받았다고 명백하게 말한 사람들이 35명이고, 또 돈에 관해서 아무런 말을 안 한 사람들이 38명이다. 일본 병사들을 어떻게 상대했고 또 식사는 어떻게 했는지 등에 대해서는 상세하게 증언했지만, 보수를 어떻게 받았는지는 전혀 언급하지 않은 사람들이 꽤 있다. 이들을 합하면 73명으로 전체의 71%다. 10명 중 7명이 돈 받은 게 없다고 증언한 것이다. 결국 조선인 위안부는 위안부 생활에도 불구하고 돈을 못 받았다는 말이 된다. 한국에선 이게 정설이 되어 있다.

그다음에 월급을 받았다거나 채무를 갚느라 보수를 별로 못 받았다는 사람이 24명으로서 전체의 1/4 정도 되며, 보수를 받아서 상당한 금액을 저축했다고 말한 이들이 5명으로 5% 정도 된다.

한편, 매출을 4:6이나 5:5로, 혹은 6:4로 자신과 업주가 나누었다고 한 사람은 이영숙(1권), 하영이(3권), 장춘월(중1권), 이수단, 현병숙(중2권) 등이다. 이중 위안부 몫이 4인 경우는 전차금이 있을 때이고, 6인 경우는 전차금 상환 후인데, 이러한 분배 비율은 이 장 앞에서 본 말레이 위안소의 계약 지침과 정확히 일치한다. 그 밖에 전차금 채무를 상환했다고 말한 사람은 이후남, 하복향, 양정순(5권), 공점엽(6권), 배삼엽, 박우득(중2권) 등이다. 그밖에 군인이 주는 팁을 모아서 소액을 저축했다고 하는 사람들도 좀 있다.

매출을 업주와 위안부가 나눈 경우를 보자. 이영숙은 광둥의 첫 위안소에서 2년의 계약기간이 지나자 다른 곳으로 옮겼고 두 번째 위안소에서는 자유로운 몸으로서 매상액을 주인과 5:5로 나누었다. 박연이는 광둥의 첫 위안소에서 3년의 계약기간을 마친 후 다른 위안소 마츠야(松屋)로 옮겼는데, 그곳에서는 매출의 6할을 받았다. 하영이는 하이난섬의 명월관 초기까지는 매출의 1할을 월급으로 받았으나, 바뀐 군 책임자가 주인에게 여자들에게 매출의 6할을 주라고 한 뒤 6할 받는 것으로 바뀌었다고 말했다(정대협 1993:68; 1997:68; 1999:281).

매월 받은 보수로 채무를 상환했다고 말하는 위안부들도 있었다. 하복향은 1941년 대만의 요리점에 갔다가 1942년에 필리핀 마닐라 위안소로 옮겼는데, "그때는 인자 그 돈을 전부 취소했다 아이오. [빚을 다 갚았으니] 돈은 인자 안 받는다고 주인이 그러더라고"라고 증언하였다. 1935년 만주국 해성의 군 지정 유곽에 간 공점엽은 빚 갚느라고 2년간 밤낮 손님을 받아 업주에게 원 없이 돈을 벌어주었고, 그러니 업주도 하얼빈으로 옮기겠다는 공점엽을 선선히 보내주었으며, 공점엽은 하얼빈에서도 1년간 열심히 빚을 갚았다고 하였다(정대협 2001:259; 2004:40-41).

친한 친구 하나가 하얼빈으로 가면 손님 많고 돈도 흔하고 큰 데서 넓고 좋고 하니 색시들도 많이 있다고 해서 그리 갔지. "아무 데를 내가 갈라우. 나 좀 보내주쇼" 그러면, 내가 그렇게 돈 많이 벌어주었으니까 그런가, 다 보내 줍디다. 주인 승낙받고 다른 데로 옮겨 가서도 허가를 얼른 내서 빨리 손님을 받았다고.

그리고 전차금을 갚은 후 상당한 금액, 거액을 저축했다고 한 사람도 5명 정도 있다. 잘 알려진 위안부 문옥주는 새로 옮겨간 버마 위안소에서 업주로부터 받은 돈과 군인들이 주는 팁을 악착같이 모아서 본인의 우편 저금 계좌에 2만 6천 엔을 저금하였고 그밖에 고향 집에 5천 엔을 송금하였다.

또 하영이는 역시 펑후섬과 하이난섬의 위안소에 갔을 때는 그 전차금을 상환하느라고 돈을 제대로 받은 게 없었다가, 위안소를 인수한 조바가 태평양전쟁 발발 후 수마트라로 위안소를 옮긴 후부터는 매상의 6할을 받아서 그중 상당액을 은행에 저금했고, 그래서 3~4만 엔 정도를 모았다(정대협 1999:284-285).

이렇게 전차금 빚을 갚았다거나 돈을 조금이라도 모았다고 하는 사람은 4명 중에 1명이 채 안 되고 4명 중에 3명 가까이는 돈을 전혀 못 받았다는 것이 조선인 위안부의 증언이다. 이들은 거짓말을 한 것일까. 아니면 전차금을 주는 계약이 없었고 위안소에서 무상으로 성착취를 당한 것일까. 이를 논하기에 앞서, 일본인 위안부의 경우는 어떠했는지를 살펴보자.

우선 언급할 것은 일본인 위안부의 상세한 증언록이나 심층 추적기는 몇 권 되지만, 정대협의 증언록에서처럼 자신의 위안부 경험을 증언한 사람의 수는 많지 않다. 한국에는 정대협이라는 위안부 운동단체가 있었고 그 독려 아래서 많은 위안부가 일본에 대한 책임 추궁에 나섰으나, 일본에서는 자신이 위안부가 된 것에 대하여 일본 정부를 추궁하려는 전 일본군 위안부는 없었기 때문이다.

니시노 루미코 등 여러 일본인 연구자가 일본인 위안부 문제를 다룬 책이 있다(2015년 발간 『日本人慰安婦』, 現代書館). 이 책의 한 논문이 다룬 일본인 위안부 10명 중 위안부로서의 수입을 알 수 없는 경우가 4명이다. 나머지 6명은 모두 단기간 내에 전차금을 상환하고 나아가 상당한 금액의 저축까지 했다.

야마우치 게이코山內聲子는 전차금이 4천 엔이나 되었는데, 그를 다 갚았으니 상당히 보수를 받은 셈이었다. 스즈모토 아야鈴木文는 전차금이 2,300엔이었는데 그걸 상환하고 1만 엔을 저금했다. 시마다 요시코嶋田美子는 1년 만에 전차금 1천 엔을 상환했으며, 다카시마 준코高島順子는 3개월 만에 전차금 2천 엔을 다 상환했다. 물론 많은 병사들을 상대해야 했다. 하루에 15명씩 상대했다고 한다. 사사구리 후지笹栗フジ(예명 게이코)도 역시 3개월 만에 전차금 1천 엔을 상환했다.

다나카 다미田中タミ는 장부에서 전차금 줄어드는 걸 보는 게 낙이었다고 한다. 열심히 일해서 전차금을 갚으니 장부에서 자기 빚이 계속 줄어들었는데, 그걸 보는 게 즐거움이었다는 이야기였다(山田惠子 外 2015:143-155).

한편, 48명의 대만인 위안부에 대한 설문 조사에서도 44명이 금전을 받았고, 4명만이 금전을 받지 못했다고 대답하였다(요시미 1998:156). 대만인 위안부 중에 은행에 거액을 저금한 이도 있었다. 첸리안후아陳連花는 위안부 생활을 통해 거액을 저축하여 1945년 1월 말 현재 대만은행에 24,004엔의 잔고를 갖고 있었다. 그녀는 1944년 12월 7일의 첫 거래 때 5,000엔을 입금하였고 이듬해 1945년 1월 미상의 일에도 8,400엔을 입금하고 이자 4엔 65센이 붙었으며, 끝으로 1월 31일에 10,600엔을 입금하였다. 불과 두 달 사이에 도합 24,000엔이 입금되었는데, 이는 전장의 위안소에서 모은 돈을 세 차례로 나누어 자신의 대만은행 계좌에 송금한 것으로 봐야 할 것이다(西岡力 2019:89-90)[57]. 그 예금 잔액은 문옥주의 1945년 9월 현재 잔액 26,343엔에 버금가는 거액이었다.

정리해 보면, 일본인 위안부는 보수를 상당히 받았고 그래서 단기간 내에 전차금을 상환했으며 개중에는 상당한 금액을 모은 사람도 있었다. 대만인 위안부도 대부분 보수를 받았다고 하였으며, 역시 거액을 저금한 이도 있었다. 이것은 정대협 증언록의 조선인 위안부와는 전혀 다르다. 같은 위안부이며, 때로는 같은 위안소에 있었는데도 일본인 위안부나 대만인 위안부는 위안부 생활을 하면서 돈을 벌었지만, 조선인 위안부는 돈은 구경도 못 했다고 말한다.

왜 이렇게 다를까. 한 이유는 애초에 그에 관한 자료가 생성되는 과정이 달랐던 데 있다. 조선인 위안부의 경우에는 정대협 운동가들이 일본 정부에 강제동원의 책임을 추궁하기 위해서 증언을 채록했다. 그 과정에서 강제연행 성노예설이라는 프레임에 의해서 질문자의 질문과 위안부의 답변이 윤색, 왜곡, 오염되었을 가능성이 충분히 있다. '강제연행된 성노예'가 상당한 보수를 받아 전차금을 갚고 저축까지 했다고 하면 일본 정부를 추궁하기 어려우니까 말이다. 예를 들어서, 이용수는 처음에 1990년대 초에는 자기가 빨간 원피스와 가죽구두에 홀려서 업자를 따라갔다고 증언했지만, 2000년대 이후에는 군인이 칼을 들이대서 어쩔 수 없이 끌려갔다고 말을 바꾸었다. 이런 조류 속에 있는 전 위안부들은 돈을 받은 일이

• • •

57 니시오카 쓰토무 교수가 타이페이의 위안부박물관인 아마 박물관阿嬤家-和平與女性人權館에 전시된 첸리안후아의 예금통장으로부터 그 거래 내역을 파악하였다.

없다고 증언하거나 아예 보수를 언급하지 않았다.

하지만 일본인 위안부의 경우에는 그럴 필요성이 없었다. 일본인 위안부 연구자 중에도 일본의 전쟁 책임을 추궁하려는 사람들이 있지만, 명확한 사전적 의도로 증언을 윤색 왜곡하거나 누락하는 경우는 드물었다.

일반적인 위안부 계약조건과 조선인 위안부의 보수 증언이 크게 다른 두 번째 이유가 있다. 전차금이 남아 있는 여성이 매출 중 40%를 받아 그중에서 빚을 갚아나가느라 매달 자신이 쓸 수 있는 돈이 얼마 안 된 것이다. 위안부가 전차금을 갚는 동안은 매상액의 10% 남짓밖에 실 수령하지 못하였다. 이 경우 위안부는 자신이 용돈 정도나 받았다고 기억하게 된다. 위안소는 일본군이 승전한 점령지에서 전승 기간에나 호황을 누렸다. 그 기간에 위안부는 빚을 갚느라 매출액의 10% 남짓밖에 분배받지 못했다. 전황이 악화되어 패전 위기에 몰린 다음부터는 위안소의 영업이 제대로 이루어지지 않았다. 그때 위안부의 수입이 대폭 줄었을 것임은 불문가지이다.

1942년 만주 무단장에서 위안부 생활을 시작해서 1943년 부대 이동에 따라 인도네시아 수마트라의 팔렘방으로 옮겨서 위안부 생활을 한 이후남은 바로 이 점을 정확히 언급하였다(정대협 2001b:242).

문) 위안소 주인은 돈을 주지 않던가요?
답) 그랄 적에는 돈을 주지를 못하죠. 돈을 땡겨 가지고 많이 있
   었잖아요. 빚내가 쓰고 갔으니, 한 푼도 있으면 저거 빚을 까
   야 되잖아. 그러니 돈 못 찾죠.

앞서 본 하복향은 마닐라 위안소에서 채무를 모두 상환했는데, 그때까지는 그녀도 수입의 대부분을 빚 갚는 데 쓰느라 월급 실 수령액은 얼마 되지 않았을 것이다. 문옥주도 버마의 첫 번째 위안소에서는 전차금을 갚느라 저축을 하지 못했고, 두 번째 위안소에서 비로소 저축하기 시작하였다. 박연이가 3년간 있었던 광둥의 첫 위안소에서의 보수를 언급하지 않은 것도 역시 전차금을 갚느라 실 수령액이 얼마 안 되었기 때문이었을 것이다. 최정례도 본래 어머니가 돈을 받고 자신을 업자에게 넘긴 데다가 위안소 업주가 사고 싶은 것이 있으면 사라고 해서 샀더니 다 빚이 되어서, 채무가 2천 엔에 달하였다. 그래서 최정례는 빚 때문에 돈 구경도 못 했다고 증언하였다(정대협 1997: 220).

요약

위안부의 전차금은 인신매매 대금이 아니라 연계노동계약의 선불보수였다. 위안부는 위안소에서 일(위안 행위)을 해서 그를 갚았는데, 초기 위안소에서는 2년 기한만 채우면 되는 계약도 있었으나, 위안부의 매상액을 업주와 위안부가 나누고 위안부가 자신의 몫 중에서 전차금을 갚는 것이 일반적이었다. 전차금 상환 후 업주와 위안부 간 분배율은 처음엔 5:5가 많았으나 나중엔 4:6으로 위안부에게 유리하게 바뀌었다. 많은 한국의 전 위안부들이 보수를 받지 못했다고 증언했으나, 이는 일본 정부에 대한 책임추궁 차원에서 보수를 받은 사실을 숨겼고 또 초기에 전차금을 갚느라 매상의 10% 남짓만 보수로 받았기 때문이다.

10

위안소 영업과 위안부의 일, 소득

일본군의 지원과 감독

일본군은 위안소 설치를 결정하고 업주를 선정하였다. 일본군은 업주에게 위안소 개설을 위한 각종 지원을 하였다. 일본군은 위안부가 전장으로 건너오는 과정의 출입국 수속과 수송 등에 편의를 제공하였고 위안소 건물도 제공하였다. 흔히 일본군 병참부는 점령지에서 민가를 접수해서 내부를 위안소로 개조한 후 그를 업자에게 제공하였다.

전 일본 군인의 증언을 취합해 보면, 점령지의 요정, 대합실, 호텔 등을 장교용 위안소 건물로 썼고, 점령지 내 민가, 거적으로 세운 판잣집, 군대식 막사, 기타 상가 건물, 개조한 학교, 대학의 직원 주택 등을 병사용 건물로 썼다. 상기 시설을 거의 대부분 군이 접수해서 위안소 업주에게 제공하였다(從軍慰安婦110番 1992:118).

예를 들어 1938년 초 항저우에 배치받은 제18사단 사단통신대 소대장 다나카田中篤에 의하면, 연대 부관이 위안소 건물을 준비하는 등 군이 위안소 시설을 준비하였다. 군은 적당한 중국인 민가를 골라, 내부에 위안부 수대로 칸막이를 하고 업주에게 무상 임대하였다. 앞서 언급한 것처럼 약 30개소에 달하는 한커우 위안소의 건물 역시 일본군 병참부가 제공하였다. 병참은 업소당 민가 2곳을 배정하고 그 벽을 허물어 한 건물처럼 이용할 수 있게 하였다. 칸막이를 설치해 위안부별로 방을 만들거나 방바닥을 깔고 이불과 식기를 마련한 것도 병참이었다. 또한 상하이의 우미노야 역시 본래 중국인 소유인 건물을 해군이 접수해서 업주에게 임대하였는데, 임대료는 5엔에 불과하였고 그나마 실제로 지불하지도 않았으며, 해군은 이용 군속이 급증한 1943년에는 약 1km 떨어진 곳에 별관도 마련해주었다(西野留美子 1993:71; 華公平 1992:69, 79).

그리고 일본군은 위안소에 대한 면밀한 관리체계를 구축하였다. 일본군은 일찍이 1932년에 상하이에서 군 위안소를 설치할 때 성병검사를 넘어선 다방면의 감독 규정을 만들었다. 특히 상하이 파견 육군은 1932년 4월 1일 「군오락장 단속규칙」을 제정하여 훗날 위안소에 대한 군 통제의 원형을 선보였다. 주요 내용은 다음과 같다.

(1) 영업 가옥은 군이 지정하고, 필요한 설비는 영업자가 부담하여 갖추며 손해에 대한 책임도 영업자가 진다.

(2) 이용자는 제복을 착용한 군인, 군속에 한하며, 유흥자 명부에 기입한다.

(3) 매월 1회 헌병이 지정하는 휴일을 둔다.

(4) 영업을 허가받은 자는 접객부 명부(고용주, 성명, 국적, 본명, 예명, 생년월일, 약력을 기입, 사진을 첨부)를 헌병분대에 제출한다.

(5) 매월 1회 군의관이 헌병의 입회하에 접객부를 검진하고 불합격자는 접객을 금한다.

(6) 콘돔 및 소독제를 사용한다.

(7) 영업시간은 오전 10시~오후 6시, 오후 7시~오후 10시(하사관만)

(8) 유흥료는 내지인 1시간 1엔 50전, 조선인·중국인 1시간 1엔

(9) 접객부는 허가 없이 지정 지역 바깥으로 나가는 것을 금한다.

(10) 영업자가 접객부에 대한 이익의 분배 등에서 부당한 행위를 했을 때는 영업정지를 명한다.

(秦郁彦 1999 : 64, 411-414)

군은 접객부를 파악하여 매월 1회 군의관이 접객부의 성병 여부를 검진하며 영업시간과 이용요금도 정하였다. 나아가 군은 위안소 업주가 접객부를 부당하게 착취하지 못하도록 하였으나, 훗날의 일본군 위안소처럼 영업 상황 및 위안부의 차금 상황을 일일이 파악하지는 않았으므로 업주와 접객부 간 문제가 발생했을 때 대응하는 정도였다고 하겠다.

중일전쟁 발발 후 상하이와 난징 등에 위안소가 본격 설치될 때에는 상하이 주재 일본총영사관이 중심이 되어 위안소 업주와 위안부를 수용하는 체제를 구축하였다. 그때는 총영사관과 현지 군 사

이에 역할 분담이 이루어졌다. 영사관은 영업원서를 제출한 업주를 심사하여 허락 여부를 결정하고 위안부녀의 신원 및 일에 대한 일반 계약 절차를 진행하며 도항상의 편의를 제공하고 영업주와 부녀의 신원 기타에 관해 관계기관 간 조회와 회답을 담당하며 업주와 위안부녀의 중국 항구 도착 후 입국 허락 여부를 즉각 결정하여 헌병대에 인도하기로 하였다. 헌병대는 영사관에서 인도받은 영업주와 부녀의 취업지로의 수송 절차 및 영업자와 부녀에 대한 보호 단속을 맡았다. 그리고 영사관 무관실은 취업장과 가옥을 준비하고 일반 보건 및 검미(성병검사)를 담당하였다.[58]

현지 일본군은 위안소에 대한 더 면밀한 관리 체계를 구축하였다. 1937년 말 상하이 서부 쑹장松江에 주둔한 야전중포병 제14연대는 이듬해 1월 말 위안소 개설과 함께 「특수위안소 취체규정」을 하달하였다. 이 규정은 총론과 영업 절차, 영업 시설, 위생, 영업방법, 금지 제한 및 단속의 5장에 부칙을 합쳐 41개조에 이르는, 대단히 세밀하고 방대한 내용을 담았다. 이것은 단지 이 연대에서 작성한 것이 아니라 군의 전반적인 위안소 개설 및 운영 매뉴얼에 따른 것이라 추측된다(하종문 2023:125). 그 주요 내용은 다음과 같다 (괄호 안 번호는 조항 번호임).

• • •
58 「皇軍将兵慰安婦女到来ニツキ便宜供与方依頼ノ件」, 『자료집성 ①』, 36-38쪽.

특수위안소 취체 규정 (발췌)

(2) 상하이현 경비구역 내의 특수위안소 설치는… 사영숙營사령관만 행할 수 있다.

(3) 특수위안소 경영자는 접객부를 사용하는 영업자와 음식 등을 판매하는 자로 나누며 양자를 겸할 수 없다.

(4) 특수위안소의 설치 경비 중 숙사는 사영사령관이 준비하고 기타 경비는 사용자의 부담으로 하되 사영사령관이 편의를 준다.

(5) 전담 장교는 영업자의 퇴거를 명하고 영업장 제한을 할 수 있고, 영업자는 손해배상 기타 이의신청을 할 수 없다.

(6) 영업자는 사영사령관 전담장교의 허가 없이는 영업의 폐지나 전부 혹은 일부 휴업을 할 수 없다.

(8) 군인군속만 이용할 수 있다.

제2장 영업수속

(11) 특수위안소에서 영업하려는 자는 소정의 서약서 및 접객부에 대한 계약서 사본을 첨부하여 사령사령관에 제출해야 한다.

(13) 접객부 명부에 본인 사진을 2매 첨부하여 제출해야 한다.

(14) 접객부의 이동이 생길 때 전담장교에게 서면으로 신고해야 한다.

제3장 영업시설

(16) 영업자는 가옥 수리, 개조, 장식 등을 전임장교에게 신고해야 한다.

제4장 위생

(20) 접객자에 대해 매주 토요일 군의의 검진을 행한다.

(22) 검진결과 불합격한 자는 진료를 받고 허가가 날 때까지 접객을 금한다.

제5장 영업방법

(30) 손님이 오면 우선 요금을 수령한다. 단, 요금은 일화(日貨) 군표로만 수령한다.

(31) (영업시간 규정)

(32) (유흥료 규정)

제6장

(40) 본 규칙을 위반할 때는 허가를 취소하고 퇴거를 명하거나 영업을 정지한다.

– 「野戰重砲兵第14連隊第1大隊本部 陣中日誌(1938년 1월 31일)」

위 규정 중 눈에 띄는 점은, (2) 특수위안소 설치 결정권은 시설을 담당하는 주둔군 사영사령관이 가졌다는 것, (3) 특수위안소에는 접객부를 써서 성적 위안을 제공하는 업소와 음식, 술 등을 판매하는 업소의 두 가지가 있고 양자를 겸할 수 없다는 것, 그리고 (5) 전담 장교가 영업자를 쫓아내거나 영업 제한을 할 수 있는데 영업자가 그에 대해 이의신청을 할 수 없다는 것, (6) 전담 장교의 허가 없이 영업자가 임의로 영업을 그만두거나 쉴 수 없다는 것 등이다. 한마디로 위안소의 설치부터 운영, 휴폐업까지 군이 강력한 권한을 가졌다.

1938년 말부터 설치된 한커우 위안소에 대해서도 한커우 병참사령부가 엄격히 관리하였다. 앞서 언급한 것처럼 한커우 위안소는 30개 업소에 약 300명 정도의 위안부로 이루어졌다.

일본군 한커우 병참사령부는 일본의 유곽처럼 업자에게 조합을 조직하도록 하여 한커우위안소조합이라 하고, 조합장과 부조합장을 선출케 했다. 병참사령부는 그를 통해 위안소를 통제하고, 자신의 의사를 업주들에게 전달하였다. 조합사무소는 각 업자로부터 제출된 위안부 변동 상황을 기록하고, 수입액과 지출액을 장부에 기재하며, 등록 인원과 매상고를 일일 보고받아서 그를 병참사령부에 보고해야 했다. 특히 개별 위안부마다 출납부를 만들어 차금 상황과 출납을 명시하게 하고 위안부 신분 보호 자료로 삼았다(長沢健一 1983:59-60).

특히 한커우 위안소에서는 성병 등 건강관리를 담당한 한 군의관이 세심하면서 엄격한 관리 체계를 만들었다. 위안소 창설 때부터 근무한 후지사와[藤沢] 군의는 오사카 마쓰시마 유곽 근방의 개업의 출신으로서 유곽의 생태에 정통했다. 조선에서는 물론 그러했지만, 일본에서도 유곽 포주의 창기 착취가 극심했다. 유곽의 창기는 수건, 비누, 화장품 등 소모품과 의류, 이불, 방의 장식품 일체를 포주를 통해 구입했는데, 포주는 물품의 시장가격에 자신의 이문을 더한 더 높은 가격으로 팔았다. 그 대금은 창기의 차금에 고스란히 가산되었다.

후지사와 군의는 이 착취로부터 위안부를 해방시키기 위해, 차금을 증액하는 경우는 병참사령부가 그 이유를 위안부로부터 직접 청취한 다음에 허가하도록 했다. 후지사와는 각 위안부의 차금액을 조사했는데, 일본에서 온 위안부의 경우 법규대로 차용증서를 갖고 있었고, 그중 어떤 위안부는 법적 강제력이 강한 공증문서를 갖고 있기도 했다. 반면 조선인 업자 중에는 계약 서류는 전혀 없이 빈농의 딸을 인신매매처럼 매집하여 노예처럼 부리는 경우도 있었다. 이 경우 포주가 차금 장부를 조작하더라도 위안부가 그를 막을 수 없었다. 위안부는 죽을 때까지 자유를 얻을 수 없었고, 위안부 자신도 그런 상태에 대한 자각이 없었다. 후지사와는 차금 관리에 병참사령부가 관여하게 함으로써, 위안부가 일하면 차금을 갚고 자유로운 몸이 될 수 있게 했다.

물론, 군이 업주를 강하게 통제하면 업주는 그 통제를 교묘한 수단으로 회피하였다. 위안부가 차금을 갚는 중에는 손에 쥐는 돈이 거의 없는데, 이때 위안부는 업주나 조바로부터 돈을 빌려서 일용품을 구입해야 했다. 한커우 병참사령부가 이런 차금을 위안부의 출납 장부에 기재할 수 없게 했으므로, 업주는 위안부의 손님 수를 줄여서 장부에 기재하고 보고에서 누락된 수입 중의 위안부 몫으로 새 채무와 상계하도록 했다. 예를 들어 실제로 손님이 10명이었으면 그중 8명만 보고하고, 나머지 2명분 수입은 모두 포주가 갖는 대신, 그중 위안부의 수입만큼 그 미기재 차금을 반제 처리하는 것이었다. 이런 일까지 병참이 감독하기는 불가능했다(長沢健一 1983:63-64).

한커우 병참사령부는 1938년 11월 3일의 한커우 입성식을 기념해서 매월 3일을 위안소 휴게일로 하였다. 위안부에게는 한 달에 하루 있는 휴일이었다. 이날 위안부들은 오전 9시부터 삼삼오오 위안지구 내 소공원에 모여서 조합장 사회의 행사에 참여하였다. 식에서는 천황이 있는 동방을 향한 배례, 전몰 영령에 대한 묵도, 한커우에서 숨진 위안부를 기리는 위안부 공양비에 대한 배례, 위안계장의 정신훈화 등에 이어서 위안부 표창식이 진행되었다. 그 전달 최고 매출액을 올린 위안부에게 표창장과 부상을 수여했다. 표창장에는 "귀하는 몇 월 최고의 매상을 올려 전 위안부의 모범이 되고 황군 위안에 노력한 것을 상 주어 표창함"이라 쓰여 있었다. 이 표창장을 주는 본심은 위안 여성들의 허영심을 자극하고 경쟁심을 부채질하는 것이었다. 다른 동료가 표창받는 것을 보고 다음에는 자신이 상 받으려고 매출을 늘리려 애쓰도록 유도하는 것이었다.

마찬가지로 한커우 병참사령부는 위안소 입구 벽에 위안부 사진을 게재할 때도 매출액순으로 게재하도록 지도하였다. 각 위안소는 매출액 1위 위안부를 가장 오른쪽에 두고 그 왼쪽에 매상 순위로 위안부 사진을 배치하였다. 이렇게 하면, 이용 군인들이 왼쪽 끝쪽에 사진이 있는 여성들은 인기 없다는 것을 알고 그 반대편의 인기 있는 여성들을 선택하게 된다. 이는 매출을 늘리기 위한 위안부들 간 경쟁을 촉발하였다. 그 결과 "자연히 매상은 올라가고 업주의 웃음은 그치지 않았다." 위안부들의 경쟁심과 허영심을 이용한 착취의 수단이었다(長沢健一 1983 : 129-131).

1943년 11월 말레이군정감부는 「위안시설 및 여관영업 단속규정」에서 위안소를 특수위안시설로 분류한 후, 그 경영자는 원칙적으로 일본 국적자로 한정하고 종업원은 가급적 현지인을 활용하고 일본인의 사용은 최소한으로 하며, 영업의 허가, 금지, 정지, 양도 및 영업소 이전, 가업부의 취업 및 취업소 변경, 영업자 및 가업부의 폐업은 지방장관이 처리하도록 하였다. 또 동 군정감부는 「위안시설 및 여관영업 준수규칙」에서는 위안소에 대하여 현금출납부를 갖추어 일일수지를 밝히고 매월 수지계산서를 작성해서 관할 지부 경무부를 통해 군정감에 제출하도록 요구하였다.

제9장에서 본 1943년 말레이군정감의 작부고용계약 규칙도 그전 1937년 말 상하이 파견군 위안소의 계약 조건보다 더 조항이 많고 더 상세하다. 위안소 운영 경험이 축적된 결과일 것이다. 그중 ③항처럼 영업 상황 기록을 위안소 업주와 위안부가 공유하도록 하였다. 또 ⑤항처럼 위안 업무를 수행하는 과정에서 임신, 분만을 하거나 질병에 걸릴 경우 관련 비용을 업주와 위안부가 절반씩 부담토록 했다. 병사는 위안소에서 콘돔 사용이 의무였지만, 병사가 콘돔을 사용하지 않거나 콘돔을 사용했음에도 불량 제품이어서 위

안부가 임신하는 경우, 관련 비용을 업주와 위안부가 분담토록 한 것이다. 그리고 ⑪항처럼 위안부가 업주에게서 일정액 이상의 추가 차입을 할 때에는 군의 허가를 받도록 했다. 1937년 말 상하이 파견군 위안소의 위안부 모집 때에는 이런 규정이 없었다.

한편, 오키나와에 주둔한 제62사단, 일명 이시石 병단의 1944년 9월 회보에 의하면 군은 9월 말에 문을 여는 위안소 운영에 관해 유의할 사항을 다음 면의 박스와 같이 매우 상세하게 규정하였다.

세금액은 영업자가 미리 예금 방식으로 예치하도록 하며, 검진시 군의관이 기녀의 얼굴과 국부를 번갈아 봐서 기녀에게 불쾌감을 주지 않도록 하며, 기녀가 도시 외출을 위해 화물자동차를 이용할 때에는 조수석에 태워서 희롱하지 않도록 하라는 등 세심한 주의사항이 마련되었다. 이것이 100% 지켜졌다고 할 수는 없겠으나, 어쨌든 이렇게 세심한 주의사항을 마련한 것 자체가 일본군의 엄격하면서도 세밀한 위안소 관리 방침을 시사한다.

군인 전용의 위안소에 민간인을 출입시켰는지를 조사하는 임검 臨檢도 있었다. 상하이의 해군 육전대 전용 위안소 우미노야에 어느 날 갑자기 해군 헌병이 들이닥쳐서 한 사람씩 손님의 신분을 조사하였다. 우미노야에 출입하던 기모노 판매 민간인이 위안소 이용 중 임검 때 단속되었으나 '봐 달라'고 헌병에게 빌어서 무마된 일도 있었다(華公平 1992:77-78).

후방시설에 관하여 주의하기 바람

(1) 세금액은 영업자로 하여금 예금의 방법으로 보존시켜 후일 세액 확정시는
적절한 조치를 취할 수 있도록 할 것.

(2) 검진에 있어서는 기녀에게 불쾌감을 주는 일이 없도록 할 것.
모 병단에서는 기녀의 얼굴과 국부를 보면서 검진한 자가 있었음.

(3) 경영자와 기녀의 관계를 조사하여 분배율을 연구하여 빈틈없도록 할 것.

(4) 다른 병단에서는 초등학교 아동이 들여다보아 풍기상 불가한 것이 있다.
들여다보지 못하도록 시설할 것.

(5) 풍기상 기녀로 하여금 함부로 산책 못하도록 할 것. 주민으로부터 신고가
있었음.

(6) 기녀 등이 나하那覇에 가끔 나가고 싶어 하는 바람이 있다. 그런 때에는
기회가 있으면 증명서를 위원이 발행하여 화물자동차 등을 이용토록 할 것.
그때에는 조수석에 앉히지 말 것.

(7) 기녀에게 가능하면 담배를 제공하도록 할 것.

(8) 28일 이후는 표를 다시 병사, 하사관 각 1매씩 증가해도 무방함.

(이하 생략)

자료 : 吉見義明(1993:314-317)

위안소의 고수익 영업

위안소 업주의 최고 관심사는 매출을 늘리고 수익을 극대화하는
것이었다. 이를 위해 업주는 위안부가 더 많은 군인을 받도록 하였
다. 한커우 위안소에서 병참사령부가 위안소 입구에 위안부 사진을
매출액순으로 게시하도록 했지만, 다른 위안소에서도 업주는 위안

부 간 매출 경쟁을 유발할 의도로 위안소 입구에 위안부별 매출액을 흔히 게시하였다. 심지어 업주는 우수한 매출 실적을 올린 위안부에게는 상을 주고 저조한 매출을 보인 위안부는 벌을 주기도 하였다. 각기 버마와 광둥에서 위안부 생활을 한 문옥주와 박연이의 증언이 그러하다.

> 표가 모이지 않는 날은 힘들었다. 각자 하루 동안 모은 표가 몇 장이었는가를 흑판에 분필로 적어두어야 했기 때문이다. 매일매일 기록하다 보면 그래프상에 일목요연하게 개인별로 차가 드러났다. 마쓰모토(업주)는 그런 식으로 우리들이 서로 경쟁하도록 종용했다. 지금 생각하면 부끄러운 일이었지만, 지기 싫어하는 성격의 나는 늘 1등이었다(모리카와 마치코 2005:117-118).

> 여자들은 (군인에게서 받은) 이 표를 모아서 저녁이 되면 주인에게 가져다주고 주인은 그 여자의 하루 실적을 장부에 기록하였다. 주인은 장부에 기록한 것을 다시 한 달 단위로 합산을 하여 여자들의 순위를 매기는데, 1등, 2등을 하게 되면 여자들에게 배당되는 옷 중에서 좋은 옷이 차례로 돌아오고 음식도 좋은 것을 주곤 했다. 그리고 계속 1등을 하는 여자에게는 몇 달에 한 번씩 금반지를 해주기도 했다. 하지만 군인들에게 인기가 없어서 순위가 처지는 여자에게는 부엌일도 시키고 변소 청소 등 궂은일을 시켰다. 한창 샘이 많은 나이의 여자들을 주인은 그런 식으로 어르고 위협하며 다스렸다. 여자들은 대접을 잘 받으려고 자연스럽게 경쟁

을 하게 되었다.... 나도 열심히 군인들을 받았다(정대협 1997:126).

　우선, 위안소의 영업 상황은 어떠했던가? 위안소마다 그 상황은 달랐으나, 그에 관한 객관적인 자료부터 살펴보자. 1944년 8월 버마 미치나에서 미군 포로가 된 위안소 업주 2명과 위안부 20명을 심문한 바에 의하면, 그 위안소의 영업 성적은 양호하였다. 1주일의 모든 요일마다 이용할 사단 내 각 부대가 지정되어 있어서, 위안부에게는 주1회의 정기휴일 같은 것은 없었다. 또 하루 중에도 병사와 하사관, 장교라는 계급별로 이용시간이 지정되어 있었다. 낮에는 병사, 오후 5시부터 9시까지는 하사관, 9시부터 10시까지는 장교와 같은 식으로 이용시간이 정해졌다. 이용 요금에도 차등이 있어서 병사는 아무래도 싸서 1.5엔이고, 하사관은 3엔, 장교는 5엔이었다. 장교가 하루 숙박하는 경우는 20엔이었다. 위안부는 군인 이용자가 만취 상태일 때는 그를 거절할 수도 있었다.

　그 위안소의 1일 이용자 수는 하사관과 병사가 80~90명, 장교가 10~15명이었다. 총 90~100명 정도가 된다. 위안부 수가 20명이었으니, 위안부 1인당 1일 군인 5명, 월 140명 정도를 상대한 셈이었다(월 28일 영업).

　위안부의 월 매출은 300~1,500엔에 달했다고 한다. 위안부가 단지 병사들을 1일 5~6명 상대해서는 월 1천 엔 정도의 매상이 나올 수 없다. 이 매출에는 숙박을 포함한 장교의 이용이 다회 포함되었을 것이다. 업주가 이 매상의 50~60%를 가져갔다. 식사는 업주가 제공하는 대신, 업주는 의복이라든가 기타 물품을 위안부에게 비싸게 팔아서 이익을 챙겼다(안병직2013:410-412).

위안부 1인당 매출의 중앙값 900엔에 대하여 20인분을 계산하면 위안소의 월 매출은 18,000엔이다. 1일 평균 이용객을 90명이라 하고 한 달에 28일 영업한다고 하면, 이용객 1인당 매상은 7.14엔이다. 업주가 매상의 50~60%를 가졌으므로, 업주의 월수입은 9,000~10,800엔이다. 그중 1/3을 관리인과 식당 종업원, 청소부 등의 인건비와 식비 등으로 지출해야 하지만, 위안부 월수입 중에서 전차금을 분할 상환받으므로 양자는 거의 상쇄된다(그 근거는 뒤의 표 10-1에서 설명함). 결국 업주의 월 현금 순수입은 1만 엔 전후가 된다. 이 계산에서는 위안부 1인의 매출을 월 900엔으로 잡았는데, 이 금액이 과대하게 잡은 것이라면 업주의 월 현금 순수입은 1만 엔보다 적을 것이다. 그래도 거액의 수입이라 하지 않을 수 없다.

버마와 싱가포르에서 위안소 조바(관리인)로 일한 박치근의 일기로부터 위안소의 영업 수익에 관해 좀 더 추론할 수 있다(안병직 2013). 그는 모두 세 곳의 위안소에서 근무하였다. 첫 번째로, 1942년 8월 하순부터 11월 10일까지는 랑군 북서부의 프롬에서, 그리고 11월 11일부터 1943년 1월 16일까지는 더 서쪽 전선의 항구도시 아캬브에서 처남의 칸파치클럽의 조바 일을 했다. 그는 1월 16일 랑군으로 떠나서 다른 사업을 모색하다가, 두 번째로 5월 31일부터 9월 초까지는 랑군 시내 인센의 이치후지富士루에서 조바로 근무했다. 그는 9월에 버마를 떠나 싱가포르에 갔는데, 세 번째로 1944년 2월 1일부터 12월 중순까지 싱가포르 키쿠수이菊水클럽의 조바로 일하다가 12월 16일 조선으로의 귀국길에 올랐다.

이중, 이치후지루는 1943년 8월의 12일, 19일, 26일에 1주 간 격으로 병참사령부로부터 각기 400개, 600개, 800개의 콘돔을 수령하였다. 주간 평균치 600개를 월로 환산하면 2,400개다. 모든 콘돔을 위안소 이용 군인이 다 사용했다고 할 수는 없으므로 월 이용객 수는 2,400명이 좀 안 되었을 것이다.

그런데 이는 평소보다 줄어든 이용객 수였다. 그 위안소 관리인 박치근은 이 기간 중인 8월 11일 "위안소 손님이 적어 수입도 많이 감소하"였다고 일기에 썼는데, 이는 이치후지루을 출입하던 한 인도인 납품 상인이 7월 말 페스트로 사망한 것 때문에 8월 초에 위안소 영업을 1주간 금지당했기 때문이었다. 페스트 때문에 위안소가 영업정지를 당하면, 1주일 후에 영업정지가 풀리더라도 페스트 감염의 우려 때문에 위안소 가기가 꺼려지기 마련이다. 주간 수령 콘돔 수가 400개에서 600개, 800개로 늘어난 것은 이용객이 회복되어 정상 수준이 된 것을 나타낸다. 1주 800개가 평소 정상 수준이라 보면, 월 이용객 수는 3,200명 정도가 된다. 이용객 1인당 평균 요금을 2엔이라 하면 위안소의 월 매출은 6,000엔이 좀 넘는다. 이는 앞서 추정한 미치나의 월 매출 18,000엔의 1/3로 상당히 적지만, 장교의 숙박 이용을 감안하지 않고 이용객 1인당 평균 요금을 2엔으로 잡았기 때문이다.

키쿠수이클럽은 1944년 3월 26일 일요일에 1,600여 엔으로 개업 이래 최고 매출을 기록한 데 이어, 4월 29일과 30일 일본의 공휴일인 덴소세츠(天長節-천황의 탄생일)를 맞아 각기 2,450엔과 2,590엔으로 최고 매출 기록을 경신하였다. 그만큼 군인의 외출이 많았기 때문이었다. 이 중 3월 하순의 매출 기록 1,600여 엔은 이용객 1인 평균 요금을 2엔이라 하면 하루에 800명의 군인이 온 셈이었다. 4월 말의 특수 때는 1일 위안소 이용객이 1,250명 정도였다. 두 날 모두 역시 장교의 숙박 이용을 고려하지 않은 것이다. 평소에도 그런 것은 아니고, 1년에 몇 번 없는, 아주 특별한 경우였다. 이러한 연중 거의 최고 기록 수준의 이용객 수와 매출액으로부터 월 이용객 수와 월 매출을 추정하기는 어렵다. 그것은 위안소가 가장 붐빌 때 어느 정도였는지를 보여준다.

마지막으로, 칸파치클럽의 영업 실적은 매우 좋았다. 1943년 1월 16일 매제 박치근이 아캬브를 떠나 랑군에 갈 때, 처남 야마모토는 32,000엔을 조선 부산의 자기 집에 송금해 달라고 부탁하였다. 이는 4개월 반 동안 야마모토가 번 돈의 일부였다. 야마모토는 조선에서 19명의 위안부를 데려오면서 전차금으로 상당한 돈을 썼는데, 그것을 불과 4~5개월 사이에 회수한 것으로 보인다.

이 4개월 반 동안 칸파치클럽은 얼마나 매출을 올렸으며 그 이용객은 얼마나 된 것일까? 업주가 가진 돈 중 일부는 송금하지 않고 남겨두었을 것이므로, 이 기간 중 그의 소득을 적게 잡아 35,000엔이라 하자. 그러면 야마모토의 월수입은 약 8천 엔 정도가 된다. 물론 여기에는 위안부의 전차금 분할 상환액이 포함되어 있다.

통상적으로 업주와 위안부는 매상액을 6:4로 나누고, 업주는 자신의 몫 중에서 조바 등 종업원의 급여와 식료비 등 운영비를 지출하고 나머지를 자신의 소득으로 갖는다. 또 위안부는 40% 몫 중에서 전차금을 상환한다. 아래 상하이의 쿠니이 위안소의 예를 참고

해서 매출 호조기에 업주 몫 중 1/3이 경비에 쓰인다고 가정하자. 우선 업주는 매상액의 60%를 자신의 소득으로 가져간다. 그리고 제9장에서 살펴본 것처럼 전차금 채무가 있는 위안부는 매상액의 27%를 전차금 상환에 쓰고, 나머지 13%를 분배받는다고 하자. 그 러면 결국 업주는 아래 표 10-1과 같이 전차금 상환기간 중 전 매 상액의 67%, 즉 2/3를 분배받게 된다. 업주 야마모토가 받은 월 8 천 엔이 매출의 67%라는 것이므로, 위안소의 월 매출은 12,000엔 정도가 된다. 이용객 1인 단가를 2엔이라 하면, 월 이용객 수는 약 6,000명이다.

표 10-1 위안소 매출의 처분 추정 예 (%)

매출	처분			
100	위안부 40	실수령 13	13	위안부 실수령액
		전차금 상환 27	67	업주 실수령액
	업주 60	업주 보수 40		
		경비 20	20	종업원 등 급료와 식비, 의료비 등 운영비

주 : ① 말레이시아 군정감부의 규정대로 위안부는 자신의 몫 중 2/3를 전차금 상환에 쓴다고 가정.
　　② 상하이 쿠니이 위안소의 예처럼 조바 등 종업원 급료와 운영비로 매출의 20%가 소요된다고 가정.

다른 사례를 보자. 도쿄 타마노이 조합장 출신의 업주 쿠니이는 상하이 인근의 위안소로 위안부 50명을 데려갈 때 전차금으로 위 안부 1인당 1천 엔, 총 5만 엔을 투자하였다. 업주의 회고에 의하 면, 위안부 1인이 1일 평균 15명을 상대하면, 1일 총이용객 수는 50명×15명=750명이고, 1일 총매출은 1,500엔(1회 이용요금 2엔)이다. 그중 750엔이 주인의 수입인데, 업주는 위안소 관리인 등에게 수익을 나눠준 후 자신의 몫으로 500엔의 수입을 올릴 수 있었고, 이는 1달이면 1만 4~5천 엔의 수입이었다. 4개월이면 투자금 5만 엔만큼을 벌 수 있었다(大林淸 1993:221).

이상 추정한 버마 위안소의 월 매출은 미치나 위안소 18,000엔, 이치후지루 6,000엔, 칸파치클럽 12,000엔이다. 그 업주는 각기 1만 엔, 4,000엔, 8,000엔의 월수입을 올렸다. 20명 정도의 위안부를 데려오느라 전대금을 2~3만 엔 투자했더라도 몇 달 안 가서 회수할 수 있었다. 상하이의 해군군속 전용 위안소 우미노야 업주도 떼돈을 벌었다. 매일 밤 업주의 금고는 저비권(儲備券) 군표로 넘쳤고, 업주는 그 돈을 상하이은행에 저금했는데, 인력거로 운반해야 할 정도였다. 1945년 8월 일본군 패전 때 예금이 동결되어 인출할 수 없었지만, 예금액은 570만 원(元)이었고, 일본 엔으로 환산해서 25만 엔 정도나 되었다(환율 20:1). 우미노야의 업주가 그사이에 일본에 얼마나 송금했는지는 알 수 없지만, 그 업주는 1940년에 인수한 후로 한동안은 돈을 못 벌다가 마지막 2년간 벌었다고 했으므로, 그 기간 중 월간 예금액은 평균 2만 엔이 된다.

칸파치클럽의 예처럼 위안소의 매출은 특히 그 설치 초기에 양호하였다. 이것은 군이 적절한 수요를 사실상 보장해 주었기 때문이다. 병사들에게 다른 위안거리가 없는 상태에서 병사 100~150명에 대하여 위안부 1명꼴로 위안소를 설치하니 병사들이 위안소에 몰렸고, 이에 위안소는 고수익을 올릴 수 있었다.

여러 업자가 떼돈을 버는 가운데 동남아 위안소의 한 무일푼 관리인이 기회를 잡아 크게 성공한 일도 있었다. 박치근과 함께 1942년 7월 동남아로 떠난 아라이新井라는 조선인은 무일푼 단신으로 위안소 관리인 일을 시작했으나, 곧 말레이시아에서 어업, 무역 등에 종사하면서 수백만 엔을 취급하는 남방무역영업소의 사업주가 되었다. 박치근도 처남 소유 위안소의 관리인 일을 6개월 정도 한 후에는 랑군으로 와서 다른 위안소 업주와 동업으로 식당과 제유공장을 하였다(안병직 2013).

고수익 위안소의 이면, 위안부 혹사酷使

위안소의 고수익은 위안부의 노동 강도가 셌다는 것을 뜻한다. 업주가 위안부에게 의복이나 화장품 등 일용품을 비싸게 이익을 챙긴 부분도 있겠지만, 기본적으로 위안소가 고수익이라는 것은 위안소 매출이 크다는 것이고, 이는 위안부의 위안 행위 수, 상대한 군인 수가 많았다는 것이 된다.

포로 심문 자료에 의하면, 버마 미치나 위안소의 위안부 1인당 1일 고객 수는 5명이었다. 박치근 일기에 나오는 이치후지루의 1943년 8월 무렵 월간 정상적인 콘돔 사용 수는 3,200개인데, 위안부 수가 16명이었으므로 위안부 1인당 월 사용량은 200개, 1일 사용량은 7개다(월 28일 근무). 이는 포로 심문 자료에 나오는 1일 고객 수 5명보다 40% 정도 많다. 싱가포르 키쿠수이클럽의 역대 최고 매출일 1944년 3월 26일의 위안부 1인당 하루 이용객은 44명이다. 그리고 4월 말 공휴일 때의 위안부 1인당 이용객은 70명이다. 군인 1인 당 평균 10분이 소요된다고 하고 또 위안부가 잠시의 휴식도 없이 군인을 상대한다고 해도, 70명은 700분, 근 12시간을 요한다.

그러나 이 키쿠수이클럽의 최고 매출일에 위안부가 실제로 1인당 군인 44명, 혹은 70명을 상대했던 것은 아니다. 이 매출액에는 군인이 주는 팁과 장교의 숙박 요금이 포함되어 있어 실제 1일 이용 인원은 그보다 적었다. 버마로 간 문옥주의 증언이 이 점을 말해준다. 그녀가 처음 자리 잡은 만달레이 위안소에서 요금은 병사가 1엔 50센, 하사관 2엔, 위관급이 2엔 50센, 좌관급이 3엔이었는데, 그녀가 받은 군표는 하루에 보통 30~40엔, 일요일에는 70~80엔 정도였다. 그런데 "군인들은 어차피 자기들은 죽을지 모른다며 넉넉하게 팁을 주기도 했기 때문에 실제로 그 액수만큼 사람을 상대했던 건 아니었다. 그렇지만 일요일에는 점심도 못 먹고 일해야 했다."(모리카와 마치코 2005:79).

또, 칸파치클럽의 초기 월간 이용객 수 6,000명을 위안부 수 18로 나누면 위안부 인당 월 이용객 수 330명, 1일 12명이 된다(1달 28일 영업). 1일 12명은 군인이 주는 팁과 장교 숙박 요금이 고려되지 않은 과장된 수치이다. 실제 1일 평균 이용객은 10명이 안 되었을 것이다. 한편 버마 메이묘의 제2후루사토루의 경우 위안부 1인당 1일 이용객은 14~15명이었다(西野留美子 1993:110).

이렇게 보면 위안소는 초기에 위안부가 1일 평균 10명 가까운 군인을 상대했으나 나중에는 이용 군인 수가 줄어1일 평균 5명이 된 것이라 할 수 있겠다.

　그런데 매출로부터 추정한 위안부 1일 이용객 수는 일본군의 휴가 일수로도 검증할 수 있다. 실제로 일본군에게 얼마나 휴일이 주어졌나는 개별 부대의 진중일지를 통해서 추적해 볼 수 있다. 최근 이 진중일지를 분석해서 일본군의 위안소 설치 및 이용 상황을 추적한 좋은 연구가 나왔다(하종문 2023). 일본군 보병 5사단 9여단 제11연대 1대대 포소대의 다년간의 진중일지에 담긴 그 휴일 부여 상황을 파악하면 다음 표 10-2와 같다. 이것은 1938~1942년(1940년 자료 누락)에 이 부대가 주둔한 장소와 수행한 과업을 표시하고 연간 휴가 일수를 적은 것이다.

　이 포소대는 부대원 수는 50명 정도였다. 먼저, 작전 및 주둔 상황을 보면, 제11연대의 소속 부대로서 포소대는 북지나방면군의 쉬저우작전이 일단락된 1938년 7월 중순부터 8월 하순까지 쉬저우 남쪽의 싼바오에서 주둔하다가 칭다오로 되돌아갔다가, 9월 말부터 12월 중순까지 광둥 점령 작전에 참여하였다. 포소대는 다시 칭다오로 복귀하여 1939년 10월까지 칭다오에서 주둔했는데, 그 중간중간에 쉬저우·카이펑 토벌작전(1개월), 산둥성 북부 일대 토벌작전(2개월)을 벌였고, 10월에 중국 남부로 가서 난닝 공격에 참가한 후 다시 칭다오에 복귀하였다.

표 10-2 한 일본군 소대의 휴일 부여

연도	기간	수행 과업	휴가 일수	월 평균
1938	6개월	싼바오三堡와 칭다오 주둔, 광둥작전 참가	8	1.3
1939	1년	칭다오 주둔, 쉬저우徐州 토벌, 산둥성 북부 일대 토벌, 난닝南寧 공격 참가, 칭다오 복귀	13	1.1
1941	1년	상하이 양푸구楊浦區 우쑹 주둔, 일본 사가현 상륙 훈련, 닝보寧波 상륙작전, 츠시 주둔, 우쑹 귀환, 말레이 반도행	29	2.4
1942	1년	싱가포르 남부 지역 경비	35	2.9

자료 : 하종문(2023:276-302).

1940년의 진중일지는 남아 있지 않아, 1941년으로 건너뛴다. 포소대가 소속된 11연대는 1940년 말부터 상하이 북쪽 우쑹에서 주둔하다가 4월 말부터 상하이 남쪽 닝보에서 주둔하였으며, 10월에 우쑹으로 복귀하였다. 그리고 11연대는 일본의 태평양전쟁 계획에 따라 11월 중순 말레이반도로 향하였으며, 진주만 기습과 함께 싱가포르 점령 작전에 들어갔고, 포소대는 1942년 2월 초부터 싱가포르 남경비대 업무를 맡아 주둔하였다.

이 포소대의 월평균 휴가 일수는 1938년의 6개월간에는 1.3일이고, 1939년 1년간은 1.1일이었다. 한 달에 한 번 휴가가 주어진 셈이다. 1941년에는 휴가 일수가 늘어 월평균 2.4일이었고, 1942년에는 월 2.9일이었다. 1938년과 1939년에는 점령작전과 토벌작전 등으로 인해 휴가가 거의 없었으나, 1941년에는 본국 귀환 훈련과 상륙작전의 기간이 짧고 경비 주둔 기간이 길어져 휴일이 늘었다. 1942년에는 부대가 거의 1년 내내 전투 없이 경비 업무만 수행하는 상황에서 월평균 3회의 휴가가 주어졌다.

군인 중에는 아예 위안소에 가지 않는 자도 있었고, 또 위안소를 출입하는 군인이라도 휴가마다 매번 위안소에 가지는 않았을 것이다. 그래서 1941년과 1942년에 전체 포소대원 1인당 평균 월 1회 위안소를 출입하였다고 가정할 수 있다. 그 기간 해외 전장의 일본군 수는 200만 명이 좀 안 되었는데, 포소대원과 같은 식으로 일본군 1인당 월 1회 위안소를 이용한다고 하면 위안소 총 이용 횟수는 월 200만 회다. 제2장에서 본 대로 이 기간 중 위안부 수는 1만 3천 명 정도이므로, 위안부 1인당 월 153명, 1일 5.49명(월 28일 영업 기준)의 일본군을 상대한 것이 된다. 이는 흔히 말하는, 위안부 1일 평균 상대 군인 수 5명과 거의 같다.

그런데 이 5명은 평균치일 뿐 하루에 실제로 상대하는 일본 군인 수는 매번 달랐다. 위안부에게 오는 군인이 1명도 없거나 1명밖에 안 오는 날도 많았고 어떤 때는 하루에 10명을 넘어 20명, 30명이 오는 날도 있었다. 버마 칸파치클럽의 경우, 개점 후 첫 4개월 반 동안 일종의 개업 효과처럼 위안소 이용 군인이 많았으나, 어떤 날은 이용객이 아주 적었다. 1943년 1월 7일의 이용객 수는 14명이어서 위안부 1인당 1명도 채 안 되었으며 1월 9일에 거의 모든 위안부가 검사에 합격했으나 손님은 적었다. 따라서 한 위안부의 계약기간 2년 전체로 보면, 위안부 1인당 1일 평균 이용 군인 수는 10명 가까이 되지만, 어떤 날은 위안부 1인당 이용 군인 수가 전혀 없거나 1~2명에 불과하였다가, 다른 어떤 날은 하루에 수십 명에 달하였다고 하겠다. 위안소의 일별 이용객 수와 매출은 들쭉날쭉하였다.

이는 군인의 일과 특성 때문이었다. 군인에겐 크게 전투 출정이나 토벌 작전처럼 적과 싸우는 일과가 있고, 주둔지에서 경비를 하거나 훈련을 하는 비전투 일과가 있다. 전투 출정이나 토벌 작전 중에는 군은 병사들에게 휴가를 줄 수 없다. 그 기간 중 병사들은 위안소를 이용할 수 없었다. 반면, 부대가 주둔지에서 경비 업무나 훈련 일과를 보내는 동안은 병사들에게 정기 휴일을 제공할 수 있고, 병사들은 위안소를 이용할 수 있었다.

그런데 이렇게 위안부가 하루 평균 5명의 일본 군인을 상대한 것은 일본·조선의 국내 공창의 경우보다 훨씬 더 노동강도가 센 것이었다. 표 10-3에서 보는 것처럼 조선 내 공창에서는 1920년대에 비해 1930년대에 창기 1인당 유객遊客 수가 늘었으나, 1937년에도 1일 평균 1명이 안 되었다. 조선인 창기는 1일 0.5명, 일본인 창기는 1일 0.8명이었다. 접객업이 더 발달한 일본에서도 1920-1935년에 도쿄의 창기 1인당 1일 유객 수는 2명 정도일 뿐이었다(秦郁彦 1999:21). 이로부터 일본군 위안부가 얼마나 많은 이들을 상대해야 했는지 알 수 있다.

그런데 일본 공창의 유객 1인당 소비액은 1920년 3.7엔, 1925년 4.3엔, 그리고 1928년 3.7엔이었다. 조선 공창의 유객 1인당 소비액은 1929년 일본인 창기의 경우 8원, 조선인 창기의 경우 3.94원이었다(草間八十雄 1930:220-221; 宋連玉 1994:65). 공창 쪽의 유객 1인당 이용 요금이 일본군 위안부의 경우보다 훨씬 더 비쌌다.

이를 요약하면, 국내 공창은 비싼 요금으로 소수의 손님을 맞는 곳이었으나, 군 위안소는 더 싼 요금으로 다수 이용객을 맞는 곳이었다. 물론 여기서 싸다는 것은 위안소 요금이 일본 공창의 화대에 비해서 싸다는 것이다. 위안소 이용요금 자체는 일본이나 조선의 노동자 일당보다 큰 금액이었다.

표 10-3 조선 내 인천 시키시마敷島 공창의 창기 수와 이용객 수

	조선인				일본인			
	창기 수	연 유객 수	창기 1인당		창기 수	연 유객 수	창기 1인당	
			연간 유객 수	월간			연간 유객 수	월간
1924	95	10,084	106	9	115	22,972	200	17
1937	149	24,974	168	14	83	22,913	276	23

자료: 이영훈(2019:284).

따라서 정대협 증언록에서 나오는 것처럼 위안부가 매일 같이 수십 명의 일본군을 상대해야 했다는 것은 사실이 아니다. 그들이 일부러 거짓말을 한 것은 아닐 것이다. 일본 군인이 몰려와 심한 어려움을 겪었던 날의 끔찍한 기억만 수십 년 후에 남았던 것이리라. 대만 펑후섬과 중국 하이난섬에서 처음 위안부 생활을 한 하영이는 옷을 입고 벗을 새도 없었다고 증언하였다.

거기는 주둔지로 전부 군인, 그것도 육군이었다. 어찌나 바글바글한지 한 사람이 하루에 몇십 명씩을 상대해야 했다. 하루에 받

은 군인의 수는 이곳 해남도(하이난섬)에서 가장 많았다. 보통 하루 사오십 명씩이나 됐다. 옷을 입고 벗고 할 사이도 없었다. 문밖에서 줄을 섰다가 한 사람이 나가면 다른 사람이 계속해서 또 들어오곤 했다. 한 사람에 5분, 10분이 채 안 걸렸다. 어떤 사람들은 각반을 풀지도 않고 바지만 내린 채 기다리고 있었다(정대협 1999:282).

또 1938년 중부 중국의 웨저우(九州)에서 근무한 전 일본군의 회고에 의하면, 일요일에는 병사들이 위안소에 쇄도하여 바지를 벗은 채로 20~30미터 줄을 섰으며, 위안부들은 일요일 아침을 먹으면 점심 먹을 겨를도 없어서 주먹밥을 먹어야 했다. 일본인 위안부 게이코도 1938년 10월 광둥 점령 작전 후 바로 연 위안소에서 이틀 간 위안부 18명이 1인당 60~70명의 군인을 아침부터 밤까지 상대해야 했다고 말하였다(從軍慰安婦110番 1992:37; 千田夏光 1995:213).

버마 위안소의 한 일본인 업주에 의하면, 위안부 중에는 하루에 60명의 군인을 상대한 사람도 있었다. 한 조선인 위안부는 그에게 "아래를 좀 보세요. 보면 국부가 벌겋게 부풀어 올랐어요. 아무래도 이 이상은 안 되겠어요. 쉬게 해 주세요."라고 간청하였다고 한다(西野留美子 1995:135).

그렇지만 정대협 증언록에 나오는 많은 조선인 위안부가 말한 것과 달리, 위안부가 더 많은 군인을 받고자 했다는 증언도 있다. 바로 한커우 위안소의 나가사와 군의의 증언이다. 1945년 봄 소만국경을 경비하던 관동군 제4사단 1만 2천여 명의 병력은 한커우 서쪽에서의 이창(宜昌)작전에 참가하였다. 이 부대는 만주, 화북을 종단하여 먼 난징까지 열차로 내려와 난징부터는 수송선을 타고 양쯔강을 올라가 한커우 북서 인근의 잉청(應城)에 주둔하였다. 병사들은 외출이 허용되자 곧바로 양지(揚子)위안소에 몰려들었다. 양지에는 각기 10명 정도의 위안부를 거느린 위안소 두 곳이 있었다. 위안부의 방 앞에 긴 행렬을 지은 병사들은 앞의 병사가 빨리 나오라고 문을 두드렸다. 공중변소의 순번을 기다리는 모습 같았다.

위안부들은 이에 응해 세정에 드는 시간을 아끼도록 병사들에게 콘돔을 쓰게 해서는 병사들을 계속 받았다. 위안소를 관할하는 군의가 위안부를 검진하니 여성의 국부가 마찰 때문에 충혈되고 부풀어 올랐다. 놀란 군의는 국부의 안정을 위해서 여자들에게 3일간 휴업을 명령하였다. 그러나 위안부들은 "휴우~"하고 반기기는커녕 군의의 조치에 항의하였다. 평소 한가한 양지위안소가 모처럼 지역을 통과하는 대부대를 맞아 일대 대목을 맞았으니 그 기회에 돈을 벌어야 하는데, 어찌 3일간 빈둥거리며 놀 수 있느냐는 것이었다.

통과 부대의 상사가 병참의 위안계에 와서는 위안소가 바가지를 씌워서 시간은 짧고 서비스가 나쁘다고 불평하였다. 위안계 관리 하사가 위안소 업주를 불러서 매출장부를 받아 보니, 평소 위안부 1인당 하루 매출이 많아야 15엔에서 20엔까지였는데, 그때는 70엔, 75엔씩이나 되었다. 한정된 시간에 많은 수요를 충족시키려면 1인당 응대 시간이 짧아질 수밖에 없었다. 위안부들은 좀처럼 오지 않는 대목을 맞아 스스로 몸이 가루가 되도록 일한 것이었다(長沢健一 1983:237-238).

분명, 일본군 위안부는 혹사당했다. 그러나 그게 이야기의 전부
는 아니다. 위안부는 이렇게 많은 일본군을 상대함으로써 단기간
내에 전차금을 상환하고 나아가 저금까지 할 수 있었기 때문이다.

위안부의 소득과 저금, 송금

　　"수십만" 운운의 위안부 대량 동원과 "하루 수십 명 상대"라는 위
안부 혹사가 양립할 수 없는 것처럼, 위안부 혹사와 위안부의 저소
득도 양립할 수 없다. 위안부가 하루에 수십 명의 일본군에게 성적
위안을 제공했다면, 그에 비례해서 그 위안부에게는 더 많은 보수
가 주어졌다. 한커우 위안소에서는 위안부가 1달 27, 28일 일해서
4~5백 엔의 소득을 올렸다(山田淸吉 1978:84). 포로 심문 자료에 나
오는 버마 미치나 위안소에서는 매상액 중 40~50%를 위안부가 받
았는데, 위안부 1인의 월 매상액이 그 중앙값 900엔이라면 위안부
의 월수입은 360~450엔이 된다. 양자가 얼추 비슷하다. 또 앞서
추론한 것처럼 버마의 칸파치클럽에서 위안부 1인당 1일 12명을
상대했다면, 1일 매출은 24엔이고 1달(28일) 매출은 616엔이다. 위
안부의 월수입은 240엔가량이다. 이 중 가장 낮은 위안부의 월수
입 240엔에 대하여, 그중 2/3인 160엔을 전차금 상환에 쓰면 전차
금이 1천 엔일 경우 반년 후에는 그를 거의 다 갚을 수 있다. 그 후
일본군의 위안소 이용률이 떨어지더라도 위안부는 저축하고 고향
집에 송금할 수도 있었다.

위안부의 고소득, 단기간 내 전차금 상환 등은 다른 위안소에서도 확인된다. 우선, 중국 하이난섬의 삼아해군병원 간호부의 증언에 의하면, 간호부의 월급이 90엔이었으나 위안부의 월급은 250엔이었다(從軍慰安婦110番 1992:37). 이는 필자가 추계한 칸파치클럽 위안부의 월수입 240엔과 비슷하다. 또 1938년 1월 초 중국에 도착한 게이코 등 18명의 위안부는 불과 3, 4달 만인 4월과 5월에 걸쳐서 1천 엔의 전차금을 갚고 그에 더해서 2~5백 엔을 저축하였다(千田夏光 1995:205).

상하이 쿠니이의 위안소에서 하루 15명의 이용객을 맞는 위안부의 1일 수입은 12엔(=15인×2엔×0.4)이고, 한 달 소득은 300엔 가까운 금액이 되므로, 위안부도 4개월이 지나면 전차금 1천 엔을 상환할 수 있었다. 50명의 위안부가 모두 1일 평균 15명의 군인을 계속 맞는다는 것은 과장된 가정이라 하겠으나, 위안소 설치 초기에는 병사들의 이용률이 높았고, 그래서 단기간 내에 위안부가 전차금을 상환하고 업주가 투자금을 회수하는 것도 충분히 가능하였다. 전차금 상환이 이루어진 후에는 이용률이 떨어지더라도 위안부는 저축을 할 수 있었다.

큰돈을 번 위안부도 나타났다. 여러 심층 수기, 증언록에는 전차금을 갚고 거금을 저축한 사례가 여럿 나와 있다. 우선, 쿠니이 위안소의 매출 1위로 에이스 격이었던 준코順子는 모은 돈이 일정액에 달할 때마다 업주 쿠니이가 야전우편국에 가서 도쿄은행의 준코 계좌에 송금해 주었고, 업주의 금고에도 군표가 산처럼 쌓였다(大林淸 1993:230).

또 상하이의 해군군속 전용 위안소 우미노야에는 일본식 기명妓名이 이치니산ㅡㅡㅡ인 조선인 위안부가 있었다. 얼굴 예쁘고 머리 좋은 30세 정도의 그는 철저히 돈 벌러 나온 사람이어서 일을 열심히 했다. 커리어 우먼이란 말을 붙일 만한 그는 자신에 관해서는 아무 말도 안 하면서도 손님에 대해서는 붙임성이 좋고 일을 열심히 했고, 깜짝 놀랄만한 금액을 저금하였다(華公平 1992:51).

한커우 위안소에는 게이코慶子라 불린 조선인 위안부가 있었다. 나이가 좀 있는 미인이었다. 이용 군인들에게 인기가 있어서 곧 차금을 갚고 조선은행 한커우지점에 3만 엔이란 거금을 저금했다. 2020년경의 감각으론 30억 원의 거금이다. 물론 그 전에 상하이, 난징의 위안소에 있을 때부터 저금한 것이었다. 게이코의 꿈은 저금이 5만 엔이 되면, 경성에 돌아가 작은 요리옥을 경영하는 것이었다. 이 이야기를 듣고 한커우병참사령부 사령관은 '감탄스러운 여성'이라 하면서 "귀하는 밤낮으로 황군장병 위안에 힘써서 사람들의 모범이 되므로 표창함"이라 쓴 표창장을 직접 게이코에게 수여한 일도 있었다.

또 한커우 위안소의 하루코春子는 차금을 다 갚은 후 새로 차금하여 그를 조선의 고향에 송금하였다. 논밭을 사는 것이 낙이었다고 한다. 병참사령부 위안계에서 그녀에게 차금 없이 자유롭게 일하는 쪽이 유리하다고 알려주었지만, 하루코는 빚을 지고 있어야 힘써 일하게 된다고 답했다(長沢健一 1983:64-65). 위안부로 일하는 기간 중에는 전차금에 이자가 붙지 않으므로, 위안부가 전차금을 당겨 받아서 먼저 고향에서 땅을 사고, 그다음에 열심히 위안부 일을 해서 전차금을 갚는 모습이 생생하다.

싱가포르 키쿠수이클럽의 위안부 김안수도 1944년 말 조선에 귀환하면서 1만 1천 엔을 송금하였다. 그녀는 2년 남짓의 위안부 생활로 오늘날 한국인의 감각으로 10억 원가량의 돈을 벌어 돌아온 것이다(안병직 2013:228).

위안부가 저금을 하는 데는 두 방식이 있었다. 하나는 군표를 직접 모으는 것이고, 또 하나는 현지 은행이나 야전우체국에 저금하는 것이다. 위안소가 도시에 있거나 주둔 부대 규모가 제법 되는 곳에는 은행 지점이나 야전우체국이 있으므로, 위안부가 우편저금이나 은행 예금을 할 수 있었다. 반면, 최전방의 주둔지에서는 은행이나 야전 우체국에 예금을 하는 것이 불가능하였고 그 경우 위안부는 군표를 모으는 길밖에 없었다. 위안소를 이용할 군인이 군표를 갖고 위안소에 오면 업주가 위안소 티켓을 내주고, 위안부가 군인으로부터 그 티켓을 받았다. 딱지 같이 생긴 이 티켓은 반명함판 크기에 1원짜리, 1원 50전짜리 등으로 구분됐다(정대협 1999:285). 위안부가 저녁 늦게나 다음 날 아침에 그 티켓을 세어서 돈 계산을 매일 했다. 업주는 이 티켓 수대로 장부에 기록한 후 한 달에 한 번씩 정산해서 위안부에게 그 매출의 4~6할을 보수로 주었다. 이 보수는 군표로 지급되었다. 위안부는 이렇게 얻은 군표를 자신의 방 트렁크에 계속 모으거나, 주기적으로 우체국이나 은행에 예금하였다. 위안부가 일과시간 중에 우체국이나 은행에 갈 수는 없었으므로 대개 박치근과 같은 위안소 관리인(조바)이 그를 대행하였다.

위안부는 위안소 생활 중 고국의 가족에게 송금하거나 계약기간이 끝나서 귀환할 때에는 본국의 은행에 송금하였다. 소액 송금은 문제가 없었으나, 거액을 송금하는 데는 제한이 있었다. 일본의 대동아공영권 각 지역 간에 상이한 인플레율로 인하여 본국 통화 엔과 각 지역의 통화의 등가교환이 곤란하였음에도 일본 정부는 등가교환 정책을 패전까지 유지하였다. 그 대신 일본 금융당국은 송금 및 인출을 제한하는 정책을 택하였다. 즉 송금의 용도를 제한하거나 월별 송금액 한도를 설정하거나 일본과 조선에서 인출할 때 상당 금액을 강제저축하는 것 등이었다. 싱가포르에서 위안소 관리인을 한 박치근의 일기에 의하면, 개인이 가족 생활비와 같은 소액을 송금하는 데는 제한이 없었으나, 귀국하는 위안부가 거액을 송금하는 경우에는 송금 허가를 받아야 했다. 업주나 위안부가 위안소에서 저축한 몇만 엔대의 송금의 경우에는 열흘에서 한 달 반 정도의 상당한 시간이 소요되었다. 하지만 송금 신청이 거절된 경우는 없었다(이영훈 2020: 70-75).

예를 들어, 박치근은 싱가포르 키쿠수이클럽의 조바로서 1944년 4월 10일 곧 귀환할 위안부 2명의 송금허가원을 요코하마정금은행 지점에 제출하였는데, 바로 허가가 나서 나흘 뒤인 14일에 송금을 하였다. 박치근은 5월 31일에는 위안부 카나가와 광옥의 송금 허가를 정금은행에 신청하였고 열흘 뒤 6월 10일에 허가 통지를 받고, 6월 14일에 은행에 가서 송금하였다. 또 그는 10월 26일 곧 귀향할 김영애의 송금 허가 신청을 하고 11월 14일에 송금을 완료하였다. 신청에서 실제 송금까지 보름 넘게 걸렸다. 박치근은 역시 11월 24일에 정금은행에서 곧 조선에 귀환할 위안부 김안수의 송

금 허가를 신청하고 1주일 만인 12월 1일 허가서를 받아 4일 정금
은행에서 김안수의 돈 11,000엔을 송금하였다. 또 그는 조선에 돌
아가기 앞서 11월 4일 남방개발은행에 가서 사망한 처남의 돈 등
39,000엔의 송금 허가를 신청하였는데, 거액이라 허가가 늦게 나
와 42일 만인 12월 16일 싱가포르를 떠나는 당일 요코하마정금은
행에서 39,000엔을 송금하였다(안병직 2013).

문옥주의 경우

거액을 저금한 위안부로서는 버마의 위안소에서 일한 문옥주가
유명하다. 문옥주는 1942년 7월 남방행 배를 타고 부산을 떠난 후
싱가포르를 거쳐 8월 하순 버마 랑군에 도착하였다. 이후 버마에서
의 문옥주의 행적은 다음 표 10-4 및 지도 10-1과 같다.
대구에서 문옥주 등 17명의 위안부를 데려간 업주 마쓰모토 항
은 군으로부터 버마 북부의 만달레이로 가라는 명령을 받고, 9월
만달레이에서 오토메테이(乙女亭)란 위안소를 열었다. 그러나 이 위안
소는 3개월 만에 버마 서부의 최전선 아캬브로 가라는 군의 명령을
받고 그곳으로 이동하였다. 위안부 일행의 이동에 3개월가량이 걸
렸는데, 도중에 험준한 아라칸산맥을 넘어야 했으나 이동경로상 거
치는 일본군 부대에 일종의 이동위안소 역할을 하느라 지체된 것이
이었다. 이동 위안소는 한 번에 2주~1달 정도로 2~3번 정도 열었
다. 아캬브는 연합군이 폭격하는 위험한 곳이어서인지 업주 마쓰모

토는 동행하지 않았다. 필시 일본군이 양해한 일이겠다. 아캬브에서는 군 하사관이 번갈아 위안소를 관리하였다. 오토메테이는 아캬브에서 1943년 3월부터 1943년 12월까지 약 10개월간 영업을 하였다.

표 10-4 버마 전선에서의 문옥주의 행적

순서	지역	위안소명	기간	비고
1	만달레이	오토메테이乙女亭	1942.9-1942.11 (3개월)	업주 마쓰모토 항
2	아캬브	오토메테이	1943.3-1943.12 (10개월)	문옥주 저금 개시
3	프롬	오토메테이	1944년 1-3월 (3개월)	업주 마쓰모토 항 재회
4	랑군	랑군회관	1944년 4-7월 (4개월)	귀국 준비
	귀환시도		1944.8	7명이 베트남 사이공까지 갔다가 4명이 번복
5	랑군	랑군회관	1944.9-1945.4 (8개월)	거액 저금
6	태국 방콕 인근 아유타야	육군병원	1945.5~1945.8 (4개월)	간호부 일

자료: 모리카와 마치코(2005).
주: 오토메乙女는 소녀, 처녀를 뜻함.

사진 10-1의 문옥주의 군사우편저금 원부에서 보는 것처럼 그녀는 이 아캬브에서 저금을 시작하였다. 만달레이에서 저금이 없던 것은 조선을 떠날 때 받은 전차금을 갚아야 했기 때문이었다. 문

지도 10-1 버마 전선에서의 문옥주의 행적

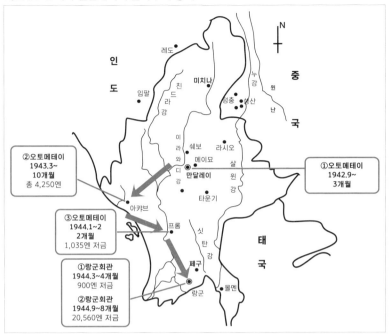

옥주는 만달레이에서 업주 마쓰모토가 나중에 정산한다면서 급여를 한 푼도 주지 않았다고 증언했으나, 그런 행위는 위안소를 감독하는 일본군 당국이 금지하는 바였다. 그녀는 1943년 3월에 첫 예금(500엔)을 하고 특히 7월부터 11월까지 5개월간 매월 700~800엔가량을 저금하였으며, 저금은 이후 1944년 6월까지 계속되었다. 문옥주는 군인이 준 팁을 저금했다고 말했지만, 팁만으로 저금했다고 보기에는 금액이 크다. 그녀가 만달레이에서 전차금을 다 갚았고 아캬브에서는 월급으로 매출의 50%를 받고 거기서 저축한 것으로 보는 게 타당하다. 한편, 1943년 12월과 이듬해 1월에 저금이 없던 것은 그녀가 1943년 말에 위안소 2층에서 추락하여 팔 부상을

사진 10-1 문옥주의 군사우편저금 원부 조서

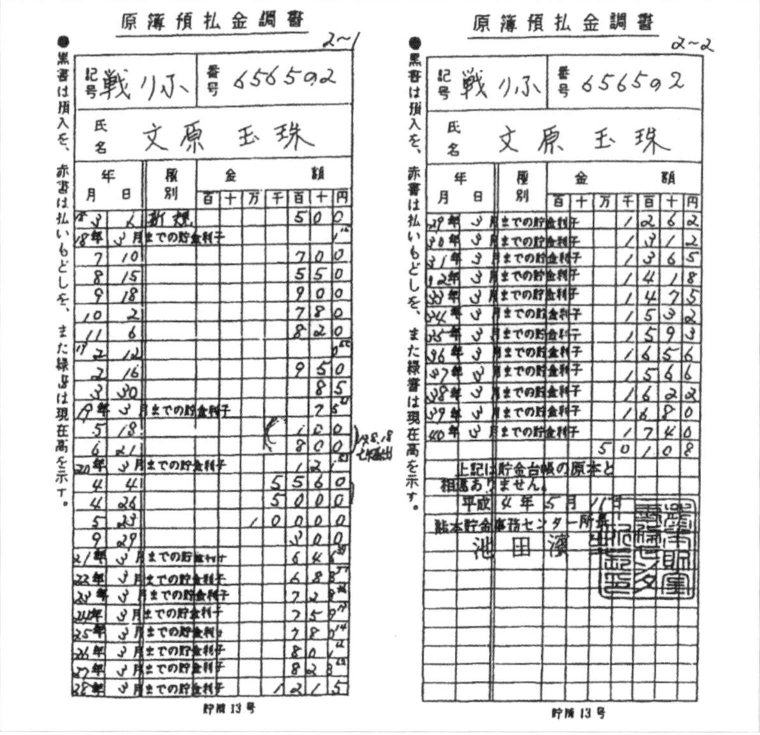

原簿預払金調書

2~1

●黒書は預入を、赤書は払いもどしを、また緑書は現在高を示す。

記号 戦りふ　番号 656502

氏名 文原玉珠

年 月	日	種別	金額
3	6	新規	500
18年 3月		までの貯金利子	1
7	10		700
8	15		550
9	18		900
10	2		780
11	6		820
2	12		0
2	16		950
3	30		85
19年 3月		までの貯金利子	75
5	18		100
6	21		800
20年 3月		までの貯金利子	121
4	11		5560
4	26		5000
5	23		10000
9	29		300
21年 3月		までの貯金利子	646
22年 3月		までの貯金利子	688
23年 3月		までの貯金利子	729
24年 3月		までの貯金利子	759
25年 3月		までの貯金利子	780
26年 3月		までの貯金利子	801
27年 3月		までの貯金利子	828
28年 3月		までの貯金利子	1215

貯補13号

原簿預払金調書

2~2

●黒書は預入を、赤書は払いもどしを、また緑書は現在高を示す。

記号 戦りふ　番号 656502

氏名 文原玉珠

年 月	日	種別	金額
29年 3月		までの貯金利子	1262
30年 3月		までの貯金利子	1312
31年 3月		までの貯金利子	1365
32年 3月		までの貯金利子	1418
33年 3月		までの貯金利子	1475
34年 3月		までの貯金利子	1532
35年 3月		までの貯金利子	1593
36年 3月		までの貯金利子	1656
37年 3月		までの貯金利子	1566
38年 3月		までの貯金利子	1622
39年 3月		までの貯金利子	1680
40年 3月		までの貯金利子	1740
			50108

上記は貯金台帳の原本と相違ありません。

平成4年5月11日

熊本貯金事務センター所長

池田濱

貯補13号

당하여 일을 못한 때문으로 추정된다.

그런데 일본군은 그 무렵 인도와의 국경지역으로 진공하는 임팔 작전을 준비 중이었고, 그래서 군의 명령에 따라 오토메테이 위안소는 1943년 말 좀 더 후방의 이라와디강 동안의 프롬으로 이동하였다. 문옥주 일행은 이 프롬에서 2개월 정도 있다가 1944년 3월 더 동쪽의 랑군으로 이동하였는데, 이때는 일본군이 임팔작전의 개시와 더불어 위안소를 더 후방으로 옮긴 것이 아닐까 한다. 이후 문옥주는 랑군회관에서 위안부 생활을 했는데, 업주 마쓰모토가 위안소를 양도한 것으로 보인다.

문옥주는 랑군회관에서 석달간 위안부 생활을 한 후 다른 6명과 함께 조선 귀환을 결정하여 8월 랑군을 떠나 사이공으로 갔다. 그 녀는 이때까지 총 6,185엔을 저금하였고 이자까지 더하여 예금 잔 액이 6,261엔이었다. 그러나 그녀는 사이공에서 배를 타기 직전 마음을 돌려 다른 일행 3명과 함께 다시 랑군회관으로 되돌아갔고, 거기서 위안부 일을 다시 시작하였다. 이때는 전차금이 없이 일을 하고, 그래서 이듬해 봄 태국으로 떠나기 전까지 거액을 저축할 수 있었다. 랑군 함락 직전인 1945년 4월 말 문옥주는 철수하는 일본 군 사령부를 따라서 태국으로 떠나서 태국 방콕 북부 외곽의 아유 타야에서 육군병원의 간호부로 일하였다.

그녀는 4월과 5월에 세 차례에 걸쳐 20,560엔이란 거금을 저금 하였으며, 아유타야에서 대구의 어머니에게 5,000엔을 송금하였 다. 우편저금원부에서 5,000엔의 인출 기록은 없으니, 문옥주는 랑 군회관에서 모은 돈 중에서 20,560엔은 우편저금 계좌에 입금하고 5,000엔은 대구 집에 송금한 것이었다. 그녀는 랑군 철수 시 1만 5천 엔 이상의 군표를 소지하였을 것이다. 태국에서 4개월 정도 지 냈을 무렵 일본이 항복하였고, 그 직후인 9월의 300엔을 마지막으 로 문옥주의 저금 납입은 끝났다. 이자까지 더한 잔액은 26,343엔 이었다.

우선, 이로부터 문옥주가 위안부 일에 임하는 자세를 엿볼 수 있 다. 그녀는 위안소에서 불필요한 낭비를 하지 않았기 때문에 누구 에게도 지지 않을 만큼 돈을 모을 수 있었고, 돈을 열심히 모으는 것만이 위안소 생활의 의미였다. 그녀는 대구에 돌아가게 되면 어머니에게 큰 집도 사드리고 장사도 시작하겠다고 꿈을 키웠다. 그녀는 위안부 생활을 통해 삶의 기회를 잡고 새 인생길을 열겠다는 적극적 자세를 보였다(모리카와 마치고 2005:121-122).

또 문옥주가 버마에서의 위안부 생활로 올린 수입과 지출도 대략 추정할 수 있다. 그녀는 1944년 9월 이래 1945년 4월까지 8개월간 랑군회관에서의 위안부 생활을 통해 2만 엔을 저금하였다.[59] 월 저금액이 2,500엔 정도다. 이때는 전차금이 없이 새로 위안부 일을 시작한 때이므로, 이것은 매출을 그녀와 업주가 5:5로 나눈 것과 군인들이 후하게 준 팁으로 구성된다. 그 각 금액이 얼마인지는 알 수 없으나, 그녀의 월 매출이 2천 엔 이상인 것으로 보는 게 합리적이다. 그리고 1944년 8월 조선으로 돌아가려고 하기 전까지의 19개월간의 위안부 생활 중 그녀의 월 매출을 이보다 낮게 잡아 2천 엔이라 하면, 그 기간 중 총매출은 38,000엔이 된다. 그 40%인 15,200엔이 그녀의 급여이고 여기에 군인들이 준 팁을 더한 것이 이 기간 중 그녀의 수입이다. 이 기간 중 그녀는 전차금을 갚고, 6,185엔을 우편저금 하였으며 조선의 집에 5천 엔을 송금하였다. 게다가 그녀는 다이아몬드를 사는 등 여유 있는 소비생활도 하였다. 전차금을 2, 3천 엔이었다 해도 그녀가 쓴 금액은 2만 엔가량으로서, 수입과 얼추 들어맞는다.

• • •

59 1945년 4월 26일 버마 방면군 사령관 등 일본군 사령부는 연합군의 랑군 점령에 앞서 태국으로 탈출하였고, 그 무렵 문옥주도 마찬가지로 태국으로 피신한 것으로 보인다(모리카와 마치코 2005:204). 문옥주의 위안부 생활은 1945년 4월로 끝났다.

이렇게 문옥주가 거액을 저금했다는 데 대하여 요시미 등 위안부 운동그룹의 연구자들은 위안부가 받은 것은 일본 본국의 엔화가 아니라 남방개발금고가 발행한 남방개발금고권(군표)이었으며, 일본군 점령지의 극심한 인플레이션 때문에 그 실 가치는 형편없었다고 주장한다. 즉 1941년 12월 물가를 100으로 할 때 도쿄 물가는 1945년 8월에 1.6배 수준이었으나, 버마에서는 거의 2천 배가 되었다는 것이다. 그래서 문옥주가 저금한 26,342엔은 도쿄에서라면 22엔(=26,342엔÷1,200)밖에 안 되었다고 한다.[60]

그러나 이는 도쿄와 랑군의 물가수준을 비교해서 구한 수치일 뿐이다. 문옥주의 예금이 실제로 1945년 8월 일본에서 그렇게 환산되지는 않았다. 사진 10-1의 군사우편저금 원부에서 보는 것처럼, 일본 우편국은 문옥주의 예금 잔액을 1945년 9월 현재 26,342엔으로 확인하였고, 그 후 매년 이자가 더해져 문옥주의 예금 잔액은 1965년 3월에는 총 50,108엔이 되었다. 1965년 6월의 한일국교 정상화에서의 청구권 협정 때문에 문옥주의 예금 잔액은 50,108엔에서 최종 소멸하였다.

이 예금 원부의 어디에도 남방개발금고의 군표를 예금한 것이니 도쿄 대비 랑군의 상대적 물가지수를 반영해서 환산한 금액, 예를 들어 22엔을 지급한다는 이야기는 없다. 버마에서 납입된 우편저금이라 해도 일본 우편국은 그 예금을 그대로 인정하였다.

문옥주의 거액 예금 26,342엔의 실제 가치가 22엔에 불과하다는

• • •

60) 요시미 요시아키(2013:79-82). 1,200은 2000을 1.6으로 나누어 구한. 도쿄 대비 버마 랑군의 1941년 12월-1945년 8월 간의 상대적 인플레이션율이다.

주장은 수마트라에서 장교의 한 달 월급으로 100엔짜리 라멘 한 그 릇밖에 못 사먹었다는 증언을 인용한 일본의 경제사가 고바야시 히데오小林英夫의 연구에서 유래하였다. 강제동원 성노예론자들은 그를 적극 받아들여 널리 퍼뜨렸다. 그들은 2년 6개월간 죽어라 저축한 것이 실제론 방직공의 한 달 월급에 불과할 정도로 위안부들의 처지가 비참하였음을 보이고 싶었기 때문이다. 그들은 어떻게든 위안부의 수입을 깎아내려서 그 처지를 비참한 것으로 만들려고 하였다.

만약 문옥주가 해방 후 일본을 거쳐서 한국으로 귀환하였더라면, 일본에서 그때의 잔액 그대로 예금을 인출할 수도 있었을 것이다. 그러나 문옥주는 태국의 수용소를 떠나서는 곧바로 인천으로 올 수밖에 없었다. 문옥주는 그 후 예금통장을 분실하였기 때문에 1970년대에 실시된 정부의 청구권 보상 작업 때 보상을 신청할 수 없었다. 앞서 9장에서 언급한 대만의 거액 저축 위안부 첸리안후아 역시 예금을 인출하지 못하였다. 일본이 물러가고 국민당군이 통치한 대만에서는 거액의 예금을 가진 것이 발각되면 일본에 협력했다는 이유로 박해받을 가능성이 있었다. 그래서 첸리안후아는 감히 은행에서 돈을 찾을 엄두를 내지 못하고 통장만 보관하다가 결국 위안부 박물관에 기증한 것으로 추정된다(西岡力 2019:90).

물론, 문옥주나 첸리안후아가 위안부 중 일반적인 경우는 아니다. 위안소가 고수익 사업소라고 해도 위안부 생활을 시작한 지 불과 서너 달 만에 전차금을 갚는 경우를 일반적이라 보기는 어렵다. 게다가 시간이 갈수록 전황이 악화된 때문에 위안소 사업도 어려워졌다. 뒤늦게 동남아 전장의 위안소에 간 위안부들은 아직 전차금을 다 갚지 못한 상태에서 패전을 맞은 경우가 많았다.

더욱이 일본군 패전 이전에 귀국한 위안부의 경우는 사정이 나았으나, 일본군 패전 때까지 위안소에 남아 있던 위안부들은 문옥주처럼 예금을 인출할 수 없거나 모아 놓은 군표가 휴지조각이 되어 버렸다. 운이 나쁜 위안부는 아무리 열심히 일을 하고 절약해서 돈을 모았더라도 허사였다. 문옥주와 같이 일본 우편국이나 일본 은행에 저금한 사람들은 해방 후 수십 년이 지나는 동안 자신의 저금을 찾을 생각도 하지 못하였다.

아편에 중독된 끝에 비참한 최후를 맞은 위안부도 있었다. 상하이 우미노야의 다나카 키누요田中絹代라는 나이 30세가량의 조선인 위안부는 훗날 같았으면 가수가 될 정도로 노래를 매우 잘했으나, 아편 중독이고 도벽도 심했다. 감금방에 가두어 놓아도 아편을 구하려 2층에서 뛰어내릴 정도로 중독이 심했다. 결국 업주가 못 견디고 쫓아냈고 그 후 상하이 거리에서 걸인 생활을 하다가 얼어 죽는 비극적 최후를 맞았다(華公平 1992:53).

요약

일본군의 지원과 감독 아래서 위안소는 적정 수요가 보장된 덕분에 고수익을 올렸고, 이는 위안부 혹사라 할 만큼 높은 노동강도를 수반하였다. 그 대신 위안부는 전차금을 단기간에 갚거나 저축을 하고 고향의 가족에 송금할 수 있었다. 그렇지만 위안부가 일본군 패전 때까지 찾지 않은 예금이나 저축한 군표는 휴지조각이 되었다.

11

그래서 성노예였던가?

군인과 업주의 위안부 학대?

정대협 증언록에는 위안부가 위안소에서 일본 군인과 업주에게 학대, 폭행당했다는 이야기가 빈번히 실려 있다. 남의 집에 수양딸로 갔다가 수양아버지가 모집업자에게 팔아서 위안부가 된 김군자(1926년 강원도 평창 출생)는 위안소에서의 첫날 일본군 장교에게 응대를 거부했다가 양쪽 "귀퉁백이를" 얻어맞아서 오른쪽 고막이 터졌다고 하였다. 집에서 순사에게 강제로 끌려갔다는 김은례(1926년 평안남도 평양 출생)는 "아래가 하도 아파서 제대로 상대를 못해주면 (일본 군인이) 짐승 때리듯" 팼다고 하였다. 약을 사러 장성 시장에 갔다가 생판 모르는 두 남자에게 잡혀서 일본으로 끌려가 위안부가 되었다는 김봉이는 아래에서 피가 나도 일본 군인이 전혀 신경도 안 썼으며 '부수품 주제에 뭐냐'고 하면서 때렸다고 하였다(정대협 1999:81, 128; 2004:275). 정대협 증언록에서 이렇게 일본 군인에게 폭행당했다는 이야기는 다반사로 나온다.

단순 폭행이 아닌 살상에 관한 증언도 있다. 만주 펑톈에서 위안부 생활을 한 홍강림(1922년 경북 김천 생)의 경우 군의가 정기 검사를 하면서 "밑이 작다고 질 입구를 칼로 찢었다. 마취를 한 것도 아니고 생살을 그렇게 쨌던 것이니 그 아픔은 말로 할 수 없었다." 만주 하얼빈에서 위안부 생활을 했다는 정학수는 위안부들이 자주 반항하고 도망치려 하자 주인이 이들을 전부 하얼빈의 한 공장 마당에 데리고 가서는 일본 군인들이 중국인 여자들을 윤간, 고문, 살해하는 장면[61]을 보게 하였고 그 후는 위안부들이 반항할 엄두를 못 냈다고 하였다. 또 중국 한커우 인근에서 위안부 생활을 한 석복순(1921년 대구 출생)은 일본 군인이 자신과 위안소에 함께 있었던 임신 6개월과 8개월 된 두 위안부를 데리고 나갔는데, 후에 다른 일본 군인에게서 들은 바 일본 군인이 그녀들을 트럭에 태워 가서는 총살했다고 하였다. 특히 북한에 거주하는 전 위안부들은 모두 일본군이 천인공노할 만행을 저질렀다고 증언하였다. 소만국경 내몽고의 하이라루에서 위안부 생활을 한 김덕순은 술 취한 군인의 음주 강요를 거절했더니 담뱃불로 성기를 지지고 군홧발로 몸을 밟았으며, 임신해서 배가 불러온 한 위안부에게는 군인이 유산시키려

• • •

61 "일본인 군인들이 많은 중국인 여자들을 묶어서 데리고 나왔다. 중국인 여자들의 옷을 벗긴 후 사지를 판자에 묶어 놓고 흉악한 일본인 병사들이 윤간하였다. 많은 병사들이 줄을 서서 자기 차례를 기다렸다. 온갖 방법으로 윤간한 후 중국 여자들을 고문하였다. 고춧가루 물 등을 하반신에 뿌리기도하고 긴 칼로 아무 곳이나 찌르기도 하면서 고통스러워하는 모습을 즐겼다. 어떤 이들은 석유를 뿌려서 불을 지르기도 하고... 도저히 상상할 수도 없는 방법으로 고문하자, 중국 여자들은 하나둘씩 죽어 갔다."(정대협 외 1995:160)

배를 밟았고 아기의 검은 머리가 나오자 아기를 잡아빼서는 개에게 먹이려 했고, 결국 그 위안부도 아기도 죽었다고 하였다(정대협 외 1995:32, 160; 정대협 2001:87-88; 西野留美子 1995:88-90).

북한에 거주하는 전 위안부의 증언이 또 있다. 1944년 9월 중국 윈난성 쑹산의 일본군이 옥쇄할 때 만삭 상태로 포로가 된 위안부 박영심으로 알려진 여인의 증언을 보자. 그녀는 자신이 초기 4년간 있었던 난징의 킨수이루 위안소는 병영에서 500미터 떨어진 곳인데도 병사의 감시가 삼엄하여 탈출이 불가능하였으며, 일본군에 저항하거나 자비를 간청하면 일본 군인이 때리고 발로 찼다고 하였다. 심지어 한 일본 군인은 그녀의 얼굴을 군도로 찔렀고 피를 흘리며 넘어진 그녀를 강간하였다고 하였다. 그녀가 킨수이루에 있는 동안 위안부 7명이 질병과 영양실조로 사망하였는데, 일본군은 그 시신을 토막 내서 개울에 버렸으며, 임신한 위안부의 배가 불러오자 2명의 병사가 그 배를 가르고 태아를 꺼내 죽이고 여성도 죽었다고도 하였다(金米 2000:267-269).

전 위안부의 이런 증언을 거짓말이라고 단정할 수는 없으나, 여러 가지 의문이 제기되는 것은 어쩔 수 없다. 일본군이 위안부를 폭행해서 고막을 터트리거나 시퍼렇게 피멍이 들게 하고 팔다리를 부러뜨리는 것, 성기를 담뱃불로 지지는 것은 모두 위안부가 위안부 일을 제대로 할 수 없게 만든다. 위안부는 업주에게 돈을 벌어다 주는 존재인데, 일본 군인이 그를 파괴하는 것을 업주가 방치했다는 것은 도무지 말이 안 된다. 위의 증언은, 공장에서 기계를 돌려야 돈을 버는데 남이 기계를 때려 부수어도 공장 주인이 상관하지 않았다는 말과 같다.

강제연행설이 뜻하는 것처럼 위안부야 강제연행하는 것이니 조선에서 얼마든지 구할 수 있다 하더라도, 조선에서 중국이나 저 먼 동남아 전장까지 여성을 데려오려면 많은 비용이 든다. 또 폭행당한 위안부가 그 때문에 영업을 못 하면 그만큼 업주는 돈을 못 벌고, 이는 업주에게 폭행의 기회비용이 된다. 위안소 업주에게는 위안부에 대한 군인의 폭행을 막을 강력한 이유가 있다. 그뿐 아니라 동료 위안부가 저렇게 처참하게 살해되는 위안소에서 다른 위안부들이 어떻게 위안부 일을 했다는 것일까. 위안부는 성노예니까 채찍의 아픔과 죽음의 공포에 떨면서 일을 한 것일까.

또 위안소를 설치한 일본군 당국의 입장에서도 피멍이 든 위안부가 일본 병사를 상대하게 할 수는 없었다. 일본군을 '위안'하라고 위안소를 설치하였는데 한 군인이 여성을 심하게 폭행하고 나면 다른 군인이 그 여성에게서 '위안'을 얻을 수는 없다. 폭행당해 심하게 피멍이 든 위안부를 보고 즐거워할 정도로 개개 일본 군인이 모두 악마는 아닐 것이기 때문이다. 많은 일본군 부대의 위안소 이용규정에서도 술 취한 군인은 위안소를 이용할 수 없다고 하였는데, 이는 위안부 폭행 등의 사고를 막기 위해서였다. 일본군은 위안부에게도 일본군을 위안할 수 있도록 몸을 잘 관리할 것을 요구하였다. 일례로, 1944년 8월 오키나와로 전진 배치된 후 남부의 이토만에 주둔한 일본군 제24사단 32연대가 12월에 제정한 위안소 규정에서는 위안부에 대하여 "몸을 다쳐 봉사가 불가능한 일이 절대로 없도록 세심한 주의를 기울인다"라는 의무를 부과하였다(하종문

2023:665).

일본 군인이 위안부를 폭행하는 일은 없었다는 증언도 있다. 석순희는 "주먹으로 쿡쿡 때리고 그랬지 행패 같은 거는 없었어. 행패 부렸다가는 누구에게 맞아 디질라고? 장교들이 그냥 밖에서 다 지키고 있는데…"라고 증언하였다. 중국 항저우, 자딩, 난징 등에서 위안부 일을 한 신경란(1921년 경상북도 고령 출생)은 일본 군인이 위안부를 때리는 일은 없었다고 말하였다.

> 문) 특별히 이렇게 뭐 칼로 술 취해 가지고 때리거나 그런 거는 없었겠어요?
>
> 답) 아유 큰일나지. 헌병들 있잖아. 그럼 일선에 가면 헌병들이라 하면 장교 아니라 별사람들이 쩔쩔매. 헌병이 노다지(항상) 순찰 돌지. 때리고 그러면 큰일 나지. 안 때려. 그래도 뭐 가다가 못된 놈 있지. 못된 놈 있으면 또 우리 친구들이 막 건드리지 말라고 (하지).

문옥주 역시 "콘돔을 안 하려는 병사들에 대해선 늘 '헌병에게 일러바칠 거야'라고 협박하거나 가랑이를 차버렸다"라고 하였다. 심지어 일본군이 임신한 위안부를 총살했다더라고 말한 석복순은 "군인 중에 못되게 구는 사람은 있었나요?"라는 질문에 "군인들이 어디라고 (그런 짓을 해). 술 먹어도 잠잠하지. 행패 부리고 때리고 (이런 거는) 일절 없어. (계급) 높은 사람한테 맞아 죽어"라고 모순된 답을 하기도 했다(정대협 2004:40; 2001:35, 90; 모리카와 마치코 2005:85).

395

위안소를 찾은 일본 군인이 자신의 요구대로 해주지 않는다고 위안부를 대검으로 위협하거나 주먹으로 폭행한 경우가 물론 있다. 이런 행위는 발각되면 처벌받았고, 위안부 여성은 그에 맞서 싸웠다. 위안부 문옥주는 자신의 순서를 기다리지 못하고 칼로 위협한, 술 취한 병장과 몸싸움을 벌이다 그를 칼로 찔러 죽였는데, 군법회의에서 정당방위로 인정되어 무죄판결을 받았다고 말하였다(모리카와 마치코 2005:137-139). 실제로 그와 같은 사건이 일어났는지는 100% 신뢰할 수는 없으나, 위안부가 일본 군인의 폭행에 맞서다 그에게 상해를 입혔는데 일본군은 위안부를 제재하지 않았다는 점은 확인할 수 있다.

또 업주가 위안부를 야단칠 수는 있겠으나, 위안부 얼굴과 몸에 상처를 내는 폭행은 업주에게는 자해나 다름없었다. 업주가 위안부를 심하게 폭행하고 고문할 이유가 전혀 없다. 오히려 업주로서는 위안부를 소중히 관리해야 했다. 위안부가 업주에게 소중한 돈벌이 재산이었기 때문이다. 공장주가 소중한 기계를 닦고 조이고 기름칠하듯이 위안소 업주는 위안부를 잘 돌볼 이유가 충분하였다.

위안부가 마구 쓰다 버리는 소모품이 아니었음을 보여주는 좋은 일화가 있다. 한커우 인근의 잉청에서 한 위안부가 신사군(新四軍-중국공산당 군대)에 납치되었다. 그런데 운이 좋아서, 일본 헌병대에 억류된 신사군 중대장의 여동생과 그 위안부를 교환하는 교섭이 이루어져, 서로 교환되었다. 일본군은 위안부를 구하기 위해 적군 간부의 가족을 내준 것이다(長沢健一 1983:241). 강제연행론자들은 마치 학대 폭행하기 위해 여성을 위안부로 데려갔다는 인식을 조장하지만, 일본군도 업주도 위안부를 소중히 다룰 이유가 충분히 있었다.

일본군은 해외 전장에서 사고로 죽은 위안부의 유골도 수습 보관하였다. 제10장에서 언급한 버마 아캬브의 칸파치클럽 업주와 조수, 위안부 일행의 조난 사고로 4명이 사망하였는데, 살아남은 중상자 1명은 인근의 병원에서 우선 치료를 받고 나중에 랑군 인근으로 와서 군의의 치료를 받았다. 이 중상자의 이동은 모두 일본군이 교통편을 마련해준 덕분이었다. 일본군은 업주를 잃은 칸파치클럽을 철수케 하여 위안부들이 업주의 조난 사고 후 넉달 만에 모두 랑군으로 귀환하였다. 일본군은 이 귀환하는 위안부들 편에 앞서 사망한 업주 등 4인의 유골을 보내서, 랑군 병참사령부 유골보관소에 안치시켰다. 업주의 처남이자 위안소의 전 관리인인 박치근은 1년 후 싱가포르에서 조선으로 귀환하려 할 때 유골을 갖고 귀환하려고 랑군행 여행 허가를 받았다(안병직 2013; 崔吉城 2017:84-86)

더욱이 업주에 대하여 위안부가 일방적인 약자는 아니었다. 아무것도 모르고 위안부 생활을 시작한 여성도 2년간 생활하면서 위안소의 모든 것을 잘 알게 되자 자신의 권리를 적극 주장하였다. 한 위안부는 계약기간 2년이 지나도록 업주가 아무 말을 안 하자 술을 먹고 업주와 싸웠다.

> 어느 날 술을 한 되 사 먹고 술주정을 했다. 주인이 이것을 보고 헌병대에 고발한다고 해서 "고발할 테면 해라. 나도 고발할 꺼다. 계약기간이 지난 것도 모두 안다. 그리고 너희들이 나에게 학대한 모든 것을 고발할 테다"하면서 엄포를 놓았다. 그다음부터는

나에게 오는 군인을 한 사람도 받지 않았다.

결국 이 위안부는 한 소개인의 권유를 따라 다른 위안소로 옮겼
는데, 전 업소에서 계약기간이 지난 후 일한 부분에 대해서는 매상
을 업주와 50 : 50으로 나누어 받았다(정대협 1993:67-68). 앞서 본 상
하이 위안소 우미노야에서도 다나카라는 아편중독 위안부로 골치
를 썩던 업주는 그녀를 폭행이나 고문으로 제재한 게 아니라 "못
견디고 쫓아냈다."

업주에게 있어 위안부는 세심하게 관리해야 할 대상이었다.
1943년 하반기에 한커우 위안소에서는 50세 정도의 조선인 박경
도가 우한루의 권리를 사서 영업을 개시하였다. 그러나 위안부들이
새 주인에게 반항하여 전원 파업하였다. 전 주인이 뒤에서 위안부
들을 조종했기 때문일 수도 있고, 새 주인이 여자 한 명을 건드렸
기 때문일 수도 있었다. 병참부에서 위안부들을 데려와 3~4일 유
치하여 파업을 만류하기도 했으나, 이들은 식사도 거부할 정도로
완강한 태도를 보였다. 결국 업주는 기존 위안부들을 모두 다른 곳
으로 내보내고 새로 조선에 가서 여성을 모아서 돌아오기로 하였다
(山田淸吉 1978:116-117).

위안부의 여가

버마 미치나의 위안부 포로를 심문한 미군은 위안부의 살림살이

가 좋았다고 보고하였다.

> 버마에서의 그녀들의 생활은 다른 곳과 비교하면 사치스러울 정
> 도였다. 이 점은 버마 생활 2년 동안에 대해서 특히 강조할 수 있
> 을 것이다.
> 식료와 물자의 배급량은 많지 않았지만 원하는 물품을 구입할
> 충분한 돈을 받고 있었기 때문에 그녀들의 살림살이는 좋았다.
> 그녀들은 고향에서 보내온 위문품을 받은 군인이 주는 각종 선
> 물에 추가해서 그것을 보충할 의류, 신발, 권연, 화장품을 살 수
> 있었다.
> 그녀들은 버마 체류 중 장병과 같이 스포츠 행사에 참가하면서
> 즐겁게 지냈다. 또 피크닉, 연예회, 만찬회에 출석하였다. 그녀들
> 은 축음기를 가지고 있었으며, 도시에서는 쇼핑하러 외출하는 것
> 이 허용되었다(吉見義明 1993:338-339).

위안소는 열흘에 한 번, 혹은 한 달에 1~3회의 휴일이 있었다.
쿠니이의 상하이 인근 위안소는 열흘마다 1회 휴무했는데, 그때는
위안부들이 2~3인씩 무리 지어 상하이 조계로 놀러갔다. 이들을
쇼핑도 하고 맛있는 음식을 사 먹고 영화를 관람한 후 귀환하였다.
박치근이 일한 싱가포르의 키쿠수이클럽의 공휴일은 월 3회였다가
1944년 3월에 월 2회로 바뀌었다. 그리고 다음 사진에 나타난 것
처럼 상하이 우미노야의 위안부들은 개인 소유의 좋은 옷을 입고
있었다. 그만큼 수입이 좋았기 때문이었다. 또 위안부의 레크리에

사진 11-1 우미노야 위안소 관계자들

1940년 우미노야 업주와 위안부들 기념사진

1943-1944년경 우미노야 관계자들의 홍커우虹口공원 야유회
자료: 華公平(1992: 48-49, 54-55).

이선으로서 계절마다 공원으로 야유회를 갔다. 위안부와 관리자 등 한 사람씩 인력거를 타고 갔다(大林淸 1993:226; 華公平 1992:89, 111).

그리고 한커우 병참사령부는 위안소 식당을 설치하고, 각종 식품을 공급함으로써 위안부의 식사를 개선하기도 하였다. 본디 위안소에서 식사는 업주의 부담이었는데, 업주가 영양가를 고려하지 않고 조금이라도 식비 부담을 줄이려 하였기 때문에 식사가 부실하였다. 병참부의 나가사와 군의는 영양 측면에서도 위안부의 건강에 유의하는 것이 자신의 임무라고 생각하여 위안부 식당의 설치를 기도하였다.

나가사와는 위안소 조합의 스기모토 조합장을 불러서 식당 개설을 협의하였다. 스기모토는 업자가 개별로 3식을 제공하는 일로부터 해방되고 병참의 재료 공급으로 비용도 아낄 수 있기 때문에 찬성하였다. 경리부의 장교도 나가사와의 제안에 동의하였다. 화물창도 식량을 이 위안소 식당에 나눠주기로 하였다. 이에 위안소 조합이 지칭리 내 빈 가옥에 취사장과 2칸의 식당을 만들고 조리인을 고용하였다.

병참사령부가 주식을 공급하고 된장, 간장, 소금, 설탕, 연료 등은 병참경리의 전표로 화물창에서 수령하여 공정가격에 위안소에 공급하였다. 그리고 야채, 고기, 두부 등은 군납상인으로부터 병참이 구입해서 원가로 위안소에 제공하였다. 이렇게 식당에서 제공하는 식사는 부대의 병사 식사에 못지않았고, 식당의 2칸에는 일본인 위안부와 조선인 위안부가 따로 모여 식사를 하였다. 병참은 양자 간에 식품 기호가 다르다는 것을 파악해서 조선인에게는 생야채를 더 공급하게도 하였다(山田淸吉 1978:84; 長沢健一 1983:150-152).

물론 이렇게 위안소의 공동식당까지 만들 수 있었던 것은 한커우 지칭리에 30개의 위안소가 모여 있었기에 가능하였다. 일종의 규모의 경제로 일본군이 위안부들에게 양질의 식사를 제공할 수 있었다.

이동 유랑 생활

많은 위안소가 소속 부대의 이동에 따라서 이동하였다 "일본군 가는 곳이면 어디든" 위안부도 가야 했다. 일본군 북지나방면군 예하 1군의 직할부대인 독립산포병 3연대는 2천 명 정도로 이루어진 부대였다. 이 부대는 중국 전선 곳곳에 파견되어 작전에 참여하고 주둔지 경비를 담당하였으며 특히 1942년 2월에는 필리핀 전선에도 투입되어 루손섬 서북쪽 지역에 주둔하며 경비를 담당하였다. 이 부대의 주요 이동지는 지도 11-1과 같다.

이 부대는 ① 1937년 중부 전선에 투입되어 난징 점령 작전에 참여하였으며, ② 작전 완료 후인 1938년 1월에 칭다오로 이동 주둔하였다. ③ 부대는 1938년 8월부터 우한 점령 작전에 참여했으며 ④ 우한 점령 후인 1938년 11월부터는 우한 북쪽의 잉산應山에 주둔하며 경비를 담당하였다. ⑤ 이어서 부대는 1939년 1월부터 4개월간 난창南昌 공략전에 참여하였다가 다시 잉산으로 복귀하였고, ⑥ 1939년 10월에는 양쯔강 남안의 거뎬葛店, 화룽華容 지역을 경비하였다. 이 무렵 부대 전속 위안소가 만들어졌다. ⑦ 부대는 1940년

지도 11-1 일본군 독립산포병 3연대의 전선 이동

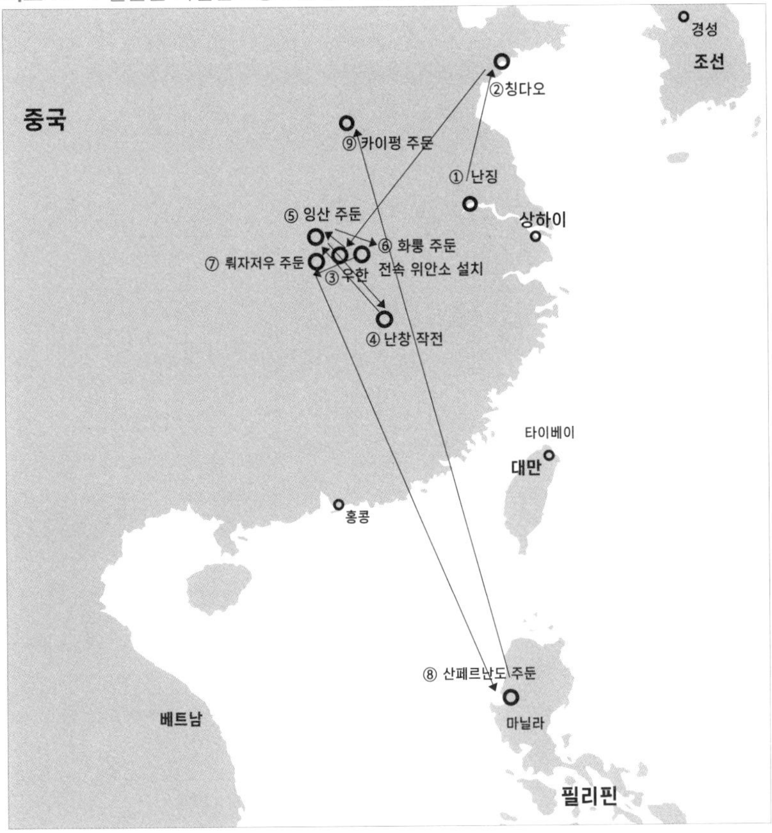

자료 : 하종문(2023:254-272).

7월에 양쯔강 북안이자 우한 서쪽의 뤄자저우罪家州로 주둔지를 옮겼고, ⑧ 1942년 2월 필리핀 전선에 투입되어 5월부터 2달간 마닐라 북쪽의 해안 지역 산페르난도 지역 경비를 담당하였다. ⑨ 그리고 1942년 7월에 관동군에 새로 편입되어 중국 허난성 카이펑開封으로 이동하였다.

이 부대는 이중 거덴 화룽 지역에 주둔하던 1939년 11월에 전속 위안소를 개설하였는데, 이 부대 출신 병사의 회고담에 의하면 위안소는 부대가 이동하면 헤어졌다가 작전이 끝나고 경비에 들어가면 또 그 경비지에 따라와서 영업을 시작하였다. 위안소는 부대의 이동지를 계속 쫓아왔다(하종문 2023:264).

일본인 위안부 게이코가 속한 위안소도 계속 옮겨 다녔다. 그 위안소는 1938년 1월 처음 상하이의 양자자이에 배치되었다가 1달 만에 저장성의 후저우湖州 장싱長興으로 옮겼으며, 5개월 후에는 다시 상하이의 자딩嘉定으로 옮겨 3개월 정도 있다가 1838년 10월 남부의 광둥으로 갔다(그림 11-1의 ②). 보병 제124연대가 상하이에서 광둥으로 간 것은 미국과 영국 등의 연합국이 장제스 국민 정부를 지원하는 홍콩 루트를 차단하기 위해서였다. 게이코의 위안소는 부대와 함께 거기서 3년 정도 머물렀다.

게이코 일행 위안부들은 그 후 태평양전쟁 발발과 함께 1941년 12월 보르네오로 갔다. 처음에는 보르네오 북부 해안에 있는 라부안섬에 머물렀는데(③), 1942년 1월에 일행 18명 중에서 10명을 뽑아서 이 보르네오의 남서쪽 본치아나로 파견하였다(③-1). 10명은 그곳에 있는 다른 부대원들을 상대로 위안부 일을 하다가 두 달 후인 1942년 3월 말에 다시 라부안으로 복귀하였다. 일행은 그 후 두 달 뒤인 5월 민다나오섬의 다바오로 갔고(④), 불과 한 달 뒤 더 동쪽의 팔라우로 갔다가(⑤) 넉 달만인 10월에는 파푸아뉴기니의 라바울로 갔다(⑥). 이때는 이 뉴기니의 동쪽에 있는 솔로몬 제도 과달카날섬에서 미군과 일본군 간에 치열한 전투가 벌어지고 있었다. 게이코 일행이 소속된 보병 제124연대가 라바울에 간 것은 과달카날 전투에 참전하기 위해서였다.

그림 11-1 게이코 일행의 이동

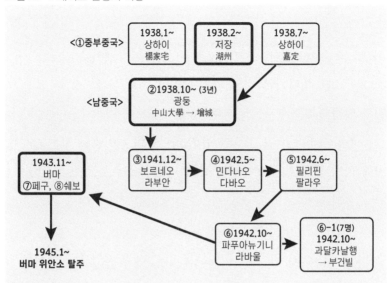

자료: 千田夏光(1995).

일본군은 게이코 일행이 라바울에 도착한 지 며칠 안 돼서 7명을 차출해서는 배에 태워서 부대원과 함께 과달카날섬으로 보냈다. 죽음의 격전지에 일본군을 추가 투입하면서 위안부도 같이 보낸 것이다. 이 과달카날섬으로 떠난 7명은 우연히 모두 조선인이었는데, 이들을 태운 수송선이 과달카날섬으로 향하다가 미군의 폭격으로 침몰하였다. 위안부들은 다행히 구조되어 인근의 부건빌섬에 상륙했지만(⑥-1), 위안소 업주가 이들을 다시 데려올 방편은 없었다. 그 후 나머지 11명만 라바울에서 위안부 생활을 하였다.

그리곤 1943년 5월에 제124연대가 라바울을 떠나서 버마 전선에 투입되었다. 사이공까지 해로로 가서 사이공에서 석 달 동안 일본에서 신병들이 오기를 기다렸다. 마찬가지로 게이코 일행은 새 위안부 9명을 보충받았는데, 모두 조선인이었다. 이 사이공에서부터는 육로로 태국을 거쳐서 버마로 들어가 랑군 인근의 페구에서 위안소를 설치하였다(⑦). 1943년 10월이었다. 게이코 일행은 거기서 2달 정도 있다가 부대의 이동에 따라 다시 북쪽으로 옮겼다. 게이코 일행의 위안소는 만달레이 북방의 쉐보에 자리잡았다(⑧).

중국에서 버마로 간 일본인 업주 카츠키의 위안소도 일본군의 명령에 따라 버마 라시오에서 중국 윈난성 쑹산으로 이동하였다. 다만 카츠키는 이동 전 군납상인으로 전업하였고 홋카이도 출신의 일본인이 위안소를 양수하였다(西野留美子 1993:119).

한편, 위안소의 위안부 중 일부를 인근 다른 지역으로 단기간 파견하는 경우도 있었다. 중대나 소대 등 소규모 부대가 파견 나가 있는 경우 위안부 몇 명을 그 부대에 단기간 보냈다가 돌아오게 하는 것이다. 위안부의 출장이었다.

제6장에서 소개한 김복동은 중국 광둥의 위안소를 거쳐 싱가포르에 갔는데, 거기서 가끔씩 산속 깊은 곳의 군부대로 출장을 가기도 했다. 당연히 군인이 호위하고 위안부 10명쯤이 같이 갔다. 천막 하나를 임시 위안소로 만들어 놓고 천막 속을 합판으로 칸을 나누어 서너 명씩 들어가게 했다. 그 부대 병사들은 평소에 외출도 못 하고 갇혀 지내던 차에 위안부들이 오니 마치 굶주린 이리처럼 위안부들에게 덤벼들었다.

군인들이 하도 들이닥쳐서 모두 급한 나머지 바지만 내리고 일을 보고 허리끈을 매면서 밖으로 나가면 다른 사람이 금방 들어왔다. 우리는 아예 다리를 개구리 모양으로 오그리고 양옆으로 벌려 비스듬한 자세로 침대에 앉은 겸 누운 겸 하고 그대로 군인들을 하루 종일 받았다. 저녁이 되면 다리를 펼 수 없을 정도로 되고 말았다. 1주일쯤 이렇게 하다가 위안소로 돌아오곤 했다. 다시 이 일을 들추어내려니 정말로 가슴이 아프다(정대협 1997:92-93).

아무리 1주일 정도의 단기간이라 해도, 다리 모양을 개구리처럼 하고 하루 종일 쉴 틈도 없이 일본군을 상대해야 했던 것은 실로 측은하기 짝이 없다. 한 인격적 존재로서의 감각이 송두리째 파괴되는 경험이었을 것이다.

이처럼 위안소는 일본군의 명령에 따라 전선을 따라 이동하는 부대를 따라서 끝없이 이동하였다. 때로는 부속 위안소가 없는 소규모 파견부대를 위해서 일부 위안부 팀이 단기 출장도 가야 했다. 이 점에서 위안부의 생활은 전장을 유랑하는, 길 위의 삶이기도 하였다. 이 유랑에서는 운이 위안부들의 운명을 좌우하였다.

위안소 업주와 위안부의 귀환

돈을 번 업주 중에는 불과 몇 달 만에 고향으로 돌아가려는 자도 여럿 나왔다. 박치근이 일기에서 언급한 버마의 조선인 위안소 업주는 모두 16명인데, 그중 북부 만달레이에서 위안소를 열었다가 남부 랑군 북동쪽 인근의 페구로 옮긴 마쓰모토 항松本 恒은 버마에

온 지 1년도 안 된 1943년 4월 귀국 계획을 밝혔다. 그는 문옥주 등 대구 출신 위안부를 거느린 업주다. 랑군 내 인센의 무라야마村山 는 1943년 6월 위안소를 통영 출신의 야마구치山口에게 양도하고 9월 버마를 떠났다.

또 페구의 사쿠라클럽 주인 카나가와 장평金川長平도 9월 귀국 목적으로 위안소를 양도하였다. 페구에서 분라쿠文樂관을 경영하던 아라이 구치新井久治도 일본군이 아캬브로 위안소를 옮기라고 명령하자 위안소를 팔고 9월 귀국차 버마를 출발하였다. 한편, 프롬에 이어 아캬브에서 위안소를 하던, 박치근의 처남 야마모토도 곧 위안소를 양도하고 귀국할 계획이었다. 하지만 그는 1943년 4월 위안부 2명과 사무원, 어린 소녀 등과 함께 아캬브를 출발해 아라칸산맥을 넘던 중 모종의 사고를 당하여 사망하였다. 박치근 일기에 나오는 버마의 조선인 업주 중 1/3가량인 5명이 불과 1년도 안 되어 귀국을 택한 것이다. 그밖에, 랑군회관을 경영하던 오오야마 호일大山浩一은 업소를 4월 매각하고 5월 싱가포르로 떠났다(안병직 2013).

위안부들도 마찬가지였다. 앞서 본 게이코 일행과 같이 일본군의 항복 때까지 소속 부대를 따라다닌 위안부들도 있었으나, 전차금 상환이나 계약 기한 만료에 따라 일본이나 조선으로 귀환한 위안부들도 많았다.

도쿄의 사창가 타마노이 출신 쿠니이는 1940년 봄 상하이의 위안소를 접고 일본에 돌아갔는데, 그때 함께 돌아간 위안부들도 있었다(大林清 1993:239).

박치근이 관리인으로 일한 싱가포르 키쿠수이클럽에서도 표

11-1에서 보는 것처럼 1944년 2월부터 12월 중순까지의 10개월 좀 넘는 기간 동안 17명의 위안부가 조선으로 귀환하거나 귀환 절차를 밟았다. 위안소의 위안부 20명 중 17명이 이 해에 위안소를 떠난 것인데, 이 위안소가 설치된 것이 1942년 8월이니, 2년 전후해서 위안부 거의 전원이 교체된 셈이었다. 박치근은 1944년 2월 1일부터 키쿠수이클럽의 관리인 일을 시작했는데, 위안소를 떠나 귀국하는 위안부 5명을 환송한 것이 그 취업 첫날의 일이었다. 그리고 3월 3일에 준코와 오소메가 폐업했는데, 이들은 4월 6일 출발하였고 그 나흘 뒤 박치근이 그녀들의 저금액에 대한 송금허가원을 요코하마정금은행에 제출하였다. 폐업에서 귀국, 그 예금의 본국 송금까지 한 달 반가량이 소요되었다.

키쿠수이클럽 위안부 중 마쓰모토 종옥과 곽옥순은 3월 14일 귀국 여행을 신청하였고, 그로부터 한 달 사이에 출발, 송금이 이루어졌다. 그러나 조선에서 그 돈을 찾는 데는 시일이 꽤 필요하였다. 4월 13일경 출발한 곽옥순은 6월 돈이 도착하지 않았는데 송금한 게 맞느냐고 박치근에게 두 번이나 전보 문의하였다. 카나가와 광옥과 시마다 한옥은 4월 10일 여행증명서를 수령했으나 모종의 사유로 5월 하순에 여행 연기를 신청하였다가 6월 5일 싱가포르를 떠났다. 18일 만인 6월 23일 카나가와 광옥이 조선에 도착했음을 알리고 송금을 요청하였다. 카나모토 은애와 순애 자매는 7월 9일 폐업계를 제출했는데 한 달 가까이 되어서 여행 허가를 받았고 그로부터 1주일 후 싱가포르를 떠났다.

폐업계 제출 및 여행 허가 신청에서부터 허가 후 출발까지는 보통 한 달 정도가 걸렸는데, 송금에는 시일이 제법 소요되었다. 9월 12일 귀향 여행 허가를 신청한 김금선은 10월 초에 출발한 것으로 보이는데, 송금은 그 두 달 뒤인 12월 5일에야 이루어졌다. 김금선이 조선에서 돈을 찾는 것은 아마도 그 한두 달 뒤인 1945년 1월이나 2월이었을 것이다.

표 11-1 1944년 2~12월 중 싱가포르 키쿠수이클럽 위안부의 귀환

인원(명)	일시 및 항목	성명	진행 경과
5	2.1. 출발	(5명 성명 미기재)	귀국차 위안소 출발
2	3.3. 폐업	쥰코順子, 오소메お染	4.6. 출발. 4.10. 송금허가원 제출,
2	3.14. 귀국 여행 신청	마쓰모토 종옥(이종옥), 곽옥순	4.12. 여행증명서 수령, 4.14. 송금, 6.13. 곽옥순 송금 문의
1	3.31. 귀국 여행 신청	마유미真弓	4.13. 승선 신청
2	4.12. 귀환 여행증명서 수령	카나가와金川 광옥, 시마다島田 한옥	5.25. 여행기간 연기원 제출, 5.31. 카나가와 송금허가 신청, 6.5. 출발, 6.10. 카나가와 송금허가 통지, 6.23. 카나가와 광옥 도착, 송금요청,
2	7.9. 폐업계 제출	카나모토金本 은애, 동생 순애	8.7. 여행증명 완료, 승선 신청, 8.9. 은행에 송금허가 신청, 8.14. 출발
1	9.6. 폐업계 제출	김영애	9.12. 귀향 여행증명 신청 10.31. 승선 재 신청
1	9.12. 귀향 여행증명 신청	김금선	9.28. 승선 신청 12.5. 송금
1	11.5. 폐업동의서 교부	히데비秀美(김안수)	11.22. 여행증명 교부 12.4. 1만 1천 엔 송금
계 17명			

이처럼 동남아 전선의 위안부가 조선이나 일본에 귀환하는 데는 폐업계 제출, 여행 허가 신청, 승선 신청, 송금 허가 신청 등의 여러 절차가 있었고 그만큼 시간이 걸렸다. 하지만 위안부 생활을 한 지 2년이 된 위안부들은 대다수가 그런 복잡한 절차를 밟아서 귀국하였다. 이렇게 위안소에서 위안부가 빠져나가면 업주는 새로 위안부를 데려와 그 빈자리를 채워야 했다. 업주가 조선에 직접 가서 위안부를 모집하기도 하였고, 동남아 다른 곳의 위안소에서 기한을 채운 위안부를 데려오기도 하였다. 키쿠수이클럽은 4월 24일 수마트라 팔렘방에 있던 김애순의 취업허가서를 싱가포르시 경무부 보안과에 제출하였고 5월 9일 다른 위안부 1명과 함께 그 취업 허가를 받았다.

　이처럼 계약 기한이 만료된 위안부가 개별적으로 귀환하는 것 외에도 위안소 전체가 귀환한 경우도 있었다. 예를 들어 소만 국경지대에서 복무한 북 큐슈 편성 연대의 위안부들은 1944년 가을 그 부대가 대만에 전용될 때 일본으로 돌아갔다. "이 부대는 결전장에 가는 것이니 위안부를 데리고 가서는 안된다"는 연대장의 판단 때문이었다(千田夏光 1973:197).

　마찬가지로 패주하던 일본군이 최후의 결전을 앞두고 위안부를 일본으로 돌려보낸 경우도 있었다. 필리핀 남부 민다나오섬의 다바오에서 동쪽으로 2,900여km 떨어진 중부 태평양 캐롤라인 제도(현 미크로네시아연방)의 트럭Truk 환초에는 1944년 2월 초 라바울로부터 후퇴해 온 60여 명을 포함해서 약 140명의 일본적십자 간호부가 있었다. 트럭의 제4해군시설부에서 전화 교환원을 했던 한 여성

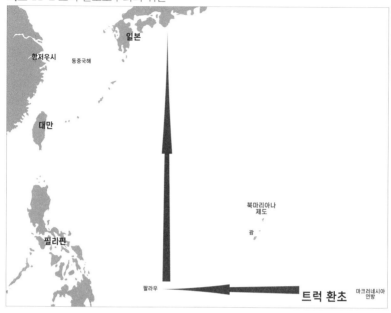

의 증언에 의하면, 1944년 2월 17일 미군의 트럭 대공습 후 여성
을 모두 귀국시키라는 지시가 내려왔다. 그녀는 2월 28일 미군의
폭격을 피할 수 있는 병원선에 승선하여 팔라우로 갔고 거기서 화
물선으로 갈아타고 일본으로 돌아왔다. 그때 100명가량의 위안부
가 동행하였다. 일본군은 이렇게 간호부와 위안부를 차차 귀국시켰
고, 7월 중순 최후로 남은 70명과 환자, 잔류민이 일본으로 출발하
였다. 전화 교환원은 일본군이 위안부를 살해한 기억은 없다고 단
언하였고, 다른 트럭섬 근무자들도 마찬가지로 증언하였다(秦郁彦
1999:267).

마찬가지로 전황 악화 정보를 듣고 서둘러 일본에 돌아간 위안부

도 있었다. 한 일본인 여성이 본래 북 큐슈의 작은 요리점에서 하녀 생활을 하던 중 권유를 받고 위안부가 되었다. 그녀는 1938년 6월 항저우에서 위안부 일을 시작했는데 반 달 만에 전차금을 갚고도 위안부 일을 계속했다. 이후 양쯔강 상류의 주장九江 위안소를 거쳐 한커우 위안소로 왔다. 한커우에서 계속 돈을 저축해서는 그 돈으로 1940년 4월 위안소를 개설했고, 카바레까지 열었다. 위안부가 업주로 변신한 것이다. 여기에는 군 참모가 도움을 주었다. 1945년 봄 군의 참모가 그녀에게 일본에 돌아가는 게 좋겠다고 전황을 귀띔해 주었다. 이에 그녀는 가게를 팔고 일본으로 돌아가서는 시즈오카静岡현 이즈伊豆시의 한 온천 여관을 사서 그것을 크게 키웠다. 물론 자신의 위안부 이력은 주위에 말하지 않았다(千田夏光 1973 : 208-209).

위안부는 성노예?

이상에 걸쳐서 여성들이 위안부가 된 경로, 업주와의 계약 조건, 위안부로서의 일과 소득, 채무상환과 저축, 위안소에서의 처우, 전장에서의 이동, 계약기간 만료 후 귀환 등 위안부 생활의 여러 측면을 자세히 살펴보았다. 이 책에서 살펴본 위안부는 어떤 존재인가? 위안부는 위안부 운동그룹이 지칭하는 바의 성노예인가?

위안부를 성노예라 지칭한 것은 일찍이 위안부 문제가 등장한 1990년대 초부터였다. 이른바 일본의 인권변호사 토츠카 에쓰로戸塚

悅朗는 NGO 대표로서 1992년 2월 유엔 인권위원회에서 위안부 제
도를 성노예제로서 처음으로 규정하였다(戶塚悅朗 2015:15). 이후 유
엔 인권위나 국제노동기구ILO 등에서 위안부 문제를 거론할 때에는
거의 대부분 위안부 제도를 (군대)성노예제로 규정하였다. 앞서 제
3장에서 본 것처럼 유엔 인권위의 여성폭력문제 특별보고관을 맡
았던 쿠마라스와미는 1996년의 보고서에서 일본군 위안부를 '전시
군 성노예제'라 규정하였고, 유엔 인권위의 차별방지 소수자보호
소위원회의 전시 성노예제 관련 특별보고자 맥두걸 역시 1998년에
일본군 위안부 제도를 성노예제 및 여성에 대한 전쟁범죄라 규정하
였다.

　위안부 운동그룹의 연구를 이끈 요시미는 1995년에 낸 9인의 공
동연구서나 자신의 연구서에서는 일본군 위안부제의 본질을 성노
예제라 규정하지 않았다(吉見義明·林博史 1995; 요시미 요시아키 1998). 그
러나 그 후 요시미는 위안부 성노예설을 정립하였다. 일본군 위안
부에게 네 가지 기본적 자유가 없었다는 것인데, 군인 상대의 성행
위를 거부할 자유가 없었고, 외출의 자유도 없었으며, 폐업의 자유
도 없고, 거주의 자유도 없었다 한다(吉見義明 2010). 이렇게 위안부
를 성노예로 규정하는 것은 한국과 일본의 위안부 운동가, 연구자
들 사이에서는 일반화되었다.

　하지만 우선 의문이 드는 점은 일본군 위안부의 실상이 제대로
밝혀지기도 전에 그들이 위안부를 성노예로 규정하였다는 것이다.
토츠카는 '직감적인 평가'로 성노예론을 창안했다고 자인하였다(니시
오카 쓰토무 2021a:175). 1992년이나 1993년이면 위안부 동원과 위안

소 운영에서 일본군과 일본 정부의 '관여' 정도만 드러났을 때였다. 위안부의 동원 방식이 어떠했는지, 위안소에서 위안부의 일과 소득은 어떠했는지 등 기본적인 사실이 전혀 밝혀지지 않았다. 이 위안부 운동가들은 한마디로 일본군 위안부가 무엇인지도 모르면서 그것을 성노예로 규정하였고, 또 여러 관련자들이 그를 받아들였다. 그렇다면 그들은 성노예설의 논리를 어떻게 구성한 것일까?

국제인권문서에서 성노예제라는 용어가 처음으로 쓰인 것은 1993년 6월 제2회 세계인권회의가 채택한 「빈 선언 및 행동계획」이었다.

> 무력분쟁 상황에서의 여성의 인권 침해는 국제인권법 및 국제인도법의 기본적 원칙의 침해이다. 특히 살인, 조직적인 강간, 성적 노예 및 강제적 임신을 포함한 이런 종류의 모든 인권침해는 실효적인 대응을 필요로 한다.

이 회의 이후 유엔 인권위 등의 국제회의에서는 위안부를 성노예라 부르는 것이 일반화되었다(阿部浩己 2015:30-31). 그런데 상기 인용문이 말하는 무력분쟁 상황에서의 여성 인권의 침해란 보스니아-헤르체고비나 사태에서 세르비아계 군인, 경찰, 민병대 등이 보스니아 민간 여성을 조직적으로 강간하고 임신시켜서 '인종 청소'를 기도한 사건처럼, 한쪽 군대가 상대방 적국 여성에게 조직적인 성폭력을 행사한 것을 지칭한다. 하지만 일본군 위안부는 일본군이 전쟁 중 기본적으로 자국(일본, 조선, 대만 등) 여성을 데려간 것이며 그 중요 목적에는 점령지에서의 강간 방지도 있었다. 따라서 그것과 보스니아−헤르체고비나나 르완다 사태에서의 분쟁 상대방국 여성에 대한 조직적 강간은 범주가 전혀 다르다. 그런데도 일본과 한국의 위안부 운동가들을 그것들을 동일한 한 가지로 뭉뚱그려서 성노예제라 부른 것이었다.

이제, 성노예제설의 논리 구조를 본격적으로 살펴보자. 위안부 성노예론자들은 성노예가 노예의 일종이며 그와 본질을 같이 하는 것이라 보는데, 1926년의 노예제금지에 관한 국제조약에서 노예제는 다음과 같이 규정되었다.

> 노예제란 소유권에 입각해 권한이 행사되는 사람의 지위 또는 상태다(Slavery is the status or condition of a person over whom any or all of the powers attaching to the right of ownership is exercised.)

여기서 소유권에 입각한 권한은 예속적인 지위 상태에 있는 개인을 매매의 목적물로 할 수 있고 주인이 예속적인 지위 상태에 있는 개인과 특히 그 노동력을 어떤 제한도 없이 전면적으로 사용할 수 있으며, 예속적인 지위 상태에 있는 개인의 노동의 과실을 그 노동의 가치에 부합하는 보수도 없이 주인의 재산으로 만들 수 있는 것을 말한다. 또 그 권한이란 예속적인 지위 상태가 항구적이며, 예속적인 지위 상태가 해당 지위 상태를 갖는 개인의 자손에게 사실상 계승되는 것을 말한다. 이것은 물物의 소유자가 그 물을 취득하고 처분하는 권리가 사람에 대해서 행사되는 것과 같다. 노예란 매매되거나 양도, 증여, 상속될 수 있으며 주인은 노예에게 어떤 일이든 시킬 수 있고 노예에게 보수는 없으며 노예 신분은 평생 벗어날 수 없고 자녀에게 상속되는 것, 한마디로 노예는 개인으로서의 자유를 박탈당한 것이다.

성노예론자들은 이런 요건이 일본군 위안부에게도 나타났다고 본다. 그들은 위안부가 일본군과 업자에 의한 전적인 지배 아래서 다수의 일본군과의 성교를 강요당하며 힘에 의한 위협, 강요, 학대가 위안부의 일상을 이루고, 도망, 외출을 엄격히 감시받고 제한되었으며 보수도 지불받지 못하여, 결국 자유와 자율성의 중대한 박탈을 당하였다고 한다. 그래서 일본군 위안부가 성노예라고 결론짓는다(阿部浩己 2015：32-40).

노예제에서는 노예주가 소유권에 수반하여 노예의 인신에 대한 지배권을 행사하는데, 우선, 위안부의 인신에 대해 행사되는 지배권의 원천으로서 소유권이란 무엇이며, 또 위안부의 경우 노예주란 누구일까. 일차적으로는 그들에게 성행위를 강요하고 외출과 도망을 감시하며 보수도 지불하지 않는 업주가 주인이다. 그러나 이 업주는 일본군의 지배를 받는 존재였으므로 결국 위안부는 일본군의 노예라는 말이 된다. 일본군이 노예제를 금지한 국제법을 위반한 전쟁범죄자였으므로, 현 일본 정부에 그에 대한 법적 책임을 지고 사죄하고 배상해야 하는 것이 된다.

그런데 위안부에 대한 소유권이란 무엇일까. 그것은 위안부를 강제연행한 폭력에 의한 소유권인가, 혹은 전차금을 지급한 데서 오는 채권에 의한 소유권인가, 아니면 인신매매에 의한 소유권인가.

이 책에서 상세하게 살펴본바 그것은 폭력에 의한 소유권은 아니다. 강제연행은 위안부의 일반적인 경로가 아니기 때문이다. 또 위안부는 전차금이란 채무를 성적 위안 행위로 갚는다는 계약을 한 것이지, 위안부가 전차금으로 인한 채무노예는 아니다. 전차금 자체가 업주의 위안부 소유권을 낳지는 않는다.

그렇다면 성노예론자들이 기댈 곳은 인신매매에 의한 소유권일 수밖에 없다. 그러나 위안부가 위안소에서의 일본군을 상대로 성적 위안을 제공함으로써 일정 기간 후에는 전차금을 갚고 떠날 수 있다는 점에서, 업주는 위안부에 대하여 소유권을 갖는 게 아니었다. 앞서 제9장에서 논한 것처럼 전차금은 인신매매 대금이 아니라 그 후 일정 기간의 서비스를 약정한 대가로 미리 지급받은 연계 선불 보수였다. 결국, 일본군이든 위안소 업주든 위안부에 대한 지배권의 원천으로서 소유권이란 없었다. 이것으로 성노예설은 그 지반을 상실한다.

성노예론자들은 전 조선인 위안부들의 증언을 근거로 하여, 노예제의 요건으로서 위안부가 보수를 지급받지 못하였다고 주장하였다. 하지만 앞서 살펴본 대로 위안부가 전차금을 갚는 동안은 실수령액이 얼마 되지 않았으나 전차금 상환 후에는 매상의 50% 혹은 60%를 분배받았다. 그리고 그것으로 거금을 모을 수도 있었다. 2년 남짓의 위안부 생활로 무려 26,000엔 이상의 거금을 손에 쥔 문옥주를 성노예라고 하는 게 온당하겠는가(西岡力 2021a : 100).

또 성노예론자들은 위안부들이 위안소를 떠날 수 없었고 전쟁이 끝나서야 돌아올 수 있었다고 주장하지만, 이 장에서 보인 대로 채무상환만 되면 1년 후부터 귀환이 가능했고, 싱가포르의 한 조선인 위안소에서는 실제로 2년 후에 대다수 위안부가 떠났다. 그리고 성노예론자들은 일본군이나 위안소 업주에 의한 위안부 학대, 폭행을 주장하지만, 이것 역시 일반적인 사실로 인정되기 어렵다. 이 세 가지 점에서 성노예론은 위안부의 사실에 들어맞지 않는다.

결국, 성노예설이 기댈 곳은 위안부가 하루에 평균적으로 5~6명, 심할 때는 수십 명의 일본군을 상대해야 했다는 것, 이른바 성적 자기결정권 없이 성행위를 강요당하고 여러 일본군에게 강간당하였다는 것, 그리고 위안부가 아무 때고 자신이 원할 때 위안부 일을 그만두고 고향에 돌아갈 수 없었다는 것, 일상적으로 외출의 자유가 없었다는 것 정도밖에는 없다.

이것은 우선 위안부가 하고 싶지 않은 일을 해야 했으니 성노예라고 한다면, 단지 급여 때문에 하고 싶지 않은 일을 하는 현재의 수많은 피용자도 다 노예라 할 것이다. 단지 돈을 벌기 위해서 흥미도, 보람도 없이 일을 하는 근로자가 많지만, 그들을 노예라 규정하지는 않는다.

더욱이 성적 자기결정권 운운은 20세기 말부터나 통용되는 것인데 그를 근거로 20세기 전반의 사건을 평가할 수는 없다. 이런 식이면 조선왕조 시대에 어떻게 인간을 노비로 삼을 수 있었느냐고 그 야만성을 비난해야 할 것이다. 소급입법이 금지되는 것처럼 지금의 법률이나 법적 원칙으로 과거의 행위를 재단하고 재판할 수는 없다. 위안부가 된 여성 중에는 일본군에게 성적 위안을 제공한다는 것을 모르고 온 이들도 있었으나, 이 경우에도 그 계약 당사자인 그녀의 친권자, 부모나 호주는 그녀가 어떤 일을 하리라는 것을 알고 있었다.

위안부가 임의로 그 일을 그만둘 수 없는 것도 불가피하였다. 제2차대전 이전에 일본 공창제에서는 업주와 여성 간의 계약은 본래 업주가 전차금을 여성에게 주고 여성은 창기 일을 해서 그 채무를 갚는 것이었다. 여기서 매춘계약과 금전차용계약은 분리가능해서, 여성은 언제든 매춘계약을 취소하고 창기 일을 그만둘 수 있었다. 대신 그 채무를 신속히 상환해야 했다. 그런데 중국이나 동남아의 위안소에서 위안부가 일을 그만두고 돌아가면 업주가 전대금 채권을 추심할 길은 사실상 없었다. 자신은 버마에 있는데 조선에 돌아간 여성에게서 채권을 추심하려면 막대한 비용이 들 것이었다. 그래서 위안부가 임의로 그 일을 그만두게 할 수는 없었다.

전차금 상환 등 귀환 요건을 갖춘 위안부도 폐업 신청, 여행증명 신청, 승선 신청, 송금 신청 등 여러 절차를 거쳐서만 귀환할 수 있었다. 그럼에도 싱가포르 키쿠수이클럽 위안소에서는 거의 모든 위안부가 계약 기간 종료 후 귀환하였다.

그리고 일본군이 점령한 적국에서 위안부가 외출의 자유를 누리지 못한 것도 어쩔 수 없는 일이다. 오히려 자유롭게 외출하면 점령지의 현지인들에게 납치되거나 폭행, 살상당할 수도 있었다.

결국, 이런 점들 때문에 위안부가 성노예라는 주장은 성립할 수 없다. 이 책에서 살펴본 위안부의 특성을 보면, 위안부는 보수를 선지급 받은 연계계약 노동자(indentured labourer)라고 해야 할 것이다.

굳이 성노예를 찾는다면, 조선 내의 창기와 작부가 성노예였다고 해야 할 것이다. 앞서 다룬 하윤명사건 등의 경우에 조선 내 창기, 작부 여성의 부모는 딸이 어디에서 무슨 일을 하는지를 몰랐다. 그 부모는 딸에 대한 친권을 사실상 상실했다. 그 여성은 자신은 물론이고 그 부모도 못 만져본 돈을 채무로 졌다. 그리고 이 창기, 작부 여성의 처분권을 포주가 갖고 있어서 어디든 다시 팔려갈 수가 있었다. 이것이야말로 신체 자유권의 완전한 상실이라고 하겠다. 본래 공창 규칙상 전차금에 대해서 이자를 붙일 수가 없는데, 경찰의 관리감독이 느슨했기 때문에 실제로는 고리 이자가 붙었다. 시간이 가면 채무가 더 커졌다. 또 비싸게 전매를 하면 그만큼 여성의 채무가 늘어났다. 이렇게 해서 작부, 창기는 좀처럼 채무를 상환할 수 없었다. 작부, 창기는 사실상 그 기한이 없었다. 이런 창기와 작부야말로 인신매매된 성노예에 가깝다고 할 것이다. 하지만 어느 위안부 운동가도 조선 내 작부, 창기의 이 비참한 현실을 지적하지 않는다. 이것이 성노예론자들의 본모습이다. 진정 여성 인권에 관심이 있다면, 이 조선 내 창기, 작부 여성에 관심을 기울여야 할 것이다.

그렇다면 조선 내 창기, 작부와 일본군 위안부의 차이는 무엇일까. 전자가 속한 공창에 대해서는 경찰의 관리감독이 느슨했던 반면, 후자가 속한 위안소에 대해서 일본군이 엄격히 관리 감독했다는 점이다. 위안부의 매출, 건강, 채무, 위안소의 도착과 출발 등 모든 것을 군 사령부가 관리했다. 군이 위안소 업주와 위안부 간 계약 조건을 결정했고 그 이행 여하를 관리 감독하였다. 군의 관리가 위안부를 업주의 과도한 착취나 농간으로부터 보호해 주었다. 램지어는 국내의 공창제에서는 업주의 부당행위에 대해서 호소할 수 있는 경찰이 있지만, 전쟁터에서는 그러한 경찰이 없다고 보았다(이 책의 148쪽). 그러나 전쟁터의 위안소에서야말로 위안부가 업주의 부당행위를 군 당국에 호소하여 시정 받을 수 있었다. 바로 이 일본군의 세밀한 관리감독 때문에 위안부 여성은 성노예가 아닌 것이다.

그리고 이 군의 관리감독 때문에 일본군 위안소는 국내 공창제의 단순한 연장이 아니었다. 공창은 풍기 단속과 성병 전파 방지 등을 위하여 경찰이 포주와 창기에게 일정 장소에서 매춘을 허가하고 성병 검진을 의무화한 것이다. 공창제에서는 국가가 일종의 필요악으로서 성매매를 공인하고 관리하였지만, 국가가 공창의 운영 주체인 것도 아니고 성매매를 장려하지도, 포주-창기 관계에 깊이 개입하지도 않았다. 그 관리 감독은 느슨하였다.

반면 일본군은 전쟁 수행에 도움이 되도록 위안소를 설치하였고, 사실상 위안소의 운영 주체였다. 일본군은 군인에 대한 위안 서비스를 극대화하고자 하였으며, 이를 위해 위안소 운영에 깊게 개입하고 위안소를 엄격하고 상세히 관리하였다. 그래서 위안부는 위험한 전장에서 국내 공창에서보다 더 많은 노동을 해야 했으나, 더 나은 보수 분배와 더 적은 생활비 부담, 전차금 무이자 등을 보장받았다. 공창이 전장에 연장되어 위안소가 되었을 때, 거기에는 사실상의 운영 주체로서 일본군의 엄격하고 상세한 관리라는 중대한 변용이 있었다.

한국의 많은 전 위안부들이 군인과 업주에게서 학대받고 폭행당했다고 증언하였다. 술에 취한 군인 등이 규정을 어기고 위안부를 위협하거나 폭행한 경우는 흔히 있었지만, 일본군은 그런 행위를 단속하고 그 위반자를 처벌하였다. 위안소는 전선을 이동하는 일본군을 따라 이동 유랑하였으며, 전차금을 상환하거나 계약기간을 마친 위안부는 고향으로 돌아갈 수 있었다. 선불보수로서의 전차금, 매상의 분배, 계약기간, 귀환 등에서 위안부는 성노예가 아니라 연계계약 노동자였다.

12

일본군 패주 전장의 위안부

계약기간 만료 후 조선이나 일본으로 돌아갈 수 있었던 위안부들은 운이 좋은 편이었다. 이들보다 운이 나쁜 이들도 많았다. 계약기한이 지났지만, 군 당국이 귀국 교통편을 마련해 주지 않아서 돌아갈 날이 계속 미뤄진 사람들이 있었다. 또는 업주의 설득으로 위안부가 재계약을 한 경우도 있었다. 그것도 아니면 워낙 늦게 일본군 위안부가 되어 기간 만료 전에 일본의 항복을 맞은 사람들도 있었다. 모두 전쟁이 끝날 때까지 위안소에 남아 있었던 위안부들이다.

이들은 일본군의 패주 현장에서 연합군의 폭격으로 사망하거나 부상을 당하거나, 연합군의 포로가 되었다. 그 과정에서 그들은 패주하는 일본군을 따라, 혹은 일본군과 떨어져 유랑하면서 기아와 질병, 부상으로 극심한 고통을 겪었다. 심지어는 일본군이 위안소

를 운영했다는 사실을 감추거나 포로가 될 위안부에게서 군 기밀이
새 나가지 않도록 위안부를 학살했다는 이야기까지 있다.

앞서 소개한 일본인 위안부 게이코가 속한 위안소는 3년 가까이
중국 광둥 지역에 머물러 있었는데, 전차금을 상환하고도 3년이나
지났음에도 불구하고 위안부 일행 중 아무도 일본으로 돌아갈 수
없었다. 일본군이 위안부가 타고 갈 트럭이나 선편 등 귀국할 수
있는 방편을 마련해 주지 않았기 때문이다(千田夏光 1995:218). 게이
코가 속한 위안소는 1941년 10월 소속 부대(육군 제124연대)를 따라
보르네오로 이동했는데, 곧이어 일어난 태평양전쟁기에 전선을 전
전하다가 버마에서 패전을 맞았다. 위안부들은 그 와중에 이루 다
말 못 할 고생을 한다.

앞서 언급한 것처럼 버마 랑군 위안소의 문옥주는 1944년 여름
동료 6명과 귀국길에 올랐다가 다른 3명과 함께 의사를 번복하고
귀환선에 타지 않았다. 그들을 제외한 다른 수십 명의 조선인 위안
부는 사이공에서 귀환선을 탔는데, 그 배는 미군의 폭격을 맞아 격
침되었다. 위안부 중 일부만 구조되고 나머지는 사망하였다. 순간
의 선택이 운명을 갈랐다. 문옥주는 불운을 피하고 랑군의 위안소
로 되돌아갔으나, 일본군의 항복 때까지 귀국할 수 없었다.

한편, 위안부 배봉기는 워낙 늦게 일본군 위안부가 된 케이스였
다. 배봉기 일행은 1944년 11월 초에야 일본 가고시마를 출발해
11월 9일경 오키나와의 게라마군도 도카시키섬에 도착했다. 업주
는 곧 위안소를 차리고 영업을 시작했지만, 이는 2~3달밖에 못 갔
다. 1945년 1월이 되어 미군이 오키나와 공습을 재개하자 도카시

키섬의 일본군이 대거 오키나와로 이동했고, 3월 하순에는 오키나와 본섬과 함께 도카시키섬에도 미군의 대대적인 공습에 이어 미군이 상륙했다. 이후 8월 말까지 배봉기는 미군에 쫓겨 산 속에서 게릴라 투쟁을 벌이는 일본군의 진지에서 생활해야 했다.

중부 태평양 전장의 위안부들

태평양전쟁의 중기에 필리핀 동쪽의 팔라우, 사이판, 트럭섬, 그 남쪽의 파푸아뉴기니 비스마르크 제도의 라바울 등 중부 태평양의 섬은 일본군이 미군과 맞서는 최전선이었다. 일본군은 이 각 섬의 일본군 주둔지마다 거의 빠짐없이 위안소를 설치하였다. 과달카날 전투(1942년 8월~1943년 2월)를 시발로 일본군은 이 중부 태평양 여러 섬에서의 전투에서 미군에게 패하였다. 일본군에 부속된 위안소의 위안부들도 이 패주 전장에서 때로는 목숨을 잃는 위기를 맞았다.

먼저, 일본인 위안부 게이코 일행이 일본군 패주 전장에서 겪은 일을 살펴보자. 게이코 일행은 1942년 가을 과달카날에서, 그리고 1945년 버마에서 두 번의 일본군 패주를 겪었다. 앞서 전선에 따른 게이코 일행의 이동을 언급하면서 일행 중 7명이 라바울에서 과달카날로 수송선을 타고 떠났다가 미군의 폭격으로 배가 격침되었다고 했다. 이것은 1942년 10월 3일 일어난 일이었다. 나흘 뒤인 10월 7일에 그 배가 격침됐다는 소식이 남은 11명에게 알려졌다. 이 여성들이 구조되었다는 이야기는 전해지지 않았기 때문에 11명의 위안부들은 이 7명이 모두 죽었을 것으로 생각했다.

업주 이시바시가 바로 다음 날, 10월 8일에 과달카날로 가는 구축함을 얻어 타고 출발했다. 이 여성들이 어떻게 됐는지 알아볼 심산이었다. 전투를 하는 구축함에 일개 위안소 업주가 원한다고 탈 수 있는 게 아니었으므로, 군속 신분을 이용해서 과달카날 주둔 부대에 긴급 연락할 후방 임무가 있다는 식으로 서류를 꾸며서 구축함에 승선했다.

이 구축함도 전투를 하러 떠난 게 아니라 과달카날의 일본군에게 보급품을 주려고 간 것이었다. 미군이 제공권을 쥐고 있는 상황이라 과달카날섬에 있는 일본군에게 보급을 제대로 할 수가 없었다. 일본 구축함에 쌀과 기타 식량 등을 넣은 드럼통을 싣고 가서 밤에 과달카날 연안 바다에 투척하면, 해안가에 있던 일본군 병사들이 헤엄쳐 나와서는 그 드럼통을 끌고 돌아간다는 계획이었다.

이시바시는 이 과달카날섬 서쪽 해안에 도착했다. 그는 미군의 공습을 피해서 밀림 속을 걸어서 과달카날 중부 오스틴산의 연대 본부까지 걸어가는 과정에서 일본군의 참상을 목도했다. 보급을 받지 못한 일본군은 거의 아사 직전에 있었다. 도중에 이시바시가 만난 한 일본군 병사는 "건빵이 있으면 한 개만 달라"고 뼈만 남은 손을 내밀면서 구걸을 했다. 일본군 구축함이 쌀 드럼통을 해안 인근에 투하하면, 섬에 있는 한 일본군 병사가 헤엄쳐 가서 그걸 용케 끌고 오더라도, 또 다른 부대의 일본군 병사가 그 드럼통을 건져온 병사를 죽이고 드럼통을 뺏어가는 일조차도 벌어졌다. 과달카날섬의 전투는 1942년 8월부터 1943년 2월까지 6개월간 계속됐는데,

투입된 일본군 3만 명 중에서 1만 명만 귀환하고, 5천 명은 전사했고 1만 5천 명이 굶어서 혹은 말라리아에 걸려서 죽었다.

과달카날에서 이시바시는 위안부 7명이 구조돼서 격침 현장에서 가까운 부건빌섬에 상륙했다는 것을 확인했다. 이시바시는 돌아오는 구축함을 타기 위해서 5일 동안 밤마다 해안가에서 구축함을 기다린 끝에, 과달카날섬에서 얻은 연대장 명령서를 보이고 겨우 승선했다. 이시바시는 자신을 부건빌섬으로 데려가 달라고 간청했지만, 부건빌섬이 미군의 공습을 받기 딱 좋은 곳이란 이유로 거절당했고, 그래서 7명의 위안부들을 데려올 수는 없었다. 이렇게 이시바시는 10월 8일 라바울을 떠난 지 한 달 하고도 13일쯤 지난 11월 21일 돌아왔다. 얼굴은 수염으로 완전히 덮였고 옷에는 불탄 구멍이 나 있으며, 각반을 찬 다리가 연필처럼 가늘었다고 한다.(千田夏光 1995: 249-256).

부건빌섬에서는 보급이 끊긴 소수의 일본군 수비대가 밀림 속을 헤매면서 기아 상태에서 종전을 맞았다. 인육까지 먹었던 일본군 병사들은 거의 해골 같은 상태로 일본군 항복 후 포로가 되었는데, 7명의 위안부 중 2명도 그때까지 살아남아 마찬가지로 포로가 되었다(千田夏光 1973: 139-143). 2명만 살아왔으니 5명은 부건빌섬에서 폭격으로 혹은 굶어서 죽은 것이다.

한편, 제8장에서 소개한 일본인 위안부 시로타는 팔라우에서 일본군의 패주를 겪었다. 1944년 봄 팔라우 코로르 섬에 도착한 시로타는 트럭섬에 연락도 안되고 가는 배편도 얻지 못하자 숙소인 코우주엔紅樹園의 관리자에게 일할 곳을 문의하였다. 해군특별요리점을 겸한 코우주엔의 주인 우치타세메는 위안소 관리 일을 제안하였고, 이에 시로타는 해군 위안소의 관리인 일을 맡았다. 이 위안소의 위안부 20명은 조선과 오키나와 출신 여성이었다.

1944년 6월 들어 팔라우에도 사이판에 대한 미군의 공격 소식이 전해졌다. 팔라우에도 전운이 감돌고 위안소도 공습 대피를 준비하였다. 시로타는 위안부의 차금 장부와 호적 등 그들이 팔라우에 왔다는 증거를 보따리에 싸놓았다. 1944년 가을에 들자 팔라우에도 미군의 폭격이 개시되었다. 그때마다 방공호에 대피하느라 위안소 영업은 불가능해졌다. 방공호 속에서 취사해서 식사하는 일도 벌어졌다. 한번은 위안소 사람들이 피난한 곳에 작은 폭탄이 떨어져 위안부 3명이 즉사하고 시로타도 부상을 입었다. 방공호는 하수로 엉망진창이 되고 입구가 막혔다. 시로타와 위안부들은 코우주엔의 남자들 덕분에 겨우 구조되었다.

그 후에도 폭격이 계속되어 코로르 시가지가 전소되었다. 코우주엔의 시로타와 위안부들은 소지할 수 있는 식량과 의류 등을 갖고 인근 암산岩山의 동굴로 피난하였다. 마을에 일부 남은 빈집에서 쌀, 된장, 간장, 통조림 등을 가져갔다. 매일 공습이 있었다. 취사 연기를 내면 바로 공습을 당했다. 불도 못 피우는 상태에서 3~4개월을 동굴 속에서 살았다. 동굴 위에는 40~50명 일본 육군의 고사포 진지가 있었는데, 폭격을 맞아 1명을 빼곤 전멸하였다. 주변에 병사들의 뼈와 살점이 흩뿌려졌다. 이후 시로타 일행은 동굴을 나와 정글로 들어가 작은 집을 짓고 타로토란(남태평양 일대 섬의 주식)을 재배하고 시금치 같은 야채를 채취해서 살았다. 그들은 군 보급품인 담

배를 팔라우 원주민에게 주고 대신 물고기, 야채, 바나나를 얻었다. 덕분에 그들은 아사를 면하였다. 팔라우 본섬 정글에는 일본 육해군 잔존 병력과 군속이 있었다. 그 와중에도 본섬 정글에는 코우주엔의 지점 같을 것을 냈다. 그런 생활 끝에 1945년 종전 소식을 들었다(城田すゞ子 1971).

버마 전선에서 게이코 일행의 죽음의 탈주

버마 전선에서의 일본군의 패주 및 위안부 일행의 탈주에 대해선 버마 북부 미치나에 있었던 업주와 위안부들에 대한 미군의 포로심문 보고서에 잘 기록되어 있다.

"1944년 7월 31일 미치나 소재 위안소 3곳의 위안부 63명과 업자들, 종업원 등의 무리가 미치나에서 대피하기 시작했다. 위안부들은 사복 위에 암초록색 군복을 걸쳤다. 위안부들은 작은 배 10척에 나뉘어 이라와디강을 건넜다. 잔존 병력 대다수는 미치나를 떠났지만, 환자와 부상병은 낙오되었다. 위안부들은 이 시점에 "이들에게 강을 건너게 하는 것은 소용없었어요. 강을 건넜다 하더라도 걸을 수 없으니까요. 혹시나 구조될지 모른다는 희망으로 차라리 그들을 하류로 떠내려 보내는 게 나았을 거예요"라고 말했다.

그들은 와잉마우 북쪽에 상륙해서 8월 4일까지 밀림에서 머물렀

다. 무리는 퇴각 군인을 따라 이동하기 시작했다. 8월 7일 무리
는 교전에 휩쓸렸고 혼란 속에서 흩어졌다.

중국인 위안부 20명이 밀림 속에 낙오하여 중국군에 자수했다.
조선인 위안부 약 20명의 무리는 일본군을 뒤따랐다. 8월 19일
또 다른 포로 한 명은 이 소수의 암담한 무리가 여전히 뒤따르는
것을 목격했다. 교에이 위안소의 위안부들은 버려진 현지인 민가
로 대피하여 이틀을 머물렀다. 그동안 위안소 업주는 뗏목을 만
들고자 노력했다. 무리에는 일본군 부상병 한 명도 끼어 있었다.
8월 10일 그 민가는 영국군 장교의 지휘를 받는 카친 족들에게
포위되었고, 이들은 생포되었다. 원래 63명이었던 위안부들 중
4명은 이동 중 사망하고, 2명은 일본군으로 오인되어 총살되었
다."(정진성 2018a:526-527).

미치나에는 위안소가 3곳 있었다. 교에이 위안소에 22명의 조선
인 여성이, 킨수이에 20명의 조선인 여성이, 그리고 모모야에 21
명의 중국인 여성이 있었다. 미치나에 미영 연합군이 5월 17일부
터 공세를 시작하였고 6월에 들어서 미치나의 일본군은 완전히 고
립되었다. 1944년 7월 31일이면 미치나 동쪽의 중국 윈난성 쑹산
과 텅충의 일본군 수비대가 중국군에 포위되어 꼼짝 못 하고 보급
이 끊긴 채 미군의 공습과 중국군의 포격을 일방적으로 당하고 있
을 때다. 이 전황은 그 서쪽으로 수십 km밖에 떨어지지 않은 미치
나에도 알려졌다. 그날부터 미치나의 일본군은 이 버마 북부의 최
전선에서 탈출하기 시작하여 8월 3일 밤까지 계속 탈출하였다. 퇴

각을 명한 56사단 소속 현지 사령관은 8월 1일 자결하였다. 8월 3일 오후에 연합군은 미치나를 장악하였다. 일본군 수비병력 1,200명 중 이라와디강을 건너 탈출한 것은 800명 정도이고, 187명이 연합군의 포로가 되었다(淺田豊美 1999:71-72).

위 보고서에 나오는 것처럼 교에이의 업주 부부와 위안부들은 열흘 뒤인 8월 10일 영국군의 지휘를 받은 카친족 병사들에게 체포되었다. 그새 위안부 2명이 줄었다. 모모야에서는 위안부 21명 중 1명을 뺀 20명이 중국군에 항복하였다. 킨수이의 20명 중에서 3명이 죽거나 사살되고 17명이 포로가 되었다. 열흘간의 탈주 과정에서 63명의 위안부 중 10%가량인 6명이 목숨을 잃었다. 위안부들이 퇴각하는 일본군을 따라가다가 일본군과 연합군의 교전 때 일본군 무리를 놓치고 그 일부가 목숨을 잃는 것은 패주 전장에서 흔히 일어난 일이다.

사진 12-1은 미치나비행장에 마련된 임시포로 수용소에서 교에이의 업주와 위안부, 그리고 연합군 심문장교들을 찍은 것이다. 사진에서 오른편 앞쪽의 검게 나와 잘 안 보이는 부분의 여성이 업주 부인 키무라 토미코이며, 다른 여성은 모두 조선인 위안부다. 이들은 연합군이 자신들을 어디로 데려가느냐에 가장 큰 관심을 기울였다. 이들은 인도를 거쳐 조선으로 돌아간다는 설명을 듣고는, 그 다음에는 자신들이 모은 군표를 앞으로도 쓸 수 있는지를 궁금해했다. 업주 키루라 토미코는 복대를 풀어 전원으로부터 받아둔 군표를 펼쳐 보였는데, 연합군 심문장교들은 앞으로 그 군표를 쓸 수 없음을 설명하였다(淺田豊美 1999:80-83).

사진 12-1 미치나 함락 후 포로가 된 교에이 위안소의 위안부들(1944.8.14. 촬영)

자료 : 미 National Archives, CBI-44-21636/ 111-SC-262579

　한편, 일본인 위안부 게이코 일행이 버마 중부의 쉐보에서 위안부 생활을 할 때, 한 사건이 일어났다. 사이공에서 새로 보충된 9명의 조선인 위안부 중 서갑수라고 하는 여성이 한 일본군 병사의 장난 때문에 1943년 12월에 임신을 한 것이다. 당시 일본에서는 임신 중절 수술이 불법이었고, 그나마 그 수술을 해줄 군의관들이 모두 전선에 나가 있었기 때문에 중절 수술을 하려 해도 할 수가 없었다. 이듬해 1944년 7월에 서갑수가 딸을 낳았다. 이때는 버마 전선 도처에서 일본군이 무너지고 연합군이 북에서 남으로, 서에서 동으로 공세를 펼치던 때였다.

　마침내 1945년 1월에 일본군도 개별적으로 한두 명씩, 몇 명씩 탈출하기 시작했고, 게이코 일행도 일본군 부대를 떠나서 남쪽으로, 남쪽으로 이동하기 시작했다. 그들은 8월까지 7개월 넘게 버마의 산야를 헤맸다. 부대와 헤어진 후에는 위안부들이 식량을 스스로 조달해야 했다. 업주 겸 관리인 이시바시는 생아편을 다량 확보했다. 이 아편을 버마의 농민에게 주고 식량을 얻을 생각이었다. 하지만 버마인들이 몰려 사는 마을로는 접근할 수가 없었다. 일본군 부대원으로 몰려서 체포될 수도 있었다. 식량 조달이 여의치 않았다. 그래서 위안부 일행은 메뚜기라든가 온갖 벌레들, 또 개구리, 올챙이 이런 것들을 잡아먹으면서 버텼다.

이때 조선인 위안부 여성들이 한 역할을 했다. 먹을 수 있는 나물, 산나물을 식별해서 그것으로 요기를 할 수 있게 했다. 조선인 위안부가 아무래도 나이가 더 어렸던 만큼 좀 더 튼튼해서 전체 일행을 이끌었다.

그들이 바다 쪽으로 가겠다는 생각으로 남쪽 방향을 택해서 이동했지만, 실제로는 서쪽으로 갔다. 그들은 다시 방향을 남쪽으로 잡아서 이동하는 식의 방랑을 계속했다. 그러다 결국 어린아이를 거느린 서갑수가 걷지 못하게 되었다. 일행은 서갑수에게 아편을 주고 버마 농가로 보냈다. 그 후 서갑수와 그 아기가 어떻게 됐는지는 알 수 없다.

결국, 일본이 항복하고도 일주일이 더 지난 8월 22일에 위안부 일행은 백기를 든 일본군 무리를 만나서 수용소로 들어가게 되었다. 그들은 버마의 일본군 수용소에서 거의 2년 가까이 있었다. 수용소에서 게이코 일행 위안부들은 일종의 종군 간호부 일을 했다.

그들은 1947년 여름에 귀국선을 타고 일본으로 돌아왔다. 그동안 갖고 있었던 군표는 통화로 인정받지 못하여 아무 쓸모가 없었다. 총 8년간의 위안소 일에 대한 보수는 목적지까지의 기차 무임 승차권이었다.

중국 윈난성 쑹산[62]-텅충 전투와 쑹산의 위안부

쑹산-텅충 전투는 1944년 3월 버마의 일본군이 영미 연합군의 중국 정부 지원 루트를 차단하려 인도의 임팔을 공격하자 역으로 5월부터 중국군-미군 연합군이 버마 북쪽의 중국 윈난성에서부터 버마 일본군의 배후를 치고 내려온 전투였다. 다음 지도 12-1에서 보는 것처럼 일본군이 버마의 랑군과 만달레이 등 중심부를 점령하고 있었고 그 북부에는 원장 루트, 연합군이 중국 국민당 정부를 지원하는 루트가 있었다. 이 원장루트를 차단하기 위해서 일본군이 인도의 임팔 쪽으로 진공하는 임팔 작전을 펼쳤다. 미영 연합군은 직접 임팔에서부터 일본군에 맞서면서 다른 한편으로는 미군의 지원을 받은 중국군이 1944년 5월 버마 북부의 중국 윈난에서 임팔 작전 일본군의 배후를 치는 공격 작전을 펼쳤다. 그 격전지가 쑹산과 텅충이었다.

• • •

62 쑹산松山은 윈난성의 라맹拉孟이란 시가의 교외에 있는 산 이름이며, 일본군이 강고한 진지를 구축하여 최후까지 싸운 곳이다.

쑹산은 윈난성의 누강怒江(버마의 살윈강으로 이어짐)의 서쪽 대안에 있었고, 텅충은 누강으로부터 다시 서쪽으로 80km 정도 떨어진 곳이다. 그 일대는 1942년 5월 일본군이 점령하였다. 그에 밀린 중국군은 누강의 다리를 파괴하고 강 건너 동쪽으로 퇴각하였다. 그 이후 쑹산에는 일본군 제56사단의 제113연대가 경비를 하였고, 텅충에는 제148연대가 경비를 맡았다. 그 후 2년 가까이는 누강을 사이에 두고 동쪽의 중국군과 서쪽의 일본군이 대치했을 뿐 큰 전투는 없었다.

쑹산의 일본군은 쑹산 시가지와 떨어진 서쪽의 해발 5,300피트(약 1,600미터) 고지, 누강 혜통교를 내려다보는 산상에 진지를 구축하였다. 주둔 113연대장은 쑹산이 최전선이고 중국군의 장사정포 탄착거리 안이므로 위안소를 두지 않을 방침이었으나, 사단 차원의 방침에 따라 결국 위안소를 설치하였다. 위안소도 그 안에 지었다. 위안소는 진지 안에서 가장 좋은 건물이었다. 대나무 통으로 멀리서 물도 끌어와 목욕탕도 설치하였다. 위안소 주변은 온통 산뿐이었다. 쑹산 위안소에는 1942년 말에 약 10명의 조선인 위안부가 배치되었다. 1943년 여름에 위안부 10명이 더해져 위안부 수는 20명이 되었는데, 처음 배치된 조선인 위안부 10명은 남동 방향 인근 룽링龍陵의 10명과 교대하였다. 추가된 10명은 라시오의 잇카쿠루에서 옮겨왔다. 조선인 위안부는 18, 19세, 일본인 위안부는 24~25세 정도였다.

텅충은 쑹산보다 더 고도가 높은, 해발 2,000미터의 성곽 도시였다. 일본군은 성곽 남쪽의 봉래산 등 주변의 여러 산에 진지를

구축하였다. 그리고 텅충의 위안소는 1943년에 설치되었다. 1943
년 말에서 1944년 초의 3개월간 텅충에서 병사로 복무한 하야미
마사노리의 회고에 의하면, 텅충에는 성내와 성밖에 한 곳씩
위안소가 있었다. 위안부 수는 30명쯤이었다. 성내 위안소에는 조
선인 위안부 14~15명이, 성밖 위안소에는 조선인 위안부 8명이 있

었고 업주도 조선인 부부였다. 하야미는 노부코のぶ子, 하나코花子, 우메코梅子, 다케코竹子, 마쓰코松子, 히로코ひろ子 등 조선인 위안부의 이름까지 기억하였다.

1944년 3월 일본군이 버마 서부 국경을 넘어 인도의 임팔을 공격하는 임팔작전을 개시하였다. 그 두 달쯤 후인 5월 11일 미군의 신무기로 무장한 중국 윈난원정군이 쑹산과 텅충의 일본군 수비대에 대한 공격을 개시하였다. 그 전 2년여간 미군은 중국군을 미군 무기로 훈련시킨 바 있었다. 일본군 부대는 임팔 작전에 병력을 차출당한 데다가 쑹산 일본군 수비대의 주력 부대가 텅충에 투입된 결과, 쑹산에는 입원 환자를 포함한 1,260명 정도밖에 없었다. 텅충에서는 약 2천여 명의 일본군 수비대가 방어하였다. 반면, 쑹산을 공격한 중국군 부대 병력은 72,000여 명에 달하였다. 원장루트를 1개 연대 병력으로 차단하려는 일본군의 계획 자체가 본디 무모하였다.

6월 들어 중국군은 쑹산 진지를 포위하여 그 보급을 차단하였다. 일본군은 미군의 항공기 폭격에 이은 중국군의 포격에 일방적으로 몰렸다. 중국군은 6월부터 7월에 걸쳐 쑹산의 일본군 진지에 하루에 포탄 7~8천 발을 쏟아붓는 공격을 수차례 가하였다. 중국군은 8월 하순에는 한 일본군 관산関山진지의 밑으로 땅굴을 70미터쯤 파고 들어가 폭탄을 설치해서 그 진지를 통째로 날리기도 하였다.

취사장에서 일하던 중국인 쿨리가 폭격으로 사상하거나 도망하였다. 그 때문에 취사장 일이 위안부들에게 맡겨졌다. 위안부들은 위안소에 가까운 진지 아래쪽 동굴에서 취사 연기가 새 나가지 않도록 입구를 모포로 막고 취사 일을 하였다. 위안부들은 주먹밥을 만들어 그를 교통호를 통해 참호 속 병사들에게 운반하였다. 또 그녀들은 때로 포탄 탄약도 운반하였으며 부상병도 간호하였다. 일본군 쑹산 수비대는 3개월간 차례차례로 진지를 빼앗기다가 9월 7일 옥쇄하였다. 9월 15일에는 최후의 옥쇄를 벌인 텅충의 일본군도 전멸하고, 텅충마저 함락되었다.

쑹산 함락일 아침 장교 1명, 병사 2명이 공적功績 자료 등을 갖고 마지막 진지를 탈출하였다. 부대기를 불태웠다는 이야기를 들은 조선인 위안부들 5명도 진지를 탈출하여 산 아래 수무천水無川 방향으로 내려갔다. 이들은 너무나 배가 고파서 하천 인근의 옥수수밭에서 생옥수수를 먹었다. 쑹산을 함락시킨 중국군 병사들이 수색중 이들을 발견하였다. 위안부 중 한 명이 놀라서 물에 뛰어들었다가 떠내려가 익사하였고, 4명이 포로가 되었다.

사진 12-2a는 중국군이 점령한 한 일본군 진지의 모습이다. 진지 일대는 석 달간의 폭격으로 폐허가 되었고, 나무 한 그루 풀 한 포기 없게 깎인 민둥산이 되었다. b와 c는 포로가 된 조선인 위안부들의 모습이다. 사진 b를 캡처한 원 영상은 중국군이 일본군 진지가 있었던 고원에서 여성들을 끌고 오는 모습을 담았다. 끌려가면서 울음을 터뜨리는 여성도 있었고, 무엇인가에 얼굴을 강타당한 듯 한쪽 눈 부위가 피범벅에 부어오른 여성도 있었다. 또 중국군 병사의 강요로 영문도 모른 채 만세(반자이)를 부르는 여성(사진 b의 가운데 앞쪽 (1)번 여성)도 있었다. 중국군은 마치 귀중한 전리품을 얻은 듯 환호성을 지르며 여성들을 끌고 다녔다. 사진 c는 일본군 위

사진 12-2 쑹산 함락과 조선인 위안부

a. 초토화된 쑹산 일본군 진지

b. 중국군의 위안부 포획

c. 쑹산에서 중국군 제8군의 포로가 된 조선인 위안부들

자료 : a, b는 https://youtu.be/wYb9tPs6ZRI −2023년 4월 6일 검색.
　　　c는 미 National Archives Local ID: 111−SC−230147,
　　　https://catalog.archives.gov/id/148727292 − 2023년 4월 3일 검색.
주 : a, b는 KBS가 입수한 미 국립문서보관소 소장 영상에서 캡처.

안부의 참상을 보여주는 사진으로서 잘 알려졌다. 이 사진에 담긴 위안부의 참상은 사실이지만, 그렇다고 대다수 위안부가 전쟁 말기에 이런 지경에 처했던 것은 아님에도 유의해야 한다.

사진 b의 가운데 (1)번 여성이 사진 c의 맨 오른쪽 (1)번 만삭의 여성이다. b의 그 왼쪽 (2)번 여성이 사진 c의 여성 중 맨 왼쪽 (2)번이고, b의 오른쪽 (3)번 여성이 c의 만삭 여성 바로 왼쪽 (3)번 여성이다. b에서 손을 쳐든 왼쪽 군인은 c에서 왼편의 총 들고 웃는 남성과 같다. 여성들은 남루한 복장에 맨발이며 몹시 지친 모습이다. 앞서 본 미치나의 조선인 위안부와는 모습이 전혀 다른데, 이는 이들이 석 달 이상 참호에 갇혀서 폭격에 시달린 데다 진지가 함락될 때 탈출했다가 중국군 수색대에게 붙잡혔기 때문이다.

사진 c의 촬영일이 9월 3일이라 기록되어 있으나, 실제는 9월 7일이라고 보아야 한다. 9월 3일은 아직 일본군 옥쇄 전이라 엄청난 폭격이 가해지고 있었기 때문에 영상에서처럼 중국군 병사들이 일대를 여유 있게 웃으며 휘젓고 다닐 수 없었다. 그리고 이들에 대한 포로 심문은 8일에 있었는데, 만약 이들이 9월 3일에 포로가 되었다면 당연히 일본군에 대한 정보를 얻기 위해 곧바로 심문했을 것이었다. 이들이 기지를 탈출한 7일 당일 오후에 붙잡혔고, 그다음날 포로 심문을 받은 것이라 하겠다.

조선인 위안부 중에서 사진의 4명만 살아남은 것은 아니었다. 버마 주둔 미군 병사들을 위한 주간신문 *Roundup* 1944년 11월 30일 자에는 쑹산에서 포로가 된 위안부는 모두 10명이라고 보도하였다. 중국군 제9사단 참모주임도 10명 전후의 기녀를 포획했다는 보고를 들었다. 또 쑹산에서 생환한 제56사단 병사 하야미 마사노리도 비슷한 내용으로 증언하였다. 그는 쑹산 최후의 날 일본군 요새를 탈출했다가 룽링의 인근에서 미중연합군의 포로가 되었다. 그는 쿤밍昆明의 수용소에서 조선인 5명, 일본인 4명 등 9명의 쑹산 위안부를 재회하였다. 그들은 수용소에서 약 1년간 지낸 후 1945년 9월 말 충칭으로 옮겨졌는데, 그때 조선인 위안부만 따로 나오게 했기에, 조선으로 돌아간 것으로 추정한다. 쑹산의 위안부 20명 중 10명은 쑹산 함락 때 사망한 것이 된다.[63]

그런데 북한에 거주하는 한 여인이 2000년 위 사진의 맨 오른쪽 만삭의 여인이 자신이며 이름이 박영심이라고 증언하였다. 쑹산에서 복무한 전 일본군 병사 하야미 마사노리가 일찍이 1984년에 "(쑹산의) 조선인 위안부 중 '와카하루若春'라는 22살의 여성은 본명이 박영심朴永心으로서 노래를 잘하는 활달한 성격의 좋은 여자였다"라고 증언을 남기기도 하였다(金榮 2000). 그래서 사진의 만삭 위안부가 북한 거주의 박영심이라고 널리 알려졌다. 하지만 북한 출신의 위안부 증언 여성이 과연 저 사진의 만삭 위안부인지에는 중대한 의문점들이 있다.

우선, 북한의 위안부 증언자는 자신이 1921년 평안남도 강서군 태생으로서 진남포의 양복점 점원으로 일하다가 1938년 3월 "공장에서 일해서 돈 벌 수 있다"라는 순사의 말에 따라서 평양으로 갔으며 거기서 모두 17명 여성이 기차와 트럭을 타고 난징의 위안소

• • •

63 이상은 西野留美子(1993:136-140)와 金榮(2000:276-286), 西野留美子(2003:57-121); 遠藤美行幸(2009)에 의거하였다.

로 갔고, 자신은 중국에서 4년간 위안부 생활을 한 후 1942년 다른 7명과 함께 싱가포르를 거쳐 버마로 보내졌으며 라시오 잇가쿠 一角루 위안소에 있다가 1944년에 그녀를 포함해서 12명이 쑹산으로 옮겼다고 말하였다(金栄 2000:263-265, 277).

우선, 조선에서 순사가 위안부 모집책이었다는 말은 사실로 보기 어렵다. 또 1938년에 조선총독부나 조선군은 개별 위안부 모집에 관여하지도 않았다. 더욱이 쑹산에서 *Roundup*지의 월터 랜달 기자가 일본어 통역을 통해 위 네 위안부를 인터뷰한 바도 위의 증언과 달랐다. 1942년 4월 일본 관헌이 평양 인근 마을에서 싱가포르의 후방기지에서 기지 내의 일과 병원 심부름할 정신대를 모집하였고, 이 네 위안부는 같이 모집에 응모해서 버마로 왔다. 그중 한 명은 1,500엔의 전차금을 받았으며, 그들을 포함한 18명이 6월에 조선을 출발하여 남양으로 향하였다(淺野豊美 1999:64).

이 북한의 증언자는 난징의 위안소가 부대로부터 500미터 정도 떨어진 곳에 있었다고 하면서도 병사의 감시가 엄중해서 도저히 탈출할 수가 없었으며, 쑹산의 위안소가 민가를 개조한 단층집이었다고 말하였다(金栄 2000:267, 277). 그러나 난징 시내에 있는 위안소를 병사가 지키고 감시했다는 것은 납득하기 어렵다. 또 앞서 언급한 바와 같이 쑹산의 위안소는 민간인 지역과는 떨어진 5,300피트 산 정상 부근의 진지 안에 있었다. 그녀는 1944년에 라시오의 위안소가 쑹산으로 옮겼다고 했지만, 그때는 일본군이 임팔 작전 때문에 전방의 위안소를 후방으로 배치하던 중이었으므로 후방(라시오)의 위안소를 전방(쑹산)으로 옮겼다는 말도 신빙성이 약하다. 위안소 업주 카츠키가 일본군의 명령으로 위안소를 라시오에서 쑹산으로 옮긴 것은 1943년이었다(淺野豊美 1999:66).

앞서 제11장에서 소개한, 이 북한 거주 증언자가 일본군의 잔학 행위를 고발한 것도 신빙성이 약한데, 이런 점들을 종합해 보면 과연 이 증언자가 쑹산의 사진 속 위안부인지는 의심스럽다.

한편, 쑹산에서 죽은 10명의 위안부 중 몇몇은 일본군에 의해 학살당했다는 이야기도 있다. 라시오의 위안소 업주 카츠키는 위안소를 쑹산으로 옮긴 후 군납상인이 되어 위안소에서 손을 뗐는데, 나중에 친구 하사관에게 위안부들의 행방을 물어보니, 그들을 참호에 넣으라는 명령이 있었고 그 직후에 수류탄을 던져서 살해했다고 답하였다고 한다(西野留美子 1995:136). 위안부가 참호 속에서의 취사와 식사 배달, 부상병 간호에 매우 유용했으므로, 이런 학살이 있었다면 옥쇄에 임박해서였을 것이다. 하지만 중국군에 포로가 된 10명의 위안부는 포로 심문 시 학살 이야기를 하지는 않았다. 따라서 이 학살 이야기는 다른 증거 자료로 뒷받침되어야 할 것이다.

한커우 위안소의 최후

1944년 4월 중국에서 일본군의 대륙타통打通작전에 한커우의 일본군이 투입되면서 한커우 병참이 우창武昌 병참도 겸하게 되었다. 우창 위안소는 20개가 넘었는데 경영자는 대부분 일본인이었고 위안부는 조선인, 일본인으로 약 200명 정도였다. 업자의 기풍은 지칭리보다 퇴폐적이었다. 우창 위안소는 군인보다 화대가 높은 민간 인도 받았다.

1944년 9월 업자들이 위안부 감소를 이유로 보충을 신청하여 한 커우 병참이 이를 허용하였다. 10월에는 남북으로 베이징과 한커 우를 잇는 징한京漢철도를 이용해 조선으로부터 30명 정도의 여성 이 한커우에 도착하였다. 위안부는 전차금을 다 반제해도 일본이나 조선으로 귀환이 불가하였다. 그 위안부는 '자전自前'으로 전차금 없 이 새 계약을 맺고 위안소 일을 하든지 아니면 민간 요정의 관리인 (나카이仲居)가 되었다. 이후 조선인 위안부가 육로로 화북을 경유해서 보충된 반면, 미군 잠수함의 공격 때문에 일본인 위안부의 보충은 곤란하였다.

일본의 기업형 유곽 출신 업주 중 일부가 세심히 전황을 파악해 보니 전망은 어두웠다. 마쓰시마, 후쿠와라 유곽 출신의 업자들은 합법, 비합법의 영업을 계속하면서 본능적으로 불안한 징후를 탐지 해 냈다. 스기모토는 1944년 재빠르게 일본군의 명운을 예측하였 다. 그는 일본군이 패배하고 항복할, 가까운 장래에 중국인 군중이 중국인 가에 있는 한커우 위안소를 습격하고 일본인을 살해할 것 으로 판단하였다. 그는 위안소와 별개로 3층 가옥을 사들여서 당구 장, 끽다점을 열고 처와 처제에게 경영을 맡겼다가, 가게를 폐쇄하 고 가옥은 원주인에게 양도하였다. 그리고 스기모토는 끽다점을 운 영하던 처제를 1945년 봄 일본에 송환하였다. 승선한 배가 미 잠 수함에 격침되었으나 처제 등은 표류 중 구축함에 구조되어 대만으 로 갔다가 겨우 일본에 귀환하였다.

스기모토는 위안소 경영은 조바에게 맡기고 군 사령부에 가깝고 넓어서 안전했던 경마장 내부로 거처를 옮겼다. 일본인 업자 중 마쓰시마, 후쿠와라 유곽 출신자는 외톨이 늑대나 조선인 업자와 달리 일본 유곽 업주의 조바든가 대리인이었는데, 그들은 출자자의 재산과 자신들의 몫을 보전하는 데 힘썼다.

당시 내지(일본 본토)에의 여행은 제한되어 있었고 외지(조선 등 식민지와 점령지)에서 번 돈은 정당한 이유가 아니면 내지에 송금할 수 없었으나, 위안부를 모집한다는 이유로 여성의 전차금, 여비, 기타 잡비 명목으로 큰 돈을 갖고 일본에 돌아가거나 일본에 송금할 수 있었다. 스키모토와 하세가와, 미우라三浦 등 위안소 업주들은 내지에 돌아가 위안부를 데려오겠다고 해서 일본 귀환 허가를 받고 여행 편의를 위해 군속 자격까지 얻었다. 1945년 봄 이들은 한커우를 떠났는데 상하이에서 일본 오사카, 고베가 공습으로 불바다가 되었다는 것을 알고 상하이에서 대량의 직물 등 물자를 구입하였다. 장차 일본에서 유곽을 다시 열 목적이었다. 그러나 일본으로의 항로는 완전히 두절되었기에 그들은 육로로 조선에 들어가 부산에서 일본행 배를 탔으나 상륙을 앞두고 미군의 폭격을 당해 격침되었고, 미우라만 살아서 구조되었다.

1945년 8월 15일 일본의 항복과 더불어 한커우 병참시설은 완전히 문을 닫았다. 위안소 입구는 폐쇄되고 병사의 출입도 끊겼다. 8월 말 중국군이 진주하고 일본 거류민은 9월 10일부터 구 일본 조계의 일본인 집중지에 집결해야 했다. 우한과 주변의 조선인들(위안소 업주와 위안부 포함) 2천여 명은 일본 총영사관의 관리를 떠나 중국 측에 이관되었다. 일본 측 업자와 위안부 150명 정도는 일본인 집중지로 이주했는데, 모두 1만 4천여 명의 일본인 거류민이 좁은 지역에서 생활해야 했다. 그들은 1946년 4월부터 순차로 일본으로 귀환하였다. 조선인 위안부들은 일본인 위안부보다 더 빨리 조선으로 귀환한 것으로 알려졌다(長沢健一 1983 : 220-229).

오키나와 부속 섬에서
배봉기가 맞은 일본군의 패전

앞서 언급한 것처럼 배봉기가 있던 오키나와의 위안소는 불과 2달 남짓밖에 운영하지 못했다. 1945년 1월 하순에 미군이 오키나와 공습을 다시 시작하자, 오키나와 본섬 방어를 위해서 도카시키촌에 있던 일본군 기지대 1,100명 중 800명이 오키나와 본섬으로 이동했다. 도카시키 촌에 남은 일본군이라곤 300명밖에 안 되었다. 위안소를 이용하는 군인들이 격감하자 배봉기의 위안소는 전투부대가 있는 아하렌으로 임시 출장을 가기도 했다. 하지만 이런 임시 영업마저도 곧 중단되었다. 미군이 1945년 3월 23일부터 오키나와 본섬과 그 부속 섬들에 대대적인 공습을 하면서 상륙작전을 벌였기 때문이다. 도카시키섬에만도 3월 23일에 비행기가 300회나 출격해서 공습을 했고, 배봉기의 위안소도 그때 폭격을 맞았다.

비행기 공습경보가 울리자 먼저 위안소를 뛰쳐나간 사람들은 살았으나 채 빠져나오지 못했던 1명은 즉사했다. 2명은 피신 중에 다리에 총알이 관통되어 중상을 입었다. 위안부 7명 중 4명만 무사히 방공호로 피신했다.

미군은 3월 27일까지 닷새간 네 방향에서 도카시키섬에 상륙작전을 벌였다. 남아 있던 일본군들은 이 섬에서 가장 높은 234 고지로 이동했다. 위안부들은 산속으로 피신해 숲속에 숨었다. 며칠 동안 거의 굶다시피 하면서 버려진 밭에서 고구마를 캐 먹는다거나 한 오두막에 있던 쌀을 먹었다.

3월 27일 미군 상륙이 끝났다. 주민의 절반은 234고지로 피난했지만, 그렇지 못한 주민들 300여 명이 다음날 자결했다. 전체 주민이 한 700명 정도 되는데, 300여 명이 '미군이 들어오면 우리는 모두 죽는다, 그러니 적의 손에 죽지 말고 우리 스스로 죽자'고 해서, 가족들이 서로 죽고 죽이는 식의 자결을 했다. 배봉기를 포함해 숲속에 숨어 있던 4명의 위안부는 일본군 부대가 받아줘서 부대의 취사반 일을 했다.

미군의 오키나와 점령 작전은 6월까지 계속되었고 오키나와 본섬을 지키던 일본군은 6월 23일 항복했다. 도카시키 섬의 일본군은 이 234 고지의 참호 안에서 게릴라 공격을 벌이는 정도였다. 미군은 굳이 희생을 치르면서 이 일본군 잔당을 소탕하지는 않았다.

7월이 되자 일본군 참호에서는 영양실조에 의한 사망자가 나오기 시작했다. 일본이 미국에 8월 15일 항복했지만, 도카시키의 일본군은 8월 하순에 가서야 미군에게 투항했다. 그때 배봉기를 포함한 위안부들도 같이 포로가 됐다. 일본군 항복 후에 배봉기는 오키나와 본섬의 이시카와 수용소로 옮겨졌다.

그런데 배봉기는 수용소에서 석방된 후 한국으로 돌아오지 않고, 오키나와 중부나 남부 일대의 술집들을 돌면서 술 시중을 들거나 몸을 파는 일을 했다. 배봉기는 오키나와 반환 후에 불법체류자로서 추방당할 위기에 놓였다가 특별체류 허가를 신청했는데, 출입국 담당관이 취조를 하면서 그녀가 위안부로서 오키나와에 왔다가 남았다는 사정이 세상에 알려졌다. 그 소식을 듣고 한 일본인 다큐멘터리 감독이 찾아와서 인터뷰를 해서 1979년 다큐 영화 「오키나와의 할머니」를 제작 발표했고, 또 한 작가가 인터뷰를 해서 『빨간 기와집』 책을 내기도 했다.

배봉기는 말년에 농가의 움막 등에서 생활보조금으로 살았다. 그녀는 두통에 시달리면서 심한 대인기피증을 보였다. 낮에도 바깥 나무창문을 닫고 컴컴한 방 안에서 지냈다. 그리곤 1991년 77세로 한 많은 생을 마쳤다.

패주 전장의 업주와 관리인

패주 전장에서 위안부들을 보호하고 무사 귀환케 하는 데 있어서 업주와 관리인은 일본군만큼이나 큰 책임이 있다. 여성을 전장의 위안소로 데려가 위안부로 만든 것이 업주이며, 또 그렇게 하라고 요청한 것이 군이기 때문이다. 이와 관련해 본 장의 첫째 절에서 한 일본인 업주가 난파한 위안부의 행방을 찾아서 목숨을 걸고 격전지 과달카날을 다녀온 것이나 또 그가 버마에서 일본군의 항복 때까지 위안부들과 동행한 것을 언급하였다. 그는 위안부를 데려온 업주로서 자신의 책임을 다하려 했다고 할 수 있다. 그는 위안소 업주로서 자기가 데리고 있던 위안부들의 생명과 안위를 책임지려는 윤리의식을 갖고 있었다.

그러나 그렇게 하지 않은 업주와 관리인도 있었다. 버마 랑군에 있던 위안소 관리인 박치근은 1943년 4월 하순 한 업주와 위안부 일행의 사고 소식을 듣고 처남이 걱정되어 중간 지점인 프롬까지 가서 처남 일행의 사고 사실을 확인하였다. 일단 랑군으로 귀환한 그는 며칠 후 5월 1일 군사령부 장교와 면담한바 장교는 박치근에게 아캬브 인근의 탄캇푸까지 가서 상황을 자세히 알아보고 오라고 지시하였다. 그는 랑군에서 이틀 만에 탄캇푸에 도착하여 5명의 처남 일행 중 유일하게 목숨을 건진 위안부를 병원에서 만났고 좀 더 자세한 조난 경위를 파악하였다. 하지만 그는 17명의 위안부가 남아 있는 아캬브까지는 가지 않고 중상 위안부만 데리고 돌아왔다.

그 후 아캬브 위안소의 위안부들은 전 관리인이자 업주의 처남인 박치근과 관계없이 아캬브를 떠났다. 6월 말 그중 한 위안부가 랑군으로 왔고, 8월 말에는 위안부 3명이 사망자 4명의 유골을 갖고 랑군으로 왔다. 그때까지는 다른 위안부들도 후방의 다른 위안소로 옮기거나 조선으로 귀환하였을 것이다.

그 한 달 후에 박치근은 싱가포르로 떠났고, 거기서 택시회사와 위안소의 관리인 생활을 1년 남짓 하다가 건강이 나빠져 조선 귀환을 결정하였다. 그는 조선에 귀환하기 전 랑군에 들러 처남 등 4인의 유골을 가져올 계획으로 1944년 9월 랑군왕복여행을 신청하여 허가받았으나 10월에 그를 취소하였다. 그리곤 12월 싱가포르에서 조선으로 출발하였다. 그는 처남이 자신에게 송금을 부탁했던 돈은 싱가포르 출발 전에 조선으로 송금하였으나, 처남의 유골을 찾으러 랑군 유골안치소를 다녀오지는 않았다. 그 때문에 박치근 처남 등 4인의 유골은 고향에 돌아올 수 없었다.

요약

전차금을 상환하고 계약기간이 지났으나 일본군이 귀국 교통편을 마련해 주지 않는 등 여러 사정으로 일본의 항복 때까지 귀환하지 못한 위안부도 많았다. 또는 너무 늦게 위안부가 된 이들도 있었다. 이들은 일본군이 패주하는 전장에서 일본군과 함께, 혹은 일본군과 떨어져 후퇴하다가 부상과 질병, 기아에 시달리고 때로는 목숨을 잃었다. 이들이 연합군의 포로가 되는 것은 그래도 운이 좋은 경우였다. 일본군 패주 시 아무런 대책이 없던 것이 일본군 위안소제의 가장 큰 문제였다. 일본군 패주 전장에서 위안부의 안전에 직접적 책임이 있는 것은 업주와 관리인이었다. 지금까지 나온 사례로서 일본인 업주는 그 책임을 다한 경우가 있지만, 조선인 업주나 관리인은 그렇지 않았던 경우가 있다.

13

위안부 학살이라는 거짓말

'이승을 떠도는 원통한 혼'

흔히 위안부는 성노예 생활을 강요당하다가 종국에는 패전 위기의 일본군에 의해 학살당했다고 한다. 2010년대 후반 한국에서 제작 상영된 일본군 위안부 영화 〈귀향鬼鄕Spirits' Homecoming〉(2016)과 〈눈길〉(2017)에선 위안부들이 결국 모두 일본군에게 죽임을 당한다.

이중 〈귀향〉의 스토리는 다음과 같다. 1943년 6월 경남 거창의 한 평화로운 마을에 일본 군인이 나타나 14세 소녀 정민과 또래 소녀들을 끌고 갔다. 소녀들은 기차에 실려 중국 지린성 무단장의 일본군 위안소로 갔다. 형무소와 같은 시설의 각 방에 감금된 소녀들은 일본군에 의해 강간당하는데, 일본군의 폭행 때문에 소녀들의 얼굴과 신체 곳곳은 언제나 피멍 자국이 가득하였다. 어느 날 일본군은 상부의 지시에 따라 소녀들을 밖으로 끌어내 총살하고, 시신

더미에다 석유를 뿌려 불태웠다. 마침 독립군이 총살 현장을 습격해서 전투가 벌어지고, 그 와중에 용케 거창 소녀 정민과 경기 가평 소녀가 살아남지만, 일본군이 쏜 총에 거창 정민이 가평 소녀를 감싸며 대신 죽었다. 그렇게 살아남은 가평 소녀가 나중에 늙어서 경기도 북한강변의 어느 당산나무 아래에서 벌어진 진혼굿에서 자기를 대신하여 죽은 거창 소녀의 혼을 만나고, 둘은 서로 붙들고 통곡한다. 그렇게 원한을 달랜 거창 소녀의 혼은 고향으로 날아가 부모의 혼과 만난다(이영훈 2020:34).

〈귀향〉은 위안부 강일출의 실화를 토대로 만들었다고 하는데, 증언록에 의하면 강일출은 1928년 경북 상주 태생으로서 16살이던 1944년 부모가 집을 비웠을 때 영장을 갖고 찾아온 군인과 순사에게 끌려가서 김천에서 조선 여성 9명, 일본 여성 6명의 무리에 속해서 기차로 만주 펑톈을 거쳐 만주국 수도인 신징까지 갔고 기차를 갈아타고 무단장까지 가서 트럭으로 군부대로 갔다. 그녀가 일본군에게 강간, 폭행당하는 위안부 생활을 하다가 1945년 늦봄에 장티푸스에 걸리자. 일본군은 다른 장티푸스에 걸린 여자들을 한 트럭에 실어서 산에 끌고 가 나무 장작으로 불태워 죽이려 했다. 강일출은 그들을 데리고 간 군인 두 명 중 한 조선인 병사와 나무꾼들의 도움으로 목숨을 구해서 산속의 외딴집에 해방 때까지 숨어지냈다(한국정신대연구소 2003:129-139). 강일출은 일본군이 위안부를 싣고 가서 불태워 죽이는 장면을 「태워지는 처녀들」이란 그림에 담았다.

강일출이 위안부가 되는 과정이나 위안소 생활, 죽을 위기에서 벗어난 과정 등은 사실로 보기 어려우며, 그 체험담을 토대로 만들어진 〈귀향〉 영화의 스토리도 그러하다. 하지만 360만 명 가까운 관객이 이 영화를 관람할 정도로 위안부 학살설은 한국 사회에서 널리 퍼져 있다.

그런데 위안부 학살설은 본래 이른바 '양심적' 일본인이 지어낸 이야기였다. 일본의 옛 유곽주 아들로서 공산당원이 된 니시구치 가쓰미西口克己가 1956~1958년에 3부작으로 소설『구루와郭(유곽)』를 냈다. 이 소설에서는 남태평양 트럭섬에서 미군의 공습이 시작되자 일본 군인이 동굴 속에 피신한 일본군 위안부 60~70명을 기관총으로 모두 쏴 죽이는 장면이 나온다. 적에게 일본군 위안부의 존재가 발각되면 일본군의 위신에 흠집이 난다는 이유 때문이었다. 소설가는 "이러한 참상은 패전 당시 일본군이 있던 모든 전장에서 일어난 일이다"라고 썼다. 재일교포 김일면이 이를 인용하여『천황의 군대와 조선인 위안부』의 1992년 개정판에서 "트럭섬에서 발생한 위안부의 비극은 결코 이 섬만의 일이 아니다. 도처의 섬에 있던 여자들이 이와 비슷한 일을 당했던 것은 확실하다"라고 썼다(하나부사 도시오 2021 : 223).

위안부 학살 증거를 찾았다는 서울대 연구팀

영화감독이 위안부 학살 영화를 만드는 동안, 위안부 연구자들은 학살의 증거를 찾는 데 몰두하였다. 서울시로부터 일본군 위안부 자료 발굴 용역을 받은 서울대 인권센터 정진성 연구팀은 위안부 학살 영상을 발견했다면서 2018년 2월 27일 발표회를 열었다. 연구팀의 강성현(성공회대)은 중국군이 윈난성 텅충에서 일본군을 축출하기 직전인 1944년 9월 13일 일본군이 자결을 거부한 위안부를 학살했다면서 9월 15일 촬영된 동영상 2개를 소개했다. 그는 일본군은 위안부를 성노예로 삼다가 패전을 앞두고 '옥쇄'를 강요했고 그를 거부한 위안부를 학살한 것이라고 말했다.

한국의 방송과 신문은 일본의 위안부 학살 입증 영상이 첫 공개되었다고 대대적으로 보도했다. 그날 SBS 저녁 뉴스에서는 「위안부학살 증거 영상 공개」라는 제목으로 보도하였고, 다음날 2월 28일 아침 KBS 뉴스에서도 "여전히 역사 왜곡에 혈안이 돼 있는 일본의 만행을 전 세계에 입증할 새로운 자료"라고 보도했다.

정진성 연구팀과 한국 언론은 위안부 학살 증거 사진과 영상을 첫 발견한 것처럼 호들갑을 떨었으나, 그중 사진은 그들이 최초로 발견한 게 아니었다. 일본의 연구자 아사노 토요미(淺野豊美)가 1999년 발표한 논문에서 이미 해당 사진에 관해 상세히 논한 바 있다(淺野豊美 1999). 아사노가 동영상은 분석하지 않았으니, 정진성 연구팀이 동영상을 최초로 소개한 것은 맞다. 하지만 사진과 동영상은 거의 같은 장면을 찍은 것이다. 정진성 팀은 다른 연구자가 이미 20년 전쯤에 발굴한 사진을 마치 자신들이 최초로 발굴한 것처럼 소개한바, 이는 학문 연구 윤리를 위반한 것이라 하지 않을 수 없다.

그러나 더 큰 문제는 정진성 연구팀이 일본군의 위안부 학살을 입증하지 않는 영상을 마치 입증하는 영상인 양 날조한 것이다. 제12장에서 본 텅충 전투의 개요를 상기하면서 위안부 학살 여부를 살펴보자.

텅충 전투에 관한 미군 영상의 검토

(1) 텅충 참호 속 시신 영상

이 영상은 중국군의 텅충시 점령 직후인 1944년 9월 15일 미군의 사진병 볼드윈Baldwin이 일본군 참호 속 시신을 찍은 것이다. 정진성 연구팀의 강성현은 캡션(설명 카드)에 "중국인 병사가 개방된 구덩이에서 죽은 일본군들, 죽은 민간인들, 여성들, 아이들의 양말을 벗기고 있다."라고 기록되어 있다고 하면서, 이 영상을 일본군의 조선인 위안부 학살 영상이라고 소개하였다(정진성 2018c:72).

그러나 이는 전혀 사실이 아니다. 영상 속 시신은 부패가 별로 진행되지 않은 모습이다. 이는 그들이 9월 13~14일의 텅충 성 함락 무렵에 죽었음을 시사한다. 그때는 텅충의 일본군이 중국군으로부터 엄청난 포격을 받고 있었던 때다. 그때 성곽의 북동쪽 구석에 몰린 일본군이 쏟아지는 포탄을 뚫고 위안부들을 성곽 밖으로 끌고 나와 학살할 수는 없었다. 일본군이 중국군의 텅충성 포격 이전에 위안부를 성곽 밖으로 데리고 나와 학살했다면, 이 영상을 찍은 9월 15일에는 시신의 부패가 상당히 진행되었을 것이다.[64]

시신을 모자이크 처리한 뉴스 보도의 영상 대신 미국 국가기록

• • •

64 아사노 토요미의 2018년 3월 1일 페이스북 기고(高橋史朗 2018:113).

사진 13-1 텅충 참호 속 죽은 일본인 병사

자료 : https://catalog.archives.gov/id/16221.
주 : 111-ADC2417(텅충 전투, 촬영 Baldwin, 1944.9.15.) 동영상에서 캡처.

원 사이트에서 영상을 직접 확인한 위안부 연구자 김병헌은 시신의 우람한 체격과 그 성기 모양 등으로 보아 그 시신이 일본군이며 위안부가 아니라고 주장하였다(김병헌 2021b). 사진 13-1처럼 시신은 우람한 체격이며 무엇보다도 남성 성기가 분명해서 한 눈에도 그것이 남자라고 판단하게 된다.

이 영상의 캡션은 "Chinese soldiers strip socks off dead Japanese soldiers"다. 번역하면 "죽은 일본 군인의 양말을 벗기는 중국 군인"이다. 여성이란 단어는 안 나온다. 그런데도 강성현은 '죽은 민간인들, 여성들, 아이들'을 설명문에 끼워 넣고는, 마치 이 영상에 나오는 시신이 위안부, 특히 조선인 위안부인 것처럼 독자를 현혹하였다.

캡션과 사진 모두 시신이 일본군 병사임을 보여주는데도, 강성현은 그것이 위안부라고 강변하였다. 영상에는 중국군 병사가 참호 속의 일본군 병사 시신에서 양말을 벗겨서 가져가는 모습이 나오고 캡션 내용도 "중국 군인이 죽은 일본 군인의 양말을 벗긴다"라는 것이다. 이미 상하의, 소지품, 신발은 다른 중국군 병사가 다 가져가서 시신은 벌거벗은 모습이다. 중국 군인들이 죽은 일본 군인의 옷과 신발, 양말을 벗겨서 가져간 것이다. 설령 그 시신이 위안부라 해도 왜 하나같이 벌거벗은 모습인지가 설명되지 않는다. 위안부는 성노예이니 참호에서도 늘 옷을 벗고 있었다는 말인가? 게다가 시신의 몸통은 깨끗한데, 이는 그들이 죽은 지 얼마 안 되었고 또 포격으로 사망한 게 아님을 말해준다. 그 일본군 병사들은 항복에 앞서 자결한 것이다.

강성현이 처음부터 날조할 의도로 '죽은 민간인들, 여성들, 아이들'을 끼워 넣었는지는 알 수 없다. 이 9분짜리 영상은 주제와 촬영시각이 다른 여러 영상을 덧붙인 것이어서 사진 13-2의 캡션에는 이 덧붙여진 각 영상의 제목이 붙어 있다. 캡션에서 네모 상자 안의 LS, Chinese soldiers strip socks off dead Japanese soldiers와 MSs, dead civilian, women and children in open pit는 각기 다른 영상을 가리킨다. 그런데 강성현은 그를 Chinese soldiers strip socks off dead Japanese soldiers, dead civilian, women and children in open pit 라는 한 문장으로 붙이고는, 앞서 언급한 것처럼 "중국인 병사가 개방된 구덩이에서 죽은 일본군들, 죽은 민간인들, 여성들, 아이들의 양말을 벗기고 있다"라고 해석했다.

사진 13-2 'The Battle of Tengchung' 영상 설명 캡션

```
111        Signal Corps
ADC        SOURCE: AFCF                                    ADC 2417
2417-1FILM: ARCH & APC MP, 662' ea Silent                 CARD 1 of 2

                    THE BATTLE OF TENGCHUNG
                    China - 15 Sep 1944 - (C-123)
      VS, soldiers and officers of the 53rd and 54th Chinese Army listen to memorial
      address by the 20th Group Chinese Army Commander, Gen Ho Kwei Chong.
      MSs, CUs, Gen Ho.
      VS, Col Harry S Buckley, YFOS Liaison Officer with 20th Gp Chinese Army
      delivers short speech and shakes hands with the Gen.
      MSs, 20th Group Army staff officers.
      LS, Chinese soldiers strip socks off dead Japanese soldiers.
      MSs, dead civilians, women and children in open pit.
      LS, Chinese soldier loots Japanese dead.
                                            Record Group 111
                                            Accession Number III-NAV-210
      ARMY PICTORIAL CENTER, 35-11 35th Ave., LIC 1, NY        ERB/1zw
```

'죽은 민간인들, 여성들, 아이들'을 끼워 넣은 것인데, 이는 캡션에
서 VS, MSs, LS 등의 시작 부호에 유의하거나 "LS, Chinese sol-
diers strip socks off dead Japanese soldiers" 줄 끝에 마침표(.)가
찍힌 것을 확인하거나 영상을 제대로 살폈다면 충분히 피할 수 있었
을 일이었다. 세밀하게 정보를 체크해야 하는 역사연구자로서는 있
을 수 없는 일이다. 이는 단순한 실수로 보기는 어렵다. 이 캡션을
보면, VS, MSs, LS 등의 시작 부호가 각기 다른 영상을 나타낸다는
것을 쉽게 알 수 있기 때문이다.

(2) 텅충 시내 시신 사진과 영상

강성현은 다음 사진 13-3a에서 보는바 텅충성 북동쪽 코너 근방
의 성벽과 그 안쪽 가옥 외벽이 맞닿은 지점에 널브러져 있는 일본
군과 여성의 시체들에 대하여 "중국군이 기습했을 때 텅충성 안에

사진 13-3 텅충 성내 일본군과 여성 시신

a. 사진 : 111-SC 212091(촬영 Manwarren, 1944.9.15.)(정진성 2018c:63)

b. 동영상에서 캡처 : 111-ADC2417(촬영 Baldwin, 1944.9.15)

죽어 있던 일본군과 여성 시체들"이라 설명하여 일본군에 학살된 조선인 위안부의 사진이라 강변하였다(정진성 2018c:62-63). 중국군이 기습했을 때 이미 죽어 있던 사람들이니, 중국군의 공격 이전에 누군가에게 총살, 학살된 것이고, 일본군이 조선인 위안부를 학살한 것으로 볼 수밖에 없다는 것이다.

그러나 이것 역시 날조나 다름없다. 사진 a의 캡션에는 "중국군이 텅충을 기습했을 때 살해된 일본군과 여성의 시신"(Bodies of Jap Troops and Women killed in the city of Tengchung when the Chinese Troops stormed the Town)이라 되어 있다. 이는 중국군이 기습했을 때 '죽어 있는', '이미 죽은' 일본군과 여성 시신이라는 강성현의 설명과 다르다. 캡션은 사진 속 일본군과 여성이 중국군과 일본군의 전투 과정에서 살해되었다는 정보만 준다. 이는 간단한 영문 해석의 문제인데, 강성현이 이를 몰랐다면 무식한 것이고, 알면서도 '죽어 있는'으로 해석했다면 간특한 것이다. 후자는 일본군 학살의 증거를 날조한 것이기 때문이다.

아사노는 사진 13-3a에 대하여 사진의 왼편에 보이는 2구의 시신에서는 큰 폭탄 폭발 때의 폭풍 내지는 화염방사기의 화염에 의해 옷이 말려 올라가고 몸이 그을렸음을 지적하여, 그 여성들이 중국군의 공격 때 사망한 것임을 시사하였다(淺野豊美 1999:67-68). 만약 일본군이 학살했다면 시신에 총상만 있겠지만, 처참하게 파괴된 현장과 말려 올라간 옷, 불에 그을린 시신은 폭탄이 투하되었음을 보여준다. 즉 사진의 현장은 중국군의 공격 때 폭격을 맞았을 가능성이 크다. 게다가 영상을 보면 15일 촬영 당시에도 잔불의 연기가 나고 있는데, 이는 일본군의 옥쇄일인 14일 밤의 직후인 15일 새벽에 폭격을 맞아 불이 났음을 강력히 시사한다.

(3) 텅충 참호 속 조선인 여성 시신

강성현은 다음 사진 13-4의 텅충 성 밖의 야산 참호에 널브러진 조선인 여성의 시신 사진도 위안부 학살의 증거로 본다(정진성 2018c:64-65). 그러나 아사노는 이 사진에 대하여, 참호가 있는 산은 텅충성 남쪽의 내봉산이며, 참호 속 시신의 사람들은 1944년 9월 14일 최후의 결전 때 사망한 게 아니라 7월 27일 텅충 일본군 수비대가 참호를 탈출할 무렵 사망하거나 시신을 그곳에 유기해서 한 달 반 이상 방치된 결과 부패하고 파리 구더기가 들끓게 된 것이라고 설명하였다(淺野豊美 1999:68-69). 이 사진의 캡션에는 '시체를 매장하려는 중국 병사 매장조'라는 제목에 이어서 "일본군과 중국군이 텅충시를 둘러싸고 전투를 벌일 때 살해된 여성, 그 대다수는 일본군 부대에 갇혀 있던 조선인 여성"이라 되어 있다(Burial Party starting to work at interring. The women killed at Tengchung while the Japanese and Chinese troops fought over the City. Most of them are Korean women kept in the Jap camp). 시신이 부패되어 벌레가 꼬이고 악취를 풍기는 걸로 보아 그 여성들이 죽은 지는 상당한 시일이 흘렀다. 참호는 역시 처참하게 파괴되어 있는데, 수류탄을 훨씬 능가하는 폭탄이 터진 것으로 추정된다. 그 여성들이 어떤 경위로 죽었는지는 정확히 알 수 없다. 사진과 설명문으로는, 일본군과 중국

사진 13-4 텅충 일본군 참호 속 조선인 여성의 시신
(111-sc 212090. 촬영 Manwarren, 1944.9.15.)

군의 전투 중 하필 조선인 위안부들이 대피해 있던 참호에 폭탄이 터져서 이 여성들이 죽은 것으로 보는 게 합리적이다. 이를 일본군 의 위안부 학살 현장이라고 주장하는 게 오히려 억지다.

정진성 팀이 제시한 위안부 학살의 사진, 영상 자료는 어느 것도 학살을 입증하지 못한다. 강성현은 이 논란을 소개하면서, 9월 13 일 밤 일본군이 텅충시에서 조선인 여성 30명을 총살했다는 미중 연합군 Y군 제54군 보고서(G-3 Daily Diary Sept.15, 1944)와 국민당 기관지 등의 기록을 들어 위안부 학살은 사실이라고 강변한다(강 성현 2020:203). 이 정보 보고는 사실일 수도 있기에 그 입증 자료를 찾아야 하겠지만, 그것과 전혀 부합하지 않는 텅충 전투의 현장 사진과 영상을 그 증거라고 우겨서는 곤란하다.

　일본군이 옥쇄 전투를 벌이면서도 위안부를 미리 대피시키지 않아 전투 과정에서 위안부들이 다수 목숨을 잃은 것은 엄연한 사실이다. 그것은 명백히 일본군의 책임이다. 그렇지만 그를 일본인이 최후의 결전을 앞두고 위안부를 학살한 것으로 날조할 수는 없다. 정진성 팀은 위안부 학살을 주장하고 일본을 악마화함으로써 반일 감정이 조장 격화되는 것을 바랐는지는 모르겠으나, 그것은 역사의 사실을 밝히는 연구자의 온당한 자세가 아니다.

일본군 전멸 후 텅충 위안부의 행방

　텅충 위안부의 운명에 관해서는 의견이 분분하다. 센다 가코는 40명의 위안부가 있었는데 그중 30명 정도가 조선인이었다고 했고, 충칭에서 발행된 국민당 기관지『중앙일보中央日報』특파원은 1944년 8월 23일, 텅충 성내 한쪽 구석에 몰린 일본군 300~400명과 부상자 500명 속에 30여 명의 한인 영기(營妓, 위안부를 지칭)가 있었다고 보도했다. 그리고 중국군 황걸 장군의 9월 16일 자 작전일지에는 중국군이 일본군 20여 명과 위안부 13명을 포로로 잡았다고 했다. 황걸의 작전일지에 따르면, 마지막 전투과정에서 일본군의 학살에 의해서든, 포격에 의해서든 위안부 17명 이상이 죽은 것이 된다(방선주 1997:240-241).

　김일면은 텅충의 수비대 지휘관이 부상병을 돌보던 위안부 7인에게서 '일본군의 내부 정부보가 샐 것을 두려워하여' 수류탄 두 발로 처치했다고 썼으나(金一勉 1977:216), 전체적으로 과장이 심해서 신뢰성이 없다.

반면, 조선인 위안부가 포로로 투항해서 살아남았다는 기록과 증언도 있다. 센다 가코는 중국군에 투항한 조선인 위안부 포로의 심문기록을 근거로 하여, 쑹산에서 함락 직전인 1944년 9월 7일 일본인 위안부들이 조선인 위안부들에게 백기를 내걸고 투항하도록 하고 자신들은 독약을 먹고 자살했으며, 텅충에서 일본인 위안부가 조선인 위안부를 옥쇄 전에 투항하도록 했다고 썼다(千田夏光 1973:131-132)[65]. 중국군 제198사단 제592단 단장인 도달강陶達綱이 낸 책에는 텅충 수비대 옥쇄 후 중국군에게 포로로 잡힌 18명의 위안부 사진을 실었는데(사진 13-5), 그중 대만인이 3명, 조선인이 2명, 나머지는 모두 일본인이라 하였다.

사진 13-5 텅충의 일본군 옥쇄 후 중국군의 포로가 된 위안부들

자료 : 淺野豊美(1999:70)
주 : 2장의 사진을 옆으로 붙인 것.

• • •

65 센다 가코는 훗날 쓴 책에서, 1944년 9월 9일 버마 중북부 쉐보Shwebo에 있던 위안부 게이코 일행에게 그 이틀 전에 쑹산과 텅충의 수비대가 전멸하고 소속 위안부 38명도 전원 옥쇄했다는 소식이 전해졌다고 했으나(千田夏光 1995:286), 이는 중국군의 쑹산 점령과 텅충 점령 사이에 떠돈 소문일 뿐 사실이라고 할 수 없다.

또 일본인 위안부를 포함해서 위안부 대부분이 살아남았다는 증언도 있다. 우선, 앞서 소개한 일본군 병사 하야미 마사노리는 쿤밍 수용소에서 텅충 출신의 위안부들을 만났는데, 일본인 위안부와 조선인 위안부는 각기 다른 텐트에 수용되어 있었다고 하였다. 그는 조선인 위안부 중 히로코가 말라리아에 걸려서 죽었다고도 하였다(西野留美子 1993 : 139).

또 텅충에서 살아남은 몇 안 되는 일본군 생환자 중 하나인 요시노 타카히로吉野孝公(1913년생)의 증언도 있다. 1944년 2월 텅충수비대로 배속받아 수비대의 최후까지 복무한 그는 1979년 『텅충옥쇄기騰越玉砕記』라는 회고록을 냈고, 또 위안부 운동가 니시노 루미코西野留美子와의 인터뷰 기록(西野留美子 1993)도 남겼다.

요시노는 위생병, 차량중대, 본부, 경리 등 비전투원이 모인 부대 소속이었다. 그는 1944년 5월 초 마안산馬安山 진지에 있는 제2대대 하라구치原口 부대에 위생재료, 탄약 등을 보급하러 갔다가 격심한 전투가 벌어져 고립 상태에서 굶주림과 추위에 시달렸다. 굶주린 일본군 병사들은 추락한 연합군 정찰기의 영국군 병사를 잡아서 그 인육을 먹기까지 했다. 요시노 일행이 겨우 텅충성으로 되돌아왔을 때, 그는 처참한 성내에서 철 투구에 군복을 입은 조선인 위안부 일행 20~30명이 부상병을 돌보거나 취사를 돕는 것을 보았다. 9월 1일 구름이 잔뜩 낀 날에 돌연 일본 전투기 여러 대가 날아와 탄약, 양곡, 위생재료 등 물자를 투하하였다. 조선인 위안부들이 주먹밥을 만들어서 성 밖 참호의 병사들에게 날라다 주었다. 그는 조선인 위안부가 무슨 업보가 있기에 자신들과 운명을 같이 하게 되었나 생각하며 주먹밥을 먹었다 한다.

9월 12일 텅충 수비대는 옥쇄 결의를 하고 14일 최후의 전투 끝에 부대원 대부분이 전사했다. 텅충은 중국군과 미군이 점령했다. 요시노는 성 밖에서 성내 부대의 구출을 위해 대기하고 있었는데, 탈출한 몇몇 일본군 병사 무리의 뒤에 철 투구와 군복 차림의 여성 무리가 나타났다. 며칠 전에 주먹밥을 날라다 준 조선인 위안부들 20~30명이었다. 무리의 연장자인 듯한 27~28세가량의 위안부가 자신들도 데려가 달라고 청해서 이들과 함께 사단사령부가 있는 망시(芒市)를 향해 이동했다. 도중에 박격포탄 공격을 받아서 무리가 뿔뿔이 흩어졌고, 요시노도 부상을 입었다.

요시노 일행 6명에서 한 명씩 죽어서 3명이 남았을 때 적의 직격탄 공격을 받자 일행 2명은 수류탄을 터뜨려 자결했다. 1주일간 홀로 산속을 헤매던 요시노는 한 민가에 다다랐는데, 그것은 중국군의 현지민 위장 가옥이었고, 그는 중국군에게 붙잡혔다. 그는 중국군 사령부가 있는 바오산(保山) 수용소에 끌려갔다. 거기서 그는 뜻밖에도 조선인 위안부들을 다시 만났다. 24~25명의 조선인 위안부와 4~5명의 일본인 위안부였다.

수용소에서 해를 넘겨 생활을 하던 중 수용대원들은 1945년 가을에 충칭으로 옮겼다. 1946년 4월 하순 일본인 포로들은 몇 대의 트럭에 태워져 한커우의 일본군 포로 집결지점으로 다시 옮겼다. 조선인 위안부들은 조선인민해방군의 요인들에게 인계되었다(이상은 西野留美子 1993:11-28).

요시노가 조선인 위안부들이 조선인민해방군에게 인계되었다고 했지만, 그곳이 충칭임을 감안하면 광복군 요원들에게 인계된 것으로 보아야 한다. 텅충의 조선인 위안부들이 대부분 살아남았다는 것도 요시노의 증언일 뿐이지만, 그가 1990년대 초에 이 이야기를 지어냈을 가능성은 별로 없다. 더욱이 요시노를 취재한 니시노 루미코는 이른바 일본 정부에 위안부 피해의 책임을 추궁하는 이른바 '양심적' 일본인이다. 전쟁과 여성에 대한 리서치 액션센터 VAWWRAC의 공동 대표이기도 한 그가 일부러 위안부 학살을 부정할 이유도 없다.

요약

오늘날 대다수 한국인은 일본군이 최후에 위안부를 학살했다는 이야기를 믿고 있으나 이는 당초 소설에서 비롯되었다. 한국의 위안부 운동 그룹 연구자 중 일부가 그 증거 영상을 발견했다고 주장하였으나, 이는 영상을 엉터리로 해석한 것이며 일본군이 위안부를 학살했다고 볼 증거는 없다.

더 이상 한일간에
일본군 위안부 문제는 없다

이렇게 일본군 위안부제의 내막을 드러내는 긴 여행을 했다. 그 여정에서, 오늘날 많은 한국인이 알고 있는 것과는 다른 여러 사실을 확인할 수 있었다.

① 일본군 위안소는 전쟁터에서 일본군에 의한 점령지 주민 강간을 방지하고 성병 감염을 예방하며 병사의 사기를 진작하기 위하여 설치되었다. 일본군 위안소가 본격적으로 설치된 것은 중일전쟁 개시 후였다. 중국 전장의 일본군은 직접, 혹은 일본, 대만의 행정조직과 군 사령부 등에 의뢰하여 위안소 업자를 선정하였다. 이 업자가 여성을 모집해서 위안소로 데려갔다. 일본과 조선, 대만에는 이미 빈곤층 여성을 예기, 작부와 창기로 만드는 시장 네트워크가 있었고, 업자는 그것을 이용하였다. 중일

전쟁기에 대만총독부와 대만군 사령부가 위안소 업자를 선정한 것과 달리, 조선총독부와 조선군 사령부는 위안소 업자를 선정하는 일을 하지 않았다. 또 전장의 일본군은 중국 등 현지의 기존 매춘업소 중 일부를 위안소로 지정하였다. 이 점에서 일본군 위안소제는 전쟁터로 연장 재편된 일본 공창제였다.

② 위안소는 본래 중국, 동남아, 남양 등의 전장에 설치되는 것이었다. 전장의 위안소를 본떠서 만주국의 소만국경지대나 일본 오가사와라제도 등 전투가 벌어질 수 있는 오지에도 위안소가 설치되었다. 일본군은 오키나와와 같이 최후의 옥쇄 전투가 벌어질 곳에까지 새로 위안소를 설치하였다. 반면, 그밖의 일본 본토와 조선, 대만에는 군이 설치하거나 지정하고 관리 감독한 위안소는 없었고, 군인이 민간의 접객업소를 이용하였다.

③ 여성이 위안부로서 도항하기 위해서는 거주지 경찰서에서 신분증명서를 발급받아야 했는데, 그때 여성의 부모 친권자 등이 위안부 취업 허가신청서, 부모 친권자의 승낙서, 호적등본, 인감증명 등의 여러 서류를 구비해야 했다. 그것은 여성의 부모 친권자가 위안소 업주와 계약을 맺었음을 의미한다. 한국인 전 위안부들 중 과반이 유인이나 폭력적 연행 때문에 위안부가 되었다고 증언하였으며, 강제동원론자들은 사기(유인 포함), 인신매매, 폭력적 연행을 위안부 동원의 주요한 방식으로 꼽는다. 하지만 유인이나 폭력적 연행의 경우 상기 서류를 갖출 수 없었기에 위안부 동원의 주요한 방식이 될 수 없었다. 전 위안부들이 늘 사실을 증언한 것은 아니다. 구술사료로서 위안부 증언은 정

밀한 사실 검토 작업을 거쳤어야 하나, 강제동원론자들은 그렇게 하지 않았다.

④ 여성의 부모 친권자는 전차금을 받고 업주에게 딸을 넘겨주었다. 대신 여성은 위안소에서 일본군에게 성적 위안을 제공함으로써 그 채무를 갚았다. 이는 거액의 선금을 받고 일정 기간 동안 특정 노동을 제공하는 연계노동계약indentured servitude에 해당하였다. 여성이 위안부의 일을 해서 전차금을 갚으면 위안소를 떠날 자격이 생겼으므로, 이 전차금은 인신매매 대금이 아니라 선불보수였다. 부모가 전차금을 받고 딸을 넘겨준 것을 흔히 "딸을 팔았다"라고 표현하였지만, 이는 인신매매가 아니었다. 인신매매 역시 위안부 동원의 주요한 방식이라 할 수 없다.

⑤ 세상 물정을 잘 모르는 부모가 속아서 소액의 전차금에, 혹은 전차금도 없이 딸을 업주에게 넘겨준 경우도 있겠으나, 대개의 부모들은 상당한 전차금을 받았으며 딸이 위안부 일을 하리라는 것도 알고 있었다. 이미 국내에서는 빈곤한 부모 친권자가 전차금을 받고 딸을 넘겨주어 작부나 창기로 만드는 것은 흔한 일이었다. 여성이 본인의 의사에 반해서 위안부가 된 것을 위안부 피해라 할 수 있는데, 이 점은 국내 작부와 창기의 경우도 마찬가지이다. 부모 친권자가 여성 본인의 의사에 반해서 여성을 위안부나 작부, 창기로 만든 것은 오늘날 같으면 처벌받을 범죄이지만, 당시에는 합법적 행위였다.

⑥ 일본군 위안소는 대체로 군인 150명당 위안부 1명이라는 기준에 따라 설치되었다. 전선이 확대되어 전장의 일본군이 늘어나

면 그만큼 위안소도 늘었다. 위안부 수는 1937~1941년의 중일전쟁기에 5,000명대였으나, 1942~1945년의 태평양전쟁기에는 13,000~15,000명 정도였다. 위안부 교체를 고려한 총 일본군 위안부 경험자 수는 중일전쟁기 11,000명에 태평양전쟁기 24,000명을 더해서 총 35,000명 정도였다. 그중 조선인은 7천 명 정도였다.

⑦ 위안소에서는 위안부의 매상액을 업주와 위안부가 나누고 위안부가 자신의 몫 중에서 전차금을 갚았다. 전차금 상환 후 업주와 위안부 간 분배율은 처음엔 5:5가 많았으나 나중엔 4:6으로 위안부에게 유리하게 바뀌었다. 많은 한국의 전 위안부들이 보수를 받지 못했다고 증언했으나, 이는 일본에 위안부 동원 책임을 추궁하기 위해 증언을 채록하는 과정에서 강제연행 성노예설에 들어맞게 증언이 왜곡 오염되었기 때문이며, 그밖에 부수적으로 위안부들이 전차금을 갚느라 매상의 10% 남짓만 보수로 받았고 그나마 업주에게서 생활용품을 사는 데 썼기 때문이다.

⑧ 위안소에서 위안부는 때로는 하루에 수십 명의 일본군을 상대해야 했으나, 높은 노동강도 덕분에 단기간 내에 전차 채무를 상환한 후 저축하는 것도 가능하였다. 일본군 병참부는 업주가 위안부를 자의로 착취하지 못하게 단속하였다. 선불보수를 받은 위안부가 매상을 정률로 분배받아 채무를 상환한 후나 정해진 계약기간 후 귀환할 수 있었던 것 등을 고려할 때, 위안부는 성노예가 아니었다. 일본군 위안소제는 보스니아-헤르체코

비나 내전이나 르완다 내전에서의 강간과 같은 전시성폭력이나 전쟁범죄와는 전혀 다르다. 그것들을 한데 묶어 전시 성노예제라 규정한 유엔 쿠마라스와미 보고서 등은 잘못된 것이다.

⑨ 일본군 위안소를 흔히 전쟁터에 연장된 공창이라 하지만, 이는 단순한 연장, 재현이 아니었다. 공창제에서는 국가가 공창의 운영 주체도 아니고 매춘을 장려하지도 않으며 포주―창기 관계에 깊게 개입하지 않았다. 이와 달리 위안소제에서는, 일본군이 사실상의 운영 주체로서 군인에 대한 위안 서비스를 극대화하고자 하였고 그를 위하여 위안소를 엄격하고 치밀하게 관리하였으며 업주―위안부 관계에도 깊게 개입하였다. 이는 국내 공창과 달리 위안부를 업주의 자의적 착취로부터 보호하는 효과를 낳았다.

⑩ 위안부는 일본의 항복 이전에 귀환했더라면 큰 문제가 없었을 것이나, 일본군 항복 때까지 귀환하지 못한 것이 큰 문제였다. 위안부는 일본군이 패주하는 전장에서 목숨을 잃거나 부상을 입는 등 죽을 고생을 했으며 그동안의 저축금도 다 날렸다. 본디 일본군 패주 국면에서 위안부에 대해 아무 대책이 없었던 것이 일본군 위안소제의 가장 큰 문제였다. 일본군이 최후의 결전장에서 옥쇄를 앞두고 위안부를 학살했다는 주장이 있으나, 그 증거로 제시된 것은 사실이 아니다. 위안부 학살설은 지어낸 이야기이다.

이렇게 보면, 그간 위안부 운동그룹의 연구자와 운동가들이 주장해 온 것은 가공의 지어낸 이야기라고 할 수밖에 없다. 그들은 그동안 위안부의 피해자 성격을 과장하느라 나이 어린 소녀의 동원, 관헌의 강제연행, 위안소에서의 무보수, 위안부 학대와 학살 등 사실로 확인되지 않는 주장을 마구 퍼뜨렸다. 그들은 소녀가 길을 가거나 마을 우물에서 물을 긷는데 갑자기 관헌이 나타나서 그 부모도 모르게 소녀를 잡아갔다고 하였다. 특히 북한 거주 전 위안부의 증언에 의하면, 일본군은 여성을 고문하고 학대하고 살해하는 짓을 즐긴 악마나 다름없다. 그러나 이것들은 이 책에서 논한 바와 같이 모두 사실이 아니다. 한국의 위안부 운동은 거짓을 사실로 날조하고 널리 퍼뜨려 한국인은 물론이고 전 세계인을 현혹하고 속였다.

한국에서는 이 위안부 강제연행 성노예설을 비판하는 것은 용납되지 않았다. 2000년대 전반에 TV토론 프로그램에 출연한 이영훈 교수는 "위안부는 공창"이라는, 하지도 않은 말 때문에 조리돌림을 당하였고, 2013년에 강제연행 성노예설과 다른 서사를 담은 책『제국의 위안부』를 낸 박유하 교수는 위안부의 명예를 훼손했다고 해서 기소되어 2017년 2심에서 벌금형을 선고받았고 책은 34곳이 삭제된 누더기가 되었다. 박 교수는 6년이 지난 2023년 10월 16일에야 대법원에서 무죄 취지 판결을 받았다. 또 2019년 발간된『반일 종족주의』도서를 대학 수업에서 다룬 류석춘 교수는 토론 과정에서 나온 "위안부는 매춘의 일종"이라는 발언 때문에 위안부 명예훼손 등으로 징역형이 구형되어 2023년 12월 초 현재 1심 판결을 앞두고 있다. 미국의 램지어 교수가 한국에서 위안부를 성 계약sex contract의 한 당사자라고 한 논문을 발표했더라면 역시 기소되었을 것이다.

일본군 위안소제라는 역사 사건에 대하여 하나의 의견 외에 다른 의견을 밝히면 형사 처벌하는 사회는 자유문명세계라 할 수 없다. 100년도 안 된 사건이지만 많은 관련 자료가 사라졌고 수많은 당사자 중 극히 일부만이 증언을, 그것도 사실인지 검증이 필요한 증언을 남겼을 뿐이다. 제한된 사료를 갖고 그 실체를 추적하는 작업에서는 다양한 이설이 나올 수밖에 없다. 다수가 강제연행설에 동의하더라도 어떤 이는 계약론을 주장할 수도 있다. 그것이 본연의 역사학이다.

여성이 본인의 의사에 반해서 위안부로 만들어졌고 그로 인해 그들의 삶이 달라졌으니 그 여성의 인권이 침해당한 것을 오늘날 비판할 수는 있다. 그렇게 하려면 동시대에 위안부보다 더 많은 수의 여성이 역시 자기 의사에 반해서 작부, 창기가 되었다는 것에 더 분개해야 한다. 하지만 위안부 운동가들도, 그에 세뇌된 많은 사람들도 위안부와 동시대의 수많은 작부, 창기에는 무관심하다. 여성의 인권 운운하는 그 입이 부끄러울 따름이다. 작부, 창기 피해의 가해자는 누구인가. 공창제를 만든 일본 정부인가. 아니다. 작부, 창기를 만든 것은 극도의 가난, 빈곤이다. 마찬가지로 위안부 피해의 가해자도 극도의 가난, 빈곤이다.

또 당시에는 위안부 동원이 합법적으로 이루어졌기에, 오늘날 그것에 대해 법적 책임을 추궁하는 것은 온당치 않다. 그런 식이라면 조선왕조시대의 노비제에 대해서도 어떻게 동족을 노비로 부릴 수 있느냐고 비난하고, 그 법적 책임을 추궁해야 할 것이다. 대다수 한국인들은 조선 왕조에 그런 문제가 있었다는 것조차도 모르며, 대다수 한국사학자들은 그것을 전혀 문제시하지 않는다. 조선왕조 시대의 노비제에 대해 그 법적 책임을 물을 수 없는 것과 마찬가지로, 위안부 동원에 대해서 법적 책임을 물을 수는 없고 도의적 책임을 거론할 수 있을 뿐이다.

한 여성을 위안부로 만드는 데는 일본군, 위안소 업주, 여성의 부모 친권자 등 3자가 관여하였기에, 위안부 동원의 도의적 책임 역시 이 세 주체에게 물어야 한다. 일본군은 군 위안부 제도를 만들고 위안소를 설치하며 군인들로 하여금 위안소를 이용하게 했으며 위안소 운영을 관리 감독하였다. 업주는 여성을 모아서 위안소로 데려갔으며 위안소를 운영하였다. 업주들 중에는 여성을 데려갈 때 감언이설로 속임수를 쓰거나, 위안소에서 위안부에 대한 대우는 소홀히 하면서 위안부에게 가혹한 노동을 강요한 자들도 있었다. 부모는 전차금을 받고 자신의 딸을 이역만리 위안소에 보냈다. 빈곤에 시달리다 보니, 부모로서 자녀를 돌봐야 한다는 윤리와 책임의식은 없었다.

그러나 업주와 여성의 부모 친권자는 모두 죽었고, 남은 것은 일본 정부뿐이다. 그렇다고 모든 책임을 일본 정부에 추궁할 수는 없다. 특정 여성을 업주에게 넘긴 주체, 그 여성을 위안소로 데려간 주체는 각기 그 부모 친권자와 위안소 업주다. 특정 여성의 위안부 피해에 대한 책임을 추궁한다면, 일본 정부만큼이나 부모 친권자와 위안소 업주도 그 책임을 면할 수 없다. 일본 정부는 그 제도를 만들고 이용했던 데 대한 합당한 책임을 물어야 할 것이나, 지금은 죽어서 책임을 물을 수 없는 다른 두 주체의 책임까지 일본 정부에 뒤집어씌울 일은 아니다.

그럼에도 정대협과 그를 계승한 정의연은 일본 정부에 법적 책임에 대한 인정과 사죄, 책임자 처벌, 피해자에 대한 배상, 역사 교육에의 반영 등을 요구해 왔다. 일본 정부는 1993년 고노 담화에서 도의적 책임을 인정하고 사과하였으며 1995년 아시아여성기금을 만들어 전 위안부들에게 위로금을 지급하였다. 하지만 정대협은 일본이 법적 책임을 인정하지 않고 진정한 사과를 하지 않았다고 그를 거부하였다. 정대협의 거부와 한국 정부의 동조 때문에 아시아여성기금의 위로금 지급 사업은 한국에서 실효를 거두지 못하였다. 그리곤 정대협은 유엔 인권위원회 등 국제무대에서 일본군 위안소제를 강제동원 성노예제이자 전쟁범죄, 전시성폭력으로 모는 선전활동에 주력하였다. 그 활동은 상당한 성과를 거두어, 그것을 성노예제로 비판하는 결의안이 2007년 미국 의회와 유럽 의회에서 각기 통과되기도 하였다.

이 선전전은 국내에서도 주효하였다. 2006년 일부 위안부들은 한국 정부가 그동안 일본군 위안부 문제를 해결하려는 노력을 하지 않은 것이 기본권 침해라는 소송을 헌법재판소에 냈다. 2011년 헌법재판소는 한국 정부가 위안부 문제로 인한 한일 간 청구권 분쟁의 해결에 나서지 않았다고 하면서 그것을 위헌으로 판결하였다. 이 때문에 한국 정부는 일본 정부와 위안부 문제의 해결을 위한 새 교섭에 나섰다.

결국 박근혜 정부가 일본 아베 정부를 압박하고 미국 정부가 중

재에 나선 결과 2015년 말에는 일본 정부가 다시 한번 책임을 통감한다는 사죄와 반성을 표명하며 10억 엔의 위로금을 한국 정부에 지급하였다. 바로 한일위안부 합의였다.

정대협은 이 합의가 나오기까지의 교섭 과정을 한국 외교부로부터 전달받고 그 합의 내용에 동의하였다. 2015년에 한국 외교부는 정대협 등과 15차례 이상 협의하였고, 위안부 합의 발표를 앞두고 외교부 국장이 그 주요 내용을 당시 정대협 윤미향 이사장에게 설명하자 윤씨는 "(그 결과가) 괜찮다"라는 반응도 보였다(심규선 2021:59-62).

그렇지만 정대협은 위안부 합의가 발표된 후에는 피해자의 동의 없이 정부가 강행한 야합이라며 그를 거부하였다. 정대협의 표변에 외교부 당국자들은 어안이 벙벙할 수밖에 없었다. 얼마 안 가 박근혜 정부가 무너지고 등장한 문재인 정부는 이 합의를 사실상 폐기하였다. 그리고 한국 법원은 사법상의 주권면제 원칙에도 불구하고 일본 정부를 상대로 위자료를 배상하라는 전 위안부들의 소송을 받아들여, 2021년 초 일본 정부더러 위안부 1인당 1억 원씩을 배상하라는 판결을 내렸으며, 그해의 다른 각하 판결 건에 대해서는 2023년 11월 고등법원이 위안부 1인당 2억 원씩을 배상하라고 판결을 뒤집었다.

일본인을 제외하곤 일본군 위안부로서 가장 많은 여성이 동원된 나라는 중국이며, 때로는 상당한 강제성도 동반하였다. 일본군에 의한 강제 연행은 동남아 점령지에서 일부 있었다. 강제연행이 없었던 한국이 유일하게 일본 정부의 법적 책임 인정과 사죄, 책임자 처벌, 피해 배상금 지급을 집요하게 요구하며 일본 정부의 사과와 위로금 지급을 줄곧 거부해 온 것은 참으로 의아한 일이다.

실상 지난 30여 년의 위안부 운동은 위안부문제의 해결을 바랐던 것으로 볼 수 없다. 정대협, 정의연 등 위안부 운동그룹은 역사적 사실에 입각한다면 일본이 결코 인정하지 않을 법적 책임 인정과 위자료 배상을 고집스럽게 요구하였다. 정의연 등 위안부운동그룹은 사실과 동떨어진 위안부 소녀상을 한국 전역에 150개 넘게 세워서 반일감정을 조장하는 데 주력하였다. 위안부 운동은 의도적으로 반일 의식을 조장해서 한일관계를 악화시키려는 정치적 기획물로 전락하였다. 위안부 운동은 자신의 목적에 맞게 왜곡·날조하여 편집한 역사를 현실 정치에 동원한 역사정치의 대표적 사례이며, 정대협, 정의연 등은 이 역사정치의 전면에 선 역사 홍위병이었다.

그렇지만 이 책에서 살펴본 바, 이 위안부 운동은 동력을 잃었다. 그 이유는 위안부 운동이 위안부제의 사실, 진실에 입각하지 않았기 때문이다. 이것이 이 책의 결론이다.

일본 정부가 위안부 문제로 또다시 사과하거나 위자료를 지급할 일은 없다. 이미 한일 위안부 합의가 있었으므로 한일 간에 다시 외교교섭을 할 일이 없다. 그리고 한국 정부는 지난 30년 동안 전 위안부에게 생활보조금과 위로금을 충분히 지급하였다. 당시 조센삐로 불리고 천대받았던 전 위안부들도 일본군에 의해 전시에 동원된 피해자로서 인식되어 그 명예도 상당 회복되었다. 이제는 더 이상 한일 간에 위안부 문제란 없다.

역사 홍위병들이 준동하여 사회와 국가를 혼돈으로 몰아간 시대는 끝났다. 위안부 운동은 동력을 잃었다. 위안부 문제는 이제 더 이상 국가적 이슈가 되지 못하고 서서히 잊힐 것이다. 그렇지만 일본군 위안부 문제가 그렇게 흐지부지 끝나도록 할 수는 없다. 한 세대가 넘는 시간 동안 한국 사회를, 그리고 그 중요 우방과의 외교관계를 뒤흔들었던 문제가 흐지부지 잊힐 수는 없다. 전국의 150개 넘는 위안부 소녀상과 잘못된 역사교과서 서술을 그대로 둘 수도 없다.

지난 30여 년간 한국 사회는 왜 진실에 입각하지 않은 운동에 그토록 휘둘렸던가. 한국의 지식사회는 이 질문을 회피하지 말아야 한다. 우리는 왜 위안부의 실상이 이토록 왜곡되고 위안부 문제가 이토록 오래 계속되었던가를 진지하게 성찰해야 한다. 특히 역사학자들은 지난 30여 년간 일본군 위안부에 관해 거짓이 난무하고 국가사회적으로 혼란이 일어나는 것을 강 건너 불구경하듯 한, 아니 그 반일 효과를 즐긴 과오를 진지하게 반성해야 한다. 필자는 이것을 감히 요구하며 글을 맺는다.

강성현(2020), 『탈진실의 시대, 역사 부정을 묻는다』, 푸른역사.

강정숙(1997), 「일본군 위안소의 지역적 분포와 그 특징」, 정대협, 『일본군 '위안부' 문제의 진상』, 역사비평사.

강정숙(2004), 「일제말기 오키나와 다이토(大東)제도의 조선인 군위안부들」, 『한국민족운동사연구』 40.

강정숙(2010), 「일본군 '위안부'제의 식민성 연구」, 성균관대학교 박사학위논문.

강정숙(2011), 「인도네시아 팔렘방의 조선인명부를 통해 본 군'위안부'동원」, 『지역과 역사』 28.

강정숙(2012), 「제2차 세계대전기 인도네시아 팔렘방으로 동원된 조선인의 귀환 과정에 관한 연구」, 『한국독립운동사연구』 41.

강정숙(2017), 「금지와 허용으로 본 조선인 군위안부 징집에서 일제 권력기관의 역할」, 김경일 외, 『동아시아 일본군 위안부 연구』, 한중연 출판부.

강정숙(2018), 「일본군 위안소업자의 지위와 역할」, 『여성연구』 96.

김경일 외(2017), 『동아시아 일본군 위안부 연구』, 한중연 출판부.

김광재(1999), 「중일전쟁기 중국 화북지방의 한인이주와 노대농장」, 『한국근현대사연구』 11.

김병헌(2021a), 『빨간 수요일』, 미래사.

김병헌(2021b), 「충격! 위안부 ㅎㅅ 주장, 모두 거짓이었다!」, 펜앤마이크 유튜브, 2021년 12월 21일 스트리밍 개시(https://www.youtube.com/watch?v=_yX2-Tqz17A, 2022년 1월 11일 검색).

김부자 외(2009), 『한일간 역사현안의 국제법적 재조명』, 동북아역사재단.

김영 · 안자코 유카(2012), 「함경북도의 군사도시와 위안소 · 유곽」, 송연옥 · 김영 편, 『군대와 성폭력-한반도의 20세기』, 선인.

김창록(2021), 「램지어 사태」, 『역사비평』 2021년 여름호.

김청강(2017), 「위안부는 어떻게 잊혀졌나? 1990년대 이전 대중영화 속 위안부 재현」, 『동아시아문화연구』 71.

김혜원(2007), 『딸들의 아리랑-이야기로 쓴 '위안부' 운동사』, 허원미디어.

니시오카 쓰토무(2021a), 『한국 정부와 언론이 말하지 않는 위안부 문제의 진실』, 미디어워치(원저는 『よくわかる慰安婦問題』, 草思社, 2012)

니시오카 쓰토무(2021b), 『자료집: 한국 정부와 언론이 말하지 않는 위안부 문제의 진실』, 미디어워치.

도시환 편(2020), 『일본군 위안부 문제와 과제』II, 동북아역사재단.

도이 도사쿠니(2022), 『'기억'과 살다』, 선인(원저는 土井敏邦(2015), 『記憶'と生きる-元慰安婦姜德景の生涯』, 大月店書).

모리카와 마치코(2005), 『버마전선 일본군 위안부 문옥주』, 아름다운사람들(원저는 森川万智子(1996), 『文玉珠 ビルマ戦線楯師團の慰安婦だった私』, 梨の木舍).

동북아역사재단(2009), 『일본군 위안소 지도 자료집』(내부자료).

박유하(2013), 『제국의 위안부』, 뿌리와이파리.

박유하(2015), 『제국의 위안부(삭제판)』, 뿌리와이파리.

박유하 외(2020), 『일본군 위안부, 또 하나의 목소리』, 뿌리와이파리.

박정애(2010), 「일제침략기 인신매매의 구조와 성격」, 『한일역사교과서 서술의 이념』, 경인문화사.

박정애(2016), 「만주 지역의 일본군 위안소 설치와 조선인 위안부」, 『아시아여성연구』 55(1).

박정애(2017), 「중국 저장성 진화의 위안소와 조선인 '위안부'」, 『페미니즘연구』 17(1). 223

박정애(2022), 「식민지 조선의 '수양녀' 문제와 인신매매」, 『역사연구』 44.

박현(2015), 「일제시기 경성의 창기업 번성과 조선인 유곽 건설」, 『도시연구』 14.

방선주(1997), 「일본군 위안부의 귀환: 중간보고」, 정대협, 『일본군 '위안부' 문제의 진상』, 역사비평사.

상허학회(2015), 『이태준 전집 1 : 달밤 외』, 소명출판.

서현주(2021), 「일제하 예기·창기·작부 소개업의 실태와 일본군 위안부 동원」, 『한일관계사연구』 74.

손염홍(2011), 「1930-40년대 중국 화북지역 한인사회와 귀환」,
『한국독립운동사연구』 40.

송연옥(2017), 「상하이에서 본 요리점·유곽·위안소의 연관성」,
『사회와 역사』 115.

송연옥 외(2017), 『식민주의, 전쟁, 군 위안부』, 선인.

송연옥(2020), 「『상하이니치니치신문』으로 보는 일본군 위안부의 실상」,
박정애 편, 『일본군 위안부 역사와 과제』 Ⅲ, 동북아역사재단.

신영숙(2008), 「'여성을 위한 아시아평화국민기금'과 일본 사회의 인식」,
『평화연구』 16(1).

신영숙(2017), 「재판 자료로 본 일본군 위안부 강제징집 구조」,
『동아시아 일본군 위안부 연구』, 한중연출판부.

심규선(2021), 『위안부 운동, 성역에서 광장으로』, 나남.

쑤즈량 외(2019), 『상하이 지역 일본군 위안소』, 동북아역사재단.

안병직(2013), 『일본군위안소 관리인의 일기』, 이숲.

안이정선(2007), 『일본군위안부 조윤옥』, 아름다운사람들.

야마시타 영애(2012), 『내셔널리즘의 틈새에서』, 한울(원저는 山下英愛(02008),
『ナショナリズムの狭間で』, 明石書店).

와다 하루키(2016), 『위안부 문제의 해결을 위하여』, 역사공간(원저는 和田春樹
(2015), 『慰安婦問題の解決のために』, 平凡社).

吉見義明(1993), 『자료집 종군위안부』, 서문당
(원저는 『從軍慰安婦資料集』, 大月書店, 1992).

요시미 요시아키(1998), 『일본군 군대위안부』, 소화(원저는 吉見義明(1995),
『從軍慰安婦』, 岩波書店).

요시미 요시아키 외(2014), 『그들은 왜 일본군 위안부를 공격하는가』, 휴머니스
트(원저는 『慰安婦バッシングを越えて: 「河野談話」と日本の
責任』, 大月書店, 2013),

우에노 치즈코(2014), 『위안부를 둘러싼 기억의 정치학』, 현실문화(원저는 上野千
鶴子(2012), 『ナショナリズムとジェンダ』, 岩波書店).

윤명숙(2015), 『조선인 군위안부와 일본군 위안소 제도』, 이학사.

윤정모(1982), 『에미 이름은 조센삐였다』, 인문당.

井上菊夫(1992), 「미얀마 제2의 고향루의 조선인 위안부들」,
『신동아』 1992년 3월호.

이동진(2005), 「민족, 지역, 섹슈얼리티」, 『정신문화연구』 28(3).

이만열 · 김영희(2000), 「1930 · 40년대 朝鮮女性의 존재 양태」,
　　　　　　　『국사관논총』 89.

이영훈(2007), 『대한민국 이야기』, 기파랑.

이영훈(2019), 『반일 종족주의』, 미래사.

이영훈(2020), 『반일 종족주의와의 투쟁』, 미래사.

이타가키 류타 · 김부자(2016), 『Q & A 위안부 문제와 식민지 지배 책임』, 삶창.

정대협 외(1995), 『중국으로 끌려간 조선인 군위안부들』, 한울.

정대협 외(2001a), 『일본군 위안부 문제의 책임을 묻는다』, 풀빛.

정대협 외(2001b), 『일본군 위안부 문제에 대한 법적 해결의 전망』, 풀빛.

정대협(1993, 1997, 1999, 2001a, 2001b), 『강제로 끌려간 조선인 군위안부들』 1~5, 한울.

정대협(1997), 『일본군 위안부 문제의 진상』, 역사비평사.

정대협(2004), 『역사를 만드는 이야기』, 여성과 인권.

정대협20년사편찬위원회(2014), 『한국정신대문제대책협의회 20년사』, 한울.

정진성(2016), 『일본군 성노예제』, 서울대학교 출판문화원.

정진성(2018a-c), 『일본군 위안부 관계 미국자료』 I -Ⅲ, 선인.

정진성(2018d, e), 『일본군 위안부 관계 연합군자료』 I -Ⅱ, 선인.

정신대연구회 외(1995), 『중국으로 끌려간 조선인 군위안부들』 1, 한울.

한국정신대연구소(2003), 『중국으로 끌려간 조선인 군위안부들』 2, 한울.

정현주(2017), 「조선인 일본군위안부 징집의 사회적 배경에 관한 국내 연구 동향」,
　　　　　　　김경일외, 『동아시아 일본군 위안부 연구』, 한중연 출판부.

하종문(2001), 「위안소와 일본국 · 일본군의 가해체계」, 정대협 외(2001a),
　　　　　　　『일본군 위안부 문제의 책임을 묻는다』, 풀빛.

하종문(2023), 『진중일지로 본 일본군 위안소』, 휴머니스트.

한혜인(2013), 「총동원체제하 직업소개령과 일본군 위안부 동원」, 『사림』 46.

한혜인(2021), 「제국의 시선들이 놓치고 있는 것들」, 『역사와 현실』 120, 3-17.

후지나가 다케시(2006), 「상하이의 일본군 위안소와 조선인」,
　　　　　　　『해방전후사의 재인식』 I , 책세상.

후지와라 아키라(2013), 『일본군사사 상』, 제이앤씨(원저는 藤原彰(2006),
　　　　　　　『日本軍事史 上』, 日本評論社).

（財） 女性のためのアジア平和国民基金(1997), 『「從軍慰安婦」關係資料集成』 1-5,
　　　　　　　龍溪書舍.

加藤正夫(1993), 「千田夏光著『從軍慰安婦』の重大な誤謬」, 『現代コリア』 1993년
　　　　　　　2·3月合倂號

楳本捨三(2012),『壮烈拉孟守備隊』, 光人社NF文庫.

古橋綾(2013), 「日本軍「慰安所」制度とセクシュアリティ」,『コリア研究』4.

高橋史朗(2018), 「'朝鮮人慰安婦虐殺'映像についての考察」(1),
　　　　　　　　『歴史認識問題研究』3.

高橋史朗(2019), 「'朝鮮人慰安婦虐殺'映像についての考察」(2),
　　　　　　　　『歴史認識問題研究』4.

高崎隆治(1990),『軍医の戦場報告意見集』, 不二出版.

古賀徳子(2008a), 「沖縄戦における日本軍慰安婦制度の展開」,『戦争責任研究』60.

駒込武(2000), 「台湾植民地支配と台湾人「慰安婦」」,
　　　　　　　『慰安婦」戦争性暴力の実態』Ⅰ, 緑風出版.

吉見義明(2000), 「従軍慰安婦政策における日本国家の指揮命令系統」,
　　　　　　　　金富子·宋連玉,
　　　　　　　　『慰安婦」戦時性暴力の実態』Ⅰ, 緑風出版

吉見義明(2010),『日本軍「慰安婦」制度とは何か』, 岩波書店, 2010(한국어 번역『일본
　　　　　　　군'위안부' 그 역사와 진실』, 역사공간, 2013).

吉見義明(2019),『買春する帝國-日本軍慰安婦問題の基底』, 岩波書店.

吉見義明·林博史(1995),『共同研究従軍慰安婦』, 大月書店.

吉田清治(1983),『私の戦争犯罪』, 三一書房.

金富子(1995), 「朝鮮植民地支配と朝鮮人女性」, 吉見義明·林博史,
　　　　　　　『共同研究 日本軍慰安婦』, 大月書店.

金富子(2000), 「河床淑さんのケースに見る漢口慰安所」, 金富子·宋連玉,
　　　　　　　『慰安婦」戦時性暴力の実態』Ⅰ, 緑風出版.

金富子·金栄(2018),『植民地遊廓-日本の軍隊と朝鮮半島』, 吉川弘文館.

金富子·宋連玉(2000),『「慰安婦」戦時性暴力の実態』Ⅰ, 緑風出版.

金栄(2000), 「朝鮮·朴永心さんの場合」, 金富子·宋連玉 編,
　　　　　　『慰安婦」戦時性暴力の実態』Ⅰ, 緑風出版.

金一勉(1976),『天皇の軍隊と朝鮮人慰安婦』, 三一書房.

金一勉(1977),『軍隊慰安婦: 戦争と人間の記録』, 現代史出版会.

藤永壯(2000), 「朝鮮植民地支配と「慰安婦」制度の成立過程」,
　　　　　　　『慰安婦」戦時性暴力の実態』Ⅰ, 緑風出版.

尹明淑(2000), 「中国軍慰安婦問題に関する研究ノート」,『戦争責任研究』27.

林博史(1993), 「陸軍の慰安所管理の一側面」,『戦争責任研究』1.

林博史(1994), 「シンガポールの日本軍慰安所」,『戦争責任研究』4.

林伯耀・張友棟(2000),「天津の日本軍「慰安婦」供出システム」,
　　　　　　『「慰安婦」戦時性暴力の実態』Ⅱ, 緑風出版.

山田昭次(2005),「朝鮮女子労働挺身隊の動員と鉄鋼業への朝鮮人男子の戦時動員
　　　　　　との比較検討」,『韓日民族問題研究』9.

山田清吉(1978),『武漢兵站』, 図書出版社.

山田惠子 外(2015),「書籍・雑誌にみる日本人慰安婦」,
　　　　　　『日本人「慰安婦」-愛国心と人身売買』, 現代書館.

西岡力 外(2019),「歴認研 台湾現地調査報告」,『歴史認識問題研究』5.

西野留美子 外(2015),『日本人「慰安婦」-愛国心と人身売買』, 現代書館(한국어 번역
　　　　　　『일본인 「위안부」- 애국심과 인신매매』, 논형, 2021).

西野留美子(1993),『従軍慰安婦と15年戦争 - ビルマ慰安所経営者の証言』,
　　　　　　明石書店.

西野留美子(1995),『日本軍慰安婦を追って』, マスコミ情報センター.

西野留美子(2000a),「上海の慰安所・現地調査報告」,『戦争責任研究』27.

西野留美子(2000b),「日本人慰安婦」,『慰安婦 戦時性暴力の実態』Ⅰ, 緑風出版

西野留美子(2000c),「中国における慰安所設置と慰安婦徴集」,
　　　　　　『慰安婦 戦時性暴力の実態』Ⅱ, 緑風出版.

西野留美子(2003),『戦場の「慰安婦」:拉孟全滅戦を生き延びた朴永心の軌跡』,
　　　　　　明石書店.

西野留美子・林博史(2000),『「慰安婦」戦時性暴力の実態』Ⅱ, 緑風出版.

城田すず子(1971),『マリヤの賛歌』, 日本基督教団出版局.

宋連玉(1994),「日本の植民地支配と国家的管理売春」,『朝鮮史研究会論文集』32

阿部浩己(2015),「国際法における性奴隷制と慰安婦制度」,『戦争責任研究』84,

永井和(1998),「陸軍慰安所の設置と慰安婦募集に関する警察史料」(http://
　　　　　　nagaikazu.la.coocan.jp/2semi/nagai.html. 2022년 6월 26일 검색).

永井和(2000),「陸軍慰安所の創設と慰安婦募集に関する一考察」,
　　　　　　『二十世紀研究』1. (http://nagaikazu.la.coocan.jp/works/iansho.pdf.
　　　　　　2022년 1월 24일 검색).

遠藤美幸(2009),「戦場の社会史: ビルマ戦線と拉孟守備隊」,
　　　　　　『三田学会雑誌』102(3).

長沢健一(1983),『漢口慰安所』, 図書出版社.

従軍慰安婦110番編輯委(1992),『従軍慰安婦110番』, 明石書店.

中村ふじゑ(2000),「台湾・原住民族イアン・アペイさんの場合」,

『慰安婦 戦時性暴力の実態』Ⅰ.

眞杉侑里(2009), 「人身売買排除方針に見る近代公娼制度の様相」,
　　　　　『立命館大学人文科学研究所 紀要』93.

曾根一夫(1993), 『元下級兵士が体験見聞した従軍慰安婦』, 白石書店.

増田道義(1933abcde), 「公娼制度並に藝娼妓自由廃業に関する若干の考察資料」
　　　　　1~5, 『警務徹報』1933년 7월호~1933년 12월호.

増田道義(1934ab), 「公娼制度並に藝娼妓自由廃業に関する若干の考察資料」6~7,
　　　　　『警務徹報』1934년 2월호~1934년 3월호.

秦郁彦(1999), 『慰安婦と戦場の性』, 新潮社.

倉橋正直(1994), 『従軍慰安婦問題の歴史的研究』, 共栄書房

浅野豊美(1999), 「雲南・ビルマ最前線における慰安婦達」, 『慰安婦問題調査報告』,
　　　　　アジア女性基金.

川田文子(1987), 『赤瓦の家』, 筑摩書房(한국어 번역 『빨간 기와집』, 꿈교출판사, 2014).

千田夏光(1973), 『従軍慰安婦』, 双葉社.

千田夏光(1978), 『従軍慰安婦 續篇』, 三一書房.

千田夏光(1995), 『従軍慰安婦・慶子』, 恒友出版.

草間八十雄(1930), 『女給と売笑婦』, 凡人社.

崔吉城(2017), 『朝鮮出身の帳場人が見た慰安婦の真実』, ハート出版.

土井敏邦(2015), 『"記憶"と生きる』, 大月書店(한국어번역 『'기억'과 살다』, 선인, 2022)

浦崎成子(2000), 「沖縄戦と軍慰安婦」, 金富子・宋連玉,
　　　　　『「慰安婦」戦時性暴力の実態』Ⅰ, 緑風出版.

下重清(2012), 『〈身売り〉の日本史―人身売買から年季奉公へ』, 吉川弘文館.

戸塚悦朗(2015), 「軍事的性奴隷制と国連人権委員会」, 『戦争責任研究』84,

華公平(1992), 『従軍慰安所[海乃家]の伝言』, 日本機関紙出版センター.

花房俊雄・花房恵美子(2021), 『関釜裁判がめざしたもの: 韓国のおばあさんたちに
　　　　　寄り添って』, 白澤社(한국어 번역 『관부재판』, 도토리숲).

Gordon & Eckert(2021), "Statement"(February 17, 2021), https://dash.harvard.
　　　　　edu/handle/1/3736690- 2023년 2월 22일 검색

Ramseyer(1991), "Indentured Prostitution in Imperial Japan: Credible Com-
　　　　　mitments in the Commercial Sex Industry", *Journal of Law,
　　　　　Economics, & Organization* 7(1).

Ramseyer(2019), "COMFORT WOMEN AND THE PROFESSORS", Discus-
　　　　　sion Paper No.995, Harvard Law School.

Ramseyer(2021), "Contracting for sex in the Pacific War", *International Review of Law and Economics* 65.

Ramseyer(2022), "CONTRACTING FOR SEX IN THE PACIFIC WAR: A RE-SPONSE TO MY CRITICS", Discussion Paper No. 1075, Harvard Law School.

Kang(2022), "Ramseyer's History Denialism and the Efforts to 'Save Ramseyer'", *Journal of International Women's Studies* 24(9).

Min(2022), "My Response to Ramseyer's Effort to Deny the History of Japanese Military Sexual Slavery", *Journal of International Women's Studies* 24(9).

Onozawa(2022), "Problems of J. Mark Ramseyer's 'Contracting for Sex in the Pacific War': On Japan's Licensed Prostitution Contract System", *The Asia-Pacific Journal* 20(6)

Suk Gersen(2021), Seeking the True Story of the Comfort Women, *New Yorker* February 25, 2021 (https://www.newyorker.com/culture/annals-of-inquiry/seeking-the-true-story-ofthe-comfort-women-j-mark-ramseyer – 2023년 2월 22일 검색)

일본군 위안부
인사이드 아웃

2023년 11월 30일 초판 1쇄 인쇄
2023년 12월 7일 초판 1쇄 발행

지은이 | 주익종
디자인 | DESIGN CRECH°

발행인 | 주익종
발행처 | 이승만북스

주소 | 서울 중구 퇴계로20길 71, 2층
전화 | (02) 779-1875
팩스 | (02) 779-0013
이메일 | syngmanbooks@naver.com
등록 | 2020년 10월 21일(제2020-000157호)

ISBN 979-11-985381-0-9